# 道德底形上學

## *Metaphysik der Sitten*

康德（Immanuel Kant）◎著

李明輝◎譯注

科技部經典譯注

# 目次

# 譯者前言

　　康德哲學在西方哲學史中具有無可爭議的重要地位，他的若干著作早已有中譯本，但絕大多數均不甚理想。筆者在康德《一切能作為學問而出現的未來形上學之序論》中譯本底〈譯者前言〉中指出其主要缺點有三：第一、這些譯本多半由英譯本轉譯；第二、少數譯本雖係直接由德文譯出，但其譯者若非對康德哲學欠缺理解，就是對 18 世紀的德文無法精確掌握；第三、它們均欠缺中文讀者所需要的注釋與相關資料[1]。2010 年大陸學者李秋零譯完了康德生前出版的全部著作，輯成九卷本的《康德著作全集》，由中國人民大學出版社出版。這個《全集》本雖然完全避免了第一項缺點，部分避免了第二項缺點，但完全無法避免第三項缺點。

　　國家科學委員會人文及社會科學發展處自 1998 年起開始推動「人文及社會科學經典譯注研究計畫」。筆者參與了兩次譯注計畫，先後完成了《康德歷史哲學論文集》及康德《一切能作為學問而出現的未來形上學之序論》之譯注工作，譯本已由台北聯經出版公司先後於 2002 年及 2008 年出版。本譯本是筆者執行的第

---

1　康德著、李明輝譯：《一切能作為學問而出現的未來形上學之序論》（台北：聯經出版公司，2008），頁 v。

三個「人文及社會科學經典譯注研究計畫」之成果。該計畫自 2008 年 8 月至 2011 年 7 月執行（計畫編號：NSC97-2420-H-001-026-MY3）。此項計畫同時為「傑出學者研究計畫」。

　　在執行本譯注計畫之過程中，筆者曾於 2009 年 9 月至 2010 年 2 月應德國波鴻（Bochum）魯爾大學的人文學研究國際學院（Internationales Kolleg für Geisteswissenschaftliche Forschung）之邀請，參與其大型研究計畫「宗教史中的動力」（"Dynamics in the History of Religions"）。筆者利用此一機會，蒐集有關此項譯注計畫的研究資料。2011 年 7 月中旬，筆者隨同國科會哲學學門赴德國考察結束之後，順道到波昂（Bonn）大學哲學系訪問兩個多星期，蒐集相關的研究資料，並得到廣州中山大學哲學系「長江學者獎勵計畫」之部分經費補助。此外，康德在本書中經常引用拉丁文詞彙與文句。在翻譯這些詞彙與文句時，筆者曾得到波鴻魯爾大學古典語文學系 Reinhold Glei 教授、廣州中山大學哲學系梅謙立教授（Thierry Meynard）及香港中文大學崇基學院天主教研究中心夏其龍神父之協助，在此一併致謝。

　　本書已有以下的三種中譯本：

1. 康德著、沈叔平譯：《法的形而上學原理──權利的科學》。北京：商務印書館，1991。

2. 康德著、曾曉平、鄧曉芒譯：〈《道德形而上學》導言〉。《哲學譯叢》，1999 年第 6 期。

3. 康德著、李秋零譯：《道德形而上學》。收入李秋零主編：《康德著作全集》，第 6 卷（北京：中國人民大學出版社，2007），頁 209-501。

　　第一種只是《道德底形上學》第一部《法權論之形上學根基》之譯本，而且係根據英譯本譯出。第二種雖是根據德文本譯出，但僅占《法權論之形上學根基》底一小部分。李秋零底譯本則是第一個根據德文本譯出的全譯本。該譯本剛出版時，筆者正好開始進行本譯注計畫，故筆者在翻譯本書的過程中不時對照該譯本。除了欠缺中文讀者所需要的注釋與相關資料之外，筆者發現：該譯本也有不少錯誤，而且譯文頗不容易閱讀，實難視之為理想的譯本。

　　筆者在翻譯本書的過程中，也參考了以下的英、日文譯本：

1. Kant, Immanuel: *The Philosophy of Law: An Exposition of the Fundamental Principles of Jurisprudence as the Science of Right.* Translated by W. Hastie, Edinburgh: T. & T. Clark, 1887.

2. Kant, Immanuel: *The Metaphysical Elements of Justice: Part I of The Metaphysics of Morals.* Translated, with an introduction, by John Ladd, Indianapolis: Bobbs-Merrill, 1965.

3. Kant, Immanuel: *The Doctrine of Virtue: Part II of The Metaphysic of Morals.* Translated, with an introduction and notes, by Mary J. Gregor, New York: Harper & Row, 1964.

4. Kant, Immanuel: *The Metaphysics of Morals.* In: Immanuel Kant, *Practical Philosophy.* Translated and edited by Mary J. Gregor（Cambridge: Cambridge University Press, 1996）, pp. 353-627.

5. 康德著、白井成允、小倉貞秀譯:《イマヌエルカント道德哲学》。東京:岩波書店,1926。

6. 康德著、恒藤恭、船田享二譯:《イマヌエルカント法律哲学》。東京:岩波書店,1933。

7. 康德著、吉澤傳三郎、尾田幸雄譯:《人倫の形而上學》(《カント全集》第 11 卷)。東京:理想社,1969。

8. 康德著、樽井正義、池尾恭一譯:《人倫の形而上学》。東京:岩波書店,2002。

　　除了譯文本身之外,筆者在譯文中又加上〈譯注〉及〈譯者按〉,其中包括:1)文字校勘;2)人名、地名、典故之出處;3)重要概念之簡要說明;4)其他必要的補充說明。筆者之注釋特別採納了普魯士王室學術院本《康德全集》中《道德底形上學》一書底編者納托爾普(Paul Natorp, 1854-1924)為該書所加的注釋,以及路德維希(Bernd Ludwig)為 Felix Meiner 出版社「哲學叢書」版底《法權論之形上學根基》[2]與《德行論之形上學根基》[3]所加的注釋。由於這些注釋多半涉及事實及基本資料(如姓名、生卒年代、著作、出處等),無所謂原創性,而且各種版本之編輯者或翻譯者往往相互轉引,故除非必要,筆者往往逕自引用,而

---

2　I. Kant: *Metaphysische Anfangsgründe der Rechtslehre*, Hamburg: Felix Meiner, 1986, Philosophische Bibliothek 360.

3　I. Kant: *Metaphysische Anfangsgründe der Tugendlehre*, Hamburg: Felix Meiner, 1990, Phillosophische Bibliothek 430.

不一一註明其出處。筆者無意掠人之美,在此特加聲明。筆者在譯注工作之過程中,不幸身罹糖尿病,故在工作之後期,係在身體頗為不適的狀況下勉力為之。身為學術著作之翻譯者,筆者自然希望本譯本能達到學術翻譯所要求的嚴謹程度,然譯事甚難,筆者並不敢自許譯文已臻於理想。讀者若發現本譯本有不當之處,尚祈不吝指正,以期日後有機會加以修訂。

# 中譯本導讀：
# 《道德底形上學》之成書始末
# 及其哲學意義

## 一、《道德底形上學》之成書始末

　　康德撰寫《道德底形上學》（*Metaphysik der Sitten*）的計畫可追溯至 1760 年代中葉，但後來因其他著作之撰寫而一再延遲。這部書包含《法權論之形上學根基》（以下簡稱為《法權論》）與《德行論之形上學根基》（以下簡稱為《德行論》）兩部分，但在康德生前，這兩部分均分別出版，而未曾合為一書。

　　筆者曾根據門澤（Paul Menzer, 1873-1960）在普魯士王室學術院版《康德全集》（*Kants Gesammelte Schriften*, 以下簡稱 *KGS*）[1]

---

1　*Kants Gesammelte Schriften.* 29 Bde. Bd. 1-22 hrsg. von der Königlichen Preußischen Akademie der Wissenschaften, Berlin 1902-1942. Bd. 23 hrsg. von der Deutschen Akademie der Wissenschaften zu Berlin,

中，佛爾蘭德（Karl Vorländer, 1860-1928）在 Felix Meiner 出版社「哲學叢書」（"Philosophische Bibliothek"）版中為《道德底形上學之基礎》（*Grundlegung zur Metaphysik der Sitten*）所撰寫的〈導論〉，為該書中譯本撰寫導論〈《道德底形上學之基礎》一書之成書過程及其初步影響〉[2]。該書中譯本〈導論〉之探討與康德撰寫《道德底形上學》的計畫有相當大的重疊，故本〈導讀〉有相當部分取材自該〈導論〉。此外，普魯士王室學術院本《康德全集》中《道德底形上學》一書底編者納托爾普（Paul Natorp, 1854-1924）為該書所寫的〈導論〉，以及路德維希為 Felix Meiner 出版社「哲學叢書」版底《法權論》[3]與《德行論》[4]分別撰寫的〈導論〉也是本文之重要參考資料。

1764 年 2 月 1 日，康德底同鄉哈曼（Johann Georg Hamann, 1730-1788）致函友人林德內爾（Johann Gotthelf Lindner）時已提到：「他〔按：指康德〕打算寫許多著作：**道德**〔……〕。」[5]

---

Berlin 1955. Bd. 24 u. 27-29 hrsg. von der Akademie der Wissenschaften zu Göttingen, Berlin 1966-1974.

2　見康德著、李明輝譯：《道德底形上學之基礎》（台北：聯經出版公司，1990），頁 iii-xxii。

3　I. Kant: *Metaphysische Anfangsgründe der Rechtslehre*（以下簡稱 *MSR*），Hamburg: Felix Meiner, 1986, Philosophische Bibliothek 360.

4　I. Kant: *Metaphysische Anfangsgründe der Tugendlehre*（以下簡稱 *MST*），Hamburg: Felix Meiner, 1990, Phillosophische Bibliothek 430.

5　*Hamanns Schriften*, hrsg. von Friedrich Roth（Berlin: Reimer, 1821-

次年 12 月 31 日，康德在寫給友人藍伯特（Johann Heinrich Lambert, 1728?-1777）的信中便提到：他正計畫寫一部討論「形上學底、且因此也是全部哲學底獨特方法」的書，但他得先完成幾篇較小的作品，而這些作品底材料已準備就緒；其中他要先寫的是「自然哲學之形上學根基」與「實踐哲學之形上學根基」[6]。在同年的萊比錫（Leipzig）米迦勒節（9 月 29 日）年市底預定出版書目中，康德底同鄉書商康特（Johann Jakob Kanter）甚至列入康德底《道德品味之批判》（*Kritik des moralischen Geschmackes*）一書[7]。事實上，康德並未寫出這樣一部書；而在康德寫給藍伯特的上述信函中，康德也提到了此事，並且指出康特將書名弄錯了[8]。

1768 年 5 月 9 日康德致函其學生赫德爾（Johann Gottfried Herder, 1744-1803）時寫道：

> 至於我自己，則一無依傍，而且在一種對自己及他人底意見極為漠然的心情中，經常顛倒整個系統，並且從各種觀點來考察它，以期最後或許找到一個觀點——根據這個觀點，我能期望真實地描繪這個系統。自從我們分手後，我在許多方面都有了不同的見解，而且當我特別著意於認識人類的能力和愛好之真正使命與限度時，我相信：我在關於道德的事

---

1825), Bd. 3, S. 213.

6　*KGS*, Bd. 10, S. 56.

7　Paul Menzer: "Einleitung" zur *Grundlegung zur Metaphysik der Sitten*, in: *KGS*, Bd. 4, S. 624, Anm. 2.

8　*KGS*, Bd. 10, S. 56.

務方面終於達到極為成功的地步。現在，我正在寫一部**道德底形上學**；在這部書中，我自認為能提出**顯豁而有成效的原理**，以及一種方法——在這類知識中，那些雖然極流行、但是多半無成效的努力若是要產生用處，就得依照這種方法去安排。只要我始終不穩定的健康不妨礙我，我希望今年會完成這項工作。[9]

康德在這封信底前半部所描述的徬徨心情其實反映出他在 1766-1768 年之際在道德哲學思考方面所面臨的轉捩點：他早期受到英國道德感學派及盧梭（Jean Jacques Rousseau, 1712-1778）底倫理學之影響，此時正思突破其格局，而建立自己的倫理學系統。這封信底後半部則顯示：康德當時在倫理學思考方面已有了根本的突破。根據筆者底研究，這個突破點在於：他發現了相當於後來所謂的「定言令式」（kategorischer Imperativ）之道德原則，亦即信中所說的「顯豁而有成效的原理」[10]。

在此有一件事需要澄清。在前一（1767）年 2 月 16 日哈曼致函赫德爾時寫道：「康德碩士先生正在寫一部道德底形上學；相對於過去的這種形上學，它將對『人是什麼』比『人應當是什麼』

---

9　*Kants Briefwechsel,* in: *KGS*, Bd. 10, S. 74. 黑體字係筆者所加。按康德底原跡，此函寫於 1767 年 5 月 9 日，但據 *Kants Briefwechsel* 1922 年第二版編者之考證，此係康德之筆誤；參閱 *KGS*, Bd. 13, S. 35f.

10　參閱拙作 Ming-huei Lee: *Das Problem des moralischen Gefühls in der Entwicklung der Kantischen Ethik*（台北：中央研究院中國文哲研究所，1994), S. 123-136.

作更多的探討〔……〕。」[11]的確，康德在其〈關於 1765-1766 年冬季學期演講課安排的通告〉中，提到了在哈曼信中所提到的新方向，但這並非康德自己的獨特觀點，而是他承自盧梭的人類學方法，亦即根據其自然狀態與文明狀態底間架以確定人類本性的方法[12]。這種方法係建立在經驗的基礎上，故不屬於「道德底形上學」，因而也無關乎康德在寫給赫德爾的信中所提到的突破。由於門澤和佛爾蘭德均誤以為康德寫給赫德爾的上述信函係寫於 1767 年，他們在其〈導論〉中均假定：哈曼在此函中所提到的康德道德哲學之新方向即是康德在寫給赫德爾的上述信函中所提到的突破[13]。路德維希也有類似的誤解[14]。

然而，顯然由於健康底緣故，直到 1770 年，康德仍未完成這部著作。因為同年 9 月 2 日，他致函藍伯特時仍然表示：

為了從今年夏季折磨我的長期不適復元，但也為了在閒暇時

---

11　Hamanns Schriften, Bd. 3, S. 370; 參閱 Ming-huei Lee: *Das Problem des moralischen Gefühls in der Entwicklung der Kantischen Ethik*, S. 66-73.

12　Kant: "Nachricht von der Einrichtung seiner Vorlesungen in dem Winterhalbenjahre von 1765-1766", *KGS*, Bd. 2, S. 311f.; 參閱 Ming-huei Lee: *Das Problem des moralischen Gefühls in der Entwicklung der Kantischen Ethik*, S. 66-73.

13　*KGS*, Bd. 4, S. 624; Vorländer: "Einleitung" zur *Grundlegung zur Metaphysik der Sitten*, hrsg. K.V. (Hamburg: Felix Meiner, 1965), S. VI.

14　Bernd Ludwig: "Einleitung" zu den *Metaphysischen Anfangsgründen der Rechtslehre*, S. XV.

刻不會無所事事，我已決心在今年冬季將我對純粹道德哲學
（其中見不到經驗的原則）——且彷彿是**道德底形上學**——的
探討整理好，並且寫出來。這門道德哲學將在許多方面為形
上學已改變的形式中最主要的目標開路；而且在我看來，在
實踐學問底原則目前仍如此糟糕地被決定的情況下，它似乎
也是必要的。[15]

甚至同年 12 月 8 日，康德友人蘇爾澤（Johann Georg Sulzer, 1720-
1779）寫信給他時還特別表示：「我真希望從您那裡得知：我們是
否能期望很快看到您關於**道德底形上學**的著作。在道德學底理
論仍然如此不穩的情況下，這部著作是極其重要的。」[16]

　　但是蘇爾澤之期待依然落空了，因為康德改變了其寫作計
畫。1771 年 6 月 7 日康德在寫給其學生黑爾茲（Marcus Herz,
1747-1803）的信函中提到：

　　〔……〕我目前正忙於較詳細地撰寫一部題為「**感性與理
性底界限**」的著作，它應當包括為感性世界而決定的諸基本
概念和法則之關係，以及構成品味論、形上學和道德學底本
性的事物之綱要。[17]

---

15　*KGS*, Bd. 10, S. 97. 黑體字係筆者所加。
16　同上注，S. 112. 黑體字係筆者所加。
17　同上注，S. 123.

由這封信可知：康德擴大了其寫作計畫，而原先他打算撰寫的「道
德底形上學」只是這個新計畫之一部分，即涉及「道德學底本性」
的部分。

次（1772）年 2 月 21 日康德再度寫給黑爾茲，更詳細地說
明他的新計畫：

> 在將道德學中的感性因素和智性因素加以區別，並且將由
> 它們所產生的原理加以區別當中，我早已有了極大的進展。
> 長久以來，我也已極滿意地擬出了情感、品味和判斷力底原
> 則，以及其結果——適意、美和善。而現在我計畫寫一部著
> 作，它或許可題為：**感性與理性底界限**。在這部著作中，我
> 設想兩個部分：一個理論的部分與一個實踐的部分。第一部
> 分有兩節，包括：(1)一般而言的現象學；(2)形上學（僅就
> 其本性和方法而言）。第二部分也有兩節，包括：(1)情感、
> 品味與感性欲望底普遍原則；(2)道德底第一根據。[18]

這個新的撰寫計畫幾乎涉及三大批判底主要問題。在實踐部分中
討論「道德底第一根據」的一節即是原先計畫中的「道德底形上
學」。在這封信底另一處，康德寫道：

> 〔……〕我現在能交出一部純粹理性底批判，它包含理論
> 知識與實踐知識底本性（就這種知識是純然智性的而言）。在

---

18　同上注，S. 129.

> 這部書當中，我將先寫出第一部分（它包括形上學底來源、
> 其方法與界限），接著寫出**道德底純粹原則**，而就第一部分來
> 說，我將在大約三個月內出版。[19]

這裡所謂的「道德底純粹原則」便是上文所說的「道德底第一根
據」。眾所周知，直到 1781 年康德才出版《純粹理性批判》，而且
僅限於此處提到的第一部分。

　　然而，康德隨後又修改了其寫作計畫。1773 年年底他再度致
函黑爾茲時寫道：

> 如果我完成了我的先驗哲學（它其實是一門純粹理性底批
> 判），我會很高興。然後我就處理形上學，它只有兩個部分：
> 自然底形上學和**道德底形上學**。其中，我將先出版後者，且
> 預先期盼之。[20]

按照這個計畫，「純粹理性底批判」僅是先驗哲學，係為了建立形
上學而作準備。至於形上學底兩個部分，他將先出版「道德底形
上學」。這完全符合他後來在《純粹理性批判》一書中所提出的構
想，即是：「純粹理性底批判」只是「純粹理性底系統之預備學
（Propädeutik）」[21]，而「純粹理性底系統」（即形上學）包括「自

---

19　同上注，S. 132. 黑體字係筆者所加。

20　同上注，S. 145. 黑體字係筆者所加。

21　I. Kant: *Kritik der reinen Vernunft*（以下簡稱 *KrV*），hrsg. von Raymund

然底形上學」和「道德底形上學」[22]。

　　但是直到 1776 年，康德不但未寫出《純粹理性底批判》，也未寫出《道德底形上學》。因為同年 11 月 24 日他致函黑爾茲時寫道：

> 您知道：無待於一切經驗原則而下判斷的（亦即，純粹的）理性之領域必然可能被忽視，因為這個領域先天地存在於我們自己心中，而不可期待從經驗得到任何開顯。如今，為了根據確切的原則列舉出這個領域底全部範圍、其畫分、界限、全部內容，並且立下界碑，使人們未來能確切地知道他們是否置身於理性或理性思考之地盤上，這就需要：**純粹理性**底一門批判、一門訓練、一門法規及一門建築學，因而需要一門正規的學問——為了這門學問，人們無法利用任何已存在的學問，而且要為這門學問打下基礎，人們甚至需要完全獨特的技術性用語。我想：在復活節以前，我無法完成這項工作，而是要利用明年夏季底一部分來做這項工作，而這還得我起伏不定的健康容許我工作〔……〕[23]

在這封信中，康德根本不再提到道德哲學研究。在此之後，直到

---

Schmidt (Hamburg: Felix Meiner 1976), A11/B25.（A = 1781 年第 1 版，B = 1787 年第 2 版）

22　*KrV*, A841/B869.

23　*KGS*, Bd. 10, S. 199.

1781 年《純粹理性批判》一書出版為止，我們在康德所留下的直接文獻中，均未見到他提起其道德哲學研究，顯然康德再度改變了其寫作計畫。因此，儘管哈曼於 1779 年 5 月 17 日致函赫德爾時提到：康德正著手撰寫一部「純粹理性底道德學」[24]，而在次年 6 月 26 日寫給赫德爾的信中又提到：康德仍在撰寫其「健全理性底道德學」[25]，但由於康德從未在他處提過「純粹理性底道德學」和「健全理性底道德學」這兩個名稱，而哈曼在後一封信中也提到：他當時已很久沒見到康德了[26]，加上哈曼喜好道聽塗說的性格，佛爾蘭德懷疑其說之可靠性[27]，也就不足為奇了。

　　根據以上的資料，我們可以合理地推斷：1776 年康德已暫時放棄撰寫《道德底形上學》的計畫，而全心準備撰寫《純粹理性批判》[28]。眾所周知，《純粹理性批判》一書於 1781 年問世。如上文所述，康德將「純粹理性底批判」僅視為「純粹理性底系統之預備學」，而「純粹理性底系統」（即形上學）包括「自然底形上學」和「道德底形上學」。故該書出版之後，康德底友人便期待他繼續寫出《自然底形上學》與《道德底形上學》。例如，哈曼在同年 5 月 7 日致函《純粹理性批判》底出版商哈特克諾赫（Johann

---

24　*Hamanns Schriften*, Bd. 6, S. 83.

25　同上註，S. 145.

26　同上註，S. 140.

27　Vorländer: "Einleitung" zur *Grundlegung zur Metaphysik der Sitten*, S. VIIf.

28　參閱艾爾德曼（Benno Erdmann）為《純粹理性批判》第一版所寫的〈導論〉（*KGS*, Bd. 4, S. 579-587）。

Friedrich Hartknoch）時提到：「您千萬留意：**道德與自然底形上學**不久會接踵而來〔……〕。」[29]因此，哈特克諾赫於同年 11 月 19 日寫信給康德時在信中表示：「我期望您恩准，還是將道德與自然論底形上學交給我出版，因為這會完成您的計畫，並且形成一個整體。」[30]次（1782）年元月 11 日，哈曼在寫給哈特克諾赫的信中又提到：「康德在寫一部**道德底形上學**——我不知道是為那個出版社而寫。他還想在接近復活節時寫完他的小著作。」[31]這裡所謂的「小著作」，當係指康德計畫中為《純粹理性批判》撰寫的一部通俗摘要[32]。

　　但此時發生了一段插曲，攪亂了康德原先的計畫。1782 年 1 月 19 日在《哥廷根學報》（*Göttingische Anzeigen von gelehrten Sachen*）附冊第 1 冊刊出了一篇關於《純粹理性批判》的不具名書評[33]。這篇書評底原作者其實是加爾維（Christian Garve,

---

29　*J.G. Hamanns Leben und Schriften*, hrsg. von C.H. Gildemeister（Gotha 1857-1873), Bd. 2, S. 368.

30　*KGS*, Bd. 10, S. 279.

31　*Hamanns Schriften*, Bd. 6, S. 236. 黑體字係筆者所加。

32　參閱筆者為康德《一切能作為學問而出現的未來形上學之序論》底中譯本（台北：聯經出版公司，2008）所寫的〈中譯本導讀〉，頁 xii。

33　Zugabe zu den *Göttingischen Anzeigen von gelehrten Sache* unter der Aufsicht der Königl. Gesellschaft der Wissenschaften. Der erste Band. auf das Jahr 1782. Göttingen, gedruckt bey Johann Christian Dietrich, 3 Stück, den 19. Januar 1782, S. 40-48；亦收入 I. Kant: *Prolegomena zu einer jeden künftigen Metaphysik, die als Wissenschaft wird auftreten*

1742-1798），後經該學報底編輯費德爾（Johann Georg Heinrich Feder, 1740-1821）之大幅刪節與小幅修改，而以目前的形式發表。加爾維曾擔任萊比錫大學哲學教授，是 18 世紀德國「通俗哲學」（Populärphilosophie）之代表。在這篇書評中，評論者將《純粹理性批判》視為「一套高級的（或者如作者所稱，超越的）觀念論之系統」[34]，並且將它與英國經驗論哲學家柏克萊（George Berkeley, 1685-1753）之觀念論混為一談[35]。這篇書評引起了康德底極度不滿，促使他改變了原先的計畫，而在上述計畫撰寫的通俗摘要中針對〈哥廷根評論〉加入一些釐清與辯解的文字，而成為《一切能作為學問而出現的未來形上學之序論》（*Prolegomena zu einer jeden künftigen Metaphysik, die als Wissenschaft wird auftreten können*，以下簡稱《序論》）一書[36]。

《序論》於 1782 年 9 月中旬完稿，而於次年春季出版，正好趕上復活節年市。此後，康德再回頭撰寫關於道德哲學的著作。1783 年 8 月 16 日他在寫給好友孟德爾頌（Moses Mendelssohn, 1729-1786）的信中明白地表示：

今年冬季我將完成我的**道德學底第一部分**（如果不是全部，

---

können, hrsg. von Konstantin Pollok（Hamburg: Felix Meiner, 2001），S. 183-190.

34　Pollok（Hrsg.）: *Prolegomena...*, S. 183.

35　同上書，S. 184.

36　關於《序論》一書底成書始末及其相關問題，參閱筆者為該書中譯本所寫的〈中譯本導讀〉。

也是大部分）。這部著作能有較大的通俗性，但其本身決不具有一種開拓心胸的吸引力，即是在我看來，決定全部人類理性底界限與全幅內容的那種指望所產生的吸引力。尤其這也是因為甚至道德學若想在完成時跨越至宗教，而無上述那種預備工作和確切決定，它不可避免地會陷入反對與懷疑，或者妄想與狂熱之中。[37]

此處提到的「道德學底第一部分」是否即是 1785 年出版的《道德底形上學之基礎》（*Grundlegung zur Metaphysik der Sitten*，以下簡稱《基礎》）呢？門澤和佛爾蘭德均持保留的看法[38]。但筆者認為其可能性極大。因為康德在《基礎》中提到：除了「純粹實踐理性底批判」之外，道德底形上學根本沒有其他的基礎[39]。故此函中所謂「決定人類底整個理性之界限和全幅內容」的「那種預備工作和確切決定」，很可能就是指「純粹實踐理性底批判」。若這項推斷無誤的話，則他所謂「我的道德學底第一部分」應當就是指《基礎》一書。

然而，康德為何不直接撰寫《實踐理性批判》，正如他直接撰寫《純粹理性批判》？或是直接撰寫《道德底形上學》呢？我們可以合理地推測：《純粹理性批判》遭到誤解的前車之鑑促使康德

37　*KGS*, Bd. 10, S. 346f. 黑體字係筆者所加。

38　*KGS*, Bd. 4, S. 626; Vorländer: "Einleitung" zur *Grundlegung zur Metaphysik der Sitten*, S. IX.

39　*Grundlegung zur Metaphysik der Sitten*（以下簡稱 *GMS*），*KGS*, Bd. 4, S. 391.

決定先撰寫這部「有較大的通俗性」的《基礎》一書。況且他在《基礎》一書底〈前言〉中也詳細交代了他之所以不先撰寫《實踐理性批判》與《道德底形上學》的理由：

> 然而，一則，前一種批判〔按：指純粹實踐理性底批判〕不像後一種批判〔按：指純粹思辨理性底批判〕那樣極端必要，因為在道德領域中，人類理性（甚至在最通常的知性中）能輕易地達到最大的正確性和周詳性；反之，它在理論的且純粹的運用中卻是完全辯證的。再則，我要求：純粹實踐理性底批判若要成為完整的，我們就得能同時顯示實踐理性和思辨理性之統一於一項共通原則之下；因為到底只能有同一個理性，而它僅在應用上才須分別開來。但我在此若不引進另外一種考察，而攪亂讀者底心思，就仍然無法使這項工作達到這樣一種完整性。為此緣故，我使用了「**道德底形上學之基礎**」一名，以代替「**純粹實踐理性底批判**」之名。

> 而第三點，甚至一部道德底形上學雖有嚇人的標題，仍然能夠有極大的通俗性，且極為適合通常的知性；因此我發現：將這項預備基礎的工作從道德底形上學分開來，使我以後毋須將在此無法規避的精微討論附在較易理解的學說中，是有好處的。[40]

---

40　*GMS*, *KGS*, Bd. 4, S. 391f.

康德顯然將《基礎》一書視為「純粹實踐理性底批判」之預備工作，這也可佐證筆者之上述假設。

不過，在這當兒發生了一個小插曲。在 1783 年米迦勒節年市中加爾維出版了一本書，題為《對西塞羅論義務之書的哲學性說明和討論》（*Philosophische Anmerkungen und Abhandlungen zu Ciceros Büchern von den Pflichten*）。康德對此書顯然頗不以為然，一度想加以反駁。1784 年 4 月 30 日哈曼寫信給友人繆勒（Johann Georg Müller, 1759-1819）時提到：「康德在寫一部道德學底**引論**，他最初想以反批評稱之，而據說這部書牽涉到加爾維底《西塞羅》。」[41]同年 5 月 2 日，他在寫給赫德爾的信中更明白地說道：「他〔按：指康德〕正為完成其系統而努力工作。對於加爾維底《西塞羅》的反批評已變成一部道德學底引論。」[42]佛爾蘭德據此推斷：康德在 1784 年 2、3 月之際曾有意針對加爾維底上述著作撰寫一本書，並且在其中表達他自己的倫理學觀點，但不久就放棄這項計畫，而致力於撰寫《基礎》一書[43]。

《基礎》一書大約於完稿於 1784 年 8、9 月之間，而於次年 4 月趕上在復活節年市出版[44]。康德在《基礎》底〈前言〉中預告

41　*J.G. Hamanns Leben und Schriften*, Bd. 3, S. 12.

42　*Herders Briefe an Joh. Georg Hamann*, hrsg. von Otto Hoffmann（Berlin: Gaertner, 1889）, S. 266.

43　Karl Vorländer: "Einleitung" zur *Grundlegung zur Metaphysik der Sitten*, S. Xf.

44　參閱拙作：〈《道德底形上學之基礎》一書之成書過程及其初步影響〉，前引書，頁 xv-xvii。

說：「我決心有朝一日提出一部**道德底形上學**，如今先發表這部
《基礎》。」[45]但這項承諾要在十二年後才兌現！同年 9 月 13 日
康德致函《耶拿文學通報》底編輯（*Jenaer Allgemeine Litera-
turzeitung*）徐次（Christian Gottfried Schütz, 1747-1832）時提到：
他已於該年夏季完成了《自然科學之形上學根基》（*Metaphysische
Anfangsgründe der Naturwissenschaft*）一書，而「如今立刻著手完
成**道德底形上學**」[46]。

當時的德國哲學界的確有不少人殷切期盼《道德底形上學》
之出版。例如，康德底學生耶尼胥（Daniel Jenisch, 1762-1804?）
在讀過《基礎》一書後，於 1787 年 5 月 14 日寫信給康德說：

> 教授先生閣下！在我所認識的學者當中，您的《道德底形
> 上學之基礎》所遭到的反對比您的《批判》多得多；而人們
> 不可能願意相信：自然已在如此堅實的基礎上建立了道德學。
> 然而，有些哥廷根人熱情地寫信告訴我該書中極為新穎而特
> 異的真理；大家都殷切盼望您的**道德底形上學**。[47]

然而康德此時忙於撰寫《實踐理性批判》與《判斷力批判》。《實
踐理性批判》於該年年底完稿付印，次年年初出版。

1789 年 5 月 26 日康德在寫給黑爾茲的信中提到：他的《判

---

45  *GMS, KGS*, Bd. 4, S. 391. 黑體字係筆者所加。

46  *KGS*, Bd. 10, S. 406. 黑體字係筆者所加。

47  同上注，S. 486. 黑體字係筆者所加。

斷力批判》即將問世，而他計畫「根據上述的批判性要求寫出自然與道德底形上學之一個系統」[48]。《判斷力批判》於次年復活節年市問世。此後，德國學界依然殷切期待《道德底形上學》之出版。例如，1791 年 5 月 10 日康德底追隨者雅可布（Ludwig Heinrich Jakob, 1759-1827）致函康德時提到：「我聽說：您將送給讀者一部**道德學與自然法**。」[49]其實，雅可布係從康德底學生基塞維特爾（Johann Gottfried Carl Christian Kiesewetter, 1766-1819）那裡得到這個消息[50]。同年 6 月 14 日基塞維特爾致函康德時也提到：「您的**道德學**未在這次年市〔按：指復活節年市〕出版，引起不少注意，因為人們的確期待它。」[51]

　　康德的通信也證實了他正在撰寫《道德底形上學》。1792 年 12 月 21 日康德在寫給其後輩艾爾哈特（Johann Benjamin Erhard, 1766-1827）的信中與他討論法學家克萊恩（Ernst Ferdinand Klein, 1744-1810）底刑法理論時表示：

　　它們〔按：指關於克萊恩刑法理論的兩個命題〕屬於「**對自己的義務**」底標題，而我將在我正從事的道德底形上學中，

---

48　*KGS*, Bd. 11, S. 49.

49　同上注，S. 258. 黑體字係筆者所加。

50　這證諸康德底另一個學生貝克（Jacob Sigismund Beck, 1761-1840）於 1791 年 6 月 1 日寫給康德的信（*KGS*, Bd. 11, S. 263）。

51　*KGS*, Bd. 11, S. 265. 黑體字係筆者所加。

特別以不同於尋常的方式探討這些義務。[52]

1793 年 9 月 18 日巴托爾迪（Georg Wilhelm Bartholdy, 1765-1815）
致函康德時也寫道：「我期待您的**道德底形上學**，如費希特先生在
路過時使我確信的，其完成應當不遠了。」[53]這裡所提到的「費
希特先生」便是康德底追隨者費希特（Johann Gottlieb Fichte, 1762-
1814）。他在一封可能是寫於 1794 年 6 月 17 日的信中向康德表
示：「我殷切期盼您的**道德底形上學**。」[54]此外，康德在停開了五
年之後，於 1793/1794 年冬季學期重新開道德哲學的課程[55]，課程
內容經維基藍提伍斯（Johann Friedrich Vigilantius, 1757-1823）之
筆記後，以「道德底形上學」為標題，收入學術院本《康德全集》
第 27 冊。

　　然而，眾所期盼的《道德底形上學》始終未出版。到底是何
原因耽誤了他的寫作呢？詩人席勒（Friedrich von Schiller, 1759-
1805）於 1794 年 10 月 26 日寫給艾爾哈特的信中透露了其中的
一點訊息。席勒在信中寫道：

　　財產權之推衍如今是一個使極多有思想的人忙碌之要點，
　　而我從康德本人那裡聽到：我們應當能在他的**道德底形上學**

---

52　同上注，S. 399.

53　同上注，S. 450.

54　同上注，S. 512. 黑體字係筆者所加。

55　參閱 Emil Arnoldt: *Gesammelte Schriften*, Bd. 5（Berlin: Bruno Cassi-
　　rer, 1909），S. 335.

期待關於這點的一些想法。但我同時聽到：他不再十分滿意於他對這點的想法，且因此將出版暫時打住了。[56]

此外，康德於同年 11 月 24 日寫給《判斷力批判》底出版商德·拉·嘉爾德（François Théodore de la Garde）的信中又透露了進一步的訊息。康德在信中提到其工作中的兩個障礙：

> 其一是：以我的極度高齡，我的著述工作僅是緩慢地進展，而且經常因身體不適而中斷，以致我無法為工作之完成確切地決定任何日期（至少不是現在）。另一者是：既然我的主題其實是最廣義的形上學，而且作為這樣的學問，包括神學、道德學（連帶地也包括宗教），以及自然法（連帶地也包括國家法與國際法）──儘管僅就單是理性能對他們所說的而言──，但目前審查機關正嚴屬管制這門學問，故人們無法確定：他們在任何這些學科當中想要承擔的全部工作是否可能被審查者一筆勾銷。[57]

此時距離 1789 年爆發的法國大革命不久。普魯士國王腓特烈·威廉二世（Friedrich Wilhelm II）任命極端保守的渥爾納（Johann Christoph von Wöllner, 1732-1800）為首相，頒布宗教敕

---

56 *Schillers Werke*（Weimar: Verlag Hermann Bohlaus Nachfolger, 1943f., Nationalausgabe），Bd. 27, S. 72. 黑體字係筆者所加。

57 *KGS*, Bd. 11, S. 531.

令與書刊審查敕令，以打壓啟蒙運動。普魯士甚至於 1791 年同
奧地利簽訂皮爾尼茲（Pillnitz）協定，共同要求法國恢復君主政
體。法國國民會議於次年 4 月決議對奧、普兩國宣戰。奧、普聯
軍遂於同年 8 月進逼巴黎，但於瓦爾米（Valmy）會戰失利後撤
軍。最後，雙方於 1795 年 4 月 5 日簽訂巴塞爾（Basel）和約，
結束了這場戰爭。在這種時代背景之下，同情法國大革命的康德
受到極為嚴峻思想與言論檢查。

　　1792 年 3 月康德在《柏林月刊》（*Berlinische Monatsschrift*）
上發表了〈論人性中的根本惡〉（"Über das radikale Böse in der
menschlichen Natur"）一文。此文通過了審查。但他接著寄送的〈論
善的原則與惡的原則為了對人的統治之鬥爭〉（"Von dem Kampf
des guten Prinzips mit dem bösen um die Herrschaft über den
Menschen"）一文卻未通過審查。後來，康德將這兩篇論文連同另
外兩篇論文輯成《單在理性界限內的宗教》（*Die Religion innerhalb
der Grenzen der bloßen Vernunft*）一書。他很技巧地避開了柏林審
查局，而在耶拿取得了出版許可，並且於 1793 年出版了該書。這
部書及其他論文之出版終於觸怒了普魯士政府，而受到其警告。
康德在其答辯書中不得不對腓特烈·威廉二世承諾「對於宗教（不
論是自然宗教還是啟示宗教），我今後將完全放棄一切公開講述
（不但在演講中，也在著作中）」[58]。

　　普魯士政府底審查制度雖然延誤了康德撰寫《道德底形上
學》的計畫，但並未阻止康德撰文討論相關的主題。例如，他於

---

58　Kant: *Der Streit der Fakultäten, KGS*, Bd. 7, S. 10.

1793 年 9 月在《柏林月刊》發表了一篇長文〈論俗語所謂：這在理論上可能是正確的，但不適於實踐〉（ "Über den Gemeinspruch: Das mag in der Theorie richtig sein, taugt aber nicht für die Praxis" ）。這篇論文共包括三節，而在這三節中，康德就理論與實踐之關係，分別從道德學、國家法與國際法底層面來反駁加爾維、霍布斯（Thomas Hobbes, 1588-1679）與孟德爾頌之相關論點。這些論點均涉及康德在《道德底形上學》中所討論的主題。

　　接著，康德於 1795 年針對上述的巴塞爾和約出版了一本小書《論永久和平——一項哲學性規畫》（ Zum ewigen Frieden. Ein philosophischer Entwurf ）。此書分別從國家法、國際法與世界公民權底層面提出康德底公法理論。次年該書再版時，康德特別在第二章增加了第二項附釋〈永久和平底祕密條款〉。這項條款便是：「**為戰爭而武裝的國家應當諮詢哲學家為公共和平底可能性之條件所訂的格律。**」[59]康德特別提出如下的說明：

　　　　君王從事哲學思考，或者哲學家成為君王，這是不可遇，亦不可求的；因為權力之占有必然會腐蝕理性之自由判斷。但是，君王或君王般的（根據平等法則來自治的）民族不讓哲學家底階層消失或沉默，而讓他們公開發言，這對於兩者之了解其工作是不可或缺的。再者，由於這個階層依其本性

---

59　*KGS*, Bd. 8, S. 368.

並無能力結黨或組織俱樂部，他們無從事**宣傳**的嫌疑。[60]

這無異公開抗議普魯士政府對言論自由的審查與箝制！

　　依康德底原先構想，《法權論》與《德行論》係《道德底形上學》一書的兩個部分。他何時決定將這兩個部分分別出版？其原因為何？由現存的資料已不可考。但由 1796 年 11 月 19 日康德寫給史坦格（Konrad Stang）的信中可知：他已於數週前將《法權論》送印，並且預期它會在耶誕節前後問世[61]。此時，《德行論》顯然尚未完稿。因為雅可布於同年 12 月 7 日寫信給康德時提到：他從基瑟維特爾那裡得悉，康德正在撰寫《德行論》[62]。由康德在 1797 年 7 月 29 日所寫的一封信函中可知：他已於那年的復活節年市之前將《德行論》底完整手稿交給出版商[63]。同年 8 月 28 日的《柯尼希貝爾格學術與政治報》（*Königsbergische gelehrte und politische Zeitugen*）發布《德行論》已出版的消息。根據路德維希底推斷，《法權論》大約完稿於 1796 年 10 月，出版於 1797 年元月；《德行論》大約完稿於 1797 年 2 月，出版於 1797

---

60　同上注，S. 369.

61　此函並未收入學術院版《康德全集》，而是收入 1974 年 3 月 12 至 4 月 10 日在曼茲（Mainz）的古騰堡博物館（Gutenberg-Museum）舉行的康德特展之目錄第 59 頁。

62　*KGS*, Bd. 12, S. 134. 由於此信有殘缺，其收件人不詳。康德底追隨者羅依斯（Maternus Reuß）於 1797 年 4 月 21 日寫給康德的信也證實了這點（*KGS*, Bd. 12, S. 160）。

63　*KGS*, Bd. 12, S. 187f. 由於這封信有殘缺，其收件人不詳。

年 8 月[64]。

　　《法權論》與《德行論》二書先後出版之後，立即引發了不少書評及相關的論文（請參閱本書所附的〈相關文獻〉）。其中有一篇關於《法權論》的書評特別值得注意。這篇書評係以匿名發表於 1997 年 2 月 18 日出版的《哥廷根學報》第 28 期第 65-76 頁[65]。根據費希特在 1798 年元旦寫給康德的信所透露，其作者是哥廷根大學哲學教授布特爾維克（Friedrich Bouterwek, 1766-1828）[66]。這篇書評除了在開頭與結尾講了幾句恭維康德的客套話之外，對康德在《法權論》中的觀點提出一連串的質疑與批評。在評論了該書底前半部之後，評論者底筆鋒一轉，寫道：

> 評論者由於相信作者先生所提出的真理超過模稜兩可的混雜主張而追隨他，到此大約便到了界限。但是從第 129 頁起，直到書末，幾乎通篇都是悖論接著悖論。[67]

其語氣實不可謂不嚴厲！康德對這篇書評極為重視。為了回應布特爾維克底質疑與批評，康德特地撰寫了〈對於法權論之形上學

---

64　Ludwig: "Einleitung" zu den *Metaphysischen Anfangsgründen der Rechtslehre*, S. XXIIff.; 參閱 Paul Natorp: "Einleitung" zur *Metaphysik der Sitten* (Akademieausgabe), Bd. 6, S. 517f.

65　收入 *KGS*, Bd. 20, S. 445-453.

66　*KGS*, Bd. 12, S. 230.

67　*KGS*, Bd. 20, S. 451. 引文中所標示的「第 129 頁」係原版底頁碼，相當於學術院本《法權論》第 290 頁第 25 行。

根基的闡釋性附注〉（"Erläuternder Bemerkungen zu den metaphy-
sischen Anfangsgründen der Rechtslehre"，以下簡稱〈闡釋性附
注〉）。全文除了導論與結語之外，共包括八節。康德在一開頭便
交代了他撰寫〈闡釋性附注〉的動機，係由於《哥廷根學報》底
書評。他稱這篇書評對《法權論》「雖有深刻而犀利的審查，但也
有所同情」[68]。

　　根據路德維希底考證，〈闡釋性附注〉大約完稿於 1798 年 4
月[69]。同年 5 月 7 日康德致函出版商尼可羅維伍斯（Friedrich
Nicolovius），指示他將《法權論》第二版及《闡釋性附注》分別
出版，讓已擁有《法權論》的讀者只消購買《闡釋性附注》即可[70]。
但是尼可羅維伍斯並未完全遵從康德的指示，而是除了出版《闡
釋性附注》的單行本之外，又將《闡釋性附注》插入《法權論》
第二版，而且不恰當地將這個《附注》插入《法權論》底第一篇
〈關於一般而言的外在所有物之司法〉與第二篇〈公法〉之間（其
實應附於全書之後）。根據路德維希之推斷，《闡釋性附注》大約
於 1798 年 4 月完稿。根據一篇關於《法權論》第二版的匿名書
評，此書第二版應當在 1799 年的復活節年市問世[71]；《闡釋性附

---

68　*KGS*, Bd. 6, S. 356.

69　Ludwig: "Einleitung" zu den *Metaphysischen Anfangsgründen der
　　Rechtslehre*, S. XXIIff.

70　*KGS*, Bd. 12, S. 244.

71　*Juristische Literatur-Zeitung*, I. Bd., Halle 1799, S. 78-80. 評論者指出：
　　既然《法權論》第二版係在 1799 年復活節年市才問世，故版權頁上
　　所標示的出版年代 1798 年顯然是錯誤的。

注》之單行本亦當同時出版。至於《德行論》，則是於 1803 年再版。

## 二、《道德底形上學》之版本問題

　　《法權論》與《德行論》二書底第二版均有不少修改。問題是：這些修改是康德自己所為？還是出版商或其他人所為？納托爾普認為：除了《法權論》之一處[72]係為了回應布特爾維克之書評，而由康德親自修改之外，其餘修改均非康德親自所為。衡諸康德當時的高齡與身心狀態，納托爾普底推斷應屬合理[73]。例如，康德於 1798 年 9 月 21 日致函加爾維時如此描述他自己的身心狀態：「〔……〕儘管平時身體極其健康，但對於精神工作，卻像是癱瘓了〔……〕。」[74]又如，康德致函其姪女婿蕭恩（Carl Christian Schoen）時寫道：「我的精力逐日衰退，我的肌肉萎縮；而儘管我

---

[72] *KGS*, Bd. 6, S. 249, Z. 1-3. 布特爾維克在其書評中質疑道：「但是何謂**傷害**？『法律上的傷害』底概念豈非預設『所有物』底概念？」康德因此在「傷害」（Läsion）一詞後面加上一段解釋：「對我的自由之損害，而我的自由能根據一項普遍法則而與每個人底自由共存。」

[73] 路德維希也有類似的推斷；參閱其"Einleitung" zu den *Metaphysischen Anfangsgründen der Tugendlehre*, S. XXVf.; ders., *Kants Rechtslehre* (Hamburg: Felix Meiner, 1988), S. 39f.

[74] *KGS*, Bd. 12, S. 257.

從未得到任何真正的疾病，並且現在也不怕任何疾病，但迄今為止，我已經有兩年未走出我的房子了〔……〕。」[75]故本譯本以第一版為準，唯有在文句實在不通而致文義不清時，才採納第二版底文本。

然而，《法權論》底文本問題更為複雜。由於此書底文本有不少不連貫、不順適，甚至難解之處，有人主張此書底文本有錯亂，並將它歸咎於康德底高齡。遠者如叔本華（Arthur Schopenhauer, 1788-1860）在其《作為意志與表象的世界》第一冊附錄〈康德哲學之批判〉中寫道：

> 《法權論》是康德最晚期的著作之一，而且是如此無力的著作，以致我雖然完全不同意它，卻認為對它的辯駁是多餘的；因為它彷彿不是這位偉人底著作，而是一個凡夫俗子底產物，必然由於它自己的虛弱而自然死亡。[76]

近者如當代德國學者伊爾廷（Karl-Heinz Ilting, 1925-1984）在談到康德法哲學之形成時表示：「康德一方面可能已接上由霍布斯與普芬道夫（Samuel Pufendorf, 1632-1694）所發展出來的自然法學說，而另一方面是到了高齡且不再有充分精力時才闡述其『法

---

75　*KGS*, Bd. 12, S. 340.

76　Schopenhauer: *Die Welt als Wille und Vorstellung*, Bd. 1, in: Schopenhauer: *Sämtliche Werke*（Darmstadt: Wissenschaftliche Buchgesellschaft, 1989）, Bd. 1, S. 707.

權論』。」[77]

　　路德維希也認為《法權論》底文本有錯亂，但他不將此歸咎於康德底高齡導致的身心狀態，而歸咎於排版過程中的失誤。他想像一個很複雜的過程：康德將手稿底不同部分組合起來，加以訂正，又取出部分，並以附加的紙條補充原稿。然後康德將這份材料委託給助手繕寫，助手再加上章節編號。繕寫好的稿本再通過出版商交給印刷廠。在印刷廠，文本被排版成頁，再由校對者據稿本檢查後才印刷成書。他又猜測：康德常在使用過的紙張背面寫稿，而背面的文字被誤作原稿底一部分；也可能是康德底指示被誤解或原稿底紙張被錯置，而導致章節次序之錯亂[78]。再者，在《法權論》完稿之後，康德緊接著撰寫《德行論》，亦無暇親自校對清樣。總之，路德維希主張：「1797 年的這本論文係以一份在付印過程中被攪亂的手稿為依據，而這份手稿可藉由文獻學的手段根據流傳下來的文本去重建。」[79]因此，路德維希所編輯的《法權論》（Felix Meiner 出版社「哲學叢書」版）對原版作了不小幅度的大膽改動，包括文本調整、刪節與章節重組，較大的改動共有十四處[80]。路德維希還根據他重建的文本，撰寫了一部詮

---

77　lting: "Gibt es eine kritische Ethik und Rechtsphilosophie Kants?", *Archiv für Geschichte der Philosophie*, Bd. 63（1981）, S. 326, Anm. 6.

78　Ludwig: "Einleitung" zu den *Metaphysischen Anfangsgründen der Rechtslehre*, S. XXIXf.

79　同上注，S. XXIX.

80　參閱同上注，S. XXXI-XXXVI..

釋性的《康德底法權論》[81]。

然而，路德維希重建《法權論》文本的做法亦受到質疑。例如德國重要的康德專家克爾斯丁（Wolfgang Kersting, 1946- ）在為路德維希底《法權論》新版本撰寫的書評中便強烈質疑他的做法。克爾斯丁認為：「路德維希對康德法權論的重新編輯決非在考證學上無危險的。為文本之修正與重建決定方向的判準並非在詮釋上保持中立而起作用的。」[82]質言之，在克爾斯丁看來，路德維希對《法權論》的版本重編與他對康德法權論的詮釋之間有循環論證之嫌疑。由於路德維希之假設過於大膽，因而臆測性過高，筆者贊同克爾斯丁之看法。因此，本譯本不以路德維希底《法權論》新版本為依據，依然以學術院底舊版本為依據。

# 三、《道德底形上學》之哲學意義

在《道德底形上學》之兩個部分當中，《法權論》底哲學價值較易理解，因為這是康德唯一一部完整討論法哲學的著作。上文提到：康德在〈論俗語所謂：這在理論上可能是正確的，但不適於實踐〉及《論永久和平———一項哲學性規畫》中已討論到法哲

---

81  Bernd Ludwig: *Kants Rechtslehre*. Hamburg: Felix Meiner, 1988.

82  Wolfgang Kersting: "Rezension von Immanuel Kant: *Metaphysische Anfangsgründe der Rechtslehre*. Neu hrsg. von Bernd Ludwig, Hamburg: Meiner 1986", *Archiv für Geschichte der Philosophie*, Bd. 71（1989）, S. 101.

學底部分議題。此外，在〈在世界公民底觀點下的普遍歷史之理念〉（"Idee zu einer allgemeinen Geschichte in weltbürgerlicher Absicht", 1784）、〈評胡菲蘭底《試論自然法底原理》〉（"Rezension von Gottlieb Hufelands Versuch über den Grundsatz des Naturrechts", 1786）、〈重提的問題：人類是否不斷地趨向於更佳的境地？〉（"Erneuerte Frage: Ob das menschliche Geschlecht im beständigen Fortschreiten zum Besseren sei?"）[83]三篇論文中，康德亦論及法哲學底議題。但以上的五種著作，或是泛論法權（Recht）底概念，或是僅討論公法（包括國家法、國際法與世界公民權三個層面）。

對比於上述的著作，《法權論》之重要性就在於：它不但探討「法權」底一般概念與公法底三個層面，還以更大的篇幅完整地探討私法底諸層面。因此，我們要了解康德底私法理論，最主要的憑藉便是《法權論》。在有關私法的探討中，康德先討論「外在的所有物」（das äußere Mein und Dein），再探討私法底三個層面，即「物權」（Sachenrecht）、「人格權」（persönliches Recht）與「出於物的方式的人格權」（das auf dingliche Art persönliche Recht）。所謂「出於物的方式的人格權」係指帶有物權特徵的人格權，包括婚姻權、親權與家長權。以婚姻權為例，康德先界定婚姻關係中的性交合為「一個人對另一個人底性器官與能力的交互使用」[84]，再說明其混合特徵如下：

---

83　此文收入 1798 年出版的《學科之爭論》（*Der Streit der Fakultäten*），為其第二章。

84　*MSR, KGS*, Bd. 6, S. 277.

　　因為一性對另一性底性器官的自然使用是一種**享受**
（Genuß），而為了這種享受，一方委身於另一方。在這個行
動中，一個人使自己成為物，而這與他自己人格中的「人」
（Menschheit）之權利相牴牾。只有在唯一的一項條件下，這
才是可能的，此即：當一個人格**如同物一般地**被另一個人所
取得，而前者又反過來取得後者時，這樣一來，這個人格便
重新贏得自己，並且再度恢復其人格性。[85]

大陸學者蔣慶曾如此描述「德國唯心論」：

　　德國唯心論的特徵就是形而上學占優勢，不管是康德的道
德形上學還是黑格爾的精神形上學，其關注的重點都是遠離
現實的概念系統。這些形上學追求的只是自身概念系統的統
一與完善，而不關心活生生的現實存在及其要求。[86]

這番評論頗能代表一般人對康德哲學的刻版印象，但是當蔣慶看
到康德如此界定婚姻權時，恐怕會瞠目結舌吧！
　　接著，筆者要討論《德行論》在康德倫理學發展中的意義。
筆者底討論集中在以下的三個問題：一、《德行論》與較早出版的
兩部倫理學著作《基礎》（1785）與《實踐理性批判》（1788）之

---

85　*MSR*, *KGS*, Bd. 6, S. 278.

86　蔣慶：《政治儒學：當代儒學的轉向、特質與發展》（台北縣：養
　　正堂文化事業公司，2003），頁46。

關聯為何？二、相較於先前出版的兩部倫理學著作，《德行論》有何新的內容？三、對於當前的倫理學研究而言，《德行論》有何特殊意義？以下即分別討論之。對於前兩個問題，德國學者許慕克（Josef Schmucker）在其 1955 年發表的一篇長文〈康德倫理學中的形式主義與實質的目的原則〉[87]中作了極詳細的闡述，迄今仍極具參考價值，故筆者以下的相關討論基本上循其思路進行。

　　先討論第一個問題。關於這個問題，康德自己在《基礎》一書底〈前言〉就作了清楚的說明：

　　　　我決心有朝一日提出一部道德底形上學，如今先發表本書。誠然，除了**純粹實踐理性**底批判之外，道德底形上學根本沒有其他的基礎，正如除了我已發表的純粹思辨理性底批判之外，形上學並無其他的基礎一樣。然而，一則，前一種批判不像後一種批判那樣極端必要，因為在道德領域中，人類理性（甚至在最通常的知性中）能輕易地達到最大的正確性和周詳性；反之，它在理論的且純粹的運用中卻是完全辯證的。再則，我要求：純粹實踐理性底批判若要成為完整的，我們就得能同時顯示實踐理性和思辨理性之統一於一項共通原則之下；因為到底只能有同一個理性，而它僅在應用上才須分

---

87　Josef Schmucker: "Der Formalismus und die materialen Zweckprinzipien in der Ethik Kants", in: Johannes B. Lotz (Hrsg.), *Kant und die Scholastik heute* (Pullacher philosophische Forschungen, Bd. 1, Pullach bei München: Verlag Berchmanskolleg, 1955), S. 155-205.

別開來。但我在此若不引進另外一種考察，而攪亂讀者底心思，就仍然無法使這項工作達到這樣一種完整性。為此緣故，我使用了「**道德底形上學之基礎**」一名，以代替「**純粹實踐理性底批判**」之名。[88]

根據此處所言，《實踐理性批判》是《道德底形上學》（當然包括《德行論》）之基礎，而《基礎》又是《實踐理性批判》之預備工作，以便集中探討倫理學底基本原則（定言令式）及其推證（Deduktion）。在《道德底形上學》之〈前言〉中，康德也說明：「在**實踐**理性底批判之後應當有一個系統，即**道德**底形上學──它分為**法權論**之形上學根基與**德行論**之形上學根基〔……〕。」[89]

此外，康德在《實踐理性批判》底〈前言〉中也有如下的一段說明：

　　純粹實踐理性底這樣一種系統（在此係由這種理性之批判發展出來）是否已費了或多或少的辛勞，以便特別不錯失能據以恰當地勾畫這種理性底整體的正確觀點，我必須留待這樣一類工作底行家去評斷。這個系統固然預設《**道德底形上學之基礎**》，但僅是就後者使人初步熟悉義務底原則，而且提出並證成義務底一項確定程式而言；在其他其況下，這個系統是獨立存在的。至於一切實踐的學問之**畫分**並未如思辨理

---

88　*GMS*, *KGS*, Bd. 4, S. 391.

89　*MSR*, *KGS*, Bd. 6, S. 205.

性底批判所做的那樣，為了**完整性**而被附加上去，其有效的
理由也見諸這種實踐的理性能力之特性當中。因為「將諸義
務特別規定為人底義務，以便將它們加以畫分」一事，唯有
在這種規定底主體（人）事前依其據以現實存在的特性（儘
管只是在對於一般而言的義務為必要的範圍之內）而被認識
時，才是可能的。但是這種規定不屬於一般而言的實踐理性
之批判，而這種批判只該完整地說明這種理性底可能性、其
範圍與界限，而不特別針對人性。因此，這種畫分在此屬於
學問底系統，而非批判底系統。[90]

根據這段說明，《基礎》之所以是《實踐理性批判》之預備工作，
係由於它「使人初步熟悉義務底原則，而且提出並證成義務底一
項確定程式」。至於他所謂「一切實踐的學問之畫分」（包括「將
諸義務特別規定為人底義務，以便將它們加以畫分」），顯然是指
《道德底形上學》（所謂「學問底系統」）之工作。

　　康德還特別強調：這種畫分唯有「在這種規定底主體（人）
事前依其據以現實存在的特性〔……〕而被認識時」，才是可能
的。這就涉及《基礎》、《實踐理性批判》二書與《道德底形上學》
之不同任務。在《基礎》與《實踐理性批判》中，康德強調「純
粹的道德哲學」（即道德底形上學）必須「完全清除了一切只能是

---

90　I. Kant: *Kritik der praktischen Vernunft*（以下簡稱 *KpV*），*KGS*, Bd. 5,
　　S. 8.

經驗的、且屬於人類學的事物」[91]。因此他問道：

> 學問底本性難道不要求我們始終謹慎地將經驗的部分與理
> 性的部分分開，並且在依本義而言的（經驗的）自然學前面
> 預置一門自然底形上學，而在實踐人類學前面預置一門道德
> 底形上學嗎？這兩門形上學必須謹慎地清除一切經驗之物，
> 以了解純粹理性在這兩種情況下能有多少成就，以及它本身
> 從什麼來源取得它這種先天的教導〔……〕[92]

但是在《道德底形上學》中，他卻進一步強調：

> 如同在一門自然底形上學當中也必須有將那些關於一般而
> 言的自然之普遍的最高原理應用於經驗底對象的原則，一門
> 道德底形上學也不能欠缺這類原則，而且我們將時常必須以
> 人之特殊**本性**（Natur）──它唯有靠經驗去認識──為對象，
> 以便在這種本性中**印證**由普遍的道德原則得出的結論，但卻
> 不會因此而對這些道德原則之純粹性有所損害，也不會因此
> 而使其先天來源受到懷疑。這等於是說：一門道德底形上學
> 無法以人類學為根據，但卻能應用於人類學。[93]

---

91　*GMS, KGS*, Bd. 4, S. 389.

92　同上注，S. 388f.

93　*MSR, KGS*, Bd. 6, S. 216f.

綜而言之,《基礎》與《實踐理性批判》二書僅立足於倫理學的原則論（ethische Prinzipienlehre）底層面,而《道德底形上學》則進一步將道德法則應用於人性上,而涉及實踐人類學底層面。因此,康德在前兩書中討論「義務」概念時,並未特別考慮人底特徵（人性）,而在《道德底形上學》中,他特別「將諸義務特別規定為**人底義務**,以便將它們加以畫分」[94],故必須涉及實踐人類學底知識。

其次,《基礎》和《實踐理性批判》二書與《道德底形上學》之基調亦有所不同:前者突出康德倫理學底形式主義特徵,後者則提出「同時是義務的目的」（Zwecke, die zugleich Pflichten sind）底概念,因而包括一套「目的學說」（Zwecklehre）。康德在《基礎》中將道德法則（定言令式）界定為一項「形式原則」。他寫道:

> 欲求底主觀根據是**動機**（Triebfeder）,意欲底客觀根據是**動因**（Bewegungsgrund）;因此有主觀目的（它們基於動機）和客觀目的（它們取決於對每個有理性者均有效的動因）之區別。如果實踐的原則不考慮一切主觀目的,它們便是**形式的**;但如果它們以主觀目的、因而以某些動機為根據,它們便是**實質的**。一個有理性者隨意選定為其行為底**結果**的那些目的（實質的目的）,均是相對的;因為唯有它們對主體底一種特殊欲求能力的關係能予它們以價值。所以,這項價值無法提供對一切有理性者、而且也對每個意欲均有效且必然的普遍原則,亦即實踐法則。因此,這一切相對的目的只是假言令

---

94　黑體字係筆者所加。

式底根據。[95]

在這段文字中，康德主要從反面的角度說明假言令式是一項「實質原則」；若從正面立論，這便意涵：定言令式是一項「形式原則」。所謂「形式原則」即是不預設任何質料或對象（即主觀目的）的原則。至於他在這裡提到的「客觀目的」並非指意志底任何質料或對象，而是指作為「目的自身」（Zweck an sich selbst）的有理性者[96]，亦即道德主體本身。同樣的意思也見諸《實踐理性批判》中的「定理三」：

> 如果一個有理性者要將其格律設想為普遍的實踐原則，他只能將這些格律設想為這樣的原則，即是：它們不能依質料，而只能依形式包含意志底決定根據。[97]

反之，康德在《道德底形上學》中卻強調：

> 法權論僅涉及外在自由之**形式**條件（根據其格律被當作普遍法則時的自相協調），也就是說，涉及**法權**。反之，倫理學還提供純粹理性底一項**質料**（自由意念底一個對象）、一項**目的**，而這項目的同時被表述為客觀上必然的目的，亦即對人

---

95　*GMS, KGS*, Bd. 4, S. 427.

96　參閱同上注，S. 428.

97　*KpV, KGS*, Bd. 5, S. 27.

而言，被表述為義務。因為既然感性愛好誘使人去追求可能
違反義務的目的（作為意念底質料），則除非再藉一項相反的
道德目的（它因此必須無待於愛好、先天地被給與），否則制
定法則的理性無法扼止感性愛好之影響。[98]

在這段文字中，康德強調法權論與德行論之根本差異在於：前者
可以維持其形式主義底特色，後者卻必須發展出一套「目的學
說」。因為德行論若是無法提出一項基於實踐理性的道德目的，實
踐理性便無法對抗基於感性愛好的主觀目的。這種道德目的，康
德在《德行論》中即稱為「同時是義務的目的」[99]，而它們包括
「自己的圓滿性」與「他人底幸福」[100]。因此，康德說：「倫理
學也能被界定為純粹實踐理性底**目的**之系統。」[101]又說：
「在倫理學中，**義務概念**會導向目的，而且必須根據道德原理，
針對我們**應當**為自己設定的目的來建立**格律**。」[102]誠如許慕
克所指出，康德在《德行論》中之所以提出「他人底幸福」與「自
己的圓滿性」這兩項「同時是義務的目的」，係基於「人底理性本
性之不圓滿性、局限性與有需求性」，換言之，「立法的理性只能
藉由相反的道德目的來防範感性愛好之影響」[103]。

---

98　*MST*, *KGS*, Bd. 6, S. 380f.

99　參閱同上注，S. 382-385.

100　參閱同上注，S. 385f.

101　同上注，S. 381.

102　同上注，S. 382.

103　Schmucker: "Der Formalismus und die materialen Zweckprinzipien in

在提出「同時是義務的目的」之後，康德接著說明倫理學與
法權論之區別在於：前者是為行為底格律立法，後者則是為行為
立法[104]。由此他進而推斷：倫理義務（德行義務）是寬泛義務
（weite Pflicht），而法律義務是狹隘義務（enge Pflicht）[105]。對
於「寬泛義務」，他解釋說：

> 如果法則只能命令行為底格律，而非行為本身，這便是一
> 個訊息〔，它表示〕：法則為自由的意念在遵循（服從）方面
> 留下一個迴旋餘地（Spielraum/latitudo），也就是說，它無法
> 確切地指出：我們應當如何且在什麼程度上藉由行為去促成
> 同時是義務的目的？但是所謂「寬泛的義務」，並非意謂容
> 許行為底格律之例外，而只是意謂容許一項義務底格律為其
> 他義務底格律所限制（例如，以對父母之愛來限制對鄰人之
> 普遍的愛），而這事實上擴展了德行實踐之領域。[106]

換言之，法律義務直接規範行為本身，而在行為底層面並無迴旋
餘地，故稱為「狹隘義務」；反之，德行義務僅規範行為底格律，
而在行為底層面留下迴旋餘地，故稱為「寬泛義務」。例如，促進
他人底幸福是一項德行義務，但我們該如何去做？該做到什麼程

---

der Ethik Kants", a.a.O., S. 197.

104　*MST*, *KGS*, Bd. 6, S. 388f.

105　同上注，S. 390f.

106　同上注，S. 390.

度？義務本身卻無法明確地規定，故為寬泛義務。

其實，「狹隘義務」與「寬泛義務」之區別已出現在《基礎》一書之中，只不過康德在那裡主要稱之為「完全義務」（vollkommene Pflicht）與「不完全義務」（unvollkommene Pflicht），有時稱之為「必然義務」（notwendige Pflicht）與「偶然義務」（zufällige Pflicht），或是「本分的義務」（schuldige Pflicht）與「有功績的義務」（verdienstliche Pflicht）[107]。在提出定言令式之「普遍法則底程式」及其輔助程式「自然法則底程式」之後，康德根據「完全義務」／「不完全義務」與「對自己的義務」／「對他人的義務」之兩組區分分別提出四個例子來討論。他在一個注解中表示：

> 在此大家必得注意：我將義務底區分完全保留給未來的一部《**道德底形上學**》，因此這裡的區分只是隨便定的（以便安排我的例子）。此外，我在這裡將一項完全義務理解為不容為愛好之利而破例的義務；而在這種情況下，我不僅有外在的完全義務，也有內在的**完全義務**。

這裡所謂「外在的完全義務」係指對他人的義務，所謂「內在的完全義務」則是指對自己的義務。

事實上，在《德行論》中，康德也使用「完全義務」與「不完全義務」這組概念。再者，他在〈德行論之導論〉中一方面明

---

107　*GMS*, *KGS*, Bd. 4, S. 421, 424, 429f.

白地寫道:「唯有不完全的義務是**德行義務**。」[108]另一方面又強
調:由於倫理學容許其不完全義務有迴旋餘地,它需要一種「個
案鑑別法」(Kasuistik)[109]。所謂「個案鑑別法」係一種以個案為
例的指導方法,係由斯多亞學派、猶太法典學者、士林哲學家及
耶穌會士逐漸發展出來。其目的在於教人如何將法律或道德法則
底規範應用於具體的行為或行為情境中,或者發現在個別情況中
有效的規則(尤其是在良心衝突或義務衝突之情況中)。路德維希
便發現:康德此處所說的,與他在〈倫理學的成素論〉中所說的,
並不一致[110]。因為在〈倫理學的成素論〉中康德將人對自己的完
全義務也當作德行義務來討論,並且為每一項這類的義務均提出
「個案鑑別的問題」[111]。

現在我們回到《基礎》中關於「完全義務」與「不完全義務」
的討論。此書中有一段文字甚具關鍵意義:

> 我們必須**能意願**:我們的行為底一項格律成為一項普遍法
> 則;這是一般而言的行為底道德判斷之法規。有些行為具有
> 以下的特質:它們的格律決無法無矛盾地被**設想**為普遍的自
> 然法則;更不用指望我們還能**意願**它應當成為這樣一項法則。
> 在其他行為中,我們固然不會見到這種內在的不可能性,但

---

108  *MST, KGS*, Bd. 6, S. 390.

109  同上注,S. 411.

110  Ludwig: "Einleitung" zu den *Metaphysischen Anfangsgründen der Tu-gendlehre*, S. XXff.

111  *MST, KGS*, Bd. 6, S. 421ff.

是卻不可能**意願**它們的格律被提升到具有一項自然法則底普
遍性，因為這樣一個意志將自相牴牾。我們不難看出：前一
種行為與嚴格的或狹隘的（不可寬貸的）義務相衝突，後一
種行為與寬泛的（有功績的）義務相衝突。[112]

這裡所謂「一般而言的行為底道德判斷之法規」便是指定言令式。
依康德之意，當我們藉定言令式來檢驗違背完全義務的格律時，
我們根本不可能**設想**它成為普遍的自然法則，而不致陷於**邏輯的
矛盾**（「內在的不可能性」）。但是當我們藉它來檢驗違背完全義務
的格律時，我們雖可以設想它成為普遍的自然法則，而不致陷於
邏輯的矛盾，但卻會陷於**意志**本身之自我衝突，故我們無法**意願**
它成為普遍的自然法則。

　　以康德自己在《基礎》中所舉「不可作假承諾」這項對他人
的完全義務為例，他設想將「為了擺脫財務困境而作假承諾」這
項格律當作一項普遍的自然法則之情況如下：

　　現在我立即看出：我的格律決無法作為一項普遍的自然法
　　則而成立，並且自相協調，而是必然自相牴牾。因為這項法
　　則──每個人一旦認為自己處於急難中，均可對他想到的事
　　作承諾，而有意不信守之──底普遍性將使承諾及我們在作
　　承諾時可能懷有的目的本身成為不可能；因為沒有人會相信

---

他得到任何承諾，他倒會嘲笑所有這種表示為空言。[113]

這就是說：一項假承諾之所以違反義務，是因為它所依據的格律在普遍化之後，會使它陷於邏輯上的矛盾，而取消自己，亦即使承諾本身不可能存在。

但是不完全義務之情況則有所不同。康德自己舉「發揮自己的才能」作為對自己的不完全義務之例，並且如此證成其道德性：

> 他現在看出：縱使人（就像太平洋中的居民一樣）任其才能荒廢，並且一心只將其生命用於閒蕩、歡娛、繁殖，一言以蔽之，用於享受，一個自然界誠然還是能依據這樣一種普遍法則而存在；然而，他不可能意願：這成為一項普遍的自然法則，或者由於自然本能而被置於我們內部，作為這樣一種法則。因為他身為一個有理性者，必然意願他的所有能力得到發展，因為它們的確是為了各種可能的目的供他使用，且被賦與他。[114]

「任自己的才能荒廢」這項格律普遍化之後，顯然並不會形成邏輯的矛盾。這項格律之所以被視為不道德的，並非由於它在普遍化之後，會陷於 A 與 ~A 之邏輯矛盾，而是由於它會使意志陷於自我衝突，如康德在《基礎》中所言：

---

113　*GMS, KGS*, Bd. 4, S. 422.

114　同上注，S. 423.

現在，如果我們在每次違犯一項義務時注意我們自己，我
們便發現：我們實際上並不意願我們的格律應當成為一項普
遍法則（因為這對我們而言是不可能的），而不如說這項格律
之反面應當始終普遍地作為一項法則；只是我們擁有自由，
為我們自己，或者為我們的愛好之利（甚至僅僅這麼一次）
**破一次例**。因此，如果我們從同一個觀點（即理性底觀點）
衡量一切，我們會在我們自己的意志中見到一項矛盾，這即
是：某一項原則在客觀方面是必然的普遍法則，但在主觀方
面可能不是普遍地有效，而容許例外。但是既然我們先從一
個完全合乎理性的意志底觀點去看我們的行為，然後卻又從
一個受到愛好影響的意志底觀點去看這同一個行為，則實際
上在此並無矛盾，但是有一種愛好對理性規範的反抗
（antagonismus）。[115]

質言之，康德在此使用「矛盾」一詞，並非就嚴格的邏輯意義而
言，而是指兩種觀點（理性觀點與非理性觀點）之間的對抗，它
會使意志陷於自我衝突。

筆者在〈獨白的倫理學抑或對話的倫理學？——論哈柏瑪斯
對康德倫理學的重建〉一文中曾將以上的討論總結如下：

定言令式之所以可作為道德判斷底法規，主要並非因為它
可藉矛盾律排除不道德的行為，而是因為它提供一個理性的

---

115　同上注，S. 424.

觀點，使人在採取不道德的格律時能反省到其意志所涉入的
自我衝突。至於我們在完全義務底例子中所見到的邏輯矛盾，
也必須就這個觀點來理解，因為一個自相協調的意志也不能
容許邏輯的矛盾。一個包含邏輯矛盾的意志不過是自我衝突
的意志之一個特例而已。因此，我們在定言令式中據以證成
特定義務的，主要是意志底一致，而非邏輯的一貫。[116]

康德在《基礎》中為「完全義務」與「不完全義務」之區分所提
出的理據便止於此，進一步的理據即在於《德行論》中所提出的
「同時是義務的目的」底概念。就此而言，《德行論》中的義務學
說係繼承《基礎》中的相關學說而有進一步的發展。

　　許慕克又指出：其實在《實踐理性批判》中已包含了「同時
是義務的目的」底概念[117]。他引述的是《實踐理性批判》中的三
段文字：

　　格律底質料固然能保持不變，但它必然不是格律底條件，
因為否則格律就不適於作為法則。因此，一項限制質料的法
則之純然形式必須同時是一項根據，將這項質料附加於意志，
但非預設這項質料。譬如，假設以我自己的幸福為質料。如
果我將這種幸福歸諸每個人（事實上，我可以將它歸諸每個

116　拙著：《儒學與現代意識》（台北：文津出版社，1991），頁 163。

117　Schmucker: "Der Formalismus und die materialen Zweckprinzipien in
　　 der Ethik Kants", a.a.O., S. 190f.

有限的存有者），那麼唯有當我將他人底幸福也包含於其中時，我自己的幸福才能成為一項**客觀的**實踐法則。[118]

實踐理性底唯一對象是「**善**」與「**惡**」底對象。「善」意指欲求能力底一個必然對象，「惡」意指憎惡能力底一個必然對象，但兩者均是根據理性底一項原則。[119]

**「善」與「惡」底概念不能先於道德法則（表面看來，道德法則甚至必須以這個概念為依據）而被決定，卻是必須只（就像這裡的情況一樣）後於且藉由道德法則而被決定。[120]**

許慕克認為：這些文字均符合康德在《德行論》中所言：「在倫理學中，**義務概念**會導向目的，而且必須根據道德原理，針對我們**應當**為自己設定的目的來建立**格律**。」[121]因為在康德底用語中，意念底對象與目的是一回事。

最後，筆者要回答第三個問題：對於當前的倫理學研究而言，《德行論》有何特殊意義？筆者想從黑格爾（Georg Wilhelm Friedrich Hegel, 1770-1831）對康德底「道德形式主義」的批評談起。黑格爾在《法哲學大綱》中寫道：

---

118　*KpV, KGS*, Bd. 5, S. 34.

119　同上注，S. 58.

120　同上注，S. 62f..

121　*MST, KGS*, Bd. 6, S. 382.

　　**康德底**進一步的形式——即一個行為之能被設想為**普遍格律**——固然使人**更具體地**設想一個狀態，但是它本身除了矛盾之免除與形式的同一性以外，並不包含任何其他的原則。——說**所有制不存在**，就像說這個或那個個別的民族、家庭等等不存在，或者說根本**沒有人生存**一樣，其本身都不包含任何矛盾。若是我們在其他情況下已確定且假定：所有制和人類底生命均存在，且應受到尊重，那麼竊盜或殺人就是一項矛盾。一項矛盾之發生只能連著某個東西，亦即連著一項事先已作為固定原則而成為基礎的內容。唯有關聯著這樣的東西，一個行為才會與之相協調或相矛盾。但如果我們應當把義務僅當作義務而意願之，而非為了一項內容而意願之，義務便是**形式的同一性**，正是這種形式的同一性排除一切內容和決定。[122]

黑格爾顯然將康德底定言令式理解為有如邏輯中的矛盾律與同一律一樣，是空洞而無內容的。筆者在〈獨白的倫理學抑或對話的倫理學？——論哈柏瑪斯對康德倫理學的重建〉一文中曾詳細反駁其說[123]，讀者可參看。黑格爾對康德倫理學的批評甚至延續到謝勒（Max Scheler, 1874-1928）在其《倫理學中的形式主義與

---

122　Hegel: *Grundlinien der Philosophie des Rechts*, in: *G.W.F. Hegel: Werke* (Frankfurt/M 1969ff., Theorie Werkausgabe), Bd. 7, §135, S. 253.

123　參閱拙著：《儒學與現代意識》，頁 157-166。

實質的價值倫理學》(*Der Formalismus in der Ethik und die mate-riale Wertethik*)一書中對康德倫理學底形式主義的批評[124]。根據以上的討論,此處只消指出:黑格爾與謝勒均忽略了康德對「不完全義務」的說明及其「同時是義務的目的」底概念。在這個意義下,《道德底形上學》中所強調之實質的目的原則足以反駁黑格爾與謝勒之誤解。

此外,《道德底形上學》也有助於我們釐清當代西方「德行倫理學」(virtue ethics)所引發的爭論。眾所周知,英國哲學家安思孔(G.E.M. Anscombe)於 1958 年發表的論文〈現代道德哲學〉[125]引發了復興德行倫理學的思潮。在這篇論文中,安思孔將以亞里斯多德倫理學為代表的「古代道德哲學」與以康德倫理學與後果論(主要是功利主義)倫理學為代表的「現代道德哲學」強烈對立起來。暫且撇開後果論不談,流行的觀點認為以亞里斯多德倫理學為主要代表的德行倫理學和以康德倫理學為主要代表的「義務論倫理學」(deontological ethics)之一項主要區別在於:前者係以「德行」底概念為首出,而後者則是以「義務」底概念為首出。但近年來,這項觀點在西方哲學界逐漸受到挑戰。因為《道德底

---

124　參閱拙作:〈存心倫理學、形式倫理學與自律倫理學〉,收入拙著:《儒家視野下的政治思想》(台北:臺灣大學出版中心,2005),頁 133-162;簡體字版(北京:北京大學出版社,2005),頁 88-108。

125　G.E.M. Anscombe: "Modern Moral Philosophy", *Philosophy*, Vol. 33 (1958), pp. 1-19; also in: *The Collected Philosophical Papers of G.E.M. Anscombe* (Oxford: Blackwell, 1981), Vol. 3: "Ethics, Religion and Politics", pp. 26-42.

形上學》一書顯示：「義務」固然是康德倫理學中的重要概念，但
「德行」底概念又何嘗不具有重要的地位呢？

　　近年來已有不少西方學者探討康德底「德行」概念，以顯示
這個概念在康德倫理學中的重要地位，例如勞登（Robert R.
Louden）[126]、歐尼爾（Onora S. O'Neill）[127]、強森（Robert N.
Johnson）[128]、薛爾曼（Nancy Sherman）[129]、艾瑟（Andrea Marlen
Esser）[130]等人。近年來，貝茲勒（Monika Betzler）編輯的 *Kant's
Ethics of Virtue* 一書（Berlin: Walter de Gruyter, 2008）收錄了一批

---

126　Robert R. Louden: "Kant's Virtue Ethics", *Philosophy*, Vol. 61 (1986),
　　　pp. 473-489; also in: Ruth F. Chadwick (ed.): *Immanuel Kant: Critical
　　　Assessments* (London: Routledge, 1992), pp. 330-345; Heiner F. Klemme/
　　　Manfred Kuehn (eds.): *Immanuel Kant* (Dartmouth: Ashgate, 1999), Vol.
　　　II: "Practical Philosophy", pp. 191-207.

127　Onora S. O'Neill: "Kant after Virtue", *Inquiry*, Vol. 26 (1983), pp. 387-
　　　405; idem, "Kant's Virtues", in: Roger Crisp (ed,), *How Should One Live?
　　　Essays on the Virtues* (Oxford: Oxford University Press, 1996), pp. 77-
　　　97.

128　Robert N. Johnson: "Kant's Concept of Virtue", *Jahrbuch für Recht und
　　　Ethik*, Bd. 5 (1997), S. 365-387.

129　Nancy Sherman: "Kantian Virtue: Priggish or Passional?" in: Andrews
　　　Reath et al. (eds.), *Reclaiming the History of Ethics: Essays for John
　　　Rawls* (Cambridge: Cambridge University Press, 1997), pp. 270-296;
　　　idem, *Making a Necessity of Virtue: Aristotle and Kant on Virtue*, Cam-
　　　bridge: Cambridge University Press, 1997.

130　Andrea Marlen Esser: *Eine Ethik für Endliche. Kants Tugendlehre in der
　　　Gegenwart*, Stuttgart-Bad Cannstatt: Frommann-Holzboog, 2004.

相關的論文，頗值得參考。貝茲勒在此使用 ethics of virtue 一詞，而非 virtue ethics 一詞，有其特殊的用意。她在這部論文集的〈導論〉中表示：「此處的論文表示：康德倫理學的確不可被納入德行倫理學之中。〔……〕但是康德後期的著作有助於我們了解：德行是其倫理學中的一個核心要素，正因為德行有助於我們盡我們的義務。」（p. 27）因此，以「義務」與「德行」的對比來區分義務論倫理學與德行倫理學，是無意義的。總而言之，研究《道德底形上學》的確有助於釐清環繞著「德行倫理學」的爭論及其相關問題。然而，由於這個問題牽涉過廣，我們必須就此打住，留待其他的機會再作進一步的討論。

# 凡例

一、本譯本以普魯士王室學術院版《康德全集》為依據,頁邊上所附的號碼代表此一版本之頁碼。在一般情形下,這些頁碼位於原版換頁之處;但在腳注或編者調整原版段落的情況下,所標示的頁碼並非位於原版換頁之處,則加上〔〕,以資區別。

二、德文本中為強調而採疏排或以黑體排印者,中譯本一律以黑體排印。

三、康德之原注以細明體排印,不加任何標示。譯者所加之注釋則標以【譯注】,並以楷體排印,以資區別。譯者為原注所加之說明則標以【譯者按】,亦以楷體排印。正文及原注中譯者所增補之字句,一概以〔〕標示之。

四、〈人名索引〉及〈概念索引〉均依據中譯本之頁碼而編。

五、為求譯文之嚴謹起見,譯者依1910至20年代之習慣,將「的」字用作形容詞詞尾,而以「底」字作為所有格語助詞,以「地」字作為副詞詞尾;有時亦用「之」字作為所有格語助詞,義同「底」字。但所有格代名詞(如「你的」、「我的」)用「的」字,而不用「底」字。

六、譯文中所附德文原文,除非有必要保留原樣,否則一律使用現代拼音法，例如以Notwendig取代Nothwendig，以transzen-dental取代transscendental。

# 康德著作縮寫表

KGS = *Kants Gesammelte Schriften*（Akademieausgabe）.

GMS = *Grundlegung zur Metaphysik der Sitten.*

MS = *Metaphysik der Sitten.*

MSR = *Metaphysische Anfangsgründe der Rechtslehre.*

MST = *Metaphysische Anfangsgründe der Tugendlehre.*

KrV = *Kritik der reinen Vernunft.* A = 1781 年第一版，B = 1787
年第二版。

KpV = *Kritik der praktischen Vernunft.*

KU = *Kritik der Urteilskraft.*

# 第一部
## 法權論之形上學根基
*Metaphysische*
*Anfangsgründe der*
*Rechtslehre*

# 前言

在**實踐**理性底批判之後應當有一個系統，即**道德**底形上學
——它分為**法權論**（Rechtslehre）之形上學根基與**德行論**（Tu-
gendlehre）之形上學根基（對應於已發表的《**自然科學**之形上學
根基》[1]）。接下來的〈導論〉闡明這兩部分中的系統之形式，並
且多少使之明顯可見。

如今，作為道德論（Sittenlehre）之第一部分的**法權論**被要求
有一個來自理性的系統，而這個系統我們能稱為**法權底形上學**[2]。
然而「法權」底概念是一個純粹的、但卻指向實踐（對於在經驗
中出現的事例之應用）的概念，因而一套法權底**形上學系統**在畫
分時也得考慮到那些事例在經驗中的多樣性，以期作完整的畫分
（為了建立一套理性底系統，這是一項不可免除的要求）；但是對

---

1　【譯注】此即 1785 年出版的 *Metaphysische Anfangsgründe der Na-
turwissenschaft*。

2　【譯注】德文中的 Recht 一字包含權利、法律、正當、公道諸義，
在中文裡很難找到相當或相近的詞彙來翻譯此字。但由於這些涵義
之間的關聯構成康德法哲學底基本特性，我們不得不特別為它創造
一個中文詞彙。因此，筆者依大陸學界之習慣以「法權」一詞來翻
譯此字，但是在涵義明確的具體脈絡中，筆者還是將它譯為「權利」、
「法律」、「正當」等。

經驗之物作完整的畫分是不可能的，而且如果有人嘗試達到這種完整性（至少是為了接近它），這類的概念就不能作為組成的部分而進入這個系統中，而只能作為例證而進入附釋中。因此，對於道德底形上學之第一部分唯一適當的名稱將是「**法權論之形上學根基**」；因為就上述的應用事例而言，我們只能期望接近這個系統，而無法期望得到這個系統本身。因此，如同對於（先前的）《自然科學之形上學根基》一樣，我們在此也是如此處理，亦即將屬於先天地規畫的系統之法權納入正文中，而將涉及特殊的經驗事例之諸法權納入附釋（它們有時很詳盡）中；因為不然的話，在此作為形上學的東西就很難與作為法權之經驗實踐的東西區別開來。

　　人們時常指摘我的哲學論述中的晦澀，甚至一種裝作見解深刻之貌的故意的含混。我要防範或糾正這種指摘，莫過於欣然接受**加爾維**先生，一位在真正意義下的哲學家[3]，要求於每個人（尤

---

3　【譯注】加爾維（Christian Garve, 1742-1798）出生於布雷斯勞（Breslau），曾擔任萊比錫大學哲學教授，是 18 世紀德國「通俗哲學」（Populärphilosophie）底代表人物之一。1782 年 1 月 19 日他在《哥廷根學報》（*Göttingische Anzeigen von gelehrten Sachen*）附冊第 1 冊發表了一篇對於《純粹理性批判》的匿名書評，這篇書評事實上經過該刊編輯費德爾（Johann Georg Heinrich Feder, 1740-1821）之大幅刪節與小幅修改。這篇書評引起康德之不滿，而在其次年出版的《一切能作為學問而出現的未來形上學之序論》（*Prolegomena zu einer jeden künftigen Metaphysik, die als Wissenschaft wird auftreten können*）加以回應。其後，加爾維在他於 1792 年出版的《試論道德學、文學與社會生活底各種對象》（*Versuche über verschiedene Ge-*

其是從事哲學思考的作家）的義務，並且從我這方面將這項要求
完全局限於一項條件，即是僅在有待矯正且擴展的學問之本性所
允許的範圍內順從他。

　　這位聰明之士合理地要求（在其名為《雜文集》的著作，頁
352 及其後）[4]：如果教師自己不要陷於概念晦澀之嫌疑，每一套
哲學學說就得能被化為**通俗**（一種足以普遍傳達的感性化）。我願
意承認這點，但是對理性能力本身的一種批判之系統，以及一切
只能藉由對這種批判的決定而證實的東西卻是例外；因為為了在
我們的知識中將感性之物與超感性、但依然歸屬於理性之物區
別開來，這是必要的。這決無法通俗化，一如根本沒有任何一門
形式的形上學能通俗化——儘管對（一位不知道這點的形上學
家之）健全理性來說，其結果能被表達得極為明白易懂。我們在
此不能考慮通俗性（大眾語言），而必須堅持學院式的**精確性**，
即使它會被斥為吹毛求疵（因為這是**學院語言**）；因為只有藉此

---

genstände aus der Moral, der Litteratur und dem gesellschaftlichen Le-
ben, Breslau）一書中批評康德底批判哲學及其方法論。康德於次年
9 月出刊的《柏林月刊》（Berlinische Monatsschrift）第 12 期（頁
201-284）發表一篇長文〈論俗語所謂：這在理論上可能是正確的，
但不適於實踐〉（"Über den Gemeinspruch: Das mag in der Theorie
richtig sein, taugt aber nicht für die Praxis"），在其中的一節回應加爾
維之批評。加爾維與康德之哲學思路極為不同，但是康德對他極為
敬重，所以才會稱他為「一位在真正意義下的哲學家」。

4　　【譯注】此即其 Vermischte Schriften (1796)，其中有一篇〈論演講
之通俗性〉（"Von der Popularität des Vortrags"）。

方式，我們才能使魯莽的理性在提出其獨斷的主張之前先理解自己。

但如果**學究們**自詡以完全適合於學院的術語對公眾發言（在講壇上與在通俗作品中），則這無法由批判哲學家負責，正如咬文嚼字者（Wortklauber/logodaedalus）之無知無法由文法學家負責一樣。在此，嘲笑只能針對人，卻不能針對學問。

斷言「在批判哲學出現之前根本還不曾有任何哲學存在」，這聽起來妄自尊大、自以為是，而且對尚未放棄其舊系統的人有所貶抑。如今，為了對這種表面上的僭妄加以裁決，其關鍵在於這個問題：**是否真的會有一種以上的哲學存在**？不僅存在過不同的方式，去作哲學思考並回歸到理性之第一原則，以期在此基礎上或多或少成功地建立一個系統，而是必定有許多這類的嘗試，而每種嘗試也對當今的哲學有所貢獻；但既然客觀來看，只能有一種人類理性，那麼也不會有許多哲學，也就是說，只可能有一個出於原則的真正的哲學系統——不論我們對於同一個命題作過多麼五花八門且往往相互牴牾的哲學思考。因此，**道德學家**有理由說：只有一套德行與德行論，也就是說，藉由一項原則將所有德行義務結合起來的唯一的系統；**化學家**有理由說：只有一套化學（**拉瓦錫**[5]底化學）；**藥學家**有理由說：只有一項疾病分類系統

207

---

5　　【譯注】拉瓦錫（Antoine Laurent Lavoisier, 1743-1794）是法國哲學家。為了解釋燃燒現象，他曾提出「氧化說」，取代傳統的「燃素說」。他還提出化學變化中的「質量守恆定律」，創立化學命名法，並提出包含三十三元素的「化學元素表」。由於這些貢獻，他被尊稱為「現代化學之父」。

之原則（根據**布朗**6），但卻不因**新系統**排斥其他所有的系統，而抹殺前人（道德學家、化學家與藥學家）之貢獻；因為若無他們的發現或甚至失敗的嘗試，我們不會在一個系統中達到全部哲學底真正原則之那種統一。因此，如果某人宣稱一套哲學系統是他自己的產品，這無異於彷彿他說：「在這套哲學以前，根本不曾有其他的哲學存在。」因為如果他願意承認有另一套（而且是真正的）哲學存在，那麼關於同樣的對象，就會有兩套真正的哲學，而這是自相矛盾的。因此，如果批判哲學宣稱自己是這樣一種哲學，即在它以前根本還不曾有任何哲學存在，則它所做的，正是所有按照自己的方案去規畫一套哲學的人所做過、將要做，甚至必須做的事。

　　說使這套哲學在本質上與眾不同的一個部分並非它自己的產品，而是或許借自另一套哲學（或是數學），這種指摘**無太大的意義**，但並非全無分量。一位杜賓根底評論者所聲稱的發現便屬於此類：這個發現涉及一般而言的哲學之定義，而《純粹理性批判》之作者聲稱這個定義是他自己的並非無關宏旨的產物7，但是多年前已有另一人以幾乎相同的說法提出了這項定義8。我讓每　208

---

6　【譯注】布朗（John Brown, 1735-1788）是蘇格蘭醫學家。他提出「可激性」（excitability）理論，根據疾病對身體的影響程度——刺激不足或刺激過度——為疾病分類。

7　【譯注】康德在《純粹理性批判》中寫道：「**哲學知識是出自概念的理性知識**，數學知識是出自概念之**建構**的理性知識。但『**建構一個概念**』是說：先天地呈現與它相對應的直觀。」（A713/B741）

8　「再者，既然可感覺的形象決無法依定義之嚴格性而被呈顯，此處　208

一個人去判斷：「可說是一種智性的結構」（"intellectualis quaedam constructio"）這些語詞能否產生「**在一種先天直觀中呈現一個既有的概念**」的想法，而藉此方式，哲學一下子完全確定地與數學分開來？我確信：**豪森**本人會拒絕承認對其說法的這種解釋；因為一種先天直觀之可能性，以及「空間是這樣一種直觀，而不是彼此相外的雜多之一種並列（它僅被提供給經驗直觀，即知覺）」（如吳爾夫對空間的解釋[9]）這一點，就已會使他畏縮，因為他會

---

的問題不在於實際的結構；所需要的反倒是關於構成這個形狀的東西之知識，而這可說是一種智性的結構。」（"Porro de actuali constructione hic non quaeritur, com ne possint quidem sensibiles figurae ad rigorem definitionum effingi; sed requiritur cogonitio eorum, quibus absolvitur formatio, quae intellectualis quaedam constructio est."）**豪森**：《數學原理》（*Elementa Matheseos*），第 1 卷，頁 86A，1734。

【譯者按】豪森（Christian August Hausen, 1693-1743）是德國萊比錫大學數學教授。根據《道德底形上學》王室學院本底編者納托爾普（Paul Natorp, 1854-1924）之判斷，這位「杜賓根底評論者」是指杜賓根（Tübingen）大學底神學教授弗拉特（Johann Friedrich Flatt, 1759-1821）。他經常批評康德底哲學語言並無新意，只是新瓶裝舊酒。他在 1795 年出版的《杜賓根學報》（*Tübingische gelehrte Anzeigen*）中發表一篇書評（S. 815f.），評論葉林（J.C. Yelin）底一部數學論文。在評論中，他寫道：「〔……〕由於現今一切都要以**康德式的語言來表達**，他〔按：指葉林〕將一個量度之建構稱為一種**藉由純粹直觀的呈現**。」接著，為了證明康德底語言並無新意，弗拉特引述了豪森底這段文字。詳情請參閱 *KGS*, Bd. 6, S. 521f.

9　【譯注】吳爾夫（Christian Wolff, 1679-1754）是德國「學院哲學」（Schulphilosophie）之主要代表，繼承萊布尼茲（Gottfried Wilhelm

感覺到自己因此而陷入了浩瀚的哲學探究之中。對於思想敏銳的
數學家而言，**這種彷彿是由知性**所作的呈現不過是意謂：按照一
個概念（以經驗的方式）去**畫一條線**，而在此僅注意到規則，但
在實作中無法避免的偏離卻被略過──如同我們在幾何學中也
能在等式之結構上知覺到的。

　　但是對這套哲學之精神來說，**最沒有**意義的或許是其若干學
舌者以一些語彙來胡鬧瞎搞──在《純粹理性批判》本身當中，這
些語彙決無法被其他流行的語彙所取代，而在《純粹理性批判》之
外，它們也無法用來作公開的思想交流。再者，這種胡鬧瞎搞的確
該受到懲罰，一如尼可萊先生之所為──儘管他對於這些語彙在
其固有的領域中之完全缺席（形同一種在各處均只是隱而未現的
思想貧乏）自甘於不置一詞。然而，嘲笑**無通俗性的學究**，較諸嘲
笑**無批判性的無知者**，當然有趣得多（因為事實上，死抱著其系統
而對一切批判均不在意的形上學家可歸諸後一類──儘管他只是
執意**忽視**他不樂於發生的事，因為這不屬於其較老舊的學派）[10]。

---

Leibniz, 1646-1716）之理性主義哲學。關於他對於空間的解釋，參
閱其 *Philosophia prima sive Ontologia*（Frankfurt 1730），§588; *Vernünf-
tige Gedanken von Gott, der Welt und der Seele der Menschen, auch allen
Dingen überhaupt*（Halle 1720），§§45f.

10　【譯注】尼可萊（Christoph Friedrich Nicolai, 1733-1811）是腓特烈大
帝時代「柏林啟蒙運動」（Berliner Aufklärung）之主要代表，也是
《德意志萬有文庫》（*Allgemeine Deutsche Bibliothek*）之創辦者。
他對康德哲學一貫持批判的態度。康德寫這段話，係回應尼可萊在
其諷刺小說《胖子傳》（*Geschichte eines dicken Mannes, vorin drey*

209　但如果依**夏甫茲伯利**之論斷[11]，當一套（尤其是實踐的）學說禁得起**嘲笑**時，這對其真實性而言，是一個不容輕視的試金石，那麼必然遲早會輪到批判哲學家**最後**發笑，且因此也笑得**最痛快**——在他看到那些長久以來夸夸其談的人之紙糊的系統先後崩塌，而其所有追隨者一哄而散（這是他們必然會面臨的命運）之際。

　　在本書將近結尾之處，我對若干章節的處理不及人們在與前

---

*Heurathen und drey Körbe nebst viel Liebe*, Berlin/Stettin 1794）中對康德哲學的揶揄。在這部小說中，尼可萊以諷刺的方式將哲學術語（特別是康德哲學底術語）用在日常事物上，以顯示其迂腐可笑。次（1798）年尼可萊又出版了另一部諷刺小說《德國哲學家冀狄貝爾特之生平與見解》（*Leben und Meinungen Sempronius Gundibert's eines deutschen Philosophen. Nebst zwey Urkunden der neuesten deutschen Philosophie*, Berlin/Stettin 1798），在其中以康德底哲學術語來開玩笑。康德隨即於同年發表《論出版：康德致尼可萊先生的兩封信》（*Über die Buchmacherei. Zwei Briefe an Herrn Friedrich Nicolai von Immanuel Kant*, Königsberg: Fr. Nocolovius 1798），加以回應。

11　【譯注】夏甫茲伯利（Anthony Ashley Cooper, Third Earl of Shaftesbury, 1651-1713）是英格蘭哲學家。此處所言見其《人、習俗、輿論、時代之特性》（*Characteristics of Men, Manners, Opinions, Times*, London: John Darby 1727, 4th edition），Treatise II: "Sensus Communis: An Essay on the Freedom of Wit and Humour". 其中云：「真理據稱可擁有所有的光，而那些主要的光或自然資具（它們被用來看待事物，以期得到一種徹底的認識）之一便是嘲笑本身，或者說，我們藉這種證明方式來辨別在任何主題上該受到嘲笑的事物。」（Part 1, Sect. 1, p. 61）

面的章節比較時可能期待的那麼周詳，一則因為對我來說，這些章節似乎能輕易地從前面的章節推論出來，再則因為後面這些章節（涉及公法的章節）正好目前就有許多討論，而且仍然極其重要，以致它們能使人有理由延遲若干時間去作決定性的判斷。

　　我希望不久之後能提交**德行論之形上學根基**。

210

# 法權論之畫分表

## 第一篇

關於外在對象的**私法**（不需要對外宣告的法則之總合）

### 第一章

論將某外在之物當作所有物而**擁有**的方式

### 第二章

論**取得**某外在之物的方式

## 外在取得之畫分

### 第一節

論物權

### 第二節

論人格權

### 第三節

論出於物的方式之人格權

### 補節

論理想的取得

### 第三章

論由司法權而來之主觀上有條件的取得

## 第二篇

**公法**（需要對外宣告的法則之總合）

## 第一節

國家法

## 第二節

國際法

## 第三節

世界公民權

# 道德底形上學之導論

## I. 論人類心靈底能力與道德法則之關係

　　**欲求能力**（Begehrungsvermögen）是憑藉我們的表象而作為這些表象底對象之原因的能力。一個存有者依其表象而行為的能力稱為**生命**（Leben）。

　　**首先**，與欲求或厭惡相結合的總是**愉快**（Lust）或**不快**（Unlust），而我們將愉快或不快之感受性稱為**情感**（Gefühl）；但反過來並非總是如此。因為可能有一種愉快，它根本不與任何對於對象的欲求相聯結，而是已經與我們對於一個對象所形成的純然表象（不論這些表象之對象存在與否）相聯結。**其次**，對於欲求底對象的愉快或不快也並非總是先於欲求，並且不可永遠被視為欲求之原因，而是也可以被視為其結果。

　　但我們之所以將在一個表象上產生愉快或不快的能力稱為**情感**，係由於這兩者均包含在我們的諸表象之關係中**純然主觀之物**，而決不包含任何對於一個對象的關係，以形成關於該對象的

212　可能知識[1]（甚至關於我們的狀態之知識）。而通常連感覺——撇開由於主體之特性而繫屬於這些感覺的性質（例如紅、甜等性質）不論——也都作為知識要素（Erkenntnisstück）而關聯到一個對象，而（對於紅與甜的）愉快或不快卻絕對不表示對象中的任何東西，而是僅表示對於主體的關係。正是基於上述的理由，愉快或不快本身無法得到進一步的解釋，而是我們充其量只能指出它們在某些關係中有什麼後果，以便使它們在運用中可辨識。

　　我們可以將必然與（對於這樣一個對象，即其表象如此觸動情感的對象之）欲求相結合的愉快稱為**實踐的愉快**：無論它是欲求之原因還是結果。反之，有一種愉快並不必然與對於對象的欲求相結合，故它根本不是對於表象底對象之存在的一種愉快，而是僅依附於表象；我們可以將這種愉快稱為純然觀照的愉快（bloß kontemplative Lust）或**無為的欣悅**（untätiges Wohlgefallen）。我們將後一種愉快之情稱為**品味**（Geschmack）。因此，在一門實踐

---

211　1　我們可將感性（Sinnlichkeit）解釋為我們的一般而言的表象之主觀面。因為知性首先使表象關係到一個對象；也就是說，唯有它憑藉表象來**思考**某物。而我們的表象之主觀面或者屬於以下這一類，即是：它也能關聯到一個對象，而成為關於該對象的知識（根據形式或質料，而在第一種情況下稱為純粹直觀，在第二種情況下稱為感覺〔Empfindung〕）。在這種情況下，感性作為對於上述表象的感

212　受性，即是**感識**（Sinn）。或者表象之主觀面決無法成為任何**知識要素**，因為它**僅**包含表象對於**主體**的關係，而不包含任何可用來認知對象的東西；而在這種情況下，對於表象的這種感受性便稱為**情感**；這是表象（無論它是感性的還是智性的）對於主體的作用，並且屬於感性——儘管表象本身可能屬於知性或理性。

哲學中，我們並不將品味當作一個**內屬的**（einheimisch）概念來談論，而是充其量僅**附帶地**談論它。但論及實踐的愉快，則欲求能力之規定──這種愉快必然作為原因而**先於它**──便依狹義而稱為**欲望**（Begierde），而習慣性的欲望便稱為**愛好**（Neigung）；再者，由於愉快與欲求能力之聯結──只要知性根據一項普遍的規則判定這種聯結是有效的（充其量也只是對於主體而言）──稱為**興趣**（Interesse），則實踐的愉快在這種情況下便稱為愛好底興趣。反之，如果這種愉快只能跟隨於欲求能力之一項居先的規定，它就得稱為一種智性的愉快（intellektuelle Lust），而對於對象的興趣就得稱為一種理性興趣（Vernunftinteresse）；因為如果興趣是感性的，而不僅是以純粹的理性原則為依據，則感覺就得與愉快相結合，且因此能決定欲求能力。儘管當我們必須假定一種僅是純粹的理性興趣時，不得將任何愛好底興趣強加於它，但是為了便於語言之運用，我們可以承認一種甚至對於只能作為一種智性的愉快底對象的東西之愛好有一種出於純粹的理性興趣之習慣性的欲求，但這樣一來，這種愛好就不會是理性興趣之原因，而是其結果，而我們可以稱之為**非感覺的愛好**（sinnenfreie Neigung/proprnsio intellectualis）<sup>2</sup>。

213

---

2　【譯注】關於「興趣」這個概念，康德在《道德底形上學之基礎》中，兩度提出解釋，一則說：「欲求能力之依待於感覺，稱為愛好（Neigung），所以愛好始終顯示一種需求（Bedürfnis）。但是一個偶然可被決定的意志之依待於理性底原則，稱為**興趣**（Interesse）。因此，興趣僅發生於一個有依待的意志中，這個意志並非始終自然地合乎理性；在上帝底意志中，我們無法設想任何興趣。連人類意

　　**貪欲**[3]（渴望〔Gelüsten〕）——作為決定欲求的刺激——還得與欲求本身加以區別。貪欲始終是一種感性的、但尚未發展成欲求能力底活動的心靈規定。

　　依乎概念的欲求能力，就其行動之決定根據見諸它自身之中，而非在對象中而言，稱為**任意作為或不為**的能力。就它與其

---

志都會對某物有一種**興趣**，而不因此**出於興趣而行動**。前者意謂對於一個行為的**實踐的**興趣，後者意謂對於行為底對象的**感受的**興趣。前者僅表示意志之依待於理性本身底原則；後者則表示意志之依待於理性為了愛好而設的原則，也就是說，理性在此僅指示『如何滿足愛好底需要』的實踐規則。在第一種情況下，行為引起我的興趣；在第二種情況下，行為底對象引起我的興趣（只要這個對象合我的意）。在第一章中我們已看到：在一個出於義務的行為中，我們必須考慮的，不是對於對象的興趣，而只是對於行為本身及其理性原則（法則）的興趣。」（*KGS*, Bd. 4, S. 413f. Anm.）二則說：「使理性成為實踐的，亦即成為一個決定意志的原因者，即是興趣。因此，我們只說有理性者對於某物有一種興趣；而無理性的受造物僅感覺到感性衝動。唯有在行為底格律之普遍有效性是意志底一項充分的決定根據時，理性對於該行為才有一種直接的興趣。只有這樣一種興趣是純粹的。但是當理性只能憑藉另一個所欲求的對象，或者在主體底一種特殊情感之預設下決定意志時，理性對於行為只有一種間接的興趣；而既然理性不靠經驗，單憑自己既無法發現意志底對象，也無法發現一種作為意志底根據的特殊情感，則這種間接的興趣只是經驗的，而非純粹的理性興趣。理性底邏輯興趣（為了促進其識見）決非直接的，而是預設其運用底目的。」（*KGS*, Bd. 4, S. 459f. Anm.）可補充此處所說。

3　【譯注】原文作 Konkupiszenz。

產生對象的行為能力之意識相結合而言，它稱為**意念**（Willkür）；但若它不與這種意識相結合，其活動便稱為一項**願望**（Wunsch）。如果欲求能力之內在的決定根據、因而甚至意願都見諸主體底理性之中，它便稱為**意志**（Wille）。因此，意志之為欲求能力，並非（像意念一樣）著眼於它與行為相關聯，而毋寧著眼於它與意念底行動之決定根據相關聯；而且它本身根本沒有任何決定根據，而是就它能決定意念而言，它就是實踐理性本身[4]。

就理性能決定一般而言的欲求能力而言，不僅是**意念**，純然的**願望**也可被包含於意志之中；能為**純粹理性**所決定的意念稱為自由的意念。只能為**愛好**（感性衝動、刺激〔stimulus〕）所決定

---

4　【譯注】康德在本〈導論〉之初稿中，對「意志」與「意念」之區分，有更詳細的說明：「的確，就作為事相（Phänomenon）的人底行為而言，意念底自由在於在兩個相反的行為（合乎法則與違反法則的行為）當中作抉擇的能力，而且人依據意念將自己視為事相。——作為理體（Noumen）的人不僅在理論方面，而且在實踐方面，均是為意念底對象自我立法者，且就此而言，有自由而無抉擇。人們必須將意念與意志區分開來。前一種實踐能力涉及能被**給與**的對象，因而感性底對象。人依其意念將自己視為事相，且就此而言，從屬於法則。這種自由不過意謂自發性而已。就其行為底形式（亦即格律）而言，他有抉擇。因此，意念有自由去做或者不做法則所命令之事。但意志以另一種方式而為自由的，因為它是**立法者**，而非服從者，既不服從自然法則，亦不服從其他法則；且就此而論，自由是一種積極的能力，決非要抉擇，因為在此並無抉擇，而是要就行為底感性面決定主體。」（*KGS*, Bd. 23, 248f.）在這段文字中，康德明白地將意志與意念之關係理解為理體與事相之關係。

的意念則是動物性的意念（tierische Willkür/arbitrium brutum）。反
之，人類的意念是這樣一種意念：它固然為衝動所**觸動**（affiziert），
但不為它所**決定**（bestimmt）；且因此它本身（不論理性之習得的
技巧）並非純粹的，但卻能由純粹意志決定其行為。意念底**自由**
是它之無待於感性衝動底**決定**；這是自由之消極概念。其積極概

214　念則是：純粹理性能夠本身就是實踐的。但這要成為可能，只能
藉由使每一行為之格律依從於「這項格律適於作為普遍法則」這
個條件。因為當它作為純粹理性而被應用於意念（而不論其對象）
時，它作為原則底能力（在此是指實踐原則，因而是作為立法的
能力）──在此它欠缺法則底質料──，只能使「意念底格律適
於作為普遍法則」這項形式本身成為意念之最高法則與決定根
據；再者，既然人底格律由於主觀的原因，並不自然地與那些客
觀原則協調一致，則理性只能絕對地將這項法則規定為禁制或命
令之令式。

　　有別於自然法則，這些自由底法則稱為**道德的**（moralisch）。
就它們僅涉及純然的外在行為及其合法則性而言，它們稱為**法律
的**（juridisch）；但若它們也要求：它們（法則）本身應當是行為
之決定根據，它們便是**倫理的**（ethisch），而在這種情況下，我們
說：與法律的法則協調一致是行為之**合法性**（Legalität），與倫理
的法則協調一致是行為之**道德性**（Moralität）。前一種法則所涉及
的自由只能是在意念之外在運用中的自由，但後一種法則所涉及
的自由卻能是不僅在意念之外在運用中而且在其內在運用中的
自由──就意念為理性法則所決定而言。因此，我們在理論哲學
中說：在空間中只有外感之對象，但在時間中卻有一切對象，既

有外感之對象，也有內感之對象；因為兩者底表象均是表象，而且就此而言，均屬於內感。同樣的，無論我們在意念之外在運用還是內在運用中看待自由，其法則作為一般而言的自由意念之純粹實踐的理性法則，必然也是這種意念之內在的決定根據——儘管我們不必總是從這方面來看待這些法則。

## II. 論道德底形上學之理念與必然性

對於自然科學（它關乎外感底對象），人們必須擁有先天的原則；再者，在應用於特殊經驗的自然科學（即物理學）之前，以形上的自然科學之名預先提出這些原則之系統，是可能的，甚至是必要的，這已在他處證明過了[5]。然而，物理學能（至少當它意在使其命題免於錯誤時）根據經驗底證據假定若干原則是普遍的——儘管這些原則若要在嚴格的意義下普遍有效，它們就得由先天的根據被推衍出來，如同牛頓假定在物體之相互影響中作用與反作用相等之原則是以經驗為根據，但還是將它延伸到整個物質性自然之外[6]。化學家則走得更遠，而將關於物質藉由其自身的力

215

---

5　【譯注】見康德《自然科學之形上學根基》之〈前言〉（*KGS*, Bd. 4, S. 468f.）。

6　【譯注】這是指牛頓（Isaac Newton, 1643-1727）底第三運動定律：「每一作用都有一個相等的反作用，或者說，兩個物體間的相互作用總是相等的，而且指向相反。」（見其 *Philosophiae Naturalis Principia Mathematica* (London 1687), "Axiomata sive Leges Motus", p.

量結合與分離之最普遍的法則完全建立在經驗之上，但還是信賴其普遍性與必然性，以致他們在以這些法則所進行的試驗中並不擔心發現錯誤。

然而，道德法則之情況則不同。唯有就它們能被**理解**為有先天根據的且是必然的，它們才被視為法則；甚至如果關於我們自己及我們的行止之概念與判斷包含只能由經驗學得的東西，它們就根本不表示任何道德之物；再者，如果我們比方說受到誘惑，讓出自經驗底來源的某物成為道德原理，我們就陷入最糟糕且最有害的錯誤之危險。

如果道德論（Sittenlehre）無非是幸福論，則為了它而到處尋求先天的原則，便是荒謬的。因為說理性還在經驗之先就能理解，憑藉什麼手段我們能得到對生命之真正快樂的持久享受，不論聽起來是多麼言之成理，但我們在這方面先天地教導的一切，若非同義反覆，就是毫無根據的假定。唯有經驗能教導，什麼東西帶給我們快樂。唯有對於食物、性、休息、運動的自然衝動，以及（在發展我們的自然稟賦時）對於榮譽、我們的知識擴充之衝動等等才能讓人知道，而且讓每個人僅僅以其特殊的方式知道，他該將那些快樂**置**於何處：也正是經驗才能教導他，他該憑藉什麼手段去**尋求**那些快樂。在此，所有表面上先天的推理其實無非是藉由歸納而被提升至普遍性的經驗，而這種普遍性（根據一般的、

216

---

13.）在對於這三項定律的「附注」（Scholium）中，牛頓寫道：「迄今我所敘述的原則已為數學家所接受，並且得到大量經驗之證實。」（同上注，p. 20.）

而非普遍的原則〔secundum principia generalia non universalia〕）
對此目的而言仍然是不足的，以致我們必須容許每個人有無限多
的例外，才能使他對其生活方式的選擇適應其特殊的愛好及他對
樂趣的感受性，而最後卻僅僅由於他自己的或他人的損失而變得
明智。

　　然而，道德底學說之情況則不同。這些學說對每個人下命令，
而不考慮其愛好，僅因為且鑒於他是自由的，而且擁有實踐理性。
在它們的法則中之教導並非取自對每個人自己及其中的動物性
之考察，亦非取自對於世事（所發生之事與我們的行為方式）的
知覺（儘管 **Sitten** 這個德國字，正如 mores 這個拉丁字一樣，僅
意謂儀節與生活方式），而是理性命令我們應當如何行為（儘管尚
未出現其事例），而它也不考慮這會為我們帶來的利益（當然唯有
經驗能教導我們這種利益）。因為儘管理性允許以一切對我們可
能的方式去尋求我們的利益，此外或許也能基於經驗底證據而指
望在遵循其**命令**時（特別是另外考慮到明哲時）比違背其命令時
大致獲得更大的利益，但是其作為命令的規範之權威卻非以此為
根據，而是它僅利用這些規範（作為建議）來平衡反其道而行的
誘惑，以便先行在實踐的評斷中調節一個偏欹的天平之錯誤，而
且這樣一來，首度保證這個天平因一種純粹實踐理性底先天根據
之重量而傾斜。

　　因此，如果純然來自概念的先天知識之系統稱為**形上學**，則
一套並非以自然為對象、而是以意念（Willkür）底自由為對象的
實踐哲學將預設並且需要一門道德底形上學；這就是說，**擁有**這
樣的一門形上學本身便是**義務**，而且每個人自身也擁有它（儘管

通常是以隱晦的方式）；因為若無先天的原則，他如何能相信自身
擁有一種普遍的立法呢？但如同在一門自然底形上學當中也必
須有將那些關於一般而言的自然之普遍的最高原理應用於經驗
217 底對象的原則，一門道德底形上學也不能欠缺這類原則，而且我
們將時常必須以人之特殊**本性**（Natur）──它唯有靠經驗去認識
──為對象，以便在這種本性中**印證**由普遍的道德原則得出的結
論，但卻不會因此而對這些道德原則之純粹性有所損害，也不會
因此而使其先天來源受到懷疑。這等於是說：一門道德底形上學
無法以人類學為根據，但卻能應用於人類學。

　　一門道德底形上學之對應物──作為一般而言的實踐哲學
之畫分中的另一環節──當是道德的人類學。但是道德的人類學
當僅包含在人性中有礙及有助於**履行**道德底形上學之法則的主
觀條件，亦包含道德原理之形成、傳播與強化（在教育中，即在
學校底教導與對民眾的教導中），以及其他這類以經驗為根據的
學說與規範。再者，道德的人類學是不可欠缺的，但千萬不得先
於道德底形上學而被提出來，或是與道德底形上學相混雜，因為
這樣一來，我們就有提出虛假的或至少是可寬容的道德法則之危
險──這些道德法則將僅是未達成之事冒稱為無法達成，而此事
之所以未達成，正是由於法則之純粹性（法則之優點也在於此）
未被理解與闡明，或者甚至不正當的或不純潔的動機被用於本身
合乎義務的且善的事情上，而無論是為了引導評斷，還是為了訓
練心靈遵從義務（其規範絕對必須單由純粹理性先天地提出），這
些動機都不留下任何可靠的道德原理。

　　但是關於方才提到的畫分所從屬的上一級畫分，即哲學之畫

分為理論哲學與實踐哲學，以及「實踐哲學只能是道德哲學」之義，我已在他處（在《判斷力批判》中）解釋過了[7]。一切據稱是依據自然法則而為可能的實踐之物（技藝〔Kunst〕之真正工作），就其規範而言，完全依待於自然底理論；唯有依乎自由法則的實踐之物才能有原則，而這些原則不依待於任何理論；因為在自然底規定之外就無理論存在。因此，哲學之實踐部分（與其理論部分並列）不能意謂任何**技術上實踐的**學說，而只能意謂**道德上實踐的**學說；再者，如果依乎自由法則（相對於自然）的意念之技巧在此也該被稱為**技藝**，則這必須僅意謂這樣一種技藝，即是使自由底系統像自然底系統一樣可能的技藝；如果我們能夠借助於這種技藝，甚至完全履行理性為我們規定的事情，並且將其理念付諸實現，這真是一種神性的技藝。 218

## III. 道德底形上學之畫分[8]

一切立法（不論它規定內在行為還是外在行為，亦不論它先

---

7　【譯注】相關的說明見《判斷力批判》之〈導論〉第一節〈論哲學之畫分〉。

8　對一個系統底畫分的**推證**（Deduktion），亦即不僅對其完整性還對其　218
**連續性**——此即，在一整個系列的次級畫分當中由被畫分的概念過渡
到畫分底環節而無跳躍（divisio per saltum〔跳躍式的畫分〕）——的
證明，對一個系統底建築師而言，是最難滿足的條件之一。甚至對於
「**正當**」（Recht）抑或「**不正當**」（Unrecht）（aut fas aut nefas）之

天地藉由純然的理性，還是藉由他人之意念來規定這些行為）都
需要兩項要素：**首先**需要一項**法則**，它**在客觀方面**將應當發生的
行為表述為必然的，也就是說，使這個行為成為義務；**其次**需要
一項動機，它**在主觀方面**將對於這個行為的意念之決定根據與法
則底表象聯結起來。因此，第二項要素是：法則使義務成為動機。
前者將這個行為表述為義務，而這僅是關於意念底可能決定（亦
即實踐規則）的一種理論性知識；後者則將如此行動的責任與意
念底一項決定根據一般性地在主體中結合起來。

　　因此，就動機而言，一切立法（即使就由於這項立法而成為
義務的行為而言，一項立法可能與另一項立法協調一致，例如，
在所有情況下，這些行為可能都是外在的）的確可能不同。使一
個行為成為義務，並且使這項義務也成為動機的那種立法是**倫理
的**（ethisch）。但是不將這項動機也包含於法則當中，因而在義務
底理念本身之外也還容許另一項動機的那種立法是**法律的**
（juridisch）。就後一種立法而言，我們不難領略：這種與義務底
理念不同的動機必須取自意念之**感受的**（pathologisch）決定根據，
即愛好與厭惡[9]，而在其中，取自後一種決定根據，因為這應當是

219

---

　　畫分而言，其**被畫分的最高概念**為何，亦有疑義。這是一般而言的**自
　　由意念之活動**。正如存有論（Ontologie）底教師在最高處從「**某物**」
　　（Etwas）與「**虛無**」（Nichts）開始，而未察覺到：這已經是一項畫分
　　之環節，它還欠缺被畫分的概念，而這只能是一般而言的**對象**
　　（Gegenstand）之概念。

9　　【譯注】此處根據 Bernd Ludwig 版，將"Willkür der Neigungen
　　und Abneigungen"校改為"Willkür, den Neigungen und Abneigun-

一種強制性的立法，而非一種招徠式的引誘。

　　單是一個行為與法則間的協調或不協調（而不考慮行為之動機），我們稱為**合法性**（Legalität/Gesetzmäßigkeit）；但是使出於法則的義務之理念也成為行動底動機的那種協調或不協調，我們稱為該行為之**道德性**（Moralität/Sittlichkeit）[10]。

　　依乎法律的立法之義務只能是外在的義務，因為這種立法並不要求這項義務底理念（它是內在的）本身是行動者底意念之決定根據，而且既然這種立法畢竟需要一項適合於法則的動機，它只能將外在的義務與法則相結合。反之，倫理的立法固然也使內在的行為成為義務，但決不排除外在的行為，而是一般性地涉及一切構成義務的東西。但正因為倫理的立法也將行為之內在動機（義務底理念）包含於其法則之中──這種規定決不會見諸外在的立法──，則儘管倫理的立法將以另一種立法（即外在立法）為依據的義務**當作義務**而納入其立法中，成為動機，但是它不能是外在的立法（甚至不是一個神性意志之外在立法）。

　　由此可知：一切義務僅因為它們是義務，便也屬於倫理學；但是它們的**立法**並不因此就一概被包含於倫理學之中，而是許多義務之立法係在倫理學之外。故倫理學要求：我必須履行我在一項契約中所作的承諾（儘管對方無法強迫我這麼做）；不過，倫理學將來自法權論的法則（pacta sunt servanda〔契約必須遵守〕）及

gen"。

10　　【譯注】由此可見，康德不像黑格爾那樣，將 Moraliät 與 Sittlichkeit 加以區別，而是將這兩者當作同義詞來使用。

220　與該法則相對應的義務假定為既成的。因此,「所作的承諾必須遵守」這項立法並不存在於倫理學之中,而是存在於法權論（Ius）之中。於是倫理學所教導的只是:即使去除將法律的立法與上述的義務相結合之動機,即外在的強制,單是義務底理念已足以作為動機了。因為若非如此,而且立法本身並非法律的,因而由這種立法所產生的義務並非依本義而言的法律義務（有別於德行義務）,我們就會將忠誠之履行（根據他在一項契約中的承諾）與仁慈（Wohlwollen）底行為及對於這些行為的義務歸於一類,而這完全行不通。遵守承諾並非一項德行義務,而是一項法律義務,我們可以被強制去履行它。但是甚至在不容**施加**強制的情況下也這麼做,還是一個有德的行為（德行之證明）。因此,法權論與德行論之不同,並非由於它們的不同義務,而毋寧是由於將一項動機或另一項動機與法則相結合的立法之不同。

　　倫理的立法（縱使義務可能是外在的）不**能**是外在的立法;法律的立法也能是外在的立法。故遵守合乎契約的承諾是一項外在的義務;但是「不考慮任何其他的動機,只因這是義務而這麼做」的命令卻僅屬於**內在的**立法。因此,並非作為特殊種類的義務（我們被責成去做的一個特殊種類的行為）——因為不論在倫理學中還是在法律中,它都是一項外在的義務——,而是因為在上述的事例中,立法是一種內在的立法,而且不能有任何外在的立法者,責任才被歸諸倫理學。正因此故,儘管仁慈底義務是外在的義務（對於外在行為的責任）,但它們還是被歸諸倫理學,因為它們的立法只能是內在的。倫理學當然也有其特殊的義務（例如對自己的義務）,但是它與法律還是有共通的義務,只是**責成**底方式不同而已。因為只因這是義務而付諸行為，並且使義務本身底原理（不論義務來自何處）成為意念之充分的動機，這是倫理立法之特點。因此，固然有許多**直接的倫理**義務，但是內在的立法卻也使得其 221 餘的義務全都成為間接的倫理義務。

## IV.道德底形上學之預備概念

## （普遍實踐哲學）

**自由**底概念是一個純粹的理性概念，正因此故，它對於理論哲學而言，是超越的（transzendent），也就是說，它是這樣一種概念：在任何一種可能的經驗之中，並無適當的例子能被提供給它，故它並不形成一種對我們來說可能的理論性知識之對象，而且絕對無法被視為思辨理性之一項構造的（konstitutiv）原則，而是僅能被視為其一項規制的（regulativ）、而且只是消極的原則，但在理性之實踐運用中，它卻藉由實踐原理證明其實在性——這些作為法則的實踐原理證明純粹理性無待於一切經驗條件（一般而言的感性之物）而決定意念的一種因果性，並且證明在我們內部的一種純粹意志（道德的概念與法則根源於這種意志）。

無條件的實踐法則——它們稱為**道德的**——係以自由之這種（在實踐方面）積極的概念為根據。對我們——我們的意念在感性上被觸動，且因此並不自然地合乎純粹意志，而是經常與它相牴牾——而言，這些實踐法則是**令式**（命令或禁制），而且更確切地說，是定言的（無條件的）令式；這使它們有別於技術的令式（技術底規定）──這些令式始終只是有條件地下命令。根據定言令式，某些行為是**容許的**（erlaubt）或**不容許的**（unerlaubt），亦即道德上可能的或不可能的，但若干行為或是其反面卻是道德上必然的，亦即有約束性的（verbindlich）──由此便為那些行為產生義務（Pflicht）底概念。對義務的遵從或違背固然也與一種特殊種類的愉快或不快（一種道德的**情感**）相結合，但是在理性之實踐法則中，我們決不考慮這些情感；因為這些情感無關乎實踐法則之**根據**，而是僅關乎實踐法則決定我們的意念時在心中的主觀**作用**，並且能隨主體之不同而不同（而在客觀方面，亦即在理性之**判斷**中，對這些法則之有效性或影響無所增損）。

222　　　在道德底形上學之兩部分當中，以下的概念是共通的。

　　**責任**（Verbindlichkeit）是服從理性底定言令式的一個自由行為之必然性。

　　　　令式是一項實踐的規則，它**使**本身偶然的行為**成為**必然的。它有別於一項實踐法則之處在於：後者固然表明一個行為之必然性，但卻不考慮：這個行為本身是否已必然**內在地**寓於行動主體（例如對一個神聖的存有者而言）之內，抑或它是偶然的（像是對人類而言）？因為在前一種情況下，沒有任何令式出現。因此，令式是一項規則，其表象**使**主觀上偶然的行為**成為**必然的，因而將主體呈顯為這樣一個主體，即它必須**被強制**（被強迫）與這項規則協調一致。定言的（無條件的）令式是這樣的令式：它決非間接地藉由一項能藉行

為達成的**目的**之表象，而是藉由這個行為本身之純然表象
（其形式）、因而直接地將這個行為設想為客觀上必然的，並
且使它成為必然的；除了規定責任的學說（道德底學說）之
外，沒有任何其他的實踐學說能提出這類令式之例證。一切
其他的令式均是**技術的**，而且一概是有條件的。但是定言令
式底可能性之根據在於：它們僅涉及意念之**自由**，而不涉及
意念之任何其他的規定（藉由這項規定，一項意圖能被加諸
意念）。

一個不違反責任的行為是**容許的**（erlaubt/licitum）；而不受相
反的令式所限制之自由稱為權限（Befugnis/facultas moralis〔道德
的可能性〕）。由此自然可以理解：什麼是**不容許的**（unerlaubt/
illicitum）？

**義務**（Pflicht）是某人被責成去做的行為。因此，它是責任之
質料，而且儘管我們能以不同的方式被責成去盡義務，但這可能
是同一個義務（就行為而言）。

就定言令式表示對某些行為的一種責任而言，它是一項
道德上實踐的**法則**。但由於責任不僅包含實踐的必然性（一
般而言的法則所表示的就是這類東西），而是也包含**強制**，上
述的令式若非一項命令底法則（Gebotgesetz），就是一項禁制
底法則（Verbotgesetz）——這視乎是作為還是不作為被表述
為義務。一個既不被命令、亦不被禁止的行為只是**容許的**，
因為對這個行為而言，決沒有限制自由（權限）的法則存在，

223

且因此也沒有義務存在。這樣一種行為稱為道德上無所謂的
（sittlich-gleichgültig/indifferens〔無所謂之事〕，adiaphoren
〔中性之事〕，res merae facultatis〔純屬可能之事〕）。我們可
以問：是否有這類的東西？再者，如果有這樣一種行為的話，
則為了使某人有依其意願去做或不做某事的自由，除了命令
底法則（lex praeceptiva, lex mandati）與禁制底法則（lex pro-
hibitiva, lex vetiti）之外，還需要有一項許可底法則（Er-
laubnisgesetz/lex permissiva）嗎？如果是這樣的話，權限就不
一定涉及一個無所謂的行為（adiaphoren〔中性之事〕）；因為
如果我們根據道德法則來看待這樣一種行為，它就不需要有
任何特別的法則[11]。

---

11　【譯注】康德在《論永久和平》中兩度討論「許可底法則」。第一
　　度是在他討論「國家之間的永久和平底臨時條款」時指出：第二、
　　三、四條「雖非法律規則之例外，但就其執行而言，卻視情況而在
　　主觀方面對權限有所擴大（leges latae），並且容許延緩其實施，而
　　不失卻其目的。」接著，他有一則長注如下：「除了純粹理性底命
　　令（leges praeceptivae）和禁制（leges prohibitivae）以外，是否還能
　　夠有其許可法則（leges permissivae），至今不無理由受到懷疑。因
　　為一般而言的法則包含客觀的實踐必然性底一項根據，而許可卻
　　包含某些行為底實踐的偶然性之一項根據。因此，一項許可法則將
　　包含『強制去做某人無法被強制去做的事』之義；如果法則底對象
　　在兩方面有相同的意義，這將是一項矛盾。但此處在許可法則中所
　　預設的禁制僅涉及未來取得一項權利的方式（例如經由遺產），而
　　對這項禁制的豁免（亦即許可）卻涉及目前的占有狀態。這種占有
　　狀態在由自然狀態過渡到文明狀態時，依然可根據自然法底一項

許可法則，作為一項雖不合法、但仍**誠實的占有**（假想的占有〔possessio putativa〕）而再延續下去——雖然一項假想的占有一旦被認定為假想的占有，在自然狀態中就是禁止的，而一種類似的取得方式在以後的文明狀態中（在過渡發生之後）也是禁止的；如果這樣一種臆想的取得發生於文明狀態中，就不會產生那種繼續占有底權利；因為在其不合法性被發現之後，它就得因其為一種侵害而立刻停止。我只想就此順便使自然法底教師注意一項許可法則底概念，這個概念自然地呈現於一種系統地分類的理性——尤其是因為在文明法則（成規的法則）中經常使用許可法則，唯獨有一項區別，即是：禁制法則單獨成立，但許可卻不被歸入禁制法則中，作為限制條件（它本該如此），而是被歸諸例外。然則，許可法則係表示：這件事或那件事被禁止，**除非第一、第二、第三等**，以至於無窮。而許可並非根據一項原則，而是僅因在出現的事例中到處摸索，而偶然地附加於法則；否則，這些條件也得被歸入**禁制法則底程式中**，而禁制法則也因此變成了一項許可法則。因此，既睿智又機敏的**溫狄胥格雷茲伯爵**（Grafen von Windischgrätz）大人底深具意義、但仍未解決的徵文題目（它正是堅持探求上述的道理）這麼快就被拋開，是值得惋惜之事。因為這樣一種（與數學程式相類似的）程式底可能性是一項始終一貫的立法之唯一真正的試金石；若無這種可能性，則所謂的『確定法律』（ius certum）將永遠是一項虔誠的願望。否則我們將只有**一般的**法則（它們**大體**上有效），卻沒有普遍的法則（它們**普遍地**有效），而一項法則底概念似乎要求具有普遍有效性。」（*KGS*, S. 347f. Anm.）在另一處，他討論到：「就外在的國際關係而言，只要一個國家有立刻被其他國家併吞的危險，我們就不能要求它放棄其憲法（縱然它是獨裁的，但在對外敵的關係中卻較有力）；因此，當它決意修正憲法時，延遲實施，以待較好的時機，必然也是容許的。」接著他加上一個注解：「讓

---

一種有所不公的公法底狀態依然維持下去，直到一切情況已自然地成熟到可接受完全的變革，或者藉和平的手段使之接近於成熟，這是理性底許可法則。因為任何一種**法律上的**憲章縱然僅在極小的程度下是**合法的**，猶勝於完全沒有憲章；而一場**倉促的**改革將遭遇到後一種命運（無政府狀態底命運）。因此，在目前的事態下，政治智慧將把合於公法底理想的改革當作其義務，但卻利用革命（當自然自動地引起革命時）作為自然底召喚，以便藉徹底的改革來實現一種以自由底原則為根據的法律上的憲章（這是唯一經久不變的憲章），而不利用革命來粉飾一場更大的壓迫。」（*KGS*, S. 373 Anm.）此外，康德在本書§2 中也提到「實踐理性之一項許可法則」是「實踐理性之法律設準」，在§22 中則提到一項「自然的許可法則」。根據德國學者布朗德（Reinhard Brandt）之研究，康德係在自然法、而非倫理學中承認「許可法則」之存在；請參閱 Reinhard Brandt: "Das Erlaubnisgesetz, oder Vernunft und Geschichte in Kants Rechtslehre", in: ders. (Hrsg.), *Rechtsphilosophie der Aufklärung. Symposium Wolfenbüttel 1981* (Berlin: de Gruyter, 1982), S. 244. 亦參閱 Reinhard Brandt: "Das Problem der Erlaubnisgesetze in Spätwerk Kants", in: Otfried Höffe (Hrsg.), *Immanuel Kant: Zum ewigen Frieden* (Berlin: Akademie Verlag, 1995), S. 69-86; Klaus Hammacher: "Über Erlaubnisgesetze und die Idee sozialer Gerechtigkeit im Anschluß an Kant, Fichte, Jacobi und einige Zeitgenossen", in: Klaus Hammacher/Albert Mues (Hrsg.), *Erneuerung der Transzendentalphilosophie in Anschluß an Kant und Fichte. Reinhard Lauth zum 60. Geburtstag* (Stuutgart-Bad Cannstatt: Frommann-Holzboog, 1979), S. 121-141; Katrin Flikschuh: "Freedom and Constraint in Kant's *Metaphysical Elements of Justice*", in: B. Sharon Byrd/Joachim Hruschka (eds.), *Kant and Law* (Hants: Ashgate 2005), pp. 87-108; Joachim Hrutchka: "The Permissive

　　就一個行為受制於責任底法則而言，因而也就該行為中的主體依其意念底自由而被看待而言，這個行為稱為**作為**（Tat）。由於這樣一種活動，行動者被視為結果之**發動者**（Urheber），而且這個結果連同該行為本身能被**歸責**於他——如果我們事先認識使它們產生一項責任的法則。

　　**人格**（Person）是其行為能夠**歸責**的主體。因此，**道德的人格性**（Persönlichkeit）無非是一個有理性者在道德法則之下的自由（但心理學的人格性只是在其存在之不同狀態中意識到他自己的同一性之能力）。由此便可推知：除了一個人格為自己制定（或是單獨制定，或是至少與其他人格同時制定）的法則之外，他不服從任何其他的法則。

　　**物**（Sache）是一個無法歸責的東西。因此，自由意念之每個對象，其自身欠缺自由者，稱為物（res corporalis）。

　　一般來說，就一個作為合乎義務或違反義務（factum licitum aut illicitum）而言，它是**正當**或**不正當**（Recht oder Unrecht/rectum aut minus rectum）——不論義務本身在其內容或根源方面屬於什麼種類。一個違反義務的作為稱為**逾矩**（Übertretung/reatus）。　224

　　一種**非故意的**逾矩而仍能被歸責者，稱為純然的**過失**

Law of Practical Reason in Kant's *Metaphysics of Morals*", *Law and Philosophy*, Vol. 23（2004), pp. 45-72; B. Sharon Byrd/Joachim Hruschka: *Kant's Doctrine of Right: A Commentary*（Cambridge: Cambridge University Press, 2010), pp. 94-106.

（Verschuldung/culpa）。一種**故意的**逾矩（亦即與「它是逾矩」的意識相結合之逾矩）稱為**犯罪**（Verbrechen/dolus）。依外在法則而為正當者，稱為**正義的**（gerecht/iustum）；其不然者，稱為**不義的**（ungerecht/iniustum）。

**義務之衝突**（Widerstreit der Pflichten/collision officiorum s. obligationum）便是義務間的關係，它使得其中的一項義務（完全或部分地）取消另一項義務。但義務與責任畢竟均是表達某些行為之客觀的實踐**必然性**的概念，而且兩項相互對立的規則無法同時為必然的，而是當依其中一項規則而行為是義務時，依相反的規則而行為不但不是義務，反而甚至是違反義務的；既然如此，**義務與責任之衝突**根本是無法設想的（obligationes non colliduntur）。但極可能是責任底兩項**根據**（rationes obligandi）之一或是另一項根據不足以使人負有義務（rationes obligandi non obligantes），而兩者在一個主體及他為自己訂定的規則中結合起來；如此一來，其中的一項根據並非義務。當兩項這樣的根據相互衝突時，實踐哲學並非表示：較強的責任占有優勢（fortior obligatio vincit），而是表示：較強的**責成根據**（Verpflichtungsgrund）占有位子（fortior obligandi ratio vincit）。

　　一般來說，若對於約束性的法則而言，一種外在的立法是可能的，它們便稱為外在的法則（äußere Gesetze/leges externae）。其中有一些法則，即使沒有外在的立法，對於它們的責任也能先天地藉理性去認識，它們固然是外在的法則，但卻是**自然的**法則；反之，那些若無實際的外在立法就根本無約束性的法則（因此，若無約束性，它們就不成其為法則），稱為**實定的**（positiv）法則。

因此，我們能設想一種僅包含實定法則的外在立法；但這樣一來，就得先有一種自然的法則來建立立法者之權威（亦即單憑其意念去約束他人的權限）。

使某些行為成為義務的原理是一項實踐法則。行動者基於主觀根據而為自己訂為原則的規則稱為其**格律**（Maxime）；因此，即使法則相同，行動者之格律卻可能極為不同。

根本只是表明「何謂責任」的定言令式是：按照能同時被視為一項普遍法則的格律而行為！因此，你必須先根據你的主觀原理來看待你的行為；但是，這項原理是否在客觀方面也是有效的，你只能從以下這點去認知：由於你的理性藉由這項原理而同時將你設想為普遍法則之制定者，以此來檢驗這項原理，它具有這樣一種普遍立法之資格。

相較於由這項法則所能得出之重大且多樣的結論，這項法則極其簡易；再者，它顯然不帶有一項動機，就具有發號施令的威望——當然，一開始這必然會令人驚訝。但是當我們驚訝於我們的理性底一種能力，即藉由關於「一項格律具有實踐法則底**普遍性**之資格」的純然理念來決定意念的能力時，我們得悉：正是這些實踐法則（道德法則）首先顯示意念之一項特質，而思辨理性無論是基於先天的根據，還是藉由任何一種經驗，都達不到這項特質，而且如果思辨理性達到它，也無法在理論方面藉由任何東西去證實它，但上述的實踐法則卻無可反駁地證實這項特質，即自由；此時發現這些法則如同數學公設一樣，是**無法證明的**，但卻是**確然無疑的**，而同時見到實踐知識之整個領域在眼前開啟（在此，理性憑同樣的自由理念，甚至憑其關於「理論領域中的

225

「超感性之物」的理念中的任何其他的理念，必然發現一切都在眼前完全封閉了），就較不令人驚訝了。一個行為與義務法則之協調一致是**合法性**（Gesetzmäßigkeit/legalitas），一個行為底格律與法則之協調一致是這個行為之**道德性**（Sittlichkeit/moralitas）[12]。但**格律**是行動之**主觀**原則，主體以它作為自己的規則（即他想要如何行動）。反之，義務底原理是理性絕對地、因而客觀地命令於主體之事（他**應當**如何行動）。

226　　　因此，道德論之最高原理是：按照能同時被視為普遍法則的格律而行動！任何不符合這項資格的格律都是違背道德的。

　　　　法則出自意志；格律出自意念。在人之中，後者是一種自由的意念；意志所涉及的無非只是法則，既無法被稱為自由的，亦無法被稱為不自由的。因為意志不涉及行為，而是直接涉及對於行為底格律的立法（因而涉及實踐理性本身），所以也是絕對必然的，而且甚至沒**辦法**受到強制。因此，唯有**意念**才能被稱為**自由的**。

　　　　但是意念之自由無法如一些人可能嘗試過的，被界定為選擇依乎或悖乎法則而行動的能力（libertas indifferentiae〔無記的自由〕[13]）──儘管作為**事相**（Phänomen）的意念在經

---

12　【譯注】黑格爾將 Moraliät 與 Sittlichkeit 加以區別，但在康德底用法中，這兩個詞並無區別，故譯者一律譯為「道德性」。

13　【譯注】佛教將一切法分為善、不善與無記三性。「無記」即非善非不善者，因為不可記為善或惡，故稱「無記」。

驗中為此提供諸多的事例。因為我們僅知道自由（如同它首
先藉由道德法則而為我們所知悉）是我們內部的**消極**特質，
即不受任何感性的決定根據之**強制**而行動。但若將它當作**理
體**（Noumen）來看，亦即就身為智性體（Intelligenz）的人對
感性意念**加以強制**之能力而觀，因而就其積極特性來說，我
們決無法**在理論方面**呈顯它。但我們的確能理解：儘管身為
**感性存有者**（Sinnenwesen）的人在經驗上顯示一種不僅**合乎**
法則、而是也**悖乎**法則而抉擇的能力，但這無法**界定**他身為
**智思存有者**（intelligibeles Wesen）的自由；因為現象無法使
任何超感性的對象（自由的意念卻屬於此類）可理解。我們
也能理解：自由決不能存在於「理性的主體也能作一項與其
（立法的）理性相對抗之抉擇」——縱使經驗極常證明這類
事情之發生（但我們無法領會其可能性）。蓋承認一個（經驗
底）命題是一回事，而使它成為（自由意念底概念之）**解釋
原則**及普遍的辨別標誌（有別於動物性的或奴性的意念
〔arbitrium brutum s. servum〕），是另一回事；因為前者並非
主張：這項標誌**必然**屬於這個概念，但這卻是後者所要求　227
的。其實，唯有關聯於理性之內在立法的自由才是一種能
力；偏離於這種立法的可能性是一種無能。而前者如何能由
後者得到解釋呢？這是一項定義，它在實踐的概念之外還
加上其**踐履**（如經驗所教導的）；這是一項**混成的解釋**
（Bastarderklärung/definitio hybrida）[14]，它錯誤地呈顯這個

---

14　【譯注】康德在《純粹理性批判》中（*KrV*, A727-730/B755-758）強

概念。

**法則**（一項道德上實踐的法則）是個包含一項定言令式（命令）的命題。藉一項法則下命令者（imperans）是**立法者**（Gesetzgeber/legislator）。他是依乎法則的責任之制定者（Urheber/autor），但未必是法則之制定者。在後一種情況下，法則便是實定的（偶然的）與任意的。藉由我們自己的理性先天地且無條件地責成我們之法則，也能被表達為來自一個最高立法者之意志，亦即一個只有權利而無義務的立法者之意志（因而是神性的意志）；但這僅意謂一個道德存有者──其意志對所有人而言都是法則，但卻毋須將他視為法則之制定者──之理念。

道德意義下的**歸責**（Zurechnung/imputatio）是藉以將某人視為一個行為之發動者（causa libera〔自由因〕）──這麼一來，這個行為便稱為**作為**（Tat/faktum），並且受制於法則──的**判斷**；但如果這項判斷同時具有從這個作為而來的法律後果，它便是一種有法律效力的歸責（imputatio iudiciaria s. valida），否則它便只是一種**評斷性的**歸責（beurteilende Zurechnung/imputation diiudicatoria）。有權作有法律效力的歸責之人格（自然人格或道德人格）稱為**法官**或甚至法庭（iudex s. forum）。

---

調：嚴格而言，只有數學概念能有「定義」（Definition），因為它們是建立在先天直觀之基礎上；所謂「哲學的定義」其實只是對哲學概念的「解釋」（Erklärung）。康德在此顯然採取較寬鬆的用法，對「定義」與「解釋」不加以區別。

若某人依義務所做的，**多於**他能依法則而被強迫去做的，其所為便是**有功績的**（vedienstlich/meritum）；若他所做的僅剛好**符合**法則之要求，其所為便是**本分**（Schuldigkeit/debitum）；最後，若他所做的**少於**本分所要求的，其所為便是道德的**過失**（Verschuldung/demeritum）。一項過失之**法律**後果是**懲罰**（Strafe/poena）；一項有功績的作為之法律後果是**酬賞**（Belohnung/praemium）（假使在法律中所預告的酬賞是動機的話）；行事與本分之相稱根本無任何法律後果。善意的**回報**（gütige　228　Vergeltung/remuneration s. repensio benefica）與作為之間根本無任何**法律關係**。

　　一個盡本分的行為之善果或惡果——以及不做一個有功績的行為之後果——無法被歸責於主體（modus imputationis tollens〔否定歸責律〕）。

　　一個有功績的行為之善果——以及一個不正當的行為之惡果——能被歸責於主體（modus imputationis ponens〔肯定歸責律〕）。

　　**在主觀方面**，行為底**可歸責性**（Zurechnungsfähigkeit/im-putabilitas）之程度可根據在此必須克服的障礙之大小來評估。（感性之）自然障礙越大，（義務之）道德障礙越小，**善的作為**就越是被算作功績，例如，當我以可觀的犧牲將一個我完全不認識的人從重大的危難中拯救出來時。

　　反之，自然障礙越小，出於義務底理由的障礙越大，（作為過失的）逾矩就要承擔更大的責任。因此，在歸責當中，

心靈狀態——究竟主體是感情用事，還是以冷靜的思慮行事
——形成一項具有後果的區別。

# 法權論導論

## §A. 何謂法權論？

可能有一種外在立法的諸法則之總合稱為**法權論**（Rechtslehre/Ius）。如果這樣一種立法是實際的，這便是關於**實定法**（positives Recht）的學說。而如果精通這種學說的人或是法律學者（Rechtsgelehrte/Iurisconsultus）也從外部認識外在法則，也就是說，就這些法則之應用於在經驗中出現的事例來認識它們，便可說是**嫻熟法律**（rechtserfahren/Iurisperitus）。這種學說固然也能成為**法理學**（Rechtsklugheit/Iurisprudentia），但除非兩者[1]兼備，否則它依然只是**法律學**（Rechtswissenschaft/Iurisscientia）。後一名稱[2] 應屬於關於自然法權論（natürliche Rechtslehre/Ius naturae）的**系統性**知識——儘管精通自然法權論的人必須為一切實定法之制定提供不變的原則。

---

1　【譯注】指「嫻熟法律」與「法理學」。

2　【譯注】指「法理學」。

# §B. 何謂法權？

如果**法律學者**不想陷於同義反覆，或是不想提示法律在某個國家、在某個時代所要求的事，而不提出一個普遍的解答，這個問題可能會使他困窘，正如「**何謂真理？**」這個眾所周知的質問會使邏輯學家困窘一樣。什麼是合法的（was Rechtens sei/quid sit juris），亦即，法律在某一地點與某一時間表示什麼或表示過什麼，他固然還能說明；但這些法律所要求的事是否也是正當的，以及我們一般來說能據以認識「正當」與「不正當」（Recht sowohl als Unrecht/iustum et iniustum）的普遍判準，卻依然是他所不知的——
230　除非他暫時撇開那些經驗原則，僅在理性中尋求那些判斷之來源（儘管對他來說，那些法律能為此充當絕佳的引導），以便為實定法之可能制定建立基礎。一套純然經驗的法權論（如同費德魯斯底寓言中那顆木製的頭顱）是一顆頭顱，它可能很美，但可惜沒有腦[3]。

法權底概念，就它涉及一個與它相對應的責任而言（亦即法權底道德概念），**首先**僅關乎一個人格對於另一個人格之外在的，而且更確切地說，實踐的關係——就它們的行為作為事實，能（直

---

3　【譯注】費德魯斯（Phädrus）是古羅馬寓言家，生活於西元前 1 世紀。這一則寓言見於其《寓言集》第 1 卷第 7 則：「一隻狐狸偶而見到一個悲劇演員底面具，說道：『啊！多麼漂亮呀！但是它沒有腦！』」（*Babrius and Phadrus* [The Loeb Classical Library, 436], Cambridge: Harvard University Press, 1965, pp. 200/201.）

接地或間接地）相互影響而言。但**其次**，這個概念並非意謂意念對於他人底**願望**（因而也對於其純然的需求）之關係，像是例如在仁慈或冷酷底行為中那樣，而是僅關乎他人之**意念**。**第三**，在意念之這種相互關係當中，意念之**質料**──亦即每個人對於他想要的對象所懷有之目的──也完全不予考慮，例如，我們不問：當某人為了他自己的生意而向我購買貨物時，是否也可能獲利，而是僅詢問在雙方意念底關係中的**形式**（就他們僅被視為**自由的**而言），以及在這兩人當中，一個人底行為能否根據一項普遍法則而與另一人底自由統合起來。

因此，法權是使一個人之意念得以與他人之意念根據一項普遍的自由法則而統合起來的條件之總合。

## §C. 法權底普遍原則

「任何行為若能根據一項普遍法則而與每個人底自由共存，或是依該行為之格律，任何人底意念之自由能根據一項普遍法則而與每個人底自由共存，這個行為便是**正當的**（recht）。」

因此，如果我的行為，或者一般來說，我的狀態能根據一項普遍法則而與每個人底自由共存，則妨礙我做到這點的人便對我不公；因為這種妨礙（這種抗拒）無法根據普遍法則而與自由共存。

由此也推知：我們不能要求所有格律底這項原則本身又是我的格律，也就是說，要求我使這項原則**成為**我的行為之**格律**；因

為即使我對每個人底自由完全漠不關心，或是我在心裡想要破壞
它，只要我不以我的**外在行為**傷害其自由，他便能是自由的。使
「正當地行動」成為我的格律，是倫理學對我提出的一項要求。

　　因此，法權底普遍法則為：外在行為要如此，亦即你的意念
之自由運用能根據一項普遍法則而與每個人底自由共存——這
個法則固然使我承擔一項責任，但決不期待，更不要求：我**自己
應當**完全為了這項責任之故，將我的自由局限於上述的條件之
下；而是理性僅表示：我的自由**係**在其理念中受限於這些條件，
而且在行動上也可以受限於其他人；而理性將此義說成一項根本
無法進一步證明的設準（Postulat）。如果我們的目標不是要教導
德行，而只是要闡述「什麼是**正當的**」，我們自己便不可也不該將
上述的法權底法則表述為行為之動機。

## §D. 法權與強制的權限相結合

　　與對一種作用的妨礙相對立之抗拒是對這種作用的一種助
長，並且與之相協調。而一切不公之事，根據普遍的法則，均是
對自由的一種妨礙；但強制是自由所遭受的一種妨礙或抗拒。是
故，如果自由之某種運用本身，根據普遍的法則，是對自由的一
種妨礙（亦即，是不公的），則與此相對立的強制，作為**對自由的
一種妨礙之阻礙**，根據普遍的法則而與自由相協調，亦即是正當
的；因此，還有一種強制傷害法權者的權限依矛盾律而與法權相
聯結。

# §E. **嚴格的**法權也能被表述為一種

232

## 根據普遍法則而與每個人底自由相協調的

## 全面的相互強制之可能性

　　這個命題所要表示的正是：法權不可被設想為由兩項要素——即依乎一項法則的責任，以及憑其意念責成他人者強制他人這麼做的權限——所組成，而是我們能將法權底概念直接置於「將普遍的相互強制與每個人底自由相聯結」的可能性之中。因為如同法權一般來說，僅以在行為中的外在之物為對象，嚴格的法權（即不與任何倫理之物相混的法權）之為法權，除了外在的決定根據之外，並不要求意念之任何其他的決定根據；因為在這種情況下，它便是純粹的，並且不與任何德行規範相混雜。因此，我們只能將一種**嚴格的**（狹隘的）法權稱為完全外在的法權。而今這種法權固然以每個人依乎法則的責任之意識為根據，但若這種法權要是純粹的，它就不可也不能訴諸這種意識作為動機，據此來決定意念，而是因此立基於一種能根據普遍法則而與每個人底自由共存的外在強制之可能性底原則。因此，當我們說：一個債權人有一項權利要求負債人償還其債務之時，這並非意謂：債權人能使負債人想到，其理性本身責成他去償還其債務，而是意謂：迫使每個人去做此事的一種強制能根據一項普遍的外在法則而與每個人底自由、因而也與他的自由妥善共存。因此，法權與強制的權限是同一個意思。

在普遍自由底原則之下，與每個人底自由必然相協調的
一種相互強制彷彿是該概念之**建構**（Konstruktion），亦即它
在一種純粹先天直觀中的呈現——類比於物體在「**作用**與**反
作用相等**」的法則下自由運動之可能性。而我們在純粹數學
中無法直接從概念推衍，而是只能藉由概念之建構發現其對
象底特質；同樣地，使法權底概念之呈現成為可能的，並非
該**概念**，而不如說是被納入普遍法則之下、與該概念相協調
的全面相互且相等的強制。但由於這個力學的概念還有一個
純粹數學（例如幾何學）中之純形式的概念作為基礎，理性
所關心的是：為知性提供甚至盡可能多的先天直觀，以便建
構法權底概念。「直」（das Rechte/rectum）[4]作為**直線**，一則
與**曲線**相對反，再則與**斜線**相對反。前者是一條線之**內在特
性**，而這條**線**是這樣的：在兩個既有的**點**之間只有一條**唯一
的線**。但後者卻是兩條相交或相切的**線之狀態**，而且也只能
有一條**唯一的**（垂直的）**線**是這樣的；而這條線並不偏向於
一邊甚於偏向另一邊，並且將兩邊的空間等分。依照這種類
比，法權論也想能為每個人（以數學的精確性）決定**其應得
之分**（das Seine），而在**德行論**——它無法拒絕給予例外以某
種空間（latitidinem〔餘地〕）——中，這是不可期待的。然
而，毋須涉入倫理學底領域，就有兩種情況：它們要求法律

---

4　【譯注】德文的 recht 與拉丁文的 rectum 均與中文的「直」字一樣，
　　兼有「品德之直」與「形狀之直」二義。

裁決，但卻無法找出為它們作裁決的人，而且彷彿歸屬於伊
比鳩魯之「宇宙際」（intermundia）[5]。首先，我們得將這兩種
情況從依本義而言的法權論（我們馬上就要討論它）中剔除，
以期其游移不定的原則不致影響到法權論之堅實原理。

## 附論法權論之畫分

## 論有歧義的法權
### （zweideutiges Recht/Ius aequivocum）

每一種**狹**義的法權（ius strictum）均與強制的權限相結合。
但是我們還設想一種**廣**義的法權（ius latum），而在其中，強制的　234
權限無法藉由任何法則而被決定。而今這種法權（無論是真實的
還是假託的）有二：**衡平性**（Billigkeit）與**緊急權**（Notrecht）。
其中，前者假定一種無強制的權利，後者假定一種無權利的強制；
而我們不難看出，這種雙重涵義其實是基於以下這點：一種被質
疑的法權有各種情況，而沒有任何法官能被推舉出來，為這些情
況作裁決。

---

5　【譯注】伊比鳩魯（Epikur, 341/2-270/1 B.C.）是古希臘哲學家，主
　　張原子論。根據其原子論，原子之運動造成無數多的宇宙，而存在
　　於諸宇宙之間的虛空便是「宇宙際」，乃眾神之居所。

## I. 衡平性（Billigkeit/Aequitas）

**衡平性**（客觀地看）決非敦促他人單是履行其倫理義務（其仁慈與善意）的一項理由，而是基於這項理由而有所要求的人係以其**權利**為依據，只是他欠缺法官所必要的條件，而根據這些條件，法官才能決定：此人之要求能得到多少滿足，或者能以什麼方式得到滿足。在一個為了利益均等而成立的商社裡，有人卻比其他成員**做**得更多，但同時或許由於不幸的事故，比他們**損失**得更多；**根據衡平性**，他能向商社要求得到比他只是與其他成員均分時更多的東西。然而，根據依本義而言的（嚴格的）法權，他的要求會被駁回，因為如果我們在這個案例中設想一位法官，則這位法官並無任何確定的條文（Angaben/data）可據以決定：根據契約，此人應得到多少。一個家僕至年終為止的工資是以一種在這段期間內已貶值的貨幣來支付，而他用這筆工資無法償付他在簽訂契約時能以此購買的東西。在支付金額相同、但貨幣價值不同的情況下，他無法援引其「不因此而有損失」的權利，而是只能訴諸衡平性作為理由（一個無法被聽見的沉默之神）；因為在契約中並無任何相關的規定，而一位法官無法根據不確定的條件而宣判。

由此也可推知：（在他人關於其權利的一項爭論中）一個**衡平性法庭**包含一項矛盾。唯有在事涉法官自己的權利時，並且在他能為其人格而處置的事情上，他可以且應當聆聽衡平性之聲音；例如，他人在為君王效力時蒙受損失，而他們懇求君王予以補償，此時君王自己承擔該項損失——儘管根據嚴格的法權，君王能以

「他們已自負風險地接受了這項工作」為託辭而拒絕這項要求。

如今，**衡平性**之**箴言**（Sinnspruch/dictum）固然是：「最嚴格的法權即是最大的不公」（"das strengste Recht ist das größte Unrecht"/"summum ius summa iniuria"）；但是這種不幸無法循合法的途徑去彌補（儘管它涉及一項法權要求），因為這項要求僅屬於**良心底法院**（forum poli〔天上的法院〕），反之，一切合法性之問題均得訴諸**民法**（forum soli〔地上的法院〕）。

## II. 緊急權（Notrecht/Ius necessitatis）

這項所謂的權利據稱是一項「在我自己有喪失生命之虞的情況下，剝奪另一個對我絲毫無所傷害的人之生命」的權限。顯而易見的是：這其中必然包含法權論之一種自相矛盾。因為這裡所談的，並非一個**不正當地**傷害我的生命、而我先發制人地剝奪其生命（ius inculpatae tutelae〔正當防衛權〕）的人——在此，勸人節制（Mäßigung/moderamen）決不屬於法權，而是僅屬於倫理學——，而是容許對於並未對我施以暴行的人施加之暴行。

顯然，這種主張不能客觀地根據一項法律會規定的事去理解，而是只能主觀地根據法院會作出的判決來理解。因為假設某人在一場船難中與另一個人在同樣的生命危險中掙扎，而此人為了自救，將這另一個人從他藉以逃生的板子推開，則不會有任何**刑法**將此人判處死刑。因為該法律用來威脅的懲罰本就無法大過讓此人喪失生命的懲罰。而這樣一種刑法決無法有預期的效果；因為藉由一種尚**不確定的**不幸而施加之威脅（由法院判決而來的死亡），無法超過對於**確定的**不幸（即溺死）之恐懼。因此，以暴

236　行來自保的作為決不能被判定為**無可指摘的**（unsträflich/inculp-
abile），而是只能被判定為**無可懲罰的**（unstrafbar/imunibile）：而
由於一種奇特的混淆，這種**主觀的**「免於懲罰」被法律學者視為
一種**客觀的**「免於懲罰」（合法性）。

　　緊急權之箴言是：「事急不受命」（"Not hat kein Gebot"/"ne-
cessitas non habet legem"），但仍然不會有任何緊急情況使不正當
之事成為合法的。

　　我們看到：在兩種法律裁決（根據衡平權與緊急權）當中，
**雙重涵義**（Doppelsinnigkeit/aequivocatio）源自權利行使（面對理
性並且面對一個法院）底客觀根據與主觀根據之混淆，因為在這
種情況下，某人有充分理由自行認定為正當的事情，卻無法在一
個法庭面前得到確認，而他自己必然判定為本身不正當的事情，
卻能得到這個法庭之寬諒；因為在這兩種情況下，「法權」底概念
並非在同一個意義下被看待。

# 法權論之畫分

## A. 法律義務之一般畫分

我們大可根據烏爾比安（Ulpian）作這種畫分——如果我們為其程式加上一種他在此固然可能未清楚地想到、但這些程式卻容許從其中發展出來或置入其中的意義。這些程式如下[6]：

1. **做個正直的人**（"Sei ein rechtlicher Mensch"/"honeste vive"）。**法律上的正直**（rechtliche Ehrbarkeit/honestas iuridica）在於：在與他人的關係中堅持自己身為一個人的價值，而這項義務係藉由以下的命題來表達：「莫使自己僅成為他人之工具，而是要同時是他們的目的。」在下文，這項義務將被解釋為從我們自己的人格中的「人」之**權利**而來的責任（正當之法〔Lex iusti〕）。

---

6　【譯注】烏爾比安即古羅馬法學家 Domitius Ulpianus（170-228），他的大部分法學著作其後被收入優士丁尼大帝時代編成的《民法大全》（Corpus Iuris Civilis）。上述的程式見 Corpus Iuris Civilis. Text und Übersetzung, I. Institutionen (Heidelberg: C.F. Müller, 1997, 2. Aufl.), Liber primus, I "De iustitia et iure", 3, S. 2/3；亦見優士丁尼著、徐國棟譯：《法學階梯》（北京：中國政法大學，1999），頁 10/11。

2. **莫對任何人不公**（ "Tue niemandem Unrecht"/"neminem laede" ）[7]，而且你為此甚至應當得擺脫與他人的一切聯繫，並且
237　避免一切交往（司法之法〔Lex iuridica〕）。

3.（如果你無法避免交往，便）**進入**與他人的交往，而在其中，每個人能保有其所有物（ "suum cuique tribue" ）。如果後一程式被譯為「給每個人**其所有物**」，它便是荒謬之言；因為我們無法給任何人他已擁有的東西。因此，如果這個程式要有意義，它就得這麼說：「**進入**一種狀態，而在其中，每個人能針對其他任何人保障其所有物。」（正義之法〔Lex iustitiae〕）

因此，上述的三項古典程式也是法律義務底系統之畫分原則，此即將法律義務畫分為**內在義務**、**外在義務**，以及包含藉由涵攝（Subsumtion）從前者底原則至後者之推衍的那些義務[8]。

## B. 法權之一般畫分

1. 法權作為有系統的**學說**，畫分為**自然法**（Naturrecht）與**實定法**（positives/statutarisches Recht）；前者完全以先天原則為依據，而後者來自一個立法者之意志。

---

7　【譯注】這句話之拉丁文原文意謂「莫傷害任何人」，與康德底翻譯略有出入。

8　【譯注】這三者分別對應於「關係」範疇中的「實體」、「因果」與「交互性」三個範疇。

2. 法權作為責成他人的（道德）**能力**，亦即作為這種責成之一項法律依據（titulum〔權原〕），其最高的畫分是畫分為**天賦的權利**與**取得的**權利。前者是無待於一切法律行動而自然屬於每個人的權利；後者則是需要這樣一種行動的權利。

天賦的所有物（Mein und Dein）[9] 也能被稱為**內在的**所有物（meum vel tuum internum）；因為，外在的所有物始終必須獲取而得。

# 天賦的權利只有一項

**自由**（無待於另一個人之強制性意念），就它能根據一項普遍法則而與其他每個人底自由共存而言，便是這個唯一的、原始的、每個人由於其「人」（Menschheit）[10]而應擁有的權利。天賦的**平等**，亦即除了我們也能轉而責成他人去做的事之外，不被他人責成去做更多的事之獨立性；從而人身為他**自己的主人**（sui iuris〔自我作主〕）之資格，以及一個**無可非議的**人（iusti〔義人〕）之資

238

---

9　【譯注】康德經常在不同的行文脈絡中交替使用 "das Mein und Dein", "das Meine", "das Seine"諸詞，譯者一概譯為「所有物」。

10　【譯注】Menschheit 這個字不易翻譯，它意謂「人之所以為人者」，指人之道德主體。這個字不可譯為「人性」或「人道」，最好還是譯為「人」，但加上引號，以便區別於下文所述之具體的人（Mensch）。

格（因為在一切法律行動以前，他不曾對任何人不公）；最後還有
對他人做本身無損於其所有物之事（只要他們對此不在意），諸如
只是向他們傳達自己的思想，向他們陳述或承諾某事，而不論這
是真實且真誠的，還是不真實且不真誠的（veriloquium aut falsilo-
quium），因為他們是否願意相信他，完全取決於他們[11]。——所
有這些權限已存在於天賦的自由之原則當中，而且實際上（作為
一個更高的「法權」概念下的畫分之環節）與這種自由無所區別。

人們之所以將這樣一種畫分引進自然法底系統（就它涉及天
賦的權利而言）之中，其意圖終究是為了在關於一項取得的權利
發生爭論，而且「舉證之責任（onus probandi）誰屬」的問題出
現——或是關乎一項疑而未決的作為，或是（如果這項作為已釐
清）關乎一項疑而未決的權利——之際，讓拒絕承擔這項責任的
人能在方法上而且彷彿根據不同的法律依據（Rechtstitel），援引
其天賦的自由權（它依其不同的關係而被分殊化）。

---

11　故意（儘管只是漫不經心地）說假話固然通常被稱為**謊言**（Lüge/
　　mendacium），因為至少就真誠地轉述這種假話的人因輕信而成為他
　　人之笑柄而言，這種假話也能造成傷害。但是在法律的意義下，我
　　們只想將那些直接損害到另一個人底權利的假話稱為謊言，例如冒
　　稱已與某人簽訂一項契約，以便使他喪失其所有物（falsiloquium
　　dolosum〔欺騙的假話〕）。而對極其接近的概念之這種區分是沒有憑
　　據的，因為當我們只是解釋自己的想法時，他人總是可以依其意願接
　　受這種解釋——儘管「這是一個所言不足取信的人」這種有憑據的詆
　　毀與稱他為一個說謊者的指摘極為接近，以致屬於**法律**（Ius）的東
　　西與歸屬於倫理學的東西在此就只能這麼區別開來。

　　而今既然對於天賦的、因而內在的所有物來說，並無**諸權利**，
而是只有一項權利，則這個最高的畫分（它是由兩個在內容上極
其不同的環節所組成）就能被置入序論中，而法權論之畫分則只
能關聯到外在的所有物。

# 一般而言的道德底形上學
# 之畫分

239

## I.

一切義務或是**法律義務**（Rechtspflichten/officia iuris）——亦即這樣的義務：對它們而言，一種外在的立法是可能的——，或是**德行義務**（Tugendpflichten/officia virtutis s. ethica）——對它們而言，一種外在的立法是不可能的。但是後者無法從屬於任何外在的立法，只因為它們涉及一項**目的**，而這項目的（或是懷有它）同時是義務。但是為自己設定一項目的，這無法藉由任何外在的立法而辦到（因為這是一種內在的心靈活動）——儘管有些外在的行為可能被命令，而這些行為導向一項目的，但主體卻不將它當作自己的目的。

但何以道德論（Sittenlehre/Moral）通常被（尤其是被**西塞羅**[12]）冠以「**義務**學說」之名，而不也被冠以「**法權論**」

12　【譯注】這是指羅馬哲學家西塞羅（Marcus Tullius Cicero, 106-43

之名呢（既然一者畢竟牽涉到另一者）？其理由如下：我們僅藉由**道德令式**來認識我們自己的自由（所有的道德法則，因而甚至所有的法權與義務均由此而來）──這種令式是一項要求盡義務的命題，而使他人負責的能力，亦即法權底概念，隨後才能由此發展出來。

## II.

既然在義務論中，人能夠且應當根據其自由能力──它是完全超感性的──底特質，因而也僅根據其「**人**」（Menschheit）而被表述為無待於自然規定的人格性（Persönlichkeit/homo noumenon〔理體人〕），以別於這同一個、但帶有自然規定的主體，即**人**（Mensch/homo phaenomenon〔事相人〕），則權利與目的──它們進而在這種雙重特質中牽涉到義務──將提供以下的畫分。

---

B.C.）底《論義務》（*De officiis*）。

240　　　　根據法則對於義務的客觀關係之畫分

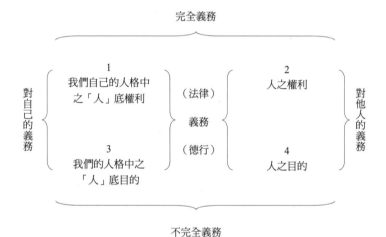

完全義務

對自己的義務

1
我們自己的人格中之「人」底權利

（法律）

義務

（德行）

2
人之權利

對他人的義務

3
我們的人格中之「人」底目的

4
人之目的

不完全義務

241　　　　　　　　　　　III.

　　既然我們在設想權利對於義務的關係（不論這是許可的還是不許可的）時所關涉的諸主體容許有不同的關係，那麼我們在這方面也能作一項畫分。

## 根據責以義務者對於承擔義務者的
## 主觀關係之畫分

<table>
<tr>
<td>

**1**

人對於既無權利亦無義務的
存有者之法律關係

缺

因為這些是無理性的存有者，
它們既不責成我們，
我們亦無法為它們所責成。

</td>
<td>

**2**

人對於既有權利亦有義務的
存有者之法律關係

存

因為這是人對於人的
一種關係。

</td>
</tr>
<tr>
<td>

**3**

人對於僅有義務而無權利的
存有者之法律關係

缺

因為這些是沒有人格性的人
（農奴、奴隸）

</td>
<td>

**4**

人對於一個僅有權利而無義務的
存有者（上帝）之法律關係

缺

亦即僅在哲學中如此，因為
這並非可能的經驗之對象。

</td>
</tr>
</table>

因此，只有在第二種情況中才存在權利與義務間的一種**實在**關係。何以這種關係亦不見於第四種情況中呢？其故在於：這會是一種**超越的**義務，亦即這樣一種義務：沒有任何外在的責以義務的主體能對應地**被提供**給它，因而在理論方面，這裡的關係僅是**觀念上的**（ideal），亦即對於一個思想物的關係；但我們並非藉

由其完全**空洞的**概念，而是藉由對我們自己及內在道德性之格律
而言、因而在實踐的內在方面豐饒的概念，為自己**製造**這個思想
242　物——在這當中，我們的全部**內在的**（可踐履的）義務卻又僅存
在於這種純然被設想的關係之中。

## 論對於作為一般而言的義務底**系統**之<br>**道德學**的畫分

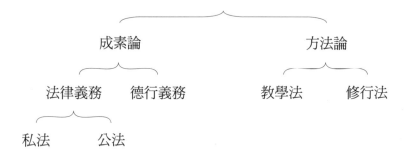

等等，一切不僅包含一門學術的道德論之材料，而是也包含其建
築學形式的東西——如果《形上學的根基》已完整地為此找出普
遍原則的話。

＊　　＊　　＊

自然法之最高畫分不能畫分為**自然**法與**社會**法，而是必須畫分為自然法與**公民**法：其中，前者被稱為**私法**，後者被稱為**公法**。因為與**自然狀態**相對立的，並非社會狀態，而是公民狀態；因為在自然狀態中固然極可能有社會，但唯獨不會有**公民**社會（藉公共法律保障所有物的社會），故自然狀態中的法律稱為私法[13]。

---

13　【譯注】由本書§41 可知：這段話係針對阿亨瓦爾（Gottfried Achenwall, 1719-1772）底觀點而發，參閱其《自然法》（*Ius Naturae*, Göttingen 1755ff.）第一、二卷之開頭。

# 法權論

# 第一篇
## 私法

# 一般法權論

# 第一篇
# 關於一般而言的外在所有物之私法

## 第一章
## 論將某外在之物當作所有物而擁有的方式

### §1

**我在法律上的所有物**（das rechtlich-Meine/meum iuris）是這樣的東西：我與它如此聯結起來，以致另一個人未經我的同意而想使用它，就會傷害我。一般而言的使用底可能性之主觀條件便是**占有**（Besitz）。

但唯有當我可以假定以下情況之可能性，即由於另一個人使用一個**我並不占有**的事物，我仍然會受到傷害時，某**外在**之物才會是我的所有物。因此，除非「占有」底概念能有不同的意義，即「**感性的**（sinnlich）占有」與「**智思的**（intelligibel）占有」二義，而前者能意指一種**自然意義的**（physisch）占有，但後者卻能意指對同一對象之一種**純然法律上的**（bloß rechtlich）占有，否則「將某外在之物當作其所有物而擁有」便是自相矛盾。

　　但「一個對象是**在我之外**」這個說法能意謂：它是一個僅與我（主體）**有別**的對象，或者也能意謂：它是一個在時間或空間中存在於**另一處**（Stelle/positus）的對象。唯有就前一種意義來看，占有才能被設想為理性占有（Vernunftbesitz）；但是就後一種意義來看，它就得稱為一種經驗性的占有。一種**智思的**占有（如果這樣一種占有是可能的）是一種**無持有**（Inhabung/detentio）的占有。

246

§2

**實踐理性之法律設準**（Postulat）

　　將我的意念之任何外在對象當作我的所有物而擁有，是可能的；這就是說，如果根據一項格律，當它成為法則時，意念底一個對象**本身**（客觀而言）必然會成為**無主的**（herrenlos/res nullius〔無主之物〕），則這項格律便是違法的。

　　因為我的意念底一個對象是我**在自然意義下**（physisch）有能力使用的東西。但如今設使我**在法律上**（rechtlich）絕對沒辦法使用這個對象，也就是說，這種使用無法根據一項普遍法則而與每個人底自由共存（是不正當的），自由就會藉由將**可使用的**對象置於**使用**之一切可能性之外，亦即在實踐方面泯除這些對象，並且

使它們成為無主之物，從而不讓自己將其意念使用於意念底一個
對象上──縱使就形式而言，意念在使用這些事物時，根據普遍
法則而與每個人底外在自由協調一致。如今既然純粹實踐理性僅
以形式法則作為意念底使用之根據，且因此抽離於意念之質料，
亦即對象底其餘特性（**只要它是意念底一個對象**），它就無法包含
任何「不得使用這樣一種對象」的絕對禁令，因為這將是外在自
由之自相矛盾。但是我的**意念**底一個對象是這樣的東西，即我有
自然能力任意使用它，而使用它是在我的力量（Macht/potentia）
之中；而這又得與「我能支配這同一個對象」（in potestatem meam
redactum〔被納入我的支配之下〕）加以區別，後者不僅預設一種
**能力**（Vermögen），而是也預設意念底一個**行動**（Akt）。但為了將
某物只是**設想**為我的意念底對象，意識到我有能力擁有它，就足
夠了。因此，實踐理性之一項先天預設是：將我的意念底每個對
象都當作在客觀方面可能的所有物來看待和對待。

　　我們可以將這項設準稱為實踐理性底一項許可法則（Er-　247
laubnisgesetz/lex permissiva）──它賦予我們一項權限，而我們無
法單從一般而言的法權之概念得出這項權限，此即讓其他所有人
承擔一項他們在其他情況下不會有的責任，即放棄使用我的意念
底某些對象（因為我們已先占有了它們）。理性期望這項設準具有
原理底效力，更確切地說，作為**實踐**理性，它期望如此，而藉由
它這項先天的設準來擴展自己。

### §3[1]

凡是想主張自己擁有一個事物作為其所有物的人，就得占有一個對象；因為他若不占有這個對象，他就不會由於另一個人未經其同意就使用它，而受到傷害。因為當某個在他之外、而在法律上與他毫無聯結的東西觸動（affiziert）這個對象時，它無法觸動他自己（主體），且無法對他不公。

### §4
### 「外在的所有物」底概念之解說

我的意念之外在對象只能有**三種**：一、一個在我之外的（有形體的）**事物**；二、另一個人履行一項特定作為的**意念**（praestatio〔保證〕）；三、另一個人在他與我的關係中之**狀態**——這是根據**實體**、**因果性**與**交互性**之範疇，就依自由法則而存在於我與外在對象間的關係而言。

a) 我不能說**空間**中的一個對象（一個有形體的事物）是我的，除非**儘管我在自然意義下不占有它**，我仍可在另一種現實意義（因而非自然意義）下主張自己占有它。因此，我會說一個蘋果是我的，並非由於我將它拿在手上（在自然意義下占有它），而是唯有在我雖然已將它從手中放下（不管放在何處），而還能說「我占有它」之時，我才會如此。同樣地，對於我曾在其上紮營的土地，我不能說：它因此便是我的；而

---

1　【譯注】路德維希以這一節之內容與上下文不協調為由，全部予以刪除。

是唯有在我雖然離開了這個地方，仍可主張「我還是占有它」
之時，我才會如此。因為在前一種情況（即經驗性的占有之　　　248
情況）中想從我手中奪走蘋果，或是將我從紮營地拖走的人，
在我的**內在**所有物（自由）方面當然會傷害我，但卻不會在
我的外在所有物方面傷害我——除非我即使未持有這個對
象，也能主張自己占有它。因此，我甚至不能說這些對象（蘋
果與營地）是我的。

b)　對於因他人之意念而**成就**的某事，如果我只能說：這項成就
　　隨著他的承諾而**同時**（pactum re initum〔實際簽訂的契約〕）
　　為我所占有，我就不能說這項成就是我的；而是唯有在我可
　　以主張我占有他人底意念（決定他去完成此事）——儘管完
　　成之時刻仍有待來臨——時，才能這麼說。然則，他人之承
　　諾便屬於〔我的〕資產（obligatio activa）[2]，而且我能將它算

---

2　　【譯注】「主動義務」（obligatio activa）與「被動義務」（obligatio
　　　passiva）這組概念出自德國哲學家包姆加藤（Alexander Gottlieb
　　　Baumgarten, 1714-1762）底《實踐哲學導論》（*Initia philosophiae prac-*
　　　*ticae*, Halle: Hemmerde, 1760），見該書，§11, S. 5；亦見 *KGS*, Bd. 19,
　　　S. 12。康德曾多次使用此書作為其倫理學課程之教本，例如，他在
　　　1784/1785 年冬季學期的倫理學課程便是以此書為教本，其講義由
　　　柯林斯（Georg Ludwig Collins）記錄下來。康德在這份講義中便討
　　　論到這組概念，見 *Moralphilosophie Collins*, *KGS*, Bd. 27.1, S. 260。
　　　此外，在一份由其學生克勒爾（Johann Friedrich Kaehler）所記、出
　　　自 1773 至 1775 年之間的倫理學講義中，亦可發現幾乎完全相同的
　　　內容，見 Immanuel Kant: *Vorlesung zur Moralphilosophie*, hrsg. von
　　　Werner Stark (Berlin: Walter de Gruyter, 2004), S. 35。根據這兩份講

作我的所有物——但不僅是在我已占有**所承諾**的東西（像在前一種情況中）時，而是即使我尚未占有它，亦然。因此，我必須能設想自己無待於受時間條件所限制的占有，亦即經驗性的占有，但卻占有這個對象。

c) 我能說一個**婦人**、一個**孩子**、一個**僕役**，以及總而言之，另一個人格，是我的所有物，並非由於我現在將他們當作屬於我的家務的人來指揮，或是已羈束、控制且占有他們，而是縱使他們擺脫了束縛，且因此我不（在經驗意義下）占有他們，我還是能說：我單憑我的意志占有他們（只要他們存在於某地某時），亦即**純然在法律上**占有他們。因此，唯有在我

義中的說明，幫助不幸的人是主動義務，欠債還錢是被動義務。主動義務有功績（Verdienst）可言，被動義務則無功績可言。主動義務僅針對事（如慈善行為），而非針對人（如不幸的人）；被動義務不僅針對事（如還錢），也針對人（如債權人）。主動義務之強制性來自自己的理性思考，故具有主動性；被動義務之強制性來自他人之要求，故具有被動性。據此可推斷：「主動義務」與「被動義務」這組概念相當於康德在其他著作中所說的「不完全義務」（unvollkommene Pflicht）與「完全義務」（vollkommene Pflicht）、「寬泛義務」（weitere Pflicht）與「狹隘義務」（engere Pflicht）、「偶然義務」（zufällige Pflicht）與「必然義務」（notwendige Pflicht）、「德行義務」（Tugendpflicht）與「法律義務」（Rechtspflicht）；參閱 *GMS, KGS*, Bd. 4, S. 421ff., 424, 429f.; *MS, KGS*, Bd. 6, S. 239f., 390f., 393ff., 410f., 446f., 449f., 454f.。根據以上所述，他人之承諾所涉及的當是「被動義務」，而非「主動義務」，與康德此處的說法不一致。

能提出這種主張時，且唯有就此而言，他們才屬於我的資產。

## §5

### 「外在的所有物」底概念之定義

其**名目定義**[3]——亦即，僅足以將該對象與其他所有對象**區別開來**[4]的定義——便是：我的外在所有物是在我之外的東西，而妨礙我任意使用它便是一種傷害（對我的自由之損害，而我的自由能根據一項普遍法則而與每個人底自由共存）。而這個概念底**實質定義**[5]——亦即，也足以對這個概念進行**推證**（Deduktion）（該對象底可能性之知識），並且由對於這個概念之一種完整而確定的**解說**產生[6]的定義——則是如下：我的外在所有物是這樣的東西，即**縱使我並不占有它**（並非該對象底持有者），但妨礙我去使用它仍會是一種傷害。如果外在對象要被說成「**我的**」，我就得以某種方式占有它；因為不然的話，違反我的意志而觸動這個對象

249

---

3　【譯注】德文作 Namenerklärung。雖然康德在此使用 Erklärung，而非 Definition，但既然在本節底標題中，康德使用 Definition，由此可推知：Erklärung 與 Definition 在此可以互換，故筆者一律譯為「定義」。

4　【譯注】在原版中這裡還有「並且由對於這個概念的一種完整而確定的**解說**產生」（"und aus einer vollstädigen und bestimmten **Exposition** des Begriffs hervorgeht"）之語，但因與上下文不合，故依 Felix Meiner 版編者路德維希之建議，移置於下文。

5　【譯注】德文作 Sacherklärung。

6　【譯注】「並且由對於這個概念的一種完整而確定的**解說**產生」一語由上文移置於此。

的人，就不會同時觸動我，因而也不會傷害我。因此，根據§4，如果要有一種外在的所有物存在，一種**智思的占有**（possessio noumenon〔作為理體的占有〕）就得被預設為可能的。然則，經驗性的占有（持有）只是**現象**中的占有（possessio phaenomenon〔作為事相的占有〕）——儘管我所占有的**對象**，在此並非像在〈先驗分析論〉中的情形那樣，本身被視為現象，而是被視為物自身。因為在那裡，理性所關切的是對於事物底本性的理論知識，以及這種知識能及於多遠；但是在這裡，理性所關切的卻是根據**自由**底法則在實踐方面對意念的決定（不論對象能藉由感覺去認識，還是也只能藉由純粹知性去認識），而且**法權**是在自由底法則下意念之這樣一種純粹實踐的**理性概念**。

正因此故，按理我們也不該說「占有對這個或那個對象的一項權利」，而是毋寧該說「**純然在法律上**占有它」；因為權利已是對於一個對象的一種智性的（intellektuell）占有，而「占有一項占有」便是一個無意義的說法。

## §6
## 「對一個外在對象之純然法律意義的占有」
## （作為理體的占有）底概念之**推證**

如今，「一個**外在的所有物**如何可能？」這個問題轉換為「一種**純然法律上的**（智思的）**占有**如何可能？」的問題，而後一個問題又轉換為第三個問題：一個先天**綜合**的法律命題如何可能？

一切法律命題均是先天命題，因為它們均是理性法則（Vernunftgesetze/dictamina rationis）。關於**經驗性的占有**之先天的法律命題是**分析的**；因為它所表示的，不過是根據矛盾律從這種占有所推知的東西，亦即：如果我是一個事物之持有者（因此在自然的意義下與它相結合），則未經我的同意而觸動它（例如，從我手中奪走蘋果）的人便觸動且減損了我的內在所有物（我的自由），因而在其格律中與法權底公理直接相牴牾。因此，關於一種在經驗意義下合法的占有之命題並未超過一個人格關於他自身的權利。

反之，關於「占有一個**在我之外**的事物」底可能性的命題，於剝除了在空間與時間中之經驗性的占有底一切條件之後（因而預設一種「作為理體的占有」之可能性），就超出上述的限制性條件，而且由於這個命題確定一種甚至無持有的占有對於「外在的所有物」底概念是必要的，它是**綜合的**；而今理性所能有的課題只是顯示：這樣一個擴展到「經驗性的占有」底概念之外的先天命題如何可能？

以這種方式，例如，占有一塊可特殊化的[7]土地是私人意念底一個行動，但卻不是**專橫的**。占有者所憑藉的是對這塊土地之原本的**共同占有**，以及先天地與此相對應、而容許在這塊土地上的**私人占有**之普遍意志（因為不然的話，這就會使閒置之物本身按

---

7　【譯注】康德在此使用 absonderlich 一詞，但此詞在此有特殊的涵義，而不可依現代德文中的用法譯為「奇特的」。參閱 B. Sharon Byrd/ Joachim Hruschka: "The Natural Law Duty to Recognize Private Property Ownership: Kant's Theory of Property in His Doctrine of Right", *University of Toronto Law Journal*, Vol. 56, No. 2 (Spring 2006), p. 265, footnote 234.

照一項法則而成為無主之物），並且藉由首度占有而原始地取得一塊特定的土地，而此時他有權（iure）對抗任何其他會妨礙他對這塊土地作私人使用的人——儘管在自然狀態中他並非根據法律（de iure）來對抗，因為在自然狀態中尚無任何公法存在。

縱使一塊土地被視為**開放的**，亦即，任由每個人去使用的，或是被宣告為開放的，我們卻不能說：在一切法律行動之前，它自然地且**原始地**（ursprünglich）就是開放的，因為連這都是一種對於物——亦即不容任何人占有的土地——的關係；而是由於土地之這種開放性對每個人都會是一項「不得使用它」的禁令；為此，對土地的一種共同占有是必要的，而若無契約，這種共同占有就不會發生。但是一塊唯有藉由契約才能開放的土地，實際上必須為所有（共同聯合）相互禁止或停止使用它的人所占有。

251　　　　對土地（且因此連同其上的物）之這種**原始的**共有（ursprüng-liche Gemeinschaft des Bodens/communio fundi originaria）是一個具有客觀的（在法律上實踐的）實在性之理念，而且完全不同於**初始的**共有（uranfängliche Gemeinschaft/communio primaeva）——這是一種虛構。因為後者當是一種**造成的**共有，且必須來自一項契約，而由於這項契約，所有人都放棄私人的占有，並且每個人將其資產與其他每個人底資產合併起來，藉以將私人的占有轉變為一種共同的占有；而對於這點，歷史必須為我們提供一項證明。但是，將這樣一種程序視為**原始的**占有，並且說每個人底特殊占有能夠且應當以此為依據，是一項矛盾。

與占有（Besitz/possessio）不同的還有居留（Sitz/sedes），而與為了日後的取得而對土地之占有不同的還有**定居**（Niederlassung），即寓居（Ansiedelung/incolatus）——後者是對一個場所之持續的私人占有，而這種占有有待於主體之現身於該場所。這裡所談的，並非作為一項二度法律行動（它能隨占有而來，或者甚至完全不會發生）的定居；因為定居不會是一種原始的占有，而是一種由他人之同意衍生出來的占有。

對土地之純自然意義的占有（持有）已經是對一個物的一項權利——儘管這的確還不足以將該土地視為我的所有物。就他人而言，這種占有作為（就我們所知）首度占有，與外在自由底法則一致，且同時包含於原始的共同占有之中，而這種共同占有先天地包含一種私人占有底可能性之根據；故妨礙一塊土地底首度持有者使用它，便是一種傷害。因此，首度占有具有一項法律依據（titulus pessessionis〔占有之權原〕），而這項依據便是原始的共同占有；再者，由於無人被責成以文件證明其占有，「占有者有福了！」（"Wohl dem, der im Besitz ist"/"beati possidentes"）這個命題便是自然法底一項原理——它提出首度占有作為取得之一項法律依據，而每個首度占有者都能以此為依據[8]。

因為在一項先天的**理論性**原理當中，（根據《純粹理性批判》）252
現有的概念必須配上一種先天的直觀，因而「對於對象的占有」之概念必須**添加**上某種東西；然而，在這項實踐的原理當中，卻

---

8　【譯注】由於以上五段（從「以這種方式……」至此）與上下文不協調，康德研究者幾乎一致認定它們係誤置於此；參閱 Thomas Mauthner: "Kant's Metaphysics of Morals: A Note on the Text", *Kant-Studien*, 72. Jg. (1981), S. 356-359. Felix Meiner 版編者路德維希亦據此刪除這五段文字。

是反向操作，而且直觀底所有條件（它們為經驗性的占有奠定基礎）必須被**排除**（置之不顧），以便將占有底概念**擴展**到經驗性的占有之外，而且能說：意念底每個外在對象，若是我能支配它（而且也僅就我能支配它而言），而不占有它，都能被算作我在法律上的所有物。

　　這樣一種占有之可能性，因而「一種非經驗性的占有」底概念之推證，係以實踐理性之法律設準——「如此對待他人，使得外在（可使用）之物也能成為任何一人之所有物，這是法律義務。」——為根據，同時與後一概念[9]——這個概念使外在的所有物僅以**一種非自然性的**（nicht-physisch）占有為根據——之解說相結合。但是後者[10]之可能性決無法單獨被證明或理解（正因為它是一個理性概念，而沒有任何直觀能對應地被提供給它），而是上述的設準之一項直接結論。因為如果按照上述的法律原理而行動是必然的，則（一種純然法權上的占有）之智思的條件也必定是可能的。外在的所有物之**理論性**原則迷失於智思界中，而且提不出任何擴展性的知識，這也不會使任何人驚訝；因為這些原則所依據的「自由」概念不能有任何關於其可能性的理論性推證，而且只能從理性底實踐法則（定言令式）——作為理性底一項事實——去推斷。

---

9　【譯注】指「能屬於任何一人的外在之物」底概念。

10　【譯注】指「非經驗性的占有」。

## §7
## 外在的所有物底可能性之原則在經驗底對象上的應用

「一種純然法權上的占有」之概念決非經驗的（依待於空間與時間底條件的）概念，而它仍然具有實踐的實在性，也就是說，它必須能應用於經驗底對象（其知識無待於上述的條件）。針對關於這種對象（作為可能的外在的所有物）的法權概念，其處理方式如下：這個法權概念（它僅存在於理性之中）無法**直接**被應用於經驗對象，以及「一種經驗性的**占有**」之概念，而是首先必須被應用於一般而言的「占有」之純粹知性概念；因而所想到的不是作為「占有」底一種經驗表象的「**持有**」（Inhabung/detentio），而是抽離於一切空間與時間底條件的「**擁有**」（Haben）底概念，而且只想到「這個對象是在**我的支配**之中（in potestate mea positum esse）」。如此一來，「**外在之物**」（das Äußere）一詞所意指的，並非在與我所在之處不同的**另一個地方**之存在，或是我的決意與接受之存在於與出價底時間不同的另一個時間中，而只是與我**不同的**對象。如今，實踐理性憑其法權底法則而要求：我在〔將法權底法則〕應用於對象時，不要依感性條件，而是撇開感性條件（因為這涉及一種依乎自由法則的意念決定），去思考所有物，而且也如此去思考對於所有物之占有，因為唯有一個**知性概念**能被涵攝於法權概念之下。因此，儘管一塊農地是與我實際所在之處完全不同的另一個場所，我仍會說：我占有它。因為這裡所談的只是對於對象的一種智性的關係（就它是在**我的支配**中而言），而這是關於占有之一種無待於空間底決定的知性概念；再者，這個對象

253

之所以是**我的**，是因為我的意志（它決定自己任意使用該對象）與外在自由底法則並無牴牾。**撇開**對於我的意念底這個對象在現象中的占有（持有），實踐理性要求能根據知性概念，而非經驗概念，反倒是根據能先天地包含占有底條件的那些概念[11]去思考占有；而關於占有的這樣一種概念（possessio noumenon〔作為理體的占有〕）——作為一種普遍適用的**立法**——底有效性之根據正在於此。因為這樣一種立法係包含於「這個外在對象是**我的**」這個說法當中；因為所有其他人因此而承擔一項他們本來不會有的責任，即放棄使用該對象。

254　　　因此，根據「一種智思的占有」之概念，將某個在我之外的東西當作我的所有物而擁有之方式是主體底意志與該對象之純然法權上的結合，而無待於對於空間與時間中的對象之關係。地球上的一個場所之所以是我的一個外在所有物，並非由於我以我的身體占據它（因為此處所涉及的僅是我的外在**自由**，因而僅是對我自己的占有，而非在我之外的任何東西，且因此僅是一種內在權利），而是在縱使我離開了這個場所而到另一個地點，我依然占有它之際，它才是我的一個外在所有物。只有在這種情況下，所涉及的才是我的外在權利，而且想要使「藉由我的人格而持續占有這個場所」成為「將它當作我的所有物而擁有」之條件的人，或者必須斷言「將某個外在之物當作所有物而擁有」是完全不可能的（這與 §2 中的設準相牴牾），或者要求：為了能這麼做，我同時在兩個地點——但如此一來，這等於是說：我應當在一個地

----

11　【譯注】指三種「關係」範疇，即實體性、因果性與交互性。

點，又不在這個地點，而這使他自相矛盾。

這也能被應用於我接受了一項承諾的情況；因為在這種情況下，即使承諾者在一個時間說：此物應當是你的，而隔了一段時間又針對同一物而說：我現在意願此物不應當是你的，我對於被承諾之物的擁有與占有也不會因此而被取消。因為這類智性的關係似乎處於這樣的情況：在承諾者底兩次意志宣示之間並不存在任何時間，而他既說過：此物應當是你的，又說：此物不應當是你的——這是自相矛盾的。

同樣的道理也適用於對一個人格——屬於主體之所有（他的妻子、孩子、僕人）——在法律上的占有之概念，亦即：這種家庭的共屬性（Gemeinschaft）及在其所有成員底狀態中的相互占有，並不由於**在地點上**相互分離的權限而被取消。因為將他們聯繫起來的是一種**法律**關係，而且在這裡，正如在前面的情況中一樣，外在的所有物完全是基於一種純粹的理性占有（而毋須持有）底可能性之預設。


其實是關於這樣一種占有底可能性的命題之一種背反迫使在法律上實踐的理性，在「外在的所有物」之概念中對它自己進行批判。換言之，唯有一種無法避免的辯證——在這種辯證中，正論與反論兩者同樣要求兩個相互牴牾的條件之有效性——迫使理性也在其實踐的（關乎法權的）運用中，對作為現象的占有與只能藉由知性去設想的占有加以區別。

**正命題**是：即使我不占有某個外在之物，將它當作我的所有物而擁有，**是可能的**。

　　**反命題：**除非我占有某個外在之物，否則將它當作我的所有物而擁有，**是不可能的。**

　　**解答**：兩個命題均為真：如果我以「占有」一詞意指經驗性的占有（possessio phaenomenon〔作為事相的占有〕），則前一命題為真；如果我以此詞意指純粹智思的占有（possessio noumenon〔作為理體的占有〕），則後一命題為真。但是一種智思的占有、因而連同外在的所有物之可能性均無法理解，而是必須從實踐理性之設準推論出來；而在此特別值得注意的還有：實踐理性不需要直觀，甚至不需要先天的直觀，單憑**排除**經驗條件（自由底法則使它有權這麼做）而**擴展**自己，且因此能提出先天**綜合的**法律命題——其證明以後能在實踐方面以分析的方式去進行（如我們即將會顯示的）。

§8

唯有在一種法律狀態中，在一種公開立法的強制力之下，<br>
亦即在公民狀態中，將某個外在之物當作所有物而擁有<br>
才是可能的。

　　當我（以言辭或藉行動）宣告：我意願某個外在之物應當是我的所有物之時，我便宣告其他每個人都有責任放棄我的意念之對象——若非我的這個法律行動，無人會有這項責任。但是在這種過分要求中，他同時承認：他轉而對其他每個人有同樣放棄其外在所有物的責任；因為這項義務在此係來自外在的法律關係之一項普遍規則。因此，我並無責任不動用他人之外在所有物，除

非其他每個人也反過來向我保證，對於我的所有物他們也會根據 256
同樣的原則行事。這種保證決不需要一個特殊的法律行動，而是
由於來自一項普遍規則的責任之普遍性，因而也由於其相互性，
已經被包含於「一項外在的法律義務」之概念中。如今，就一種
外在的、因而偶然的占有而言，單方面的意志不能充作每個人底
強制性法則，因為這會損害依乎普遍法則的自由。因此，唯有一
種責成其他每個人的、因而集體而普遍的（共同的）並且掌握權
力的意志才能為每個人提供上述的保證。但是在一種普遍的、外
在的（亦即公開的）、伴有權力的立法之下的狀態即是公民狀態。
因此，唯有在公民狀態中才會有一種外在的所有物。

　　**繫論**：如果「將一個外在對象當作所有物而擁有」要在法律上
是可能的，主體就得被容許去**強制**其他每個就這樣一種對象而與
他發生有關所有物的爭執者，與他一起進入一種公民憲章之中。

## §9
### 在自然狀態中的確可能出現一種現實的、但卻僅是**暫時的**外在所有物。

　　在一種公民憲章底狀態中的**自然法**（亦即能為這種憲章而從
先天原則被推衍出來的法權）不會因這種憲章之規章性法則而受
到損害，且因此以下的法權原則依然有效力：「若一個人據以行事
的格律使我不可能將我的意念底一個對象當作我的所有物而擁
有，他便傷害了我。」因為唯有公民憲章才是一種法律狀態，這
種狀態只為每個人保障其所有物，但根本不為他確定並決定所有
物。因此，一切保證均已預設了某人（其所有物得到保障）底所

有物。是故，在公民憲章之先（或者**不考慮**它），我們必須假定一
種外在的所有物是可能的，而同時假定有一種法律強制每個我們
能以任何方式與之交往的人，同我們一起進入一種憲章之中，而
在其中，外在的所有物能得到保障。在對於這樣一種狀態——這
種狀態只能以共同意志底一項法則為基礎，因而與共同意志之**可
能性**協調一致——的期待與準備中的占有是一種**暫時的法權上
的**（provisorisch-rechtlich）占有；反之，見諸這樣一種**現實**狀態
中的占有會是一種**終極的**（peremtorisch）占有。在進入這種狀態
（主體願意進入其中）之前，他有權反抗那些不願下定決心進入
其中，並且想要在其暫時的占有中干擾他的人；因為除了他自己
之外，其他所有人底意志——它想要加諸他一項「放棄某項占
有」的責任——僅是**單方面的**，因而它之反對這項占有與主張這
項占有的意志具有同樣少的法律效力（它只能見諸普遍意志之
中），然而後者[12]卻有一項優勢，即是與一種公民狀態之引進與建
立協調一致。一言以蔽之，**在自然狀態中**將某個外在之物當作所
有物而擁有的方式是一種自然意義的占有——它具有一項法權
上的**假定**，即是在一種公開的立法中，藉由與所有人底意志的統
合，而使它成為一種法權上的占有，而且它在這種期待中**相對地**
被視為一種法權上的占有。

根據「**占有者有福了！**」（"Wohl dem, der im Besitz ist"/
"beati possidentes"）這項程式而來自經驗性占有狀態的法權

---

12　【譯注】指「主張這項占有的意志」。

257

之這項特權並不在於：由於他具有「一個**正直的人**」之假定，他毋須證明他合法地占有某物（因為唯在有爭議的權利中，這才適用）；而是〔在於：〕[13]由於根據實踐理性之設準，每個人都有能力將其意念底一個外在對象當作其所有物而擁有，因而每一項持有都是這樣的一種狀態：其合法性係藉由先前的意志之一個行動而立基於上述的設準；再者，若無另一個人更早占有這同一個對象，因而與此相悖，這種狀態便暫時有權根據外在自由底法則，不讓每個不願與我一起進入一種公法自由之狀態的人有任何使用這樣一種對象的妄求，以便按照理性底設準，讓一個在其他情況下會在實踐方面被消滅的事物供我使用。

# 第二章

258

## 論取得某外在之物的方式

### §10
### 外在的取得之普遍原則

當我使（efficio）某物成為**我的**時，我便取得了它。若一個外在之物即使沒有一個法律行動，也是我的，它原始地便是我的。

---

13　【譯注】康德這段文字底文法結構有點混亂，筆者在此加上「在於：」（"darin,"），以順通文義。

但是一種取得原始地便是那種並非由另一個人底所有物衍生出來的取得。

　　沒有任何外在之物原始地便是我的；但是它可以原始地——亦即，毋須從其他任何人底所有物將它推衍出來——被取得。所有物共有（Gemeinschaft des Mein und Dein/communio mei et tui）[14]之狀態決不可被視為原始的，而是必須（藉由一個外在的法律行動）被取得——儘管對一個外在對象的占有可以是原始的與共同的。縱使我們（或然地）設想一種**原始的**共有（ursprüngliche Gemeinschaft/communio originaria）[15]，但它卻得有別於**初始的**共有（uranfängliche Gemeinschaft/communio primaeva）。後者被假定為在人類當中的法權關係之最初**時間**所建立的，而且不能像前者一樣，以原則為根據，而是只能以歷史為根據，而後者卻始終必須被視為取得的與衍生的（communio derivativa〔衍生的共有〕）。

　　如今，外在的取得之原則是：若是我（根據外在**自由**底法則）將一物置於我的**支配**之中，而且我有能力將它當作我的意念之對象來使用（根據實踐理性之設準），而最後，我（根據一種可能的統一**意志**之理念[16]）意願它應當是我的，此物便是我的。

---

14　【譯注】communio mei et tui 原作 communio，今依 Felix Meiner 版編者路德維希之建議校改。

15　【譯注】communio originaria 原作 communio mei et tui originaria，今依路德維希之建議校改。

16　【譯注】所謂「可能的統一意志之理念」即是康德在下文§13 中所談到的我們人類對地球之「原始的共同占有」；參閱 B. Sharon Byrd:

因此，**原始的**取得之要素（Momente/attendenda）為：1）**攫取**（Apprehension）一個對象，而這個對象不屬於任何人，否則根據普遍法則，這種攫取就會與他人之自由相牴牾。這種**攫取**是對意念在空間與時間中的對象之占有；因此，我所從事的占有是一種自然意義的占有（possessio phaenomenon〔作為事相的占有〕）[17]。2）**宣告**（Bezeichnung/declaratio）對於這個對象的占有，以及我阻止任何其他人占有該對象的意念之行動。3）**取用**（Zueignung/appropriatio），作為一個制定外在普遍法則的意志之行動（在理念中），而這個行動責成每個人與我的意念相協調。「這個外在對象是**我的**」這項結語係以「取得」底最後要素為依據，而這項要素之有效性——也就是說，占有，就其為一種**純然法律上的**占有而言，是有效的（possessio noumenon〔作為理體的占有〕）——係基於以下之義：既然所有這些行動均是**法律的**，因而均來自實踐理性，且因此在「什麼是合法的」（"was Rechtens ist"）這個問題當中能抽離於占有之經驗條件，則「這個外在對象是我的」這項結語就被正確地從感性的占有導向智思的占有。

對意念底一個外在對象之原始的取得稱為**占取**（Bemäch-tigung/occupatio），並且只能發生於有形之物（實體）。如今，當

259

---

"Intelligible Possession of Objects of Choice", in: Lara Denis（ed.）, *Kant's Metaphysics of Morals: A Critical Guide*（Cambridge: Cambridge University Press, 2010）, pp. 107f.

17　【譯注】這句話原作："der Besitz also, de ich mich setze, ist（possessio phaenomenon）." 語義不完整，今依路德維希之建議，在"ist"之後補上"ein physischer"。

這樣一種取得發生時，它就需要在時間上先於任何其他想占取一物的人（"qui prior tempore potior iure"[18]），作為經驗性的占有之條件。就這種取得為原始的而言，它也只是**片面的**意念之結果；因為如果它需要一種雙邊的意念，它就會從兩個（或若干）人格之契約，因而從他人之所有物被推衍出來。意念底這樣一種行動如何能像上述的行動，為某人底所有物提供根據，是不易理解的。然而，**最初的**取得卻不因此立即便是**原始的**。因為藉由將所有人底意志統一為一種普遍的立法，而取得一種公法的狀態，這種取得不容有任何先前的取得，但卻是從每個人底特殊意志衍生出來，而且是**全面的**[19]——既然一種原始的取得只能來自片面

---

18　【譯注】這是羅馬法原理，意謂：「在時間上占先者，在法律上較有力。」

19　【譯注】這便是康德多次提到的「原始契約」（ursprünglicher Vertrag）。例如，他在〈論俗語所謂：這在理論上可能是正確的，但不適於實踐〉一文中寫道：「這便是一種**原始契約**，而唯有在這個基礎上，一部公民的、因而完全合乎法權的憲法才能在人與人之間成立，而且一個共同體才能建立起來。然而，這種契約（名為原始契約〔contractus originarius〕或社會契約〔pactum sociale〕）作為一個民族中所有特殊而私己的意志之聯合為一個共同而公共的意志（為了一種純然合乎法權的立法之故），決不需要被預設為一項**事實**（甚至根本不可能成為一項事實），彷彿我們首先得從歷史上去證明：一個民族（我們作為其子孫，繼承了其權利與責任）曾經實際上完成了這樣一個行動，並且必然曾以口頭或書面留給我們關於此事的一份可靠的報導或是一份文件，以使我們認為自己受到一部既存的公民憲法之約束。它反倒是理性底一個**純然的**理念，但是它卻具有

的意志。

## 外在的所有物底取得之畫分

1）就**質料**（對象）而言，我或是取得一個有形之**物**（實體），或是取得另一個人底**成就**（因果性），或是取得這另一個**人格**本身，亦即其狀態——就我獲得一項支配這種狀態的權利而言（與這個人格的交往）。

2）就**形式**（取得方式）而言，這或是一種**物權**（Sachenrecht/ ius reale），或是**人格權**（persönliches Recht/ius personale），或是將另一個人格當作一物而占有（儘管並非使用）的一種**以物視之的人格權**（dinglich-persönliches Recht/ius realiter personale）。

3）就取得之**法律依據**（titulus〔權原〕）而言，這根本不是法權底畫分之一個特殊環節，但卻是取得之行使方式底一項要素：或是藉由一種**片面的**意念之行動，或是藉由一種**雙邊的**意念之行動，或是藉由一種**全面的**意念之行動，而取得某個外在之物（facto, pacto, lege〔藉行動、藉契約、藉法律〕）。

---

無可置疑的（實踐的）實在性，亦即，約束每個立法者，使他制定的法律彷彿**能夠**從整個民族底聯合意志中產生出來，並且將每個臣民（只要他願意成為公民）都視同彷彿也同意了這樣的一種意志。因為這是一切公法底合法性之試金石。」（*KGS*, Bd. 8, S. 297）

260

## 第一節

## 論物權

### §11
### 何謂一項物權？

　　**對於一物的權利**（ius reale, ius in re）[20]之通常解釋為：「它是**反對該物底每個占有者的權利。**」這是一個正確的名目定義。但是，是什麼在此使我能為了一個外在的對象而向其每個持有人交涉，並且迫使他（per vindicationem〔藉由索回〕）讓我重新占有該對象呢？我的意念底這種外在法律關係可能是對於一個有形之物的一種**直接**關係嗎？因此，認為自己的權利並非直接涉及人格、而是涉及物的人當然一定會設想（儘管只是以隱晦的方式）如下：由於與一方的權利相對應的是另一方的義務，即使最初的占有者已失去了外在之物，該物卻依然對他**有義務**，也就是說，由於該物已對他有責任，它拒絕任何其他僭越的占有者；而且就這樣，我的權利像是一個伴隨該物、並且使它不受到任何外來侵犯的**守護神**，總是要外來的占有者徵詢我。因此，設想一個人格對於物的責任，以及反過來設想，都是荒謬的——縱使必要時可

---

20　【譯注】ius in re（對於物的權利）與 ius ad rem（關於物的權利）有
　　別：前者指對於物的所有權，後者僅指對於物的使用權。例如，屋
　　主對房子有所有權，房客對房子僅有使用權。

以容許藉這樣一種圖像將法律關係具象化，並且如此來表達。

　　因此，實質定義就必須是這樣的：**對於一物的權利**是對於一　261
個我與其他所有人（原始地或創設地）共同占有之物的私人使用
底權利。因為後者是使我有可能排除其他任何人對該物作私人使
用的唯一條件（ius contra quemlibet huius rei possessorem〔反對該
物底任何占有者的權利〕），因為若不預設這樣一種共同占有，我
們決無法設想：的確不占有該物的我如何會為占有並使用該物的
他人所傷害？藉由片面的意念，我無法責成其他任何人放棄使用
一物（他在其他情況下對此不會有任何責任）；因此，唯有藉由所
有人在一種共同占有中的統一意念，我才能這麼做。否則，我就
得如此設想對於一物的權利，彷彿此物對我有一項責任，並且首
度由此推衍出反對該物底每個占有者的權利，而這是一個荒謬的
想法。

　　此外，「物權」（Sachenrecht/ius reale）一詞並不僅意謂對於一
物的權利（ius in re），而是也意謂涉及屬於物的所有物之一切法
則底**總合**。但顯而易見的是：一個在世間完全獨處的人根本不會
擁有或取得任何外在之物作為其所有物；因為在他（作為人格）
與其他所有外在之物（作為物）間根本不存在任何責任底關係。
因此，依本義與字面來理解，也不存在任何對於一物的（直接）
權利，而是唯有某人為反對一個與所有人格（在公民狀態中）共
同占有〔該物〕的人格而擁有之權利才得此稱呼。

## §12

### 對於一物的最初取得只能是對於土地的取得

土地（它意謂一切可居住的陸地），對於其上一切可移動之物而言，可被視為**實體**，而後者之存在只能被視為**依存**（Inhärenz）；而且因此，就像在理論的意義下附質（Akzidenz）無法於實體之外存在一樣，在實踐的意義下土地上可移動之物也無法成為任何人之所有物，除非他已先被假定為處於對該土地之法律上的占有（作為其所有物）之中。

262　　　因為設使該土地不屬於任何人，我就可以為了占據它本身而將位於其上的任何可移動之物挪開，直到它們完全消失為止，而不致因此損及任何其他目前正好不是這些事物底持有者的人之自由。但凡是能被破壞之物（一棵樹、一間房屋等等），均是（至少就質料而言）可移動的，而且如果我們將不破壞其形式就無法被移動的事物稱為一個**不動產**（Immobile），則就該物而言的所有物就不是意指實體，而是意指依附於它的東西，而後者並非該物本身。

## §13

### 每一塊土地都能被原始地取得，而且這種取得底可能性之根據是對於一般而言的土地之原始共有。

就第一部分而言，這個命題係基於實踐理性之設準（§2）；第二部分則基於以下的證明。

所有人均原始地（亦即，先於意念之一切法律行動）合法占

有土地，也就是說，他們有權住在自然或機遇（毋需他們的意志）
將他們置入的地方。這種占有（Besitz/possessio）有別於作為一種
有意的、因而是取得的**持續**占有之居留（Sitz/sedes），是一種基於
地球表面（作為球面）上所有場所之統一性而有的**共同**占有。因
為如果地球表面是一個無限的平面，人就能分散於其上，以致他
們根本就不會彼此共處；因此，共處就不會是他們在地球上的存
在之一個必然結果。地球上的所有人之占有先於其一切法律行動
（由自然本身所建構），是一種**原始的共同占有**（ursprünglicher
Gesamtbesitz/communio possessionis originaria）；其概念並非經驗
的且有待於時間條件的，像是關於一種**初始的共同占有**（uran-
fängliche Gesamtbesitz/communio primaeva[21]）之虛構的、但卻決
無法證明的概念，而是一個實踐的理性概念──它先天地包含一
項原則，而唯有根據這項原則，人才能根據法權底法則使用地球
上的場所[22]。

---

21　【譯注】communio primaeva 宜作 communio possessionis primaeva。
22　【譯注】康德在《論永久和平》中討論「永久和平底第三條確定條款」
　　──世界公民權應當局限於普遍的友善底條件──時寫道：「這〔友
　　善〕並不是這個外地人可以要求的**賓客權**（Gastrecht）（這將需要一
　　個有利的特別協定，使他在某一段時間內與主人共享居所），而是所
　　有人均應享有的**拜訪權**（Besuchsrecht），亦即他們由於對地球表面
　　的共有權而交往的權利。由於地球表面是個球面，他們不能無限地
　　分散開來，而是最後得容忍彼此的存在；但原先並無任何人比其他
　　人有更多的權利居於地球上的一處。地表無法居住的部分（海洋和
　　沙漠）將這個共同體分隔開來，但是**船**或**駱駝**（沙漠之舟）使他們
　　有可能越過無主的地區而相互接近，並且利用**地表權**（它為人類所

263

# §14
## 這種取得之法律行動便是**占取**（Bemächtigung/occupatio）

唯有在時間上**居先**，亦即唯有作為**最初的**占取（prior apprehensio）——這是意念之一項行動——之條件下，**攫取**（Besitznehmung/apprehensio）——作為對於空間中一個有形之物的持有底開端——才與每個人底外在自由之法則（因而先天地）協調一致。但是在一種原始的取得之中，對於「該物（因而連同地球上一個畫分出來的特定場所）當是我的」之意志，亦即占用（Zueignung/appropriatio），只能是**片面的**（voluntas unilateralis s. propria〔片面的或一己的意志〕）。意念藉由片面的意志而取得一個外在的對象，便是**占取**。因此，對於該對象、因而連同一塊畫定的土地之原始的取得只能經由占取（Bemächtigung/occupatio）而發生。

以這種方式取得〔某物〕的可能性無法以任何方式去理解，也無法以理由去說明，而是由實踐理性底設準而來的直接結論。但是這同一個意志若要能證成一種外在的取得，卻只有就該意志被包含於一個先天地統一起來（亦即，藉由統一所有能進入一種相互的實踐關係中的人之意念）、絕對地下命令的意志之中而言。因為片面的意志（雙面的、但卻**特殊的**意志亦屬此類）無法將一項本身為偶然的責任加諸每個人，而這需要一種**全面的**且並非偶然地、而是先天地、因而必然地統一起來、並且僅因此而立法的

共有）來促成一種可能的交往。」（*KGS*, Bd. 8, S. 358）這段文字中所說的「地表權」即是「對於一般而言的土地之原始共有」。

意志；因為唯有根據它的這項原則，每個人底自由意念與所有人底自由間的協調，因而一般而言的法權，且因此連同一種外在的所有物，才是可能的。

### §15

264

唯有在一個公民組織中，某物才能**終極地**被取得；
反之，在自然狀態中，該物固然也能被取得，
但只是**暫時地**被取得。

儘管公民組織之現實性在主觀方面是偶然的，但它在客觀方面（亦即，作為義務）仍是必然的。因此，就公民組織及其建立而言，自然中有一種現實的法權法則，而一切外在的取得均依從於它。

取得之**經驗權原**是以土地底原始共有為依據之自然意義的占取（physische Besitznehmung/apprehensio physica）；由於唯有一種**現象**中的占取能被置於依乎法權底理性概念的占有之下，就得有一種智性的占取之權原（排除一切在空間與時間中的經驗條件）與前一種經驗權原相對應，而這種智性的占取建立了以下的命題：「我根據外在自由底法則而置於我的支配之下，並且有意願擁有的東西，便是我的。」

但是取得之**理性權原**卻只能存在於所有人底一個先天地統一起來的（必然要統一的）意志之理念中，而這個理念在此默然地被預設為無法規避的條件（conditio sine qua non〔必要條件〕）；因為藉由片面的意志，我們無法將他人本身在其他情況下不會有的責任加諸他們。但是一個為了普遍立法而實際統一起來的意志

之狀態便是公民狀態。因此，唯有符合於一個公民狀態之理念，亦即，就公民狀態及其產生而言，但卻先於其現實性（因為不然的話，這種取得便是衍生的），因而僅是**暫時地**（provisorisch），某外在之物才能**原始地**被取得。唯有在公民狀態中，**終極的**（peremtorisch）取得才發生。

但那種暫時的取得仍然是一種真實的取得；因為根據法權的實踐理性之設準，這種取得之可能性——無論人在何種狀態中共處（因此，甚至在自然狀態中）——是私法底一項原則；根據這項原則，每個人都有權行使一種強制，而唯有藉由這種強制，他們才有可能脫離上述的自然狀態，而進入公民狀態（唯有這種狀態才能使一切取得成為終極的）之中。

265

問題是：占取一塊土地的權限延伸到多遠？就支配這塊土地的能力之所及，亦即，就想要占用它的人能保衛它的程度；彷彿這塊土地說：如果你們不能保護我，你們也不能命令我。因此，關於「海洋是**開放的**還是**封閉的**」之爭論也必須據此而裁決；例如，在大砲射程之內，沒有人可以在一塊已屬於某個國家的陸地之岸邊捕魚、從海底採琥珀之類。再者，為了取得土地，對它的耕作（種植、開墾、排水之類）是必要的嗎？不！因為既然這些（特殊化底）形式僅是附質，它們就不是一種直接占有之對象，而且只能屬於主體之占有——就實體已先被承認為該主體之所有物而言。如果問題涉及最初的取得，則這種營作不過是攫取之一種外在標誌，而我們能以許多其他較省力的標誌來取代它。再者，我們可以阻止某人底攫取**行動**，而使得無一方會享有優先權，且因此土地始終不屬於任何人而閒置嗎？這種阻止**完全**無法發生，因為他人為了要能這麼做，自己也得住在某一塊鄰近的土地上，故他自己也可能被阻止住在那裡；因此，一種**絕對的**阻礙是一項矛盾。但若**論及**某一塊（位於其間的）土地，讓它保持**中立**而不利用，以隔開兩塊相鄰的土地，這的確會與攫取底權利相容；但這樣一來，這塊土地實際上便共同屬於雙方，而且正因為它被雙方所**使用**，以便將這兩塊土地彼此分隔開，它就不是**無主的**（res nullius〔無主之物〕）。再者，在一塊土地上，其中沒有任何部分是某人底所有物，但我們能將一物當作自己的所有物而擁有嗎？是的！就像在蒙古，每個人都可將他所擁有的行囊擱下，或是將其已離他而去的馬當作其所有物而加以占有，因為這整片土地屬於全民，故其使用屬於每個個人；然而，某人固然能將另一個人底土地上的一個可移動之物當作其所有物而擁有，但是只能藉由**契約**。最後的問題是：兩個相鄰的民族（或家族）會由於對一塊土地採取某種使用方式而相互衝突——例如，狩獵民族與游牧民族或農民之間，或者農民與栽植者之間，諸如此類——嗎？的確會！因為如果他們留在其界域之內，他們究竟想要如何在這塊土地上**定居**，就是一樁純屬喜好之事（res merae facultatis〔純然可選擇之事〕）。

最後，我們還可以問：如果既非自然，亦非機運，而純然是我們自己的意志使我們與一個民族相鄰，而這個民族並未提出與它建立一種公民聯結的前景，則為了建立這種聯

266

結，並且將這些人（野人）置於一種法律狀態之中（諸如美洲野人、霍屯督人、新荷蘭人[23]），我們是否無權在必要時使用武力，或者藉由詐欺購買（這好不了多少），以建立殖民地，且因此成為其土地之所有者，並且不顧其最初的占有而運用我們的優勢嗎？——特別是自然本身（它厭惡虛空）似乎要求如此，而且不然的話，在其他各洲如今人口稠密的廣大地帶依然不會有文明的居民居住，或甚至必然始終如此，且因此造化之目的就會落空。然而，我們不難看穿「為了善的目的而認可一切手段」的這種不義（耶穌會教義）之面紗；因此，這種取得土地的方式是可鄙的。

可取得的外在對象不單在量方面而且在質方面之不確定使這項課題（唯一的原始的外在取得之課題）成為所有課題當中最難解決者。然而，必然有一種對於外在事物的原始取得；因為不可能所有的取得都是衍生的。因此，我們也不能將這項課題當作無法解決的與本身不可能的而予以放棄。但即使它藉由原始契約而得到解決，除非這項契約延伸到全體人類，否則這種取得依然始終只是暫時的。

---

23　【譯注】「美洲野人」係指印地安人。霍屯督人（die Hottentotten）是居住於西非及西南非的游牧民族。「新荷蘭人」則是指澳洲原住民。

## §16
### 「對土地的原始取得」底概念之解說

所有人均原始地**共同占有**整個地球之土地（communio fundi originaria〔對土地的原始共有〕），而每個人自然具有使用土地的**意志**（lex iusti〔正義底法則〕）；由於一個人底意念自然而無可避免地與他人底意念相對立，則除非這個意志同時包含意念底法則，而根據這項法則，每個人能被決定在共同的土地上有一種**特殊的占有**（lex iuridica〔司法的法則〕），這個意志就會取消對土地的一切使用。但是根據外在自由之公理，為每個人在土地方面分配所有物的法則無非是從一種**原始地**且先天地統一起來的意志（為了這種統一，意志不預設任何法律行動），因而只有在公民狀態中產生（lex iustitiae distributivae〔分配性正義底法則〕），而唯有這種意志決定什麼是**正當的**（recht）、什麼是**法定的**（rechtlich），以及什麼是**合法的**（rechtens）。但是在這種狀態中，亦即在其建立之前，但卻著眼於這種狀態，亦即**暫時地**，依外在的取得之法則而行事是**義務**；因而意志也有法律**能力**去責成每個人承認攫取與取用底行動為有效的（儘管這個行動僅是片面的）；因此，對土地之一種暫時的取得，連同其一切法律後果，均是可能的。

但是就法律上可能的占有底界限之決定而言，這樣一種取得卻需要而且也具有法則之**認可**（lex permissiva〔許可法則〕）。因為這種取得先於法律狀態而產生，而且就它只是導向這種狀態而言，仍非終極的；然而這種認可僅延伸至**他人**（參與者）之同意建立法律狀態，但在他人抗拒進入這種狀態（公民狀態）時，而且只要這種抗拒繼續存在，它就具有一種合法的取得之一切效果，因為這種結局係以義務為依據。

268

## §17
### 「原始的取得」底概念之推證

我們在對於土地的一種原始共有中，因而在一種外在占有底空間條件當中，發現了取得之**權原**（Titel），但卻在攫取（Besitznehmung/apprehensio）底經驗條件中，與「將外在對象據為己有」的意志相結合，而發現了**取得方式**（Erwerbungsart）。而今我們還有必要根據純粹的法權的實踐理性之原則來闡明取得本身，亦即外在的所有物（它來自兩個既有的要素[24]），也就是依其概念內涵來闡明對於對象之智思的占有（intelligibeler Besitz/possessio noumenon〔作為理體的占有〕）。

只要**外在的**所有物是**實體**，則其**法權概念**，就「**外在於我**」（"außer mir"）一詞來說，無法意謂與我所在之處不同的**地點**，因為它是一個理性概念；而是既然唯有一個純粹的知性概念[25]能被涵攝於它之下，它便只能意謂與我**不同的**東西。再者，一種非經驗性的占有之概念無法意謂持有（彷彿持續的攫取）之概念[26]，

---

24　【譯注】這是指作為質料的對象與作為形式的取得方式；參閱上文§10。

25　【譯注】這是指「實體與附質」底範疇。

26　【譯注】在原版中，這句話底語義混亂不清，顯然有筆誤或排版錯誤，此處依路德維希之建議，將"und den eines nicht empirischen Be-

而是只能意謂外在對象「**在我的掌握中**」（該對象與我之聯結，作為使用底可能性之主觀條件）之概念，而這是一個純粹的知性概念[27]。如今，取消或略過（抽離）了占有——作為人格與不具有任何責任的**諸對象**之一種關係——底這些感性條件，占有無非就是一個人格與**諸人格**之關係，即在對事物的使用方面藉由這個人格底**意志**來**責成**所有這些人格——就這個意志符合外在自由之公理（Axiom）、能力之**設準**（Postulat），以及先天地被設想為統一的意志之普遍**立法**而言。因此，這是對於事物之**智思的占有**，亦即純然藉由法權之占有——雖然這個對象（我所占有之物）是一個感官對象。

　　對於一塊土地的最初耕作、畫界，或者一般來說，對於它的**形塑**，無法為其取得提供任何權原，也就是說，對於附質的占有無法為對於實體的法律占有提供一項權原，反而是倒過來，所有物必須根據規則（accesorium sequitur suum principale〔附屬物隨其主因而來〕）由對實體的所有權而被推得；再者，在一塊並非早已屬於他的土地上付出辛勞的人，已將其辛苦與勞力讓與先前的占有者——這兩點本身是如此清楚，以致我們很難將那種極其古老且仍然廣泛流傳的看法歸諸其他原因，而只能歸諸那種暗中起作用的欺騙，即將事物

269

---

sizes" 改為 "und der eines nicht empirischen Besitzes kann nicht den Begriff der Inhabung"。

27　【譯注】這是指「原因與結果」底範疇。

人格化，並且**直接**針對這些事物設想一項權利，彷彿某人能藉由使用於這些事物上的勞力，使它們對自己有責任，即僅為他，而不為任何其他人效勞；因為我們可能也不會如此輕易地略過這個自然的問題（上文已提過這個問題）：「對於一物的權利是如何可能？」因為對於一物底每個占有者的權利僅意謂特殊的意念使用一個對象之權限——就這個意念能被設想為被包含於綜合的普遍意志之中，並且與該意志底法則協調一致而言。

　　就一塊已屬於我的土地上之諸物體而言，如果它們一向不屬於其他任何人，便屬於**我**，而我為了這項目的，不需要一個特殊的法律行動（並非藉行動〔facto〕，而是藉法律〔lege〕）；也就是說，由於這些物體能被視為依存於實體的附質（jure rei meae〔對於我的東西之權利〕），則凡是與我的事物相結合，以致另一個人無法將它與我的所有物分開，而不改變我的所有物本身者（例如鍍金、將一種屬於我的材料與其他質料相混、毗鄰的河床之沖積甚或改變，以及我的土地因此而造成的擴展等等），亦屬於我。但是，可取得的土地能否進而延伸到陸地之外，亦即也延伸到一段海底（還有在我的岸邊捕魚或採集琥珀之類的權利），必須根據同樣的原理去評斷。只要我在我的**駐在地**具有機械的能力，可確保我的土地不受到他人之侵犯（例如，就岸上大炮射程之所及），這塊土地便屬於我的**占有**，而在這個範圍內，海洋便是封閉的（mare clausum〔領海〕）。但既然在廣闊的海洋本身之上不可能有任何駐在地，則占有也無法被延伸到那裡，而敞開的海洋便是開放的（mare liberum〔公海〕）。但無論是人還是屬於人的事物之**擱淺**，若非蓄意的，便不得被海灘底所有者歸入其取得權，因為這並不是傷害（甚至根本不是一項行動[28]），而落入一塊有所屬的土地上之事物不得被當作無主之物（res nullius）來處理。反之，一條河流，就對於其河岸的占有之範圍而言，幾乎像任何一塊陸地一樣，能在上述的限制之下，被占有兩岸的人原始地取得。

＊　　　＊　　　＊

　　就實體而言為某人底所有物的外在對象即是其**財產**（Eigentum/dominium），而對於此物的所有權利（如同實體之附質）均依存於它；因此，所有者（Eigentümer/dominus）可任意支配該物（ius disponendi de re sua〔支配己物的權利〕）。但由此自然推知：這樣一種對象只能是一個有形之物（我們對它並無責任）[29]；因此，一個人可以是他自己的主人（sui iuris〔自我作主〕），卻無法是**他自己的**所有者（sui dominus〔自己的占有者〕），遑論是其他人底所有者，因為他對他自己人格中的「人」（Menschheit）有責任——儘管此處

---

28　【譯注】康德在此使用 Faktum 一詞。但此詞在這個脈絡中，並非「事實」之意，而是「行動」之意。

29　【譯注】此處所說的「有形之物」包括動物；參閱§55。

並非討論這一點（它屬於「人」底權利，而不屬於人〔Menschen〕底權利）[30]的適當場合，而只是為了更恰當地理解方才所言而順便提及。再者，同一物能有兩個完全的所有者，卻非一個共同的所有物，而是他們僅作為只屬於**一人**而為**其所有物**的東西之共同占有者——如果在所謂的「共同所有者」（Miteigentümer/condomini）當中，一人只是完全占有該物而未使用它，另一人卻完全使用並占有該物，因而前者（dominus directus〔直接所有者〕）僅將後者（dominus utilis〔用益所有者〕）局限於一項持續償付之條件，但卻不在此限制其使用。

271

## 第二節

## 論人格權

### §18

對另一個人底意念的占有——作為依自由法則以我的意念決定其意念採取某項作為的能力（就另一個人底因果性而言之外

---

【譯注】康德在此分別使用 Menschheit 與 Mensch 這兩個字。就涵義而言，它們均可譯為「人」。但是在康德底用法中，前者意謂「人之所以為人者」，指人之道德主體，後者則意謂具體的人。為了加以區別，譯者在翻譯前者時，特別加上引號。

在的所有物）──是**一項**權利（對於同一個人格或其他人格，我能有若干這種權利）；但是，我能據以進行這種占有的諸法則之總合（系統）便是人格權，而這種權利只有一項。

對一項人格權的取得決不能是原始的與專斷的（因為這樣一種取得不會符合使我的意念底自由與每個人底自由相協調的原則，因而是不義的）。同樣的，我也無法藉由另一個人之**非法**作為（facto iniusto alterius）而有所取得；因為即使我自己受到這種傷害，而且我能依理要求他人賠償，這只是使我保有我的所有物而無所損，但卻不會使我在我原先已擁有的東西之外，獲得更多的東西。

因此，藉由另一個人之作為──我根據法權底法則決定他採取這項作為──的取得始終是由他人底所有物衍生而來，而作為法律行為的這種衍生無法藉由作為一種**消極**行為的法律行為──即**棄置**底行為，或是**放棄**其所有物的行為（per derelictionem aut renunciationem〔藉由棄置或放棄〕）──而發生，因為這僅使一個人或另一個人底所有物被放棄，而無任何東西被取得，而是只能藉由**轉移**（Übertragung/translatio）而發生──轉移唯有藉由一種共同的意志才是可能的，而對象總是借助於這種意志而落入一個人或另一個人之支配中；這樣一來，一個人放棄他在這種共有中的份額，且因此對象就藉由對此份額的接受（因而藉由意念底一個積極活動）而成為他人底所有物。將一個人底**財產**轉移給另一個人便是**轉讓**（Veräußerung）。兩個人格底統一意念之行動──一個人底所有物完全藉此而讓渡於他人──便是**契約**（Vertrag）。

## §19

　　在每一項契約中均有意念之兩項**預備的**法律行動及兩項**建構的**法律行動；前兩者（**磋商**底行動）是對契約的**提議**（Angebot/oblatio）與**同意**（Billigung/approbatio），另外兩者（即**簽訂**底行動）是**承諾**（Versprechen/promissum）與**接受**（Annehmung/acceptatio）。因為一項建議無法稱為一項承諾，除非我事先判定：所提議之事（das Angebotene/oblatum）是能使接受承諾者**愜意**之事——這點由前兩項宣示顯示出來，但是單憑這兩項宣示，仍無任何東西被取得。

　　但是承諾者底所有物讓渡給接受承諾者（接受者），既非藉由前者底**特殊**意志，亦非藉由後者底特殊意志，而是僅藉由兩者底**統一意志**，因而是就兩者底意志**同時**被宣示而言。但是這卻不可能藉由宣示底經驗行動（它們必然在時間中前後相**隨**，而決非同時的）。因為如果我做了承諾，而他人願意接受，則在這期間內（無論它是多麼短促），我可能會後悔，因為我在〔他人〕接受之前仍是自由的；如同在另一方面，接受者也可以同樣因此而認為自己並不受到其隨承諾而來的相對聲明之約束。在契約簽訂時的外在儀式（Förmlichkeiten/solemnia）——擊掌或是折斷一根由兩人共持的麥稈（Strohhalm/stipula）——及對其先前的聲明之一切反覆的確認毋寧證明了締約者之尷尬，即是：他們要如何並且用什麼方式將始終只是前後相隨的聲明設想為在一瞬間**同時**存在，而這的確是他們辦不到的；因為它們始終只是在時間中前後相隨的行動，而當一個行動存在時，另一個行動若非**尚未**存在，就是

**不復**存在。

　　但是唯有「藉由契約的取得」這個概念之先驗推證能消除所有這些困難。在一種外在的**法律**關係中，我對另一個人底意念的攫取（且因此相互攫取）——作為使他採取一項作為的決定根據——誠然首先在經驗中藉由雙方底任何一方之意念在時間中的聲明與相對聲明而被視為攫取底感性條件，而此處的兩項法律行動始終只是前後相隨的。由於上述的關係（作為一種法律關係）是純粹智性的（intellektuell），則藉由意志（作為一種立法的理性能力），上述的占有被設想為一種依乎自由底概念而抽去那些作為所有物的經驗條件之智思的占有（possessio noumenon〔作為理體的占有〕），而在此，兩項行為（承諾與接受底行為）並不被設想為前後相隨的，而是（宛如 pactum re initum〔實際簽訂的契約〕）被設想為來自一個唯一的**共同**意志（這以「**同時**」一詞來表達），而對象（promissum〔承諾〕）則藉由除去經驗條件，根據純粹實踐理性底法則[31]而被設想為取得的。

　　這是「藉由契約的取得」這個概念之真正的且唯一可能的先驗推證，這點由法律研究者（例如，摩瑟斯·孟德爾頌在其《耶路撒冷》中[32]）為了證明那種可能性而作的極

273

---

31　【譯注】這是指「法權底普遍原則」。

32　【譯注】孟德爾頌（Moses Mendelssohn, 1729-1786）是猶太裔的德國啟蒙哲學家。此書之全名為《耶路撒冷，亦名論宗教力量與猶太教》（*Jerusalem, oder Über religiöse Macht und Judentum*, Berlin

度辛苦但卻始終徒勞的努力得到了充分的證實。問題是：
我**為何應當**遵守我的承諾呢？因為每個人自然明白：**我應當
這麼做**。然而，再為這項定言令式提出一項證明，是絕對不
可能的；正如幾何學家不可能藉由理性推論[33]去證明：為了
形成一個三角形，我必須畫三條線（一個分析命題），但是其
中兩條線之和必然大於第三條線（一個綜合命題；但兩者均
是先天的）。這是純粹的（就法權概念而言，抽除空間與時間
底一切感性條件的）理性之一項設準；而且關於「抽除上述
的條件，而不因此取消對承諾的占有」之可能性的學說本身
便是「藉由契約的取得」這個概念之推證，正如在上一節中
關於「藉由攫取外在事物而取得」的學說之情況一樣。

## §20

　　但是，我藉由契約而取得的外在之物是什麼呢？既然這只是
他人底意念對於他向我承諾的一項成就之因果性，則我由此直接
取得的並非一個外在之物，而是他的一項作為——這項作為將該
274　物置於我的支配之下，以便我使該物成為我的所有物。因此，藉
由契約，我取得另一個人底承諾（而非所承諾之物），但卻有某個

---

1783），收入 *Moses Mendelssohn: Ausgewählte Werke* (Darmstadt: Wissenschaftliche Buchgesellschaft, 1983), Bd. 2；相關的討論見 S. 147-149。

33　【譯注】在康德底用法中，「理性推論」（Vernunftschluß）即是指「三段論法」（Syllogismus）。

東西被添加於我的外在資產之上；藉由取得對他人底自由與財富（Vermögen）的一項積極債權，我變得**更為富有**（vermögender/locupletior）。但我的這項**權利**只是一項**人格權**，即針對一個**特定的**自然人格（physische Person），更確切地說，促使其因果性（其意念）為我**完成**某件事，而非一項針對**道德人格**的**物權**——這種道德人格無非是**所有人**底先天地**統一起來的意念**之理念，而唯有藉由這種人格，我才能取得一項**針對該物底每個占有者的權利**——對於**一物**的所有權利均在於此。

「藉由契約而轉移我的所有物」係根據持續性底法則（Gesetz der Stetigkeit/lex continui）而發生，也就是說，在這個行動期間，對於對象的占有並無片刻中斷，因為不然的話，我在這種狀態中就會取得一個作為無占有者之物（res vacua〔閒置之物〕）的對象，因而原始地取得它——這與「契約」底概念相牴牾。但這種持續性意涵：並非雙方（承諾者與接受者〔promittentis et acceptantis〕）中一方之特殊意志，而是其統一的意志將我的所有物轉移給他人；因此並非以這種方式轉移：首先承諾者為了他人之利益而捨棄（verläßt/derelinquit）自己的占有或者放棄（entsagt/renunciat）自己的權利，而他人立刻進入其中，或者反過來。因此，轉移是一種行動，而在其中，對象有一瞬間同屬於雙方，如同在一顆被拋出的石頭之拋物線軌道中，這顆石頭在該軌道底頂峰能在一瞬間被視為同時在上升與下降中，且因此才從上升的運動過渡到下降。

## §21

　　在一項契約中，一物之被取得並非藉由對承諾的**接受**（Annehmung/acceptatio），而是僅藉由被承諾之物底**讓渡**（Übergabe/traditio）。因為一切承諾均涉及一項**成就**，而當被承諾的是一件事物時，這項成就便只能藉由一項行動來完成，而由於這項行動，承諾者將接受承諾者置於對該物的占有之中；也就是說，藉由讓渡來完成。因此，在讓渡與接納之前，這項成就仍未出現；此物仍未從一個人過渡到他人，因而仍未被他人所取得；因此，來自一項契約的權利只是一項人格權，而且唯有藉由讓渡才成為一項**對於物的**權利（dingliches Recht）。

　　使讓渡直接繼之而起的契約（pactum re initum〔實際簽訂的契約〕）排除在簽訂與執行之間的一切居間時刻，而且不需要任何尚需期待的特殊行動，藉以使一個人底所有物被讓渡給他人。然而，如果在這兩者[34]之間還容許有一段（確定或不確定的）時間以供讓渡，試問：在讓渡之前，此物是否已藉由契約而成為接受者底所有物，而接受者底權利是一種對於物的權利？抑或此處還得再加上一種僅涉及讓渡的特殊契約，因而純由接受而來的權利只是一項人格權，而藉由讓渡才成為一種對於物的權利？後一種說法合乎實際的情況，這由下文可知：

---

34　【譯注】指契約之簽訂與執行。

如果我針對一物（例如，我想要得到的一匹馬）簽訂一項契約，且同時將它牽進我的廐房裡，不然就在自然的意義下占有它，那麼它就是我的（vi pacti re initi〔憑實際簽訂的契約之效力〕），而我的權利便是一項對於物的權利；但如果我將這匹馬留在賣主手中，而未特別與他商定：此物在我的占取（Besitznehmung/apprehensio）之前，因而在占有更迭之前，應當為何人在自然的意義下所占有（持有），那麼這匹馬還不是我的，而我所取得的權利只是針對一個特定人格（即賣主）的權利，即被他**置於占有之中**（poscendi traditionem〔要求讓渡〕），作為對這匹馬的一切任意使用底可能性之主觀條件；也就是說，我的權利只是一項人格權，即要求賣主**履行**讓我占有該物的承諾（praestatio〔保證〕）。如今，如果契約不**同時**包含讓渡（作為 pactum re initum〔實際簽訂的契約〕），因而在簽訂契約與攫取所取得之物間有一段時間流逝，則我在這段時間之中只能藉由採取一個特殊的法律行動，亦即一個**占有行動**（Besitzakt/actum possessorium）而得以占有——這個行動構成一項特殊的契約，而這項契約就是：我說，我將讓人去取此物（馬），而賣主同意我這麼做。因為賣主要為了另一個人底使用而自負風險來保管此物，這並非理所當然的，而是這需要一項特殊的契約——根據這項契約，轉讓其物的人在**特定的時間**之內依然是所有者（且必須承擔該物可能遭遇的一切風險），但唯有當取得者猶豫不決，而超過這段時間時，他才會被賣主視為所有者，彷彿此物已被送交給他。因此，在這個占有行動之前，藉由契約所取得的一切只

276

是一項人格權，而接受承諾者只能藉由讓渡而取得一個外在
之物。

## 第三節

## 論出於物的方式之人格權

### §22

這項權利便是占有**作為一個事物**的外在對象與使用**作為一個人格**的外在對象之權利。基於這項權利的所有物是**家庭的**所有物，而在這種狀態中的關係是自由的存有者底交互性（Gemeinschaft）之關係——這些存有者藉由（一個人底人格對另一個人的）交互影響，根據外在自由（**因果性**）底原則，由一個名為**家庭體**（Hauswesen）的整體之諸成員（存在於**交互性**中的諸人格）構成一個社會。對於這種狀態及在這種狀態中的取得方式既非藉由專橫的作為（facto），亦非藉由純然的契約（pacto），而是藉由法律（lege）而發生。由於這不是一項對於一物的權利，也不僅是一項對於一個人格的權利，而同時也是對該人格的一種占有，則它必然是一項超乎一切物權與人格權的權利，亦即在我們自己人格中的「人」（Menschheit）之權利——這項權利產生一項自然的許可法則，而由於這項法則之支持，這樣一種取得對於我們便是可能的。

## §23

277

　　基於這項法則的取得依對象而言有三種：**丈夫**取得一個**妻子**，**夫妻**取得**孩子**，以及**家庭**取得**僕役**。所有這些可取得之物也是無法轉讓的，而這些對象底占有者之權利則是**最高度人格性的**權利。

### 家庭社會之權利
### 第一項：婚姻權

## §24

　　**性交合**（Geschlechtsgemeinschaft/commercium sexuale）是一個人對另一個人底性器官與能力的交互使用（usus membrorum et facultatum sexualium alterius〔對他人底性器官與性能力的使用〕），而這或是一種**自然的**使用（藉此，其同類能被生育出來），或是一種**非自然的**使用；再者，後一種使用或是針對一個同性的人格，或是針對一個與人類不同種屬的動物：這種對法則的違犯、非自然的——也稱為無以名狀的——罪惡（crimina carnis contra naturam〔違反自然的肉體之罪〕）是對我們自己人格中的「人」之傷害，決無法藉由任何限制或例外而免於完全的摒棄。

　　如今，自然的性交合或是根據純然的動物**本性**（vaga libido, venus volgivaga, fornicatio〔放蕩的欲望、不定的愛欲、私通〕），或是根據**法則**。後者便是**婚姻**（Ehe/matrimonium），亦即兩個不同性的人格之結合，以便終生相互占有其性特徵（Geschlechtseigenschaften）。生育並教育子女的這項目的可能始終是自然底一項目的，而為了這項目的，自然灌輸兩性間的相互愛慕；但是結婚的人底這種結合之合法性並不要求：他**必須**為自己訂定這項目的；因為不然的話，當他們停止生育子女時，婚姻同時就自然解體了。

因為縱使假定他們為了愉快而相互使用其性特徵，婚姻契約並非一項任意的契約，而是一項由於「人」底法則而為必然的契約，也就是說，如果男人與女人想要相互享用其性特徵，他們必定**得**結婚，而根據純粹理性底法權法則，這是必然的。

### §25

因為一性對另一性底性器官的自然使用是一種**享受**（Genuß），而為了這種享受，一方委身於另一方。在這個行動中，一個人使自己成為物，而這與他自己人格中的「人」之權利相牴牾。只有在唯一的一項條件下，這才是可能的，此即：當一個人格**如同物一般地**被另一個人所取得，而前者又反過來取得後者時，這樣一來，這個人格便重新贏得自己，並且再度恢復其人格性。但是，取得人身體底一個部分同時即是取得整個人格，因為人格是一個絕對的統一體；因此，一性為了另一性之享受而委身與接受，不僅在婚姻底條件下是容許的，而且也**唯有**在這個條件下才是可能的。但這項**人格權**卻同時是**出於物的方式**，其故在於：當夫妻之一方離去，或是投入另一個人之占有中時，另一方始終絕對有權將他如同一物般地重新納入其掌握中。

## §26

　　基於同樣的理由，夫妻關係是占有底**平等**之一種關係，這不但指對相互占有的人格之占有（因此唯有在**一夫一妻制**當中，因為在複婚制當中，自我委棄的人格僅贏得它完全歸屬的人底一部分，且因而使自己成為純然的物），也指對財富之占有——在此，他們可是有權放棄使用一部分財富（儘管唯有藉由一項特殊的契約）。

　　從上述的理由可推知：姘居無法有任何法律上有效的契約，如同為了一時的享樂而租賃一個人格（pactum fornicationis〔姦淫契約〕）一樣。因為就後一種契約而言，每個人都會承認：當簽訂這種契約的人格後悔時，它不能在法律上被要求履行其承諾；且因此，前一種契約——即姘居底契約（作為 pactum turpe〔可恥的契約〕）——也作廢，因為這將是一種**租賃**（Verdingung/locatio-conductio）契約，更確切地說，租賃身體底一部分以供另一個人使用；因而由於一個人格底各肢體之不可分割的統一性，這個人格會將自己當作物而委身於他人之意念。因此，只要任何一方願意，他就可以取消與他人簽訂的契約，而另一方無法為其權利受到傷害而提出合理的控訴。這同樣的道理也適用於門戶不對等的婚姻，這種婚姻利用雙方地位之不平等，讓一方對另一方有更大的支配；因為事實上，純依自然法而言，這種婚姻與姘居並無區別，而非真正的婚姻。因此，假如問題是：當法律談到丈夫與妻子之關係時說，他應當是妳的主人（他是下令的一方，她是

279

服從的一方），這是否也與夫妻之平等本身相牴牾呢？那麼，如果這種支配僅基於在創造家庭體底共同利益時男人對女人在能力上的自然優勢，以及以此為依據的命令權[35]，這就不能被視為與一對人類夫妻底自然平等相牴牾。因此，這項命令權本身能從在**目的**方面的統一與平等之義務被推衍出來。

### §27

婚姻契約唯有**藉由婚姻中的同房**（copula carnalis〔肉體的結合〕）而**實現**。分屬兩性的不同人格之契約，若是暗中同意放棄肉體交合，或者意識到一方或雙方無能於此，便是一項**假冒的契約**，而不會建立任何婚姻；它也能被雙方中的任何一方任意解除。但如果這種無能只是後來才發生，上述的權利就不會由於這種無咎責的意外而有任何損失。

280　　因此，**取得**一位夫人或一位良人，並非藉行動（藉由同房），而無事前的契約，亦非藉契約（僅藉由婚姻契約，而無隨後的同房），而是僅藉法律而為之，也就是說，作為由責任而來的法律後果，除非憑藉對人格的相互**占有**——唯有藉由對其性特徵之同樣相互的使用，這種占有才得到其現實性——，否則不進入一種性結合之中。

---

35　【譯注】此處依 Georg S.A. Mellin 之建議，將"des darauf gründeten Rechts zum Befehl" 改為"das darauf gründete Recht zum Befehl"。

# 家庭社會之權利
# 第二項：親權

## §28

正如從人對自己（亦即，對他自己人格中的「人」）的義務產生兩性作為人格而**以物的方式**、藉由婚姻相互取得對方的一項權利（ius personale〔人格權〕），從這種交合中的**生育**可得出一項撫養並照顧其**所產**的義務；也就是說，作為人格的子女因此也擁有一項原始而天生的（而非襲得的）權利，要求父母照顧他們，直到他們有能力自理生計為止；更確切地說，這是直接藉由法律（lege），亦即，毋須有一項特別的法律行動。

因為既然所產出的是一個**人格**，而且我們不可能為「藉由一種自然的程序而生育一個稟有自由的存有者」一事形成一個概念[36]，

---

36　甚至對於「**上帝**如何可能**創造**自由的存有者」，也不可能形成一個　280
　　概念；因為在這種情況下，自由的存有者之一切未來的行為似乎由
　　那個最初的行動所預先決定，而被包含於自然底必然性之系列中，
　　因而並非自由的。但是定言令式在道德的實踐方面，像是藉由理性
　　底一項裁斷而證明：他們（我們人類）的確是自由的，但理性卻無
　　法在理論方面使人理解一個原因與結果底這種關係，因為這兩者均
　　是超感性的。在此我們唯一能指望於理性的只是：它證明在「**自由**
　　**的存有者之創造**」這個概念之中並無矛盾；而這的確可以藉由以下
　　的方式做到，即指出：唯有當連同因果性底範疇，同時還有在對於　281
　　感性對象的關係中無法規避的**時間條件**（即一個結果之原因先於
　　它）也被帶入超感性之物底相互關係中（如果上述的因果概念要在

281　那麼，將生育底行動視為這樣一種行動，即我們藉此將一個人格未經其同意就置於世間，並且專橫地將它帶到世間來——由於這個行動，如今父母也負有一項責任，要盡其所能使這個人格滿意於其現狀——，這便是一個**在實踐方面**完全正確並且也是必要的理念。父母不可將其孩子彷彿當作其**產品**（因為這樣一種產品不可能是一個稟有自由的存有者）且當作其財產而加以摧毀，或甚至只是讓他聽天由命，因為就這個孩子而言，不僅是一個世間的存有者，而是也是一個世界公民被帶入一種狀態，而即使根據法權概念，父母對這種狀態也無法漠不關心。

### §29

　　從這項義務必然也產生父母**管理**並教養孩子的權利——只要孩子仍不會自己運用其肢體，以及運用知性——，即除了養育及照料之外，還要教育他，而且不但在**實用方面**（以便他將來能自理生計），也**在道德方面**（因為不然的話，其疏於管教就要歸咎於父母）教養他；這一切要到自立（Entlassung/emancipatio）底時

---

理論方面得到客觀實在性，這種情況必然也會真的發生）時，矛盾才發生；但是當這個純粹範疇（並無一個圖式被加諸其下）在道德的實踐方面、因而在非感性方面被使用於「創造」底概念中時，它（矛盾）就消失了。

　　如果哲學的法律教師考慮到這項有待解決的課題之困難，以及在此得滿足法權原則的必要性，他就不會認為在一門道德底形上學中達到先驗哲學底最初要素的這種探究是無必要的勞神苦思（它迷失於無所適從的隱晦當中）。

刻為止，此時父母不但放棄其下命令的父權，也放棄為其過去的
養育與辛勞而償還費用的一切要求；而在教育完成之後，他們為
此而能指望於子女（對於父母）的責任只是純然的德行義務，即
感恩。

如今，從子女底這種人格性也可推知：既然子女決不得被視
為父母底財產，但卻屬於父母底所有物（因為子女如同物一般地
為父母所**占有**，而且即使違背子女之意志，也能從其他任何人底
占有重歸父母底占有），則父母底權利並不只是一項物權，因而是
不可轉讓的（ius personalissimum〔最高度人格性的權利〕），但也
不只是一項人格權，而是一項出於**物的方式**之人格權。

因此，在此顯而易見的是：在法權論當中，除了物權與人格
權底名目之外，還必得加上一項**出於物的方式之人格權**底名目；
因此，過去的那種畫分尚不完整，因為若是論及父母對於子女（作
為其戶內的一分子）的權利，則當子女逃走時，父母不僅可以訴
諸子女返家的義務，而是有權將子女當作物（走失的家畜）而加
以逮捕並拘禁。

282

## 家庭社會之權利
## 第三項：家長權

### §30

在戶內與父母共同組成一個**家庭**的子女，即使無任何契約宣
告解除其過去的依附，單憑他們獲得自理生計的能力（其發生一

則按照一般而言的自然之普遍進程，作為自然的成年，再則按照子女特殊的自然特性），也會**成年**（mündig/maiorennes），亦即成為他們自己的主人（sui iuris〔自我作主〕），而且毋須特別的法律行動，因而單憑法律（lege），就取得這項權利。子女不因其教育而對父母有所虧欠，如同父母轉而以同樣的方式擺脫其對於子女的責任；雙方因此而獲得或重獲其自然的自由，但是這個依法則而為必然的家庭社會從現在起便解體了。

283　　　　如今，雙方實際上能維持同一個家庭體，但卻是以另一個不同的責成形式，即作為家長與僕役（戶內的男僕或女僕）之聯結，因而正是維持這同一個家庭社會，但現在卻是作為**家長制的**社會（societas herilis〔屬於家長的社會〕）；這是藉由一項契約，而家長與已成年的子女，或者——如果這個家庭沒有子女——與（同居於戶內的）其他自由人格藉此建立一個家庭社會，而這將是一個不平等的社會，即**命令者**（或主人）與**服從者**（亦即僕人）、家庭內的君與臣（imperantis et subiecti domestici）之社會。

　　　　如今，僕役屬於家長底所有物，而且就形式（**占有狀態**）而言，如同依據一項物權；因為當僕役逃離家長時，家長可以憑片面的意念將他置於自己的強制力之下。但是就質料（亦即，他能如何**使用**他這個戶內的同居者）而言，他決不能以這個同居者底所有者（dominus servi〔奴隸底主人〕）自居而行事；因為這個同居者只是藉由契約而被置於家長底強制力之下，但如果藉由一項契約，一方為了另一方之利益而放棄其全部自由，從而不再是一個人格，因此也沒有遵守契約的義務，而是僅承認強制力，這項契約便是自相矛盾的，亦即無效的。（在此不論因犯罪而致喪失其人格性的人之財產權。）

　　因此，家長與僕役底這種契約不能有這樣的特性：對僕役的**使用**會是一種**濫用**——但對於這點，不僅是家長，而是連僕人也有權下判斷（故僕人決不可能是農奴）——；因此，這種契約之簽訂無法終生有效，而是至多僅在不確定的時間內有效，而在這段時間內，一方可以通知另一方取消關係。但是孩童（甚至一個因犯罪而淪為奴隸的人底孩童）始終是自由的。因為每個人都是生而自由的，這是由於他尚未犯任何罪，而直到他成年為止的教育費用也不能被歸諸他，作為他必須償還的一筆債務。因為如果奴隸做得到的話，他也得教育其子女，而不為此向他們結算費用；因此，在奴隸無能於此時，其占有者就要代行其責任。

　　因此，如同在前兩項，我們在此也見到：有一項出於物的方式之人格權（支配僕役的權利）；因為我們能索回僕役，並且將他們當作外在的所有物而向每個占有者索取他們——甚至在可能使他們得以如此的理由及其權利可以被探討之前。

284

## 一切可從契約取得的權利之獨斷的畫分

### §31

　　對於一門形上的法權論，我們可以要求：它以先天的方式完整而確定地列舉畫分（divisio logica〔邏輯的畫分〕）之各環節，且因此為形上的法權論建立一套真正的**系統**；反之，一切**經驗性的畫分**僅是**片段的**（partitio〔分割〕），並且無法確定：要填滿所畫分的概念之整個領域，是否還需要有更多的環節？而今我們可將根據一項先天原則的畫分（相反於經驗的畫分）稱為**獨斷的**（dogmatisch）[37]。

　　一切契約，就其自身來看，亦即**從客觀方面**來看，都是由兩項法律行動所組成：承諾與接受承諾。由接受承諾而來的取得（如果這不是一項要求讓渡之「實際簽訂的契約」）並非契約之一**部分**，而是它在法律上的必然**結果**。但是**從主觀方面**來考量——亦即，為了回答這個問題：上述在理性上必然的結果（這種**取得應當**有此結果）是否實際上也會**發生**（成為**自然的**結果）？——藉由接受承諾，我對此事仍無任何**保證**（Sicherheit）。因此，這種保證——它外在地屬於契約底樣態（Modalität），即由契約而來的取得之**確切性**（Gewißheit）——是對於達成契約底目標（即取得）的手段之完整性的補充成分。為了這項目的，就出現了三個人格：**承諾者、接受者**與**擔保者**；藉由擔保者及其與承諾者的特別契約，接受者在對象方面固然無所獲益，但是在得到其所有物的強制手段方面卻有所獲益。

285　　　如今根據邏輯的（理性的）畫分底這些原理，根本只有三種簡單而**純粹的**契約；然而卻有無數種混合而經驗性的契約，它們為依乎純然的理性法則之所有物底原則再添加規章性的與約定

---

37　【譯注】在康德底用法當中，「獨斷的」一詞並無貶義。它意謂：可根據確切的先天原則嚴格地加以證明的。因此，康德在《純粹理性批判》第二版〈前言〉中強調：與「純粹理性之批判」相對立的是「獨斷論」（Dogmatismus），而非「獨斷的程序」（dogmatisches Verfahren），因為純粹理性底知識必然是獨斷的（BXXXV）。

的原則，但這些原則卻是在形上的法權論底範圍之外，而在此所應列入的唯有這種法權論。

　　蓋一切契約或者意在(A)**單方面的**取得（無償契約），或者意在(B)**相互的**取得（有償契約），或者根本無意於任何取得，而是僅意在(C)對**所有物**的**保證**（它可以一方面是無償的，而另一方面又同時是有償的）。

A.　**無償**契約（wohltätiger Vertrag/pactum gratuitum）是：
　　a)**保管**受託的財物（depositum〔寄存〕）；
　　b)**出借**一物（commodatum〔借貸〕）；
　　c)**贈與**（Verschenkung/denatio）。
B.　**有償**契約（belästigter Vertrag）：
　　I.　**轉讓契約**（permutatio late sic dicta〔廣義的交易〕）：
　　　a)**交換**（permutatio stricte sic dicta〔狹義的交易〕）：以貨物易貨物；
　　　b)**買與賣**（emtio venditio〔買、賣〕）：以貨物易貨幣；
　　　c)**借貸**（Anleihe/mutuum）：在「僅以同類物歸還」的條件下轉讓一物（例如，以穀物還穀物、以貨幣還貨幣）。
　　II.**租賃契約**（Verdingungsvertrag/locatio conductio）
　　　α. **將我的物品租賃**給另一個人使用（locatio rei〔物之租賃〕）；如果該物只可以同類物償還，這種租賃也能作為有償契約而與孳息相結合（pactum usurarium〔孳息契約〕)。

β. **雇傭契約**（locatio operae〔勞務之租賃〕），這就是說，
同意另一個人以一個特定的價格（merces〔報酬〕）
使用我的力量。基於這項契約的工人便是雇工
（Lohndiener/mercennarius）。

γ. **委託契約**（Bevollmächtigungsvertrag/mandatum）：
代替另一個人以其**名義**來執行業務。若只是代替他
人，而不同時以其（被代理人底）名義來執行，便稱
為**無委任的業務執行**（gestio negotii）；但若是以他人
底名義來辦理，便稱為**委託**（Mandat）——在此，作
為租賃契約的委託是一項有償契約（mandatum one-
rosum〔有償委託〕）。

C. **保證契約**（Zusicherungsvertrag/cautio）

a)**抵押**與**接受抵押**合起來（pignus〔典當〕）；

b)為另一個人底承諾**作保**（fideiusio〔保證〕）；

c)**人格的擔保**（praestatio obsidis〔人質之擔保〕）。

在這個表——它包含將所有物轉移（Übertragung/trans-
latio）於另一個人的一切方式——當中存在關於這種轉移底
對象或工具的概念，而這些概念似乎[38]完全是經驗性的，
並且甚至就其可能性來說，在一門**形上的**法權論中根本沒

---

　【譯注】原文並無「似乎」（"scheinen"）一詞，此處依多位編者之
建議補上。

286

有位置；而在形上的法權論中，畫分必須按照先天原則去進行，因而必須撇開交易底質料（它可能是約定的），而僅考慮形式；「**貨幣**」底概念——相反於其他一切可轉讓之物，即在「**買**與**賣**」項下的「**貨物**」底概念——，或是「**書籍**」底概念便屬於此類。然而，下文將顯示：在人以物進行**交易**——被稱為「**買**」與「**賣**」（貿易）——的一切手段中最重要且最有用的手段之上述概念[39]，以及「**書籍**」底概念——作為最重要的思想交易之手段——的確能化為純屬智性的關係，且因此純粹契約底表不會為經驗的混雜所污染。

## I. 何謂貨幣？

貨幣是一個物品，其**使用**之可能性唯獨賴於我們之**轉讓**它。這是對於貨幣的一個不錯的**名目定義**（根據阿亨瓦爾[40]），因為它足以將意念底這種對象與其他一切對象區別開來；但是對於這樣一種物品之可能性，它並未為我們提供任何說明。但由此我們得知：**首先**，在交易中的這種轉讓並非意在贈與，而是意在**相互的**取得（藉由一項有償契約）；**其次**，既然貨幣被視為一種（在一個

---

39　【譯注】指「貨幣」底概念。

40　【譯注】阿亨瓦爾是德國哲學家暨統計學家。康德在柯尼希貝爾格大學任教時，曾多次使用其《自然法》（*Ius Naturae*, Göttingen 1755ff.）一書作為教本。在學院本《康德全集》第 19 冊中收錄了康德為此書所作的札記。關於「貨幣」底定義，見其《自然法》，§207，參閱§205。

民族中）廣受歡迎的純然的貿易**工具**——它相反於一個作為**貨物**的物品（亦即本身具有一項價值，並且涉及該民族中的一個人或另一個人底特殊需求之物），本身不具有任何價值——，它便**代表**一切貨物。

一石穀物作為滿足人類需求的工具，具有最大的直接價值。我們可以用它來飼養牲畜，而牲畜供我們食用，幫助我們遷移，並且代替我們工作，然後又藉此增加並維持人口；而人不但能一再生產那些自然產物，而是也能藉由人工產物而有助滿足我們的一切需求：我們的住所之建造、衣服之製作、所追求的享受，以及一般來說，工業產品所構成的一切舒適。反之，貨幣之價值僅是間接的。我們無法享受它本身，或是為了任何目的，就它作為貨幣而直接使用它；但它卻是所有物品當中最便於使用的一項工具。

在這個基礎上，我們能暫時提出「貨幣」底一項**實質定義**：它是**人相互交易其勞力**（Fleiß）的通用**工具**；於是，國家財富，就它係藉由貨幣而被取得而言，根本只是人用來相互報酬、並且以在民眾中流通的貨幣來代表之勞力底總和。

因此，要稱為貨幣的物品，為了生產它，或甚至將它交到其他人底手中，其本身必須耗費如此多的**勞力**，使得這種勞力相當於為取得（自然產物或人工產物中的）貨物而須耗費、並且與上述勞力交換的那份**勞力**。因為如果購買稱為貨幣的材料比購買貨物來得容易，則進入市場的貨幣就會多於待售的貨物；再者，由於出售者必須比更快速地獲得貨幣的購買者花費更多的勞力在自己的貨物上，則在製造貨物時所耗費的勞力，以及一般來說，這個行業就會與帶來公共財富的營利勞力同時消逝且萎縮。因此，儘管紙幣與匯票在一段時間內代表貨幣，但是它們無法被視為貨幣；因為製作它們幾乎完全不費工夫，並且它們的價值僅是基於「它們將來會像過去一樣，得以繼續兌換為**現金**」的看法，而一旦有人意外地發現：現存的現金數量不足以維持輕易而可靠的交易時，這種看法便突然消失，並且使停止支付成為不可避免之事。因此，在祕魯或新墨西哥開採金礦與銀礦的人之營利勞力——尤其是在探尋礦脈時，經常進行失敗的嘗試而白費勞力——可能還要大過在歐洲耗費於製造貨物的營利勞力，而且由於前者底營利勞力得不到報酬，因而自動減弱，它會使那些國家立即陷於貧困，除非在另一方面，歐洲底勞力——正由於這些材料之刺激——同時成比例地擴展，以便藉由提供給前者的奢侈品，使其開礦的興致始終保持熱切，而致使勞力與勞力始終相互競爭。

但是，起初作為貨物的東西最後成為貨幣，這如何可能呢？如果一種物質之一個重要而有權勢的揮霍者，起初只是為了其（宮廷中的）僕人之裝飾與光彩而使用這種物質（例如金、銀、銅，或是一種美麗的貝殼，即**貨貝**，或甚至像在剛果，稱為**馬庫騰**[41]的一種席墊，或是像在塞納加爾的鐵棍，以及在幾內亞海岸，甚至黑奴），也就是說，如果一位**君主**（Landesherr）要求其臣民以這種（作為貨物的）物質繳稅金，而又按照臣民之間及他與臣民之間交易（在一個市場上或一個交易所中）的一般規定，就以這些稅金來報酬那些會受此鼓勵而花費勞力去購買這種物質的人——唯有如此，（在我看來）一個貨物才能成為臣民彼此間的勞

288

---

41　【譯注】馬庫騰（Makuten）是一種以棕櫚纖維編成的席墊。

力交易（因此也是國家財富底交易）之一項法定工具，亦即**貨幣**。

因此，貨幣底經驗性概念所隸屬的智性概念便是這樣一個物品底概念：該物品被包含於占有之流通當中（permutatio publica〔公開的交易〕），而決定其他所有事物（貨物）之**價格**，就連科學也屬於其中（只要它不是平白被教給他人）；所以，在一個民族中貨幣之數量就構成該民族之富裕（Begüterung/opulentia）。因為價格（Preis/pretium）是對於一個物品底**價值**（Wert/valor）的公開判斷——就該物品關聯於作為代表**勞力**底相互交換（流通）之普遍工具的東西之成比例的數量而言。因此，在大量交易之情況下，無論是**金**還是銅，都不被當作真正的貨幣，而是僅被當作貨物；因為現存的金太少，銅太多，而不容易讓黃金流通，但人們仍然依貨物銷售之所需，而將黃金分為小塊來使用，或是在最小的營利中使用若干黃金。因此，在世界底大量交易當中，**銀**（多少摻入銅）被當作貨幣底真正材料與計算一切價格的標準；其餘的金屬（遑論非金屬的物質）只能見諸一個小量交易的民族之中。如果前兩種金屬不僅被秤過重量，而是也被鑄上印記，也就是說，被加上一個記號，以顯示它們應有的價值，它們便是法定的貨幣，亦即**錢幣**（Münze）。

「因此，貨幣是（根據**亞當·史密斯**）這樣的物體：其轉讓是勞力之工具，且同時是其標準，而人與民族藉此彼此進行交易。」[42]由於這項定義僅考慮有償契約中相互償付之**形式**（而撇

---

42　【譯注】這段文字似乎不是嚴格的引述。根據學院本《道德底形上學》底編者納托爾普（Paul Natorp）之注解（*KGS*, Bd. 6, S. 523），

開其質料），它將貨幣底經驗性概念延伸到智性概念上，且因此延伸到在所有物底轉換（commutatio late sic dicta〔廣義的交換〕）中一般而言的「法權」概念上，以便適切地將上述先天的獨斷畫分之表、因而將法權底形上學之表呈現為一個系統之表。

## II. 何謂書籍？

一本書是一部著作（究竟是以筆還是以活字來刊載，頁數是多還是少，在此均無關緊要），它呈現某人藉由有形的語言符號對讀者所作的發言。以自己的名義對讀者**講話**的人稱為**作者**（Schriftsteller/autor）。以另一個人（作者）底名義藉由一部著作公開發言的人稱為**出版者**（Verleger）。如果出版者經過作者底同意而這麼做，他便是合法的出版者；但如果他未經作者底同意便這麼做，他便是非法的出版者，亦即**盜印者**（Nachdrucker）。原著底所有複本（印冊）之總數便是**發行版**（Verlag）。

---

它脫胎於蘇格蘭哲學家亞當・史密斯（Adam Smith, 1723-1790）底《國富論》第 1 冊第 1 卷第 4 章中的一段文字：「以這種方式，貨幣已成為所有文明國家中通用的貿易工具，各種貨物均藉由其中介而被買賣或相互交換。」《國富論》底前兩冊於 1776 年出版後，立即有 J.F. Schiller 與 Christian August Wichmann 之德譯本 *Untersuchung der Natur und Ursachen von Nationalreichthümern*（Leipzig: Weidmanns Erben und Reich, 1776/1778）。這段文字見 *An Inquiry into the Nature and Causes of the Wealth of Nations*（London: W. Strahan & T. Cadell, 1776), Vol. 1, p. 33；亦見德譯本，Bd. 1, S. 40.

## 盜印書籍依法律是禁止的

**著作**並不是對一個**概念**的直接刻畫（例如，一幅銅版畫將一
個特定的人呈現為**肖像**，一個石膏塑像將他呈現為**半身像**），而是
對讀者的**發言**，也就是說，作者透過出版者而公開**講話**。但是後
者，即**出版者**，並非以他自己的名義（因為不然的話，他就會冒
充為作者）、而是以作者底名義講話（藉由其技師〔Werkmeister/
operarius〕，即印刷工人）；因此，他唯有藉由作者給予他的一項
**授權**（Vollmacht/mandatum），才有權這麼做。如今，盜印者藉由
擅自出版而講話，儘管也是以作者底名義，但卻未得到他對此事
的授權（gerit se mandatarium absque mandato〔未經授權而狀似被
授權者〕）；是故，他對作者所指定的（因而是唯一合法的）出版
者犯下一項罪行，即竊取該出版者因使用其權利而能夠且想要
得到的利益（furtum usus〔竊用〕）。因此，**盜印書籍依法律是禁
止的**。

乍看之下，盜印書籍之不義是如此強烈地令人側目，但卻貌
似合法，其原因在於：**一方面**，書籍是一種有形體的**人工產物**
（opus mechanicum〔機械性的產品〕），這種產物能被仿製（被合
法地占有一冊書籍的人所仿製），因而在此產生一項**物權**；但**在另
一方面**，書籍也只是出版者對讀者的發言，而出版者未得到作者
對此事的授權，不得公開重複這份發言（praestatio operae〔對作
品的保證〕）──這是一項**人格權**，而今錯誤在於將這兩項權利相
互混淆。

290

＊　　＊　　＊

　　人格權與物權之混淆還在另一種事屬租賃契約的情況（B, II, α），即**賃屋**（ius incolatus〔寓居權〕）底情況下，成為爭論之一項題材。因為試問：如果屋主在租期屆滿前，將他出租給某人的房屋（或其地皮）賣給另一個人，他是否有責任在其出售契約中附加上續租之條件？還是我們可以說：買賣破除租賃[43]（但是依習慣，有一段通知取消契約的時間）？在前一種情況下，這間房屋實際上會承受一項**負擔**（Belästigung/onus），即承租者在此物（這間房屋）上所取得的一項物權——這也極可能發生（藉由將租賃契約登記在這間房屋〔之地籍簿〕上），但這樣一來，這就不是一項純然的租賃契約了，而是還得再補上另一項契約（很少承租者會同意簽訂這項契約）。因此，「買賣破除租賃」這個命題成立，也就是說，對於一物的完全權利（所有權）高於一切無法與它相容的人格權；但在這種情況下，承租者依然可以基於人格權而訴請就他因契約毀棄而蒙受的損失補償他。

291

---

43　【譯注】"Kauf bricht Miete." 這是羅馬法中的原則，強調所有權優先於債權。

補節

論對於意念底一個外在對象之

## 理想的取得

§32

不包含時間中的任何因果性、因而僅以純粹理性底一個理念為根據的那種取得，我稱為**理想的**。儘管如此，它仍是**真正的、**而非想像的取得，而它之所以不稱為實在的，僅是由於取得底行動並非經驗性的，因為主體是從另一個人那裡取得，而這個人或是**尚不存在**（對於此人，我們僅假定其存在之可能性），或是剛剛**停止存在**，或是**不復**存在，因而達成占有僅是理性之一個實踐理念而已。取得方式有以下三種：一、藉由**時效**；二、藉由**繼承**；三、藉由**不朽的功績**（unsterbliches Verdienst/meritum immortale），亦即要求身後的令名。這三種取得方式固然均只有在公法狀態中才有其效果，但卻不僅以這種狀態底組織及隨意的規章**為依據，**而是在自然狀態中也是先天地可設想的，更確切地說，在公法狀態之前必然是可設想的，以便隨後在公民組織中據此建立諸法則（sunt iuris naturae〔它們合乎自然法〕）。

## I. 藉由時效而取得的方式

### §33

　　我單憑**長期的占有**（usucapio〔時效〕）而取得另一個人底財產，這既非因為我可以合法地**預設**他之同意此事（per consensum 292 praesumtum〔藉由被假定的同意〕），亦非因為既然他不反對，我就能假定他**放棄**了其物品（rem derelictam〔被放棄之物〕），而是因為即使有一個真正的且作為所有者而對此物提出要求的人（請求人），我卻可以單憑我的長期占有而**排除**他，無視於其過去的存在，並且完全自行其是，彷彿他在我的占有期間僅是作為思想物而存在──儘管我事後可能得知他的現實性，以及其要求之現實性。人們不完全恰當地將這種取得方式稱為藉由**時效**的取得（per praescriptionem〔藉由時效〕）；因為排除僅被視為取得之結果；取得必須已先發生。這種取得方式之可能性如今必須加以證明。

　　誰若是不將一個外在之物當作其所有物而施以一項持久的**占有行動**（Besitzakt/actus possessorius），就有理由被視為一個（作為占有者）根本不存在的人；因為只要他未使自己有權擁有一個占有者底名義，就無法抱怨受到傷害；再者，即使他事後在另一個人已占有此物的情況下，聲明自己擁有此一名義，但他所說的不過是：他過去曾是所有者，而非：他仍是所有者，而且這種占有毋需一項持續的法律行動，依然不中斷。因此，在長期不使用的情況下，唯有藉由一項法律的──更確切地說，持續不斷且有文件為證的──占有行動，他才能確保其所有物。

　　因為假設對這項占有行動之疏忽不會導致另一個人在其合法則的且誠實的占有（possessio bonae fidei）之基礎上建立一種在法律上有效的占有（possessio irrefragabilis〔不容異議的占有〕），並且將他所占有之物視為他所取得的，那麼根本不會有任何取得是最終的（有保障的），而是一切取得均只是暫時的（臨時的）；因為歷史文件無法將其探究往前回溯到最初的占有者及其占有行動為止。因此，時效（Ersitzung/usucapio）所依據的假設不僅作為**猜測**而為**合法的**（許可的、正當的〔iusta〕），而是也作為依乎強制法則的預設（suppositio legalis〔法律上的假定〕）而為法定的（praesumtio iuris et de iure〔法律底及關於法律的假設〕）。誰若是疏忽了以文件證明其占有行動，就喪失了他對當前的占有者之要求權，而在這種情況下，疏忽底時間長短（這根本無法、也不可被確定）僅是為了這種不作為之確實性而被提出。但是如果一個迄今不為人知的占有者之占有行動中斷了（即使罪責不在他），他始終能重獲（要求歸還）此物（dominia rerum incerta facere〔使事物之所有權不確定〕），這與上述法權的實踐理性之設準相牴牾。

　　但如今，如果他是共同體底一個成員，亦即在公民狀態之中，國家的確能（作為代表）為他保持其占有——儘管這種占有（作為私人的占有）被中斷了，而且目前的占有者既不需要回溯到最初的占有者以證明其取得之權原，亦不需要以繼承之權原為依據。但是在自然狀態中，上述的占有卻是合乎法權的，其實並非藉此取得一物，而是毋需一項法律行動，就保持對它的占有；而在此情況下，像這樣擺脫〔歸還的〕要求，通常也被稱為取得。

因此，較早的占有者之喪失時效屬於自然法（est iuris naturae〔它合乎自然法〕）。

## II. 繼承（Acquisitio hereditatis〔遺產之取得〕）

### §34

**繼承**是藉由雙方意志之協調將一個瀕死者之資產轉移（Übertragung/ translatio）給尚存者。**繼承者**（Erbnehmer/heres institutus〔被指定的繼承人〕）之取得與**遺贈者**（Erblasser/testator）之放棄——亦即所有物之這種更替——發生於一瞬間（articulo mortis〔臨終時刻〕），即遺贈者剛停止存在時，且因此根本不是經驗意義下的轉移（Übertragung/translatio）——這種轉移預設兩個前後相繼的行動，即是：一者先放棄其占有，另一者隨之進入其中——，而是一種理想的取得。在自然狀態中，若無**遺囑**（dispositio ultimae voluntatis〔對最後意願的安排〕），繼承是無法設想的；再者，對於「這是一個**繼承契約**（pactum succesorium），還是**對繼承者的片面指定**（testamentum〔遺囑〕）？」的問題，關鍵在於：就在主體停止存在的這一瞬間，所有物之移交是否且如何可能[44]？

---

44　【譯注】這個句子原作："…und, ob es ein **Erbvertrag**（pactum successorium），oder **einseitige Erbeinsetzung**（testamentum）sei, es bei der Frage, ob und wie gerade in demselben Augenblick, da das Subjekt aufhört zu sein, ein Übergang des Mein und Dein möglich sei, ankommt…"文義不通，今依 Felix Meiner 版編者路德維希之建議改為："…und es bei der Frage ob es ein **Erbvertrag**（pactum successorium），oder **einseitige**

294　既然如此,「藉由繼承而取得的方式如何可能？」的問題就得獨立
於其實現（這僅發生於一個共同體之中）之各種可能的形式而被
探討。

　　「藉由繼承者之指定而取得,是可能的。」因為遺贈者**卡尤**
**斯**（Cajus）承諾,並且在其最後的意願中向對該項承諾無所悉的
**提替伍斯**（Titius）表示:在他辭世時,其財產應移交給提替伍斯,
且因此,只要提替伍斯在世,他就始終是其財產底唯一所有者。
如今,單是藉由片面的意願,固然沒有任何東西能被移交給他人,
而是除了承諾之外,這還需要另一方之接受（acceptatio）,以及一
種同時存在的意願（voluntas simultanea）,但這種意願在此並不存
在;因為只要卡尤斯在世,提替伍斯就無法表示接受,而藉此以
取得;因為卡尤斯唯有在他辭世時作了承諾（因為不然的話,有
一瞬間財產就會是共有的,而這並非遺贈者之意願）。但是提替伍
斯卻隱默地取得了一項對遺產的所有權（作為一項物權）,亦即排
他地接受它（ius in re iacente〔對於閒置之物的權利〕）;因此,這
份遺產在所設想的時刻便稱為閒置的遺產（hereditas iacens）。如
今,既然每個人都必然地（因為他由此可能有所得,但決不會有
所失）、因而也隱默地接受這樣的一項權利,而在卡尤斯辭世後,
提替伍斯就是處於這種情況之中,那麼提替伍斯便能藉由接受承
諾而取得這份遺產,而在這段期間,這份遺產決非已是完全無主

---

Erbeinsetzung (testamentum) sei, darauf, ob und wie gerade in dem-
selben Augenblick, da das Subjekt aufhört zu sein, ein Übergang des
Mein und Dein möglich sei, ankommt..."

的（res nullius〔無主之物〕），而只是**閒置的**（res vacua〔閒置之物〕）；因為唯獨他有權選擇，他是否要使所遺留的財產成為他的財產。

因此，單是根據自然法，遺囑也是有效的（sunt iuris naturae〔它們合乎自然法〕）；但是這項主張應被理解為：它可以且值得在公民狀態中（一旦這種狀態出現時）被採納與核准。因為在遺產游移於接受與棄置之間，而且根本不屬於任何人之際，唯有公民狀態（在公民狀態中的普遍意志）保持對它的占有。

### III. 身後遺留令名（Bona fama defuncti〔身後的令名〕） 295

### §35

設想死者在身後（也就是說，在他不復存在時）還能占有某物，是荒謬的——如果遺留下來的是一個物品的話。但**令名**卻是一種天生的外在的（儘管只是理想的）所有物，它繫屬於作為一個人格的主體；至於這個主體底本性究竟是隨著死亡而完全停止存在，還是依然作為一個人格而存留下來，我可以且必須撇開不論，因為在我與其他人底法律關係中，我實際上僅就其「人」（Menschheit）來看待每個人格，因而視之為理體人（homo noumenon），且因此在他身後造謠誹謗他之一切企圖總是令人疑慮的——儘管對他的指摘極可能是有根據的（因此，「對死者僅揚其善」〔de mortuis nihil nisi bene〕這項原則是不正確的）——，因為對無法為自己辯護的缺席者廣加譴責，但對這些譴責卻無十足的把握，至少是不厚道的。

當人不再作為事相人（homo phaenomenon）而存在時，他藉由無可指摘的一生及結束此生的死亡而取得一種（消極的）令名，作為遺留給他的所有物；再者，尚存者（親屬或外人）也有權在法律之前為他辯護（因為由於他們在辭世時的類似遭遇，未經證實的指摘使他們全都陷於危險之中）；又我說：他能取得這樣的一種權利——這些都是先天地立法的理性（它將其命令與禁制甚至延伸到生命底界限之外）之一種奇特的、但卻不容否認的現象。如果有人散布一位死者底一項罪行，而這項罪行會使死者在世時名譽掃地或者只是應受鄙視，那麼，任何人只要能證明這項指控是故意捏造的與欺騙的，都能公開宣告那個中傷死者的人是一個誹謗者，從而使誹謗者自己名譽掃地——他不可這麼做，除非他有理由預設：儘管死者已逝，也會因此而受到侮辱；再者，儘管
296　死者不復存在，他也會因上述的辯護而感到滿意[45]。此人也毋需

---

　45　但是在此，我們並非一定要狂熱地推論出對一個來生的預感，以及與已分離的靈魂之無形關係，因為在此所談的不過是純粹道德的與法律的關係（它甚至在此生發生於人類當中）；由於我們**在邏輯上**將一切自然之物（在空間與時間中屬於人類底存在的東西）由此**分離**，亦即由此**抽除**，但並非讓人類脫卻他們的這種本性，並且使他們成為精靈（在這種狀態中，他們感受到中傷者之侮辱），他們作為智思的存有者而存在於上述的關係中。在百年之後造謠中傷我的人，現在就侮辱了我；因為在純粹的法權關係（它是完全智性的）中，（時間底）一切自然條件均被抽除了，而且破壞名譽者（誹謗

證明他為死者扮演辯護者底角色的權限：因為每個人都不可避免
地自許有此權限，視之為不僅屬於德行義務（從倫理方面來看），
而是甚至屬於一般而言的「人」底權利；而且為了使此人有權發
出這樣一種斥責，並不需要有因死者底這樣一種污點而可能對諸
如朋友和親屬造成之任何特殊的個人損失。因此，這樣一種理想
的取得，以及人在身後對尚存者的一項權利是有根據的，這是無
可爭辯的——雖然其可能性無法有任何推證。

# 第三章

# 論藉由一種公開的司法權底判決而來之 主觀上有條件的取得

## §36

如果自然法僅意指非規章性之法，因而單單意指能先天地藉
由每個人底理性而認識之法，則不但在諸人格彼此間的相互交往 297

---

者）同樣應受懲罰，彷彿我在世時他已做了此事；只是這並非藉由
刑事法庭，而是僅藉由以下的方式：他貶低另一個人底名譽多少，
輿論就根據報復底權利讓他受到同樣的名譽損失。甚至一個作家對
死者的**剽竊**，雖然並未玷污死者之名譽，而只是竊取其名譽之一部
分，卻有理由被當作對死者的傷害（對人的盜竊）而受罰。

中適用的**正義**（iustitia commutativa〔交換性的正義〕），而是連分配的正義（iustitia distributiva〔分配性的正義〕）也都屬於自然法——如同根據分配的正義之法則，我們能先天地知道：這種正義必須作出自己的判決（Spruch/sententia）。

掌管正義的道德人格便是**法庭**（Gerichtshof/forum），而它在執行職務的狀態中，便是**審判**（Gericht/iudicium）：這一切僅根據法權底條件而先天地去設想，而不考慮這樣的一種狀態實際上要如何去建立與組織（規章、因而經驗的原則屬於此列）。

因此，這裡的問題不只是：什麼事情**本身是正當的**？亦即，每個人自己對此必須如何判斷？而是：什麼事在一個法庭之前是正當的？也就是說，什麼事是合法的？在此有**四種**情況，而在其中，兩種判斷能有不同而且相反的結果，而仍然彼此共存；因為它們是從兩個不同的、雙方均真實的觀點所作出的：一者根據私法，另一者則根據公法底理念。它們是：1)**贈與契約**（Schenkungs-vertrag/pactum donationis）；2)**借貸契約**（Leihvertrag/commode-tum）；3)**索回**（Wiedererlangung/vindicatio）；4)**宣誓**（Vereidi-gung/iuramentum）。

法學教師常犯一種**詐取**底謬誤（Fehler der Erschleichung/vitium subreptionis），即是將一個法庭為了它自己的目的（因此基於主觀的意圖）而有權、甚至有責任採納之法律原則（為的是宣布並裁決每個人應有的權利）在客觀方面也視為本身正當之事；而前者卻與後者極為不同。因此，使人能認識並注意到這種類別上的差別，並非無關宏旨。

## A. 論贈與契約
### §37

根據**私法**，這項契約（donatio）——藉此，我將我的所有物，即我的物品（或我的權利）**無償地**（unvergolten/gratis）**轉讓**——包含我，即贈與者（donans）對於另一個人，即受贈者（donatarius）之一種關係，而由於這種關係，我的所有物藉由對它（donum〔贈與物〕）的接受而轉移給他。但是我們不可推定：在此所意指的是，我被迫遵守我的承諾，且因此也平白交出我的**自由**，並且彷彿拋棄自己（nemo suum iactare praesumitur〔無人被指望拋棄其所有物〕），但這種情形在公民狀態中卻會依法律而發生；因為在這種狀態中，應當受贈者可以**強制**我去實現承諾。因此，如果事情上了法庭，也就是說，根據一套公法，我們或者得推定：贈與者同意這種強制（這是荒謬的），或者推定：法庭在其判決（Spruch/Sentenz）中根本不考慮贈與者是否曾想保留放棄其承諾的自由，而是考慮確切無疑之事，即承諾與接受承諾者之接受。因此，縱使承諾者一如極可能推想的情況，已經想到：若他在尚未履行之前就後悔作了此項承諾，人們無法責成他去履行承諾，但是法庭卻假定：他非得要明確地為自己保留這項承諾不可，並且若他未曾這麼做，就可以被強迫去履行承諾；而法庭之所以採取這項原則，是因為不然的話，它的法律判決就會變得無窮困難，或甚至不可能。

298

## B. 論借貸契約

### §38

藉由這項契約（commodatum〔出借〕），我允許某人無償使用我的所有物；而如果這是一個物品，則訂約的雙方均一致同意：此人要將**這同一**物品重歸於我的支配之下。在這項契約中，出借物之接受者（commodatarius〔借方〕）不能同時推定：該物之所有者（commodans〔貸方〕）也承擔由於他讓接受者占有該物而對該物或該物對他有用的特性可能造成之損失底風險（casus〔意外〕）。因為所有者除了同意借方對其物品的使用之外（除了因使用而必然對該物品造成的損害之外），也免除了對一切由於他不自行保管該物而可能為他帶來的損失之**擔保**，這並非理所當然的，而是另外需要簽訂一項特殊的契約。因此，問題只能在於：在雙方（貸方與借方）之中，何者有義務為租賃契約明確地附加承擔該物可能遭受的風險之條件？或者，若是不成的話，我們能**推定**何者**默許**去擔保貸方底財產（藉由歸還該物或是藉由一個等值物）？並非貸方，因為我們不能推定：除了對該物的純然使用之外，他還平白默許了其他的事情（即額外地自行負責財產之安全）；而是借方，因為在這種情況下，他所做的並未超過就在契約中所包含的內容。

例如，我在驟雨中進入一戶人家，並且請求〔他們〕借我一件雨衣。但或許有人不小心從窗戶潑出使它退色的染料，而永久污染了它，或是當我進入另一戶人家，將它脫下時，它被偷走了。在這種情況下，若是我主張：我所該做的不過是送回已污染的雨

衣，或只是通報所發生的竊案，頂多還基於禮貌，向所有者為其
損失表示惋惜（既然他無法依其權利提出任何要求），那麼每個人
一定都會覺得荒謬。但如果我在請求使用該物時，同時事先請求
〔所有者〕，一旦該物在我的手中出意外時，也為我承擔這項風險
（因為我很窮，沒有能力償還損失），那就完全不同了。沒有人會
認為此舉是多餘而可笑的，除非或許出借者是一位公認富有而善
心的人士，因為在這種情況下，不推定他會在這個事例中慷慨地
免除我的債務，將是幾近侮辱之舉。

＊　　　＊　　　＊

如今就基於租賃契約的所有物而言，如果（一如這項契約底
本性所包含的內容）對於該物可能遭遇的意外（Verunglückung/ca-
sus）無所約定——也就是說，由於這個默許只是推定的，這是一
項不確定的契約（ungewisser Vertrag/pactum incertum）——，則
關於此事的判斷（亦即，關於「誰得承受這項意外」的裁決）無
法由這項契約本身底條件去決定，而是**只能像在一個法庭之前**去
決定，而這個法庭始終只考慮這項契約中確定之事（在此是指對
於作為財產的物品之占有）。因此，在**自然狀態**中（亦即，根據事
情底內在特性）的判斷將會是：一件出借物因意外而造成的損失
由**借用者**承擔（casum sentit commodatarius〔借方承擔意外〕）；反
之，在**公民**狀態中（因而在一個法庭之前），判決底結果將是：損
失由**出借者**承擔（casum sentit dominus〔所有者承擔意外〕）——

300

更確切地說，其理由與純然的健全理性之判決不同，因為一位公共的法官不能涉入關於一方或另一方可能設想之事的推定，而是那未曾藉由一項特殊的附加契約而要求免於在出借物上的一切損失之一方必須自行承擔損失。因此，在修正法律判斷時，一個法庭必須作出的判斷與每個人底私自理性有理由獨自作出的判斷之間的區別是一項絕對不可忽略的要點。

## C. 論對遺失物的索回（取回）（vindicatio）
### §39

由以上所述可知：一個持續存在而屬於我的物品，儘管我並未持續地持有它，依然是我的，而且若無一項法律行動（derelictionis vel alienationis〔放棄或轉讓〕），也不會自動停止屬於我；再者，我對於此物應當有一項權利（ius reale〔物權〕），因而針對**每個**持有人，而不僅針對一個特定的人格（ius personale〔人格權〕），而有一項權利。但**只要**我**未放棄**這項權利，而此物又為另一個人所占有，則這項權利是否必然也**被其他每個人**視為一項獨自持續存在的所有權，就是個問題。

如果某人[46]遺失了此物（res amissa〔遺失物〕），而另一個人301 **真誠地**（auf ehrliche Art/bona fide）以為這是一個拾獲物，而將它交給我，或是以所有者自居的占有者藉由正式的轉讓，將它交給我（儘管他並非所有者），試問：既然我無法從一個**非所有者**（a

---

46　【譯注】「某人」（"jemandem"）原作「我」（"mir"），於上下文不通，今依路德維希之建議校改。

non domino）取得一物，我是否被原物主排除了對於此物的一切
權利，而僅保留對這個非法的占有者之一項人格權？如果取得僅
根據其賦予它以權利的內在理由（在自然狀態中）、而非根據一個
法庭底習慣來評斷的話，事實顯然就是如此。

　　因為一切可轉讓的東西都必須能被某個人所取得。但是取得
之合法性係完全基於另一個人所占有之物據以被轉移給我、並且
為我所接受的形式，亦即基於此物底占有者與取得者間的交換
（commutatio）底法律行動之形式性，而我不可問：這個占有者
如何占有此物，因為這就已經構成侮辱了（quilibet praesumitur bo-
nus, donec etc.〔每個人都被假定為善的，直到……〕）。如今假設
結果證實：所有者並非此人，而是另一個人，則我不能說：這個
所有者能直接與我交涉（如同他也不能與任何可能是該物底持有
者的其他人直接交涉）。因為我並未偷竊他的任何東西，而是例如
按照法律（titulo emti venditi〔根據買賣底權原〕）購得在公開市
場上待售的馬；因為就我這方面來說，取得之權原是沒有爭議的，
但是我（身為買主）並無責任、甚至根本無權去調查他人（賣主）
底占有之權原——既然這種查詢會無止盡地進展下去。因此，藉
由有適當權原的購買，我並非未成為這匹馬底僅只**假想的**所有
者，而是成為其**真正的**所有者。

　　但是這一點卻為下列的法律根據所反駁，此即：來自一個並
非物品所有者的人（a non domino）之一切取得均是無效的。我從
另一個人底所有物推衍到我身上的，無法多過他自己合法地擁有
的東西。再者，當我購得一匹失竊而在市場上待售的馬時，儘管
就取得之形式（modus acquirendi）而言，我完全合法地行事，但

卻欠缺取得之權原；因為這匹馬並非實際的賣主之所有物。儘管我可能是這匹馬底一個**真誠的**占有者（possessor bonae fidei），但我卻只是一個自命的所有者（dominus putativus〔假想的所有者〕），而真正的所有者擁有一項**索回**（rem suam vindicandi〔取回其物〕）底權利。

302

　　如果有人問道：根據在人底相互交換中的正義（iustitia commutativa〔交換性的正義〕）之原則，（在自然狀態中）在人當中，在對外在事物的取得之中，什麼是本身合法的，則我們得承認：誰要是有意於此，勢必還得查詢：他想要取得之物是否已經屬於另一個人，也就是說，即使他嚴格遵守了從他人底所有物推衍出此物的形式條件（在市場上按規矩購得這匹馬），只要他仍不知道是否另一個人（身為賣主）是此物底真正所有者，則他所能取得的，至多還只是對於一物的一項**人格權**（ius ad rem〔關於物的權利〕）；因此，如果有另一個人能以文件證明他先前對於此物的所有權，則留給假想的新的所有者的，不過是合法地享用他身為誠實的占有者迄今從中得到的好處，直到此刻為止。如今，既然在一連串相互推衍其權利的自命的所有者當中要找出絕對最初的所有者（原初的所有者），多半是不可能的，則外在事物之任何交換都無法保證一種可靠的取得——無論這種交換與這種正義（iustitia commutativa〔交換性的正義〕）之形式條件多麼協調一致。

＊　　＊　　＊

　　而在此，在法律上立法的理性隨著**分配性正義**底原理而再度出現，此即採納占有底合法性作為準則——並非依這種合法性**本身**就每個人底個人意志（在自然狀態中）而會被裁決的方式，而是僅依它在一個**法庭**之前、在一個藉由普遍統一的意志而形成之狀態中（在一個公民狀態中）會被裁決的方式。然則在這種狀態中，與取得底形式條件之協調一致（這本身僅為一項人格權提供理由）便被設定為足以取代實質根據（這些根據使人有理由從一個提出要求的先前的所有者之所有物進行推衍），而且一項**本身**關於人格的權利**被帶到一個法庭之前時**，便被視為一項物權：例如，在一個以警察條例來管理的公開市場上供每個人購買的馬，如果所有的買賣規則都被嚴格遵守的話，就會成為我的財產（但真正的所有者基於其更早的未喪失的占有，仍保有向賣主提出要求的權利），而我原本的人格權就被轉變為一項物權——根據這項物權，當我發現我的所有物時，我可以索取（索回）它，而不涉入賣主得到它的方式。

　　因此，關於一物的權利，並**不就其自身的情狀**（作為一項人格權），而是就它能**最輕易**且最穩當地**被裁決**（作為物權）的方式，但卻根據一項純粹先天的原則而被採納與看待，這只是為了在一個法庭之前的法律判決（in favorem iustitiae distributivae〔為了分配性正義之故〕）而這麼做。在這項原則之基礎上，不同的規章性法則（法規）隨之成立，而這些法規之主要目標是提出唯獨能使一種取得方式有法律效力的形式條件，以便**法官**能**最輕易且最無疑慮地**為每個人判定其所有物；例如，在「買賣破除租賃」這個命題中，依契約底本性，也就是說，本身為一項物權的東西（租賃）被視為一項純然的人格權，而反過來，像在前面的事例中，本身僅是一項人格權的東西被視為一項物權——如果問題在於：在公民狀態中，一個法庭為了在其有關每個人應得的權利之判決中最穩當地行事，它能依賴什麼原則呢？

## D. 論藉由宣誓而取得保證

## （Cautio iuratoria〔宣誓的保證〕）

## §40

　　我們無法提出任何其他的理由，能在法律上責成人去**相信**並承認諸神之存在，除了以下的理由，即為了他們能發出一項誓言，並且能因對於一個全知的無上力量（如果他們的言辭不實，他們就得鄭重地召喚這個力量對自己的報復）之恐懼，不得不誠於言辭而忠於承諾。在此我們並不指望這兩件事[47]之道德性，而僅指望它們的一種盲目迷信，這點可由以下一點看出來，此即：儘管在一種事涉唯有在人當中可能的最神聖之物（人權）的情況下，誠實底義務對每個人來說，都是昭然若揭的，但我們並不指望他們**單是**在法庭之前對於法律事務的**鄭重**供述具有可靠性。因此，唯有童話才是〔宣誓底〕動因，例如，在蘇門答臘島

304

---

47　【譯注】指「誠於言辭」與「忠於承諾」。

上的一個異教民族**拉讓人**（Rejangs）當中之童話，而根據**馬爾士登**之見證[48]，儘管他們根本就不相信死後還有來生，他們卻向其已故親族之骸骨發誓；或者如**幾內亞黑人**向其**物神**（像是一根鳥羽）宣誓，而他們妄想這根鳥羽會折斷他們的脖子，諸如此類。他們相信：一種無形的力量，無論它是否具有理智，依其本性已具有這種魔力，而藉由這樣一種呼喚，這種魔力被付諸行動。這樣一種信仰雖名為宗教，但其實應當稱為迷信。然而，對於法律行政而言，它卻是不可或缺的，因為若不依賴它，**法庭**就不足以查出被隱匿的事實，並且作出判決。因此，一項責成人這麼做的法律顯然只是為了審判權而被制定。

但如今的問題是：我們根據什麼理由來說明某人據稱在法庭上所具有的責任，即假定另一個人底誓言是其說辭底真實性之在法律上有效的證據（這項證據中止一切爭執）？也就是說，是什麼在法律上責成我們去相信：另一個人（宣誓者）畢竟擁有宗教，以便讓我的權利繫於他的誓言？我們也反過來問道：我到底能被責成去宣誓嗎？這兩者本身都是不正當的。

但是就一個法庭來說，因而在公民狀態之中，如果我們假定：除了誓言之外，沒有任何其他的手段能在某些情況下發現真相，我們就得預設：每個人都擁有宗教，以便為了在一個**法庭**之前的

---

48　【譯注】馬爾士登（William Marsden, 1754-1836）是英國的東方學家，曾撰《蘇門答臘史》（*History of Sumatra*, 1783）與《馬來語底文法與字典》（*Grammar and Dictionary of the Malay Language*, 1812）。

法律程序，將它當作一個應急之方（in casu necessitatis〔在緊急情況下〕）來使用，而這個法庭將這種精神強制（tortura spiritualis〔精神的折磨〕）視為一種藉以揭發隱情之更靈巧的且更合乎人底迷信性癖的手段，且因此自認為有權使用它。但是立法權授予司法權以這項權限，根本是不正當之舉；因為即使在公民狀態中，強制人去發誓也有悖於無法喪失的人類自由。

305

　　就職誓言通常是**承諾的**（promissorisch），亦即，人們有鄭重的**決心**，要合乎義務地執掌其職務。如果這些誓言被轉變為**斷定的**（assertorische）誓言，亦即，官員有責任在比方說一年（或多年）期滿時，宣誓在這段期間內忠於其職守，那麼，這一方面會比承諾底誓言更加激勵良心，而承諾底誓言事後還是留下內在的託辭，說儘管人們有最大的決心，但並未預見他們以後在執掌職務時才經歷到的困難；再者，當監看者眼見違背義務之舉累積起來時，較諸它們僅是逐一受到斥責時（下次違背義務時，先前的違背之舉已被忘記了），它們引起更多遭受譴責的憂慮。但至於**信仰**底（de credulitate〔關於信仰的〕）宣誓，則根本無法被一個法院所要求。因為首先，這個介乎意見（Meinen）與認知（Wissen）的中間物本身[49]就包含一項矛盾，因為它是這樣的東西，即人們誠

---

49　【譯注】康德在《純粹理性批判》中比較「意見」、「信仰」與「認知」三者之確認程度如下：「**意見**是一種被意識到不但在主觀方面、而且在客觀方面均不充分的確認（Fürwahrhalten）。如果確認僅在

然會敢於用它來**打賭**，但決不會敢於用它來**宣誓**。其次，
如果法官強求當事人立下這樣的信仰誓言，以便查明某件
屬於其意圖的事情（甚至假定這是共同的福祉），他便大大
冒犯了宣誓者之真誠，一則是由於這種誓言誘使人流於輕
率，而法官因此使他自己的意圖落空，再則是由於一個人
必然感受到的良心不安——他今天從某一個觀點來看，會
認為一件事是極為可能的，但明天從另一個觀點來看，又
會認為它是完全不可能的，且因此傷害了他逼迫立下這樣
一種誓言的人。

# 從自然狀態中的所有物到法律狀態中的
# 所有物之一般而言的過渡

## §41

　　法律狀態是人底相互關係，這種關係包含唯一能使每個人**享**
**有**其權利的條件；而依一個制定普遍法則的意志之理念來看，這
種狀態底可能性之形式原則稱為公共的正義。針對依法則占有對
象（作為意念底質料）的可能性、現實性或必然性，這種正義能

306

---

　　主觀方面是充分的，而同時被視為在客觀方面不充分的，便稱為**信**
　　**仰**。最後，不但在主觀方面、而且在客觀方面亦充分的確認稱為**認**
　　**知**。」（*KrV*, A822/B850）

被區分為**保護的**正義（iustitia tutatrix）、**交互取得的**正義（iustitia commutativa）與**分配的正義**（iustitia distributiva）。在此，法則**首先**僅表示：什麼舉止內在地依形式是**正當的**（lex iusti〔正當底法則〕）；**其次**，它表示：什麼依質料[50]也能合乎外在的法則[51]，也就是說，其占有狀態是**法定的**（lex iuridica〔司法的法則〕）；**第三**，它表示：在一個特殊的情況中，在現有的法律之下，一個法庭底判決在哪方面符合這種法律，也就是說，是**合法的**（lex iustitiae〔正義底法則〕）——在這種情況下，人們也將上述的法庭本身稱為一個國家之**正義**，而且「是否有這樣一種正義存在」能被當作在所有法律事務當中最重要的事務來詰問。

非法律的狀態，亦即其中並無分配性正義存在的狀態，稱為自然狀態（status naturalis）。與這種狀態相對立的，並非**社會**狀態（如阿亨瓦爾所認為的）[52]——這可稱為一種人為狀態（status artificialis）——，而是一個從屬於分配性正義的社會之**公民**狀態（status civilis）；因為即使在自然狀態中也可能有合乎法權的社會（例如婚姻社會、父權社會、一般而言的家庭社會，以及其他任何社會）——對於這些社會，並不適用先天的法則：「你應當進入這種狀態之中」，而對於**法律的**狀態，我們卻可說：所有能彼此（即使不情願）發生法律關係的人，都**應當**進入這種狀態之中。

---

50　【譯注】此處依路德維希之建議，將 als Materie noch 改為 der Materie nach。

51　【譯注】此處依路德維希之建議，將 gesetzfähig 改為 gesetzmäßig。

52　【譯注】參閱阿亨瓦爾底《自然法》（*Ius Naturae*, Göttingen 1755ff.）第一、二卷之開頭。

　　我們可將第一種及第二種狀態稱為**私法**底狀態，而將後一種，即第三種狀態稱為**公法**底狀態。後者所包含的人之間的義務，並不多於或不同於在前者之中所能被設想的；在這兩者之中，私法底質料是相同的。因此，後者底法律僅涉及人之共處底法律形式（憲法），而就該形式而言，這些法律必然得被設想為公共的。

　　甚至**公民的聯合**（bürgerlicher Verein/unio civilis）也決無法被稱為一個**社會**（Gesellschaft）；因為在**施令者**（Befehlshaber/imperans）與**從屬者**（Untertan/subditus）之間決非一種**夥伴關係**；他們並非同伴，而是相互**隸屬**，並不彼此**並列**。再者，彼此並列的人正因此故，必須相互視為平等的——就他們從屬於共同的法律而言。因此，上述的聯合並非一個社會，而不如說是**造成**一個社會。

307

§42

　　如今，從自然狀態中的私法產生公法之設準：在一種無法避免的共處之關係中，你應當與其他所有人一起從自然狀態轉入一種法律狀態，亦即一種分配性正義之狀態中。其理由可以從外在關係中的**法權**——相反於**強制力**（Gewalt/violentia）——之概念分析地加以闡明。

　　沒有人有責任放棄干預他人之占有，除非他人也對等地向此人保證：他會對此人保持同樣的節制。因此，此人不可坐而待之，直到他比方說從一次慘痛的經驗得悉他人之相反存心；因為既然他在自己心中就能充分察覺到一般而言的人支配他人的那種愛好（當他們感到自己在權力或詭詐方面較他人優越時，不尊重他人底權利之優越性），而且毋須等待實際的敵意，那麼，有什麼會責成他，要從吃虧中學到聰明呢？他有權對依其本性就以此威脅他的人施以強制。（Quilibet praesumitur malus, donec securitatem dederit oppositi.〔任何人都被假定為惡的，直到他確證了其反面。〕）

若是他們決心處於且留在這種外無法紀的自由之狀態中，則當他們相互攻擊時，他們甚至根本未對**彼此**不公；因為適用於一者的，反過來也適用於另一者，彷彿是由於一項協議（uti partes de iure suo disponunt, ita ius est〔雙方當事人對其權利的決定即是法〕）；但就他們願意處於且留在一種狀態——這並非一種法律狀態，也就是說，在這種狀態中，無人能對抗暴行而確保其所有物——中來說，他們畢竟造成了最大程度的不公[53]。

308

---

53　在法權論中，僅是在形式上不公之事與在實質上亦不公之事底這種區別有各種各樣的運用。若敵人並不真誠地履行與一個被包圍的城堡底守軍間之投降協定，而是在這些守軍撤離時虐待他們，或是還撕毀這項協約，則當其對手有機會對他玩同樣的伎倆時，他不能抱怨不公。但由於他們剝奪法權底概念本身之一切有效性，並且彷彿合乎法則地將一切均諉諸野蠻的暴力，且因此根本顛覆人底權利，他們畢竟造成了最大程度的不公。

# 法權論

## 第二篇

# 公法

# 公法

## 第一章

## 國家法

### §43

　　為了產生一種法律狀態而需要昭告公眾的那些法律之總合，即是**公法**（das öffentliche Recht）。因此，這是對於一個民族（亦即一群人）而言，或是對於一群民族而言的一套法律系統——這些人或民族在相互影響之中，需要在一個將他們聯合起來的意志之下的法律狀態，亦即一部**憲法**（Verfassung/constitutio），以便分享合法的東西。民族中的個人相互關聯的這種狀態稱為**公民**狀態（bürgerlicher Zustand/status civilis），而就這些個人與其自己的成員之關係而言，其整體被稱為**國家**（Staat/civitas）。由於其形式——即處於法律狀態之中，藉由所有人之共同利益而結合——，國家被稱為**共同體**（das gemeine Wesen/res publica latius sic dicta〔廣義的 res publica〕）；但是就它與其他民族之關係而言，它直截了當地稱為一種**權力**（Macht/potentia），因此有「**掌權者**」（Potentaten）一詞。由於（自以為）世襲的聯合，它也自稱為一個種族（Stammvolk/gens），且因此在公法底普遍概念之下，使人不但設想國家法（Staatsrecht），而是也設想一種**國際法**（Völkerrecht/ius gentium）。然則，由於地表是一個並非無邊際的、而是自我封閉的平面，這勢必將這兩者一起引至一種**國際國法**（Völker-staatsrecht/ius civitatis gentium[1]）或**世界公民權**（Weltbürgerrecht/ius cosmopoliticum）之理念，以致在法律狀態底這三個可能的形式當中，只要一者欠缺藉由法律以限制外在自由的原則，所有其餘形式之建築勢必被侵蝕，而終於倒塌。

312

## §44

使我們得悉人底暴行之格律，以及在一種外在的強勢立法出現以前，他們相互攻擊的惡意之格律的，決非經驗，因而決非一項使公法的強制成為必要的事實，而是不論我們將他們設想得多麼善良而好義，但是在這樣一種（非法律的）狀態之理性理念中卻先天地存在以下之義：在達到一種公法的狀態之前，個別的人、民族與國家決無法擔保不受到彼此的暴行，更確切地說，即是根據每個人自己的權利去做**他認為正當與善的事情**，而在此不受他人底意見所左右。因此，如果他不想放棄所有法權概念，他必須作出決定的首要之事便是以下的原理：我們必須走出自然狀態

---

1　【譯注】　ius civitatis gentium 一詞原作 ius gentium，與上文康德用來表示「國際法」（Völkerrecht）的拉丁文用語相同，故此處顯然有錯誤。康德在《論永久和平》中以 civitas gentium 作為「國際國」（Völkerstaat）之拉丁文對應詞（*KGS*, Bd. 8, S. 357），路德維希即據此建議將 ius gentium 改為 ius civitatis gentium。

（在其中，每個人均自行其是），並且與其他所有人（他無法避免
與他們產生相互的影響）聯合起來，而屈從於一種公法的外在強
制，因而進入一種狀態之中——在其中，每個人應當被承認為其
所有物的東西**在法律上**被決定，而且藉由充分的**權力**（這並非他
自己的權力，而是一個外在的權力）為他所分享——，也就是說，
他應當首先進入一種公民狀態之中。

固然其自然狀態未必正因此故就是一種**不義**（Ungerech-
tigkeit/iustus）底狀態，即僅依其強制力之大小相互對待；但這卻
是一種**無法**（Rechtlosigkeit）底狀態（status iustitia vacuus〔欠缺
正義的狀態〕）——在這種狀態中，當權利**有爭議**（ius controver-
sum）時，並無任何有資格的法官可以作出具有法律效力的判決，
而每個人都可以藉強制力驅使他人由這種狀態進入一種法律狀
態之中。因為儘管每個人都能根據其**法權概念**，藉由占取或契約
而取得某個外在之物，但只要這種取得仍不具有一種公法之認
可，它便僅是**暫時的**，因為它並不為任何公共的（分配性的）正
義所決定，而且不為任何執行這項權利的強制力所保障。

如果人們在進入公民狀態之前，根本不願意認定任何取
得是法定的，連暫時認定一次都不願意，那麼公民狀態本身
便是不可能的。因為依形式而言，在自然狀態中關於所有物
的法律所包含的，正是在公民狀態中的相關法律所規定之同
樣事情（就公民狀態僅依純粹的理性概念而被設想而言）；只
是在公民狀態中，使這些法律得以執行（根據分配性的正義）
的條件被提出來。因此，如果在自然狀態中，一種外在的所有

物連**暫時**存在均不可得，那麼也不會有任何關於這種所有物的法律義務，因而也不會有任何要求人脫離這種狀態的命令。

### §45

一個國家（Staat/civitas）是一群人在法權底法則之下的聯合。就這些法則作為先天法則而為必然的，也就是說，它們係由一般而言的外在權利之概念自然地推得的（而非規章性的）而言，其形式便是一個一般而言的國家之形式，亦即**在理念中**的國家，一如國家依純粹的法權原則應有之狀態，而這個理念為所有成為一個共同體之實際聯合（因此是在內部）充作準繩（Richtschnur/norma）。

每個國家都含有三種**強制力**（Gewalten），亦即在三重人格當中普遍地聯合的意志（trias politica〔政治上的三位一體〕）：在立法者底人格中之**統治者底強制力**（主權）；在治理者底人格中之**行政的強制力**（依循法律），以及在法官底人格中之**司法的強制力**（作為依法律對每個人底所有物之判定）（potestas legislatoria, rectoria et iudiciaria〔立法權、行政權與司法權〕），形同一個實踐的三段論式中的三個命題：大前提包含該意志之**法則**；小前提包含依法則行事的**命令**，亦即「涵攝於該意志之下」的原則；結論則包含對於「在眼前的案例中何者為合法」的**裁決**（判決）。

### §46

立法的強制力只能歸屬於人民之聯合意志。因為既然一切權利均應來自這種強制力，則這種強制力必然絕對**不能**藉由其法律而對任何人造成不公。如今，當某人針對**另**一個人安排某事時，他總是有可能藉此而對後者造成不公，但決不是在他對自己所決定的事情上（因為 volenti non fit iniuria〔對自願者不會有所不公〕）。因此，唯有所有人之協調的聯合意志（就每個人對於所有人，所有人對於每個人決定同樣的事情而言），亦即唯有人民之普遍地聯合的意志才是立法的。

314

這樣一種社會（societas civilis〔公民社會〕）——亦即一個國家——為立法而聯合起來的成員稱為**國民**（Staatsbürger/cives），而這些國民之與其本質（身為國民）不可分離的法律屬性是：一、法定的**自由**，即除了他自己所同意的法律之外，不服從其他任何法律；二、公民的**平等**，即在**人民**當中不承認他自己有任何上司，除非他自己擁有在法律上責成此人的道德能力，正如此人能責成他一樣；三、公民的**獨立**之屬性，即不必將其存在與維生歸功於人民當中另一個人之意念，而是能歸功於他自己（身為共同體底成員）的權利和力量——因此而有公民的人格性，即在法律事務中不必由任何其他人來代表他。

　　唯有投票的能力才構成國民底資格；但是這種能力預設他在人民當中的獨立——他不僅是共同體底一分子，也是其成員，也就是說，出於自己的意念而願意與其他人共同作為共同體中的行動分子。但後一項性質使**積極**國民與**消極**國民之區分成為必要——儘管「消極國民」底概念似乎與一般而言的「國民」底概念之定義相矛盾。以下的例子可能有助於排除這項困難：一個商人或一個工匠之夥計、僕人（而非為

國家服務的人）、未成年人（naturaliter vel civiliter〔自然的或
法律上的〕）、所有婦女，以及一般而言，凡是無法憑自己的
經營、而是不得不靠他人底差遣（國家底差遣除外）來維持
其生計（食物與保護）的人，均欠缺公民的人格性，而其存
在彷彿只是依存（Inhärenz）。我在自己的院子裡雇用的劈柴
工人；帶著自己的鎚子、鐵砧與風箱進入住家，以便在那裡
做鐵工的印度鐵匠（相較於能將這種工作底產品當作商品而
公開出售的歐洲木匠或鐵匠）；家庭教師（相較於學校教師）；
佃農（相較於承租戶）等等，均只是共同體之僕從，因為他們
必須接受其他個人之使喚或保護，因而不擁有公民的獨立。

　　儘管如此，這種對他人意志的依附與不平等決不違反他
們**身為**共同形成一個民族的**人**之自由與平等；毋寧說，唯有
根據自由與平等底條件，這個民族才能成為一個國家，並且
進入一種公民憲章之中。但是在這種憲章之中，並非所有人
都有資格以同樣的權利擁有投票權，也就是說，作為國民，
而不只是國人。因為他們可以要求其他所有人按照自然的自
由與平等之法則，將他們當作國家中的**消極**分子來對待，而
從這點無法推得他們也作為**積極**成員而處置、組織國家本
身，或者協助引進某些法律之權利，而是只能推知：無論這
些國民投票支持的實定法屬於何種，這些法律都不可違反自
由底自然法，以及該民族中所有人之合乎自由的平等，亦即
能努力從這種消極狀態提升到積極狀態。

## §47

國家中的所有這三種強制力均是尊嚴，而且就它們作為基本的強制力，為了國家之建立（憲章），必然從一般而言的國家之理念產生而言，則是**國家尊嚴**（Staatswürden）。它們包含一個普遍的**元首**（依自由法則來看，他只能是聯合起來的民族本身）對於該民族中身為**臣民**的個別群眾之關係，亦即**施令者**（der Ge-bietende/imperans）對於**服從者**（den Gehorsamenden/subditus）之關係。但是這個民族藉以將自己建構成一個國家的行動根本只是國家底理念，而唯有根據這個理念，國家底合法性才能被設想；這便是**原始契約**，而根據這項契約，該**民族**中的所有人（omnes et singuli〔所有人與每個人〕）均放棄其外在的自由，以便隨即以一個共同體——亦即被視為國家的民族（universi〔全體〕）——底成員之身分重新接受這項自由，而且我們不能說：這個國家中的人為了一項目的而犧牲了其天賦的外在自由之一**部分**，而是他完全拋棄了放縱的、無法律的自由，以便在一種對法律的依附中，亦即在一種法律狀態中，不折不扣地重新發現其一般而言的自由；因為這種依附起源於他自己的立法的意志。

316

## §48

因此，國家中的這三種強制力**首先**是作為諸多道德人格而彼此並列的（potestates coordinatae〔對列的權力〕）；也就是說，為了國家憲法之完整性，一種強制力是其他強制力之補充物（complementum ad sufficientiam〔補充到充分〕）。但**其次**，它們也是相互**隸屬的**（untergeordnet/subordinatae），以致一種強制力在協助其他強制力時，無法同時接管其功能，而是有它自己的原則；也就是說，它固然是以一種特殊人格之資格，但卻是在一個更高人格底意志之條件下發號施令。**第三**，藉由這兩者之聯合，它授予每個臣民以其權利。

對於這些強制力，就其尊嚴來看，我們可以說：就涉及外在的所有物之事而言，**立法者**底（Gesetzgebers/legislatoris）意志是**不可非議的**（untadelig/irreprehensible），**最高領導者**底（Oberbefehls-habers/summi rectoris）執行能力是**不可抗拒的**（unwiderstehlich/ irresistibel），而最高**法官**底（Richters/supremi iudicis）裁決是**不可改變的**（unabänderlich/inappellabel）。

## §49

國家之**執政者**（Regent/rex/princeps）是擁有執行權（potestas executoria）之（道德的或自然的）人格：他是國家之**代理人**（Agent），任命官員，為人民制定規則——根據這些規則，人民當中的每個人都能依法律（藉由將一個事例涵攝於法律之下）取得某物或保有其所有物。當作道德人格來看，他稱為**內閣**（Direktorium）、政府（Regierung）。他對人民、官員及其負責**治國**（Staatsverwaltung/gubernatio）的上司（部長）之**命令**是規定（Verordnungen）、**法令**（Dekrete），而非法律；因為它們均涉及在一個特殊事例中的決定，並且作為可變更的決定而被頒布。一

個**政府**若同時是立法的，便可稱為**獨裁的**（despotisch）[2]，而與**愛** 317
**國的**（patriotische）政府相反；但後者並非意指一個**父權的**政府
（väterliche Regierung/regimen paternale）——這是所有政府當中
最獨裁的（對待公民如子女）——，而是意指**祖國的**政府（vater-
ländische Regierung/regimen civitatis et patriae〔國家與祖國底政
府〕）。在祖國的政府中，國家（Staat/civitas）本身固然將其臣民
彷彿當作一個家庭底成員來對待，但卻同時將他們當作國民，亦
即根據他們自身的獨立之法則來對待，而每個人都占有自己，並
不依附於其側或其上的另一個人之絕對意志[3]。

---

2　【譯注】康德在《論永久和平》中將「獨裁政府」與「共和政府」
　　對立起來。他說：「**共和主義**（Republikanism）是『將（政府底）
　　行政權與立法權分開』的政治原則；獨裁主義（Despotism）則是『國
　　家恣意執行它自己所制定的法律』的政治原則，亦即被君主當作其
　　個人意志來操控的公共意志。」（*KGS*, Bd. 8, S. 352）

3　【譯注】康德在〈論俗語所謂：這在理論上可能是正確的，但不適
　　於實踐〉一文中有類似的說法：「若一個政府建立在對於人民的仁
　　愛（就像一個**父親**對於其子女那樣）底原則上，就是**父權的**政府
　　（väterliche Regierung/imperium paternale）。因此，臣民在這裡有如
　　無法分辨什麼對自己真正有利或有害的未成年子女，不得不僅採取
　　被動的態度，以便對於他們**應當**如何才會幸福，僅期待於國家元首
　　底判斷，而對於國家元首之亦有此意願，則僅期待於其善意。這種
　　政府是可設想的最大的獨裁主義（這種憲法取消臣民底一切自由，
　　臣民因之完全不擁有任何權利）。唯一能為能夠擁有權利的人、且
　　亦針對統治者底仁愛而設想的政府，並非一個**父權的**政府，而是一
　　個**祖國的**（vaterländische）政府（imperium non paternala, sed patrio-
　　ticum）。因為如果國家中的每個人（其元首亦不例外）都將共同體

　　因此，人民之統治者（立法者）不能同時為**執政者**；因為後者依從於法律，且因此藉由法律而應對**另**一者，即主權體（Souverän）負責。前者也可以剝奪後者底強制力，將他罷黜，或是改革其治理，但卻不可**懲罰**他（在英國流行的說法：「國王，亦即最高的執行權，不可能造成不公」，不過就是這個意思）；因為懲罰又會是執行權底一項行動，而這個執行權擁有依法律而**強制**的最高能力，但本身卻受制於一種強制——這是自相矛盾的。

　　最後，無論是國家統治者還是治理者，都無法**審判**，而是只能任命法官為官員。人民藉由其國人中的那些人——他們通過自由選舉，作為人民底代表，更確切地說，為了每個行動而特別被委以此事——來審判自己。因為裁決（判決）是公共正義（iustitia distributiva〔分配性的正義〕）藉由一個國家管理者（法官或法庭）而加諸臣民（亦即人民之一分子）的一項個別行動，因此並不被賦予任何強制力，可將該臣民應得之分判給（授予）他。如今，既然就這種（對於當權者的）關係而言，人民當中的每個人都只是消極的，則上述兩種強制力中的任何一種，若是在關於每個人底所有物的爭端中對臣民有所裁定，就可能對他造成不公；因為並非人民自己作此裁定，並且宣判其國人**有罪**還是**無罪**；而今法

---

　　視為母親底懷抱，或是將國土視為父親底土地——他自己生於斯，長於斯，並且還得將它當作珍貴的信物傳下去——，只是為了藉共同意志底法律來保衛共同體底權利，而非自以為有權使共同體供其無條件的願望所運用，這種思考方式便是**愛國主義**的。這種自由底權利應屬於作為人的共同體成員——就這個成員是一個畢竟能夠擁有權利的存有者而言。」（*KGS*, Bd. 8, S. 290）

庭具有司法權，可利用法律來查明訴訟案件中的作為，並藉執行權讓每個人都分得其應得之分。因此，唯有**人民**能藉由他們自己所委派的代表（陪審團）來審判他們當中的每個人（儘管只是間接地）。國家元首扮演法官，也就是說，使自己有可能造成不公，且因此捲入上訴案件之中（a rege male informato ad regem melius informandum〔從消息不靈的君王成為消息更靈通的君王〕），也有損其尊嚴。

318

　　因此，國家（Staat/civitas）藉由三種不同的強制力（potestas legislatoria, rectoria et iudiciaria〔立法權、行政權與司法權〕）而擁有其自律，也就是說，根據自由底法則而形塑並維持自己。國家之**福祉**就在於這些強制力之聯合（salus republicae suprema lex est〔共同體之福祉是最高的法律〕）。我們不可將「國家之福祉」理解為國民底**福利**及其**幸福**──因為或許（如盧梭也主張的）在自然狀態中，或甚至在一個獨裁政府之下，幸福可能來得遠遠更加愜意而且如人意──，而是將它理解為憲法與法律原則底最大協調之狀態；而理性藉由**一項定言令式**[4]責成我們去追求這種狀態。

---

4　【譯注】這即是康德在本書另一處所說的「法權底普遍法則」：「外在行為要如此，亦即你的意念之自由運用能與每個人底自由根據一項普遍法則而並存。」（*KGS*, Bd.6, S. 231）

## 關於從公民聯盟底本性所產生的法律效果之通釋

### A.

對於受制於最高強制力的人民來說，這種強制力之根源在實踐方面是**不可究詰的**；也就是說，臣民**不該**將這種根源當作一種在這種強制力理應受到的服從方面仍可懷疑的權利（ius contro-versum〔有爭議的權利〕），而為它勞神**強辯**。因為既然人民為了要對國家底最高強制力（summum imperium〔最高統治權〕）作有法律效力的裁決，必須已被視為聯合於一個制定普遍法則的意志之下，則他們只能夠且可以如當前的國家元首（summus imperans〔最高統治者〕）之所願而作裁決。無論是原初就有一項要求服從國家元首的實際契約（pactum subiectionis civilis〔公民服從之契約〕）作為一項事實而先行出現，還是強制力先出現，法律只是隨後而來，或甚至應當按照這種秩序隨之而來，對於如今已受制於公民法律的人民來說，這是完全無目的的、但卻使國家面臨危險的強辯；因為若是如今已苦思過後一種根源的臣民想要違抗目前有主宰地位的上述權威，他就會依這個權威底法律（亦即，憑充分的權利）而被懲罰、消滅，或是被視為法外之人（vogelfrei/exlex）而予以驅逐。一項法律是如此神聖的（不容侵犯的），以致即使**在實踐方面**單是懷疑它，因而終止其效力片刻，就已是一樁罪行了；而這項法律如此被呈現，彷彿它必然不是來自人，但卻來自某個

最高的、無瑕的立法者，而這是「一切權威均來自上帝」[5]一語之
涵義——此語所道出的，並非公民憲法之一項**歷史根據**，而是一
個作為實踐的理性原則之理念：應當服從現存的立法權，而不論
其根源為何。

由此便得出以下的命題：國家中的統治者對臣民只有權利，
而無（強制性）義務。再者，即使統治者底機關（**執政者**）違背
法律而行事，例如違背在分攤國家負擔時的平等之法律而抽稅、
徵兵等等，臣民固然可以對這種不義提出**申訴**（Beschwerden/gra-
vamina），但卻不可加以反抗。

的確，甚至在憲法當中也無法包含任何條文，使國家中有可
能存在一種強制力，在最高施令者觸犯憲法法則時反抗他，因而
限制他。因為要限制國家底強制力的人，必須比受到限制的人擁
有更多的，或至少同等的權力；再者，身為一個指揮臣民反抗的
合法命令者，他必須也能**保護**臣民，而且在所有發生的情況中均
能作有法律效力的裁決，因而公開地指揮反抗。但這樣一來，最
高施令者就不是前者，而是後者了；這是自相矛盾的。在這種情
況下，主權體藉由其部長，同時作為執政者，因而獨裁地行事，
而且讓人民藉由其代理人來設想限制性強制力的那種假象（既然
他們其實只有立法的強制力）無法掩蓋獨裁，使它不致從部長所
使用的手段中透顯出來。由它（在國會中）的代理人來代表之人

---

5　【譯注】這句話脫胎於《新約·羅馬書》第13章第1節所言：「人
　　人都應該服從政府，因為政權的存在都是上帝所准許的；那些執政
　　者的權力都是從上帝來的。」

民，在其自由與權利底這些保證人當中有一些人，他們對自己及其家人，以及其家人在陸軍、海軍及文官職位中的俸給（這取決於部長）有強烈的興趣，而且不反抗政府之僭妄（公開宣告反抗本來就需要在人民當中已為此而形成共識，但是在和平時期，這種共識無法被容許），反而始終準備巧妙地將政府納入自己的股掌之中。因此，所謂溫和的國家憲法——作為國家底內在權利之憲法——是個荒謬之物，並且不屬於法權，而只是一項明哲底原則，為的不是盡可能使人民權利之有力的踐踏者不易任意影響政府，而是在人民被允許的一種反對之幻相下掩飾這種影響。

因此，對於立法的國家元首，人民並無任何合法的反抗；因為唯有藉由對其制定普遍法則的意志之服從，一種法律狀態才是可能的。因此，人民並無**暴動**（Aufstand/seditio）底權利，更無**叛亂**（Aufruhr/rebellio）底權利，對於作為個別人格（君主）的國家元首，尤其不能以他濫用其強制力（tyrannis〔暴政〕）為藉口，而**侵犯**其人格、甚至其生命（monarchomachismus sub specie tyrannicidii〔以暴君為託辭而弒君〕）。只要稍作這種嘗試，都是**叛逆**（Hochverrat/proditio eminens），而這類的叛逆者，身為一個試圖**顛覆**其祖國的人（parricida〔叛國者〕），起碼可被處以死刑。對於最高強制力之濫用，甚至被冒稱為無法忍受的濫用，人民仍有義務去忍受，其理由在於：人民對最高立法本身的反抗只能被認為違法的，甚至被認為摧毀整個法定憲章。因為，為了要有權反抗，必須有一種公法存在，它容許人民底這種反抗，也就是說，最高的立法本身包含一項規定，使它自己不是最高的，並且使身為臣民的人民在同一項裁決中成為居於他們所臣服者之上的主權體。

這是自相矛盾的，而且其中的矛盾由於以下的問題而立即引人注意：在人民與主權體間的這種爭執當中，究竟誰該充當法官（因為從法律上來看，他們的確始終是兩個不同的道德人格），而在這裡顯示出：人民在他們自己的事務中想要充當法官[6]。

---

6　由於一位君主之**罷黜**的確也能被設想為**自願**摘下王冠，並放棄其強　　320
制力，而將它歸還於人民，或甚至被設想為不侵犯最高人格，而免　　321
除其強制力，因而將最高人格置於私人底地位之中，則逼迫最高人
格的人民之罪行至少還有**緊急權**（casus necessitatis〔緊急事件〕）
作為自己的藉口，但人民決無絲毫的權利，由於其先前的行政而懲
罰他（元首）；因為他先前以一位元首底資格所做的一切事情必須
被視為合乎外在的法律而為，而他本身被視為法律之來源，而無法
行不義之事。在判亂所導致的國家傾覆之一切暴行當中，連**謀殺**君
主都還不是最糟糕的事；因為我們還是能設想：人民係出於**恐懼**而
謀殺君主，如果君王依然活著，他可能捲土重來，並且讓人民受到
應有的懲罰；因此，弒君之舉應當不是懲罰底正義之指令，而只是
自我保存之指令。正式的**處決**使滿懷人權底理念的心靈感到驚恐；
每當我們想到這種場景，像是查理一世或路易十六底命運時，就一
再感受到這種驚恐。但我們如何解釋這種感受——在此，它不是審
美的（一種同情、對受苦者設身處地的構想力之作用），而是道德
的，完全相反於一切法權概念——呢？它被視為永遠存在、而且決
無法根除的罪行（crimen immortale, inexpiabile〔不會消滅、無法根
除的罪行〕），而且似乎類似於神學家所稱之那種無論在此生還是
來世都無法得到寬恕的罪。對人類心中的這種現象之解釋似乎來自
以下的自我反省，而這些反省本身對國家法的原則有所闡明。
　　對法則的任何違犯均只能且必須被解釋為：這種違犯源自罪犯
底一項格律（使這樣一種惡行成為自己的規則）；因為如果我們從
一種感性衝動推衍出這種違犯，它就不是罪犯（作為一個**自由的存**

有者）之所為，而且無法歸咎於他。但是主體如何可能採取這樣一種與立法的理性底明確誡命相違背之格律，絕對無法解釋；因為唯有事件能根據自然底機械作用去解釋。如今，罪犯或是能根據他所採納的一項客觀規則（作為普遍有效的）之格律而犯其惡行，或是能將其惡行僅當作規則之例外（使自己偶而不受規則之約束）而為之。在**第二種**情況下，他**只是背離**法則（儘管是故意地）；他同時會厭惡他自己的違犯，而且並非真的不再服從法則，而只是想迴避它。但是在**第一種**情況下，他卻拒絕法則本身之權威（面對其理性，他卻無法否定法則之有效性），而使「違背法則而行」成為自己的規則；因此，其格律不僅是**以欠缺的方式**（negative〔消極地〕），而是甚至**以損害的方式**（contrarie〔反對地〕），或是如人們所表達的，**針鋒相對地**（diametraliter），作為矛盾（彷彿敵對地）而與法則相對立。就我們的解悟而言，人類不可能犯下由一種真正的（完全無謂的）邪惡而來的這一類罪行，但是在一個道德底系統中，這種罪行（儘管只是「極端之惡」底理念）卻是不容忽略的。

因此，在想到一位君主**為其人民**正式處決時，我們之所以感到驚恐，是由於：**謀殺**僅須被設想為規則（人民使它成為自己的格律）之**例外**，但**處決**卻須被設想為完全**顛倒**了主權體與人民底關係之原則（使必須將其存在完全歸功於主權體底立法的人民成為主權體之支配者），且因此，暴行被厚顏地根據原理提升到最神聖的法權之上；這有如一個吞噬一切而無法回復的深淵，作為國家加諸這位君王的一種自殺，似乎是一項無法救贖的罪行。因此，我們有理由假定：贊同這樣的處決實際上並非由於一項假想的法律原則，而是由於恐懼有朝一日可能復辟的國家對人民之報復，並且上述的儀式之進行，只是為了使那項行為看來像是懲罰，因而像是一項**法律程序**（這不會包含謀殺）。但是這種掩飾並不成功，因為既然人民底這樣一種僭越包含一項原理，而這項原理必然使一個已傾覆的國家甚

因此，（有缺陷的）國家憲法之變革（這有時可能是必要的）　321
只能由主權體本身藉由**改革**來完成，而不能由人民，因而藉由**革
命**來完成；而當這種變革發生時，改革僅涉及**行政權**，而不涉及
立法權。如果一部國家憲法有這樣的特性：人民可以藉由他們（在
國會中）的代表依法**反抗**行政權及其代表（部長），這便稱為一個
有限的憲法。在這樣一部國家憲法當中，仍不容許任何積極的反
抗（人民任意集結，強迫政府採取某項積極的做法，因而自己執
行行政權底一項行動），而是僅容許一種**消極的**反抗，亦即人民
（在國會中）之**拒絕**：對於政府託辭為國家行政所必要的要求，
並不始終順從政府。如果人民始終順從政府，這毋寧是一項確切
的徵兆，顯示人民墮落，其代表可以收買，而政府中的元首藉由
其部長而成為獨裁的，但部長本身卻是人民底背叛者。

再者，一場革命一旦成功，而且一部新憲法建立起來時，在　323
革命開始與完成之際的不合法性無法使臣民免除身為好國民而
順應事物底新秩序的責任，而且他們不得拒絕真誠地服從目前擁
有強制力的上級。如果被罷黜的君主（他在上述的鼎革中倖存）
退居一個國民底地位，寧可保有他自己及國家之安寧，而不願冒
離開此一地位之險，以便作為要求王位者而經歷復國之冒險（無
論是藉由祕密策畫的反革命，還是藉由其他強權之支持），他便不
得因其先前的職務執行而被責求，遑論懲罰。但如果他寧可選擇
後者，則他這麼做的權利並未被剝奪，因為迫使他退位的叛亂是
不義的。但是，其他強權是否有權利為了這位失敗的元首而結合

---

至不可能重新建立起來，則這種僭越甚至比謀殺還要糟糕。

成一個多國聯盟，只是為了不讓人民所犯的上述罪行不受到制裁，甚至作為所有國家之恥辱而存在？也就是說，它們是否有權利與資格以強制力使一個在任何其他國家中**藉由革命**而產生的憲法回復為其舊憲法？這個問題屬於國際法。

## B.

統治者可以被視為（土地之）最高所有者（Obereigentümer），還是必須僅被視為藉由法律統治人民的最高領導者呢？既然土地是最高的條件，唯有在這項條件之下，將外在的事物當作其所有物而擁有才是可能的，而對於這些事物之可能的占有與使用是可取得的最初權利，則所有這種權利必須從身為**邦君**（Landes-herr）——不如說，身為最高所有者（dominus territorii〔領主〕）——的主權體推衍出來。身為臣民之集合的人民也隸屬於他（他們是他的人民）——但並非作為其所有者（根據物權），而是作為其最高領導者（根據人格權）。然而這項最高所有權僅是公民聯盟底一個理念，為的是闡明在人民當中所有人底私人所有權在一個公共而普遍的占有者之下的必然聯合，以規定特殊的所有權——並非根據**聚合**（這種聚合是以經驗的方式從部分進展到全體）底原理，而是根據「依法權底概念進行**畫分**（土地分配）」之必然的形式原則。根據法權底概念，最高所有者無法對任何一塊土地擁有私人所有權（否則他就使自己成為一個私人的人格），而是私人所有權僅屬於人民（而且並非集體地、而是分別地被看待）；但是一個被統治的游牧民族除外，在這個民族當中根本就不存在任何對土地的私人所有權。因此，最高領導者不能擁有任何**領地**（Domänen），即地產（Ländereien），供他作私人利用（維持宮廷）。因為這樣一來，他的領地該擴展到多遠，就隨他自己的喜好了；因此，國家冒著一種危險，即眼見一切土地所有權均落入政府之手，而將所有臣民均視為**依附於土地**（grunduntertänig/glebae adscripti），而其所占有之物始終只是另一個人之財產，因而被剝奪了一切自由（servi〔奴隸〕）。對於一位邦君，我們可以說：除了他自己之外，**他不占有任何東西**（為己有）；因為如果他在國家中連同另一個人擁有某物，他就有可能與此人發生爭執，而沒有任何法官可以調停這種爭執。但是我們也可以說：**他占有一切東西**；因為他對人民擁有領導權（讓每個人均分得其應得之分），而所有外在之物均（分別地〔divisim〕）屬於人民。

　　由此推知：在國家之中也不能有任何團體、階層與會團，能夠以所有者之身分，根據某些規章，將土地（無限期地）傳給後代，供他們單獨使用。國家可以隨時廢除這些規章，只是要在「補償尚存者」的條件之下。**騎士團**（作為特別光彩的個別人格之團體甚或只是等級）、名為教會的**教士團**決無法藉由使他們受惠的這些特權，取得一項可轉移給後人的土地所有權，而是只能取得對土地的暫時利用。如果輿論在手段方面不再藉**戰爭底榮譽**來保護國家免於〔人民〕在保衛國家時的冷漠，或是不再藉安魂彌撒、祈禱與一群有待任命的牧師來鼓勵國家中的人，使他們免受永恆之火，則一方面騎士團領地，另一方面教會財產可以毫不遲疑地被廢除（但卻是在上述的條件之下）。在這種情況下遭受改革的人不能抱怨他們的所有權被剝奪；因為他們迄今的占有之理由僅在

325

於**民意**，而且只要民意持續不變，這項理由必然也有效。然而一旦民意消逝（而且即使僅在那些因其功績而最有資格領導人民的人之判斷中），這種假想的所有權必然終止，彷彿是藉由人民向國家提出的一項上訴（a rege male informato ad regem melius informandum〔從消息不靈的君王成為消息更靈通的君王〕）。

身為最高所有者（邦君）的最高領導者向土地底私人所有者**課稅**之權利，亦即要求繳納土地稅、貨物稅及關稅，或是提供勞役（諸如提供服兵役的人員）的權利，便是基於這種原始地取得的土地所有權。但這必須是人民向自己課稅，因為這是在這種情況下根據法權底法則行事的唯一方式——如果這是出之於人民代理人之團體；甚至在國家有崩解之虞的情況下，不得已違背現行的法律，而根據王室底特權來借貸，也是容許的。

以此為依據的還有國家經濟、財政與警政之權利，而警政照管公共的**安全**、**舒適**與**儀節**；因為對於儀節的感受（sensus decori）作為消極的品味，不因傷害道德感的乞討、街頭喧鬧、惡臭、公開淫佚（venus volgivaga〔不定的愛欲〕）而麻木，而這大大減輕了政府藉法律引導人民的工作。

為了維持國家，還需要第三項權利，即**監督權**（Recht der Aufsicht/ius inspectionis），也就是說：任何能對社會底**公共**福利（publicum）有影響的社團（政治的或宗教的光照派[7]之社團）均對國家無所隱瞞，而是在警察要求時，不拒絕公開其憲章。但是搜索任

---

7　【譯注】「光照派」（Illuminat）泛指14世紀以來在歐洲出現之各種自稱獲得上帝特殊啟示的耶教神祕主義祕密教派。

何人底私宅的權利[8]只是警察底一種緊急情況，警察要在任何特殊的情況下這麼做，就得由一個更高的權威來授權。

## C.

最高領導者**間接地**——亦即身為人民底義務之承擔者——擁有為了供養他們（人民）自己而向他們徵稅的權利，這涉及**濟貧機構**（Armenwesen）、**育嬰堂**及**教會機構**（Kirchenwesen）這些通常所謂的「慈善基金會」（milde Stiftungen）或「虔信基金會」（fromme Stiftungen）。

蓋人民底普遍意志已聯合成一個社會，而這個社會應持續地供養自己，而且最後服從國家內部的強制力，以便供養這個社會中沒有能力供養自己的成員。因此，為了國家之故，政府有權強制富人提供資金，來供養那些連在最必要的自然需求方面都無法供養自己的人。因為這些人之生存同時是一個[9]蒙受共同體保護的行動，以及共同體為其存在而必要的照顧；為此，富人已有責任為供養其國人而貢獻其所有，而國家就將其權利建立在這項責任之上。如今，要做到這點，可以向國民底財產或其貿易徵稅，或是建立基金，孳生利息：這並非為了國家之需求（因為它是富有的），而是為了人民之需求；但不僅是藉由**自願的**捐獻（因為此處所談的只是國家對於人民的**權利**）——其中有一些捐獻是

326

---

8　【譯注】此處依路德維希之建議，將句首的 Die aber 改為 Das aber。

9　【譯注】此處依路德維希之建議，將句中的 als Act 改為 ein Act。

為了謀利（像是彩券，它超乎常態地造成更多貧窮而危害公共財產的人，且因此不該被容許）——，而是強制性地作為國家稅捐。在此要問的是：對窮人的照顧應當藉由**經常的捐獻**（因此每個時代都供養當時的窮人），還是藉由逐漸攢集的**積蓄**與一般而言的**虔信**基金會（這包括寡婦院、救濟院之類）來達成，更確切地說，前者應當不是藉由乞討（這極類似於搶劫），而是藉由法定的賦稅來達成？前一項安排必須被視為唯一合乎國家底權利的安排，任何必須生活的人都無法迴避它；因為當經常的捐獻隨著窮人底數目而增加時，它們不會（像是要為虔信基金會所擔心的那樣）使貧窮成為懶人底謀利手段，且因此是政府加諸人民的一種**不公正的負擔**。

　　至於因貧困或羞恥而被遺棄，或甚至可能因此而被謀害的孩童之撫養，國家有一項權利，讓人民承擔以下的義務，即不故意遏止國家財富底這種增長（儘管它不受歡迎）。但是為了能做到這點，是否要藉由對那些的確要為此負部分責任的獨身男女（這意指**富有的獨身者**）課稅，借助於為此而設立的育嬰堂，還是有理由以其他的方式（但是可能難有其他的手段去防範此事），這是一項課題，迄今為止我們仍無法成功地解決它，而不致違背法權或違反道德。

　　**教會機構**——這必須與作為內在存心而完全在公民權力底作用範圍之外的宗教[10]小心地加以區別（作為人民底公開**禮拜**之

---

10　【譯注】這是指康德在《單在理性界限內的宗教》中所說的「道德的宗教」（moralische Religion）（*KGS*, Bd. 6, S. 51f.）。簡言之，這

機構，而這種禮拜也起源於人民，不論是其意見還是信念）──
也成為國家底一項真實需求，即是將自己也視為一個最高的**無形
權力**[11]之臣民，而這個權力必須為臣民所崇拜，並且可能經常與
公民的權力陷入一種極不對等的爭執之中。既然如此，國家決不
擁有內在立憲之權利，即按照它的想法，以它認為有利的方式設
立教會機構，對人民規定或命令信仰與禮拜形式（ritus）（因為這
得完全委諸人民為自己選擇的教師與首長），而是僅擁有**消極的
權利**，即阻遏公共教師對**有形的**政治共同體之影響（這種影響可
能不利於公共安寧），從而在教會內部發生爭執時，或是不同的教
會相互爭執時，不讓公民的和睦陷於危險之中；因此，這是一項
警察權。若是當局的權力主張：一個教會必須有某種信仰，以及
有何種信仰，或是主張：它必須維持其信仰不變，而不可改革自
己，這些都是當局權力**有損其尊嚴**的干預；因為當局的權力在此
有如在一場學院裡的爭執當中，讓自己與其臣民平起平坐（君主
使自己成為教士），而其臣民可能直率地對它說：它對此事一竅不
通，特別是就後者，即「禁止內在改革」而言；因為全體人民無
法為自己決定的事，立法者也無法為人民決定。但如今，人民無
法決定，在其有關信仰的解悟（啟蒙）方面決不繼續前進，因而
在教會機構方面也決不改革自己；因為這將會違反他們自己人格

---

是以純粹實踐理性、而非以具體的教會組織為基礎的宗教。與此相
關聯，康德也提出「無形的教會」（unsichtbare Kirche）之概念（*KGS*,
Bd. 6, S. 101f.）。

11　【譯注】指上帝。

中的「人」（Menschheit），因而違反他們的最高權利[12]。因此，當

328　局的權力也無法為人民決定此事。但至於維持教會機構的費用，
基於同樣的理由，也不能由國家來承擔，而是得由人民當中皈依
某一信仰的那一部分人來承擔，亦即僅由信徒來承擔。

## D.

　　國家中的最高領導者之權利還涉及：1）**職務**（作為帶有薪
資的業務）之分配；2）**榮銜**之分配，而由於這些榮銜是無薪給的
階級提升，亦即，相對於下位者（儘管他們是自由的，而且僅受
到公法之約束，但事先注定要服從上位者），而授予上位者（他注
定要下命令）之位階，它們僅以榮譽為基礎；以及 3）除了這種

---

12　【譯注】康德在〈答「何謂啟蒙？」之問題〉（"Beantwortung der
Frage：Was ist Aufklärung？"）一文中也寫道：「難道一個教士團體
——例如一個教會長老會議，或一個崇高的『克拉西斯』（如
荷蘭人自己所稱的）——有權憑宣誓互約服從某一不變的教義，以
便對其每個成員執行最高監護權，且由此對人民執行最高監護權，
甚且使這種最高監護權永遠持續下去嗎？我說：這決無可能。若人
類簽訂這樣一個契約，以永遠遏止一切進一步的啟蒙，則這個契約
是絕對無效的——縱使這個契約由最高權力、由帝國議會，以及由
最隆重的和平條約來批准。一個時代不能聯合起來，誓將下一個時
代置於一種狀態，使之不可能擴展其知識（尤其是極切要的知識），
滌除錯誤，並且真正在啟蒙方面有所進展。此舉違反人性，而人性
底原初分命正在於這種進展；且因此後代完全有權將那些決議視為
出之以越權而罪惡的方式，而抵制它們。」（*KGS*, Bd. 8, S. 38f.）

比較慈善的權利之外，它也涉及**懲罰權**。

至於一個公民職務，這裡出現的問題是：主權體有權憑其喜好，對一個他曾授予一項職務的人（他並無罪過）再度剝奪其職務嗎？我說：不行！因為人民底聯合意志決無法為其公民官員決定的事，國家元首也無法為這種意志決定。如今，人民（他們應當承擔任用一名官員為他們所帶來的費用）無疑意願：這位官員完全勝任交付給他的工作。但是這只能藉由對這項工作之持續足夠時間的準備與學習（為此，他錯失他為了學會另一項為自己謀生的工作而能使用之時間）而做到；因此，這項職務通常會被交給那些尚未獲得為此而需要的技術與藉由練習而達到的成熟判斷力之人。這違背國家底目標，而為了達成這項目標，還需要讓每個人都能從較低的職務晉升到較高的職務（否則，較高的職務就會落入全然不適任者之手），因而也能指望終生的贍養。

關於**榮銜**，不單是指一個職務可能具有的榮銜，而是也指使其占有者即使無特殊服務也成為一個較高階級底成員的榮銜，這就是**貴族**。貴族有別於人民所屬的公民階級，而傳給男性後裔，也可能藉由男性後裔而傳給非出身貴族的女性；但是出身貴族的女性不能反過來，將這個位階傳給其非貴族的丈夫，而是自己回歸於（人民之）純屬公民的位階。如今的問題是：主權體是否有權建立一個貴族階級，作為在他與其他國民之間一個**世襲的**中間階級？在這個問題當中，關鍵不在於：讓一些人格——他們本身雖是臣民，但對於人民卻是**天生的**領導者（至少是有特權的）——在人民之上形成一個階級，是否合乎主權體之明哲（就他自己及人民之利益而言）？而僅在於：這是否合乎人民之權利？正如先前的問題一樣，對這個問題的回答來自以下的原則：「人民（全體臣民）無法為自己及其同儕決定的事，主權體也無法為人民決定。」如今，一種**世襲的**貴族是一個先於功績、並且也讓人無理由期待功績的位階，這是一個毫無實在性的思想物。因為如果祖先有功績，他卻無法將功績傳給其子孫，而是其子孫總是得為自己取得功績——既然自然並未作此安排，即是讓那種使人有可能為國家建立功績的才能與意志也**成為天賦**。如今，由於我們不能假定任何人會放棄其自由，故人民之普遍意志不可能一致同意這樣一種毫無理由的特權，因而主權體也無法主張這種特權。然而，即使這樣一種反常現象——臣民不甘於只是國民，亦即想成為天生的官員（諸如一位世襲的教授）——在一個古代政府之機制（幾乎完全為戰爭而設置的采邑制度）中蔓延，國家對於它所犯的這項錯誤，即非法授予世襲特權，只能藉由停止而不再派任職位而逐步加以矯正，且因此它暫時擁有一項權利，可以在名義上讓這項榮銜延續下去，直到連輿論都認為主權體、貴族與人民之三分法要讓位於唯一自然的畫分，即主權體與人民之二分法為止。

330　　如今，在國家之中的確不可能有人不具有任何榮銜，因為他至少擁有國民底榮銜，除非他由於自己的**罪行**而使自己喪失了這項榮銜，而在這種情況下，他固然保住了生命，但卻成為另一者（或是國家，或是另一位國民）底意念之純然工具。誰屬於後者（但是他只能藉由判決與法律而成為後者），就是一個**奴隸**（Leibeigener）（servus in sensu stricto〔嚴格意義的 servus〕），並且屬於另一者之**財產**（Eigentum/dominium）；因此，這另一者不僅是他的主人（Herr/herus），也是他的**所有者**（Eigentümer/dominus)。這個所有者可以將他當作一物而轉讓，並且任意使用他（只要不是為了可恥的目的），也可以**支配**（處置）**他的力量**（儘管不能支配他的生命與肢體）。沒有人能因一項契約而受到這樣一種依附關係之約束，這樣一來，他就不再是一個人格了；因為只有作為人格，他才能訂定契約。如今，固然一個人似乎能因一項租賃契約（Verdingungsvertrag/locatioconductio）而有義務對另一者作某些在性質上容許的、但在程度上**不確定的**服務（為了酬勞、膳食或保護），而他因此僅成為僕從（Untertan/subiectus），而非奴隸（Leibeigener/servus）；然而，這只是一個假象。因為如果他的主人有權任意利用其僕從之力量，他也可能耗盡它們（像是在食糖群島[13]上的黑人之情況一樣），直到死亡或絕望為止，而其僕從實際上已將自己當作財產而交給他的主人；這是不可能的。因此，他只能受雇去做在性質與程度方面均確定的工作：若非作為臨時工，就是作為定居的僕從。在後一種情況中，他有時為了使用其主人底土地，不領日薪，而在同一塊土地上提供勞務，有時為了自己利用這塊土地，根據一項租佃契約而繳納一定的金額（一筆租金），而不使自己在此淪為**農奴**（Gutsuntertan/glebae adscriptus〔附屬於土地〕）——這樣一來，他就會喪失其人格性——；因此，他能建立一種有期限的或世襲的租佃。但即使他由於其罪行而成為一個**人格上的**僕從，這種從屬關係卻無法被**傳**給他，因為他僅由於他自己的過錯而招來這種從屬關係。再者，一個奴隸所生的兒子同樣不能被要求支付他所造成的教育費用，因為教育是父母

---

13　【譯注】此當指西印度群島，但也可能是指加納利群島。

底一項絕對的自然義務，而如果父母是奴隸，這就是主人底自然
義務；主人因占有其僕從，也承擔了他們的義務。

## E. 論懲罰權與赦免權

### I.

**懲罰權**是領導者對屬下的權利，即因屬下之罪行而對他施以
痛楚。因此，國家中的元首不能被懲罰，而是我們只能撤除其統
治。對公法的違犯——它使有此犯行的人無法作為國民——便直
截了當地稱為**犯罪**（Verbrechen/crimen），但也稱為一項公共的犯
罪（öffentliches Verbrechen/crimen publicum）；因此，前者（私人
犯罪）被送交民事法庭[14]，另一者被送交刑事法庭。**侵占**（亦即
侵吞被託付用來交易的金錢或貨物）、在買賣時當著他人眼前詐
欺，均是私人犯罪。反之，製造偽幣或假匯票、偷竊與搶劫之類，
均是公共犯罪，因為它們所危害的是共同體，而不僅是一個個別
的人格。它們可被畫分為**卑劣**性情（indolis abiectae）之犯罪與**暴
力**性情（indolis violentae）之犯罪。

**法官的懲罰**（poena forensis）不同於**自然的懲罰**（poena na-
turalis）；藉由後者，罪惡懲罰自己，而立法者決不考慮這種懲罰。
法官的懲罰決不能僅作為促進另一種「善」（對於罪犯自己而言，
或是對於公民社會而言）的手段而被施加於罪犯，而是得始終僅

---

14　【譯注】幾個版本底編者均指出：「前者」一詞在上文無所呼應，
　　而顯得突兀，故上文當有缺漏。

**由於他犯了罪**，而被施加於他；因為人決不能被當作達成另一個人底意圖的手段而被利用，而且被混雜於物權底對象之中。儘管他大有可能被判決喪失公民的人格性，但其天賦的人格性卻保護他不受到這種利用。在我們進一步想到要從這種懲罰為他自己或其同國公民取得若干好處之前，他必須先被認定為**該受懲罰**。刑法是一項定言令式，而且誰要是爬行過幸福學說之曲徑，以便尋求藉由這可望帶來的好處使他免於懲罰，或是甚至只是免於一個程度的懲罰之道，則根據法利賽人底格言：「一個人死亡勝過全體人民沉淪」，他是多麼不幸！因為如果正義淪喪，人活在世上，就不再有任何價值了。因此，若是有人建議：如果一個死刑犯勉強同意讓人在自己身上進行一項危險的實驗，而且如果幸而成功，醫生由此得到一項有利於共同體的新知，就保存他的生命，則我們該如何看待這項建議呢？一個法庭會輕蔑地拒絕提出這項建議的醫學院；因為如果正義為了任何一項價格而出賣自己，正義就不再是正義了。

332

但是，使公共正義成為自己的原則與準繩的，是何種與何等程度的懲罰呢？不外是平等底原則，即是（在正義底天平之指針狀態中）無所偏倚。因此，你使人民當中的另一個人無辜地遭受到怎麼樣的災禍，就是將它加諸你自己。你罵他，就是罵你自己；你向他行竊，就是向你自己行竊；你打他，就是打你自己；你殺他，就是殺你自己。但是，唯有**報復權**（Wiedervergeltungsrecht/ius talionis）——要正確理解，是在法庭底柵欄前面（而非在你的個人判斷之中）——能明確地指示懲罰之質與量；其他一切權利都是搖擺不定的，而且由於其他考慮之摻入，無法與純粹而嚴格的正義之判決相符合。如今，固然階級之分別似乎不容許「以牙還牙」的報復原則；然而即使按字面來說，這項原則是不可能的，但是按結果來說，它對於上流人底感受方式而言，卻始終是有效的。故例如，因出口傷人而罰款完全與侮辱無關，因為有錢人的確可能為了取樂而竟敢出口傷人；但是傷害一個人底好名心卻與刺傷另一個人底傲慢極其接近——如果判決與法律迫使後者不僅要公開道歉，同時要例如親吻前者（儘管他的地位較低）底手。如果粗暴的上流人由於打了地位低下但卻無辜的國民，除了要道歉之外，還被判決要受到孤獨而辛苦的監禁，情況也是如此，因為這樣一來，除了不舒服之外，肇事者之虛榮還受到痛苦的打擊，而且由於這種羞愧，他恰如其分地受到以牙還牙的報復。但是，「你向他行竊，就是向你自己行竊」，這是什麼意思呢？在此，行竊者使其他所有人底財產均不安全；因此，他（根據報復權）剝奪了自己所有可能的財產之安全；他一無所有，也無法取得任何東西，但他卻想要活下去——唯有他人供養他，這才是可能的。但由於國家不會平白地這麼做，他得為了國家需要的任何工作（懲罰勞役或監禁勞役）將他的力量出讓給國家，而且在某段時間裡，或是視情況甚至永遠陷於奴隸狀態之中。但若他殺了人，他就得**死**。在此並無任何替代物可以滿足正義。在一種無論多麼憂愁的生命與死亡之間並無**類同性**，故犯罪與報復也不平等，除非藉由法院對行兇者執行的死刑——但它不可有任何虐待，因為虐待會使受刑的人格中之「人」（Menschheit）成為可厭之物。甚至在公民社會底全體成員一致同意解散（例如，居住在一個島上的人民決定分道揚鑣，各奔東西）時，關在監獄裡的最後一名兇手必須先被處決，以便使每個人都遭受其行為應得的結果，而使血債不致糾纏並未堅決要求這種懲罰的人民；因為他們可能被視為對正義的這種公開侵犯之參與者。

　　懲罰底這種平等——唯有藉由法官根據嚴格的報復權而宣判死刑，這才有可能——顯現於：唯有藉此方式，對於所有罪犯的死刑判決才與他們的**內在邪惡**合乎比例地被宣布（即使這涉及的不是一種謀殺，而是另一種唯有藉死刑才能清償的政治犯罪）。假設在蘇格蘭最近的反叛當中，有些參與其事的人（如**巴爾莫里諾及其他人**[15]）相信：藉由其暴亂，他們無非屢行了一項對**斯圖亞特**王室應盡的義務，反之，其他人則懷有私自的意圖，而最高法院作出了以下的判決：每個人應當有在死亡與勞役刑之間選擇的自由。那麼，我說：正直的人選擇死亡，無賴卻選擇勞役；這是人心之本性使然。因為前者認識他甚至比生命還要更加尊重的某個東西，即**名譽**；後者卻總是認為一個充滿恥辱的生命猶勝於根本不存在（「重生命勝於恥辱」——猶文納爾[16]）。如今，前者之應受懲罰無疑少於後者，且因此，當所有人同樣被判處死刑時，他們便完全合乎比例地受到懲罰；前者感覺判得輕，後者則感覺

334

---

15　【譯注】巴爾莫里諾（Lord Arthur Elphinstone Balmerino, 1688-1746）是蘇格蘭貴族。1745 年他參與查爾斯・愛德華・斯圖亞特（Charles Edward Stuart）王子之奪權謀反行動，兵敗於卡羅登（Culloden）而被俘，隨後被處死。

16　【譯注】猶文納爾（Juvenal, 58-138）是古羅馬詩人。「寧可恥辱而生」（"animam praeferre pudori."）語出其《諷刺詩》（Satiren），III 8, 83.

判得重。反之，如果他們一律被判處勞役刑，前者就被罰得太重了，而後者以其卑鄙無恥，則被罰得太過輕了；且因此，甚至在這種情況下對一群聯合密謀的罪犯加以判決時，在公共正義之前的最佳清償之道乃是**死亡**。此外，我們從未聽說過，一個因謀殺而被判處死刑的人曾抱怨說：這對他太過分了，且因此對他不公正；如果他這麼說，每個人都會當面嘲笑他。否則我們就得假定：儘管根據法律，罪犯並未受到不公正的待遇，但是國家中的立法權卻無權施加這種懲罰，而如果它這麼做，就是自相矛盾。

因此，有多少兇手犯下了謀殺，或者甚至指使或參與了謀殺，也就得有多少兇手接受死刑；這是正義——作為依乎先天建立的普遍法則之司法權底理念——所要求的。但如果參與這樣一種行動的共犯（Kompolizen/correi）底人數如此之多，使得國家若是不要有這種罪犯，就可能立即陷於不再擁有臣民的地步，但它卻不願意解體，亦即過渡到更加糟糕得多、欠缺一切外在正義的自然狀態中（特別是不想藉由刑場之喧囂來麻痺人民底情感），則主權體必須也擁有權力，在這種緊急狀態（Notfall/casus necessitatis）中使自己成為（扮演）法官，並作出一項判決，而這項判決對罪犯不判處生命刑，而判處另一種刑罰，使人民群眾依然得以保全；流放即屬此類。但是這種刑罰本身之行使，並非根據一種公法，而是藉由一種強勢命令，亦即君王權底一項行動，而這項行動始終只能在個別情況中被當作赦免來行使。

335　　反之，**貝加里亞**侯爵出於一種矯揉造作的人道之同情性傷感（compassibilitas〔多愁善感〕），提出其「一切死刑均**不合法**」的主張：這是由於在原始的公民契約中不可能包含死刑。因為果真如此，人民當中的每個人就都得同意：當他比如說謀殺了（人民當中的）另一個人時，他可以失去其生命；但這種同意是不可能的，因為無人能處置自己的生命[17]。這一切都是詭辯與對法律的曲解。

某人受到懲罰，並非由於他想要**它**，而是由於他想要一個**應受懲罰的行為**；因為如果一個人得到他想要的東西，這就不是懲罰，而**想要**受到懲罰是不可能的。若說：當我謀殺某人時，我願意受到懲罰，這不過是意謂：我和所有其他人一起受制於法律，而如果人民當中有罪犯，這些法律自然也會成為刑法。我身為制定**刑法**的共同立法者，與身為依法律而受到懲罰的臣民，不可能是同一個人格；因為身為這樣一種臣民，即身為罪犯，我不可能在立法當中擁有投票權（立法是神聖的）。因此，當我針對作為一個罪犯的自己擬訂一部刑法時，在我內部使我自己作為一個能夠犯罪的人，從而作為另一個人格（homo phaenomenon〔事相人〕），而與一個公民聯盟中其餘的所有人共同受制於刑法的，是在法律上立法的純粹理性（homo noumenon〔理體人〕）。換言之，並非人民（人民當中的每個個人），而是法院（公共正義），因而是罪犯之外的另一者制定死刑，而且在社會契約當中根本不包含讓人懲罰自己，且因此處置自己及其生命之承諾。因為如果懲罰之權

---

17　【譯注】貝加里亞侯爵（Cesare Bonesana, Marchese Beccaria, 1738-1794）是義大利哲學家與政治家。他著有《論犯罪與刑罰》（*Dei delitti e delle pene*, 1764）一書，主張廢除死刑，是現代刑罰學底奠基之作。此書在當時有德文譯本 *Von den Verbrechen und Strafen*（Ulm 1767）。

限必須以犯罪者**願意**讓自己受懲罰之**承諾**為基礎，那麼也得由他來認定自己應當受罰，而罪犯就會成為他自己的法官了。這項詭辯底謬誤之要點（πρωτον ψευδος〔主要謬誤〕）在於：人們將罪犯自己的判決（人們必定相信其**理性**會作此判決），即「他必須喪失生命」，視為**意志**底一項決定，即「剝奪自己的生命」，且因此設想法律之執行與判決在同一個人格中統一起來。

然而，有兩種應處死刑的犯罪，**立法**是否有權限針對它們處以死刑，仍有疑問。這兩種犯罪是由榮譽感所誘發的。一種是關於**性榮譽**（Geschlechtsehre）的犯罪，另一種是關於**戰爭榮譽**（Kriegsehre）的犯罪——確切地說，這是真正的榮譽，而這兩類人對它都有義務。一種犯罪是母親**對嬰兒的謀殺**（Kindesmord/infanticidium maternale），另一種犯罪是**對戰友的謀殺**（Kriegsgesellenmord/commilitonicidium），即**決鬥**。既然立法無法去除婚外出生之恥辱，也無法抹去一個下級軍官（他不以他自己的一種超乎死亡恐懼之強制力來對抗一種輕蔑的待遇）因怯懦底嫌疑而蒙受的污點，那麼在這些情況下，人似乎處於自然狀態之中，而**殺人**（Tötung/homicidium）——如此一來，這甚至不必稱為謀殺（Mord/homicidium dolosum〔蓄意殺人〕）——在這兩種情況下固然都應受懲罰，但卻無法由最高權力以死刑來懲罰。婚外降生的孩子是在法律（因為這就是婚姻）之外出生的，因而也是在法律底保護之外出生的。他彷彿偷偷潛入了共同體之中（像違禁品一樣），以致共同體可以無視於其存在（因為按理他不該以這種方式存在），因而也無視於其消滅，而如果母親之婚外分娩曝光的話，任何命令均無法消除其不光彩。同樣地，被任命為下級軍官的戰士遭受辱罵時，迫於同屬其階級的同儕之輿論，要使冒犯者向自己賠禮，並且像在自然狀態中一樣，不在法庭之前藉由法律、而是藉由使自己面臨生命危險的**決鬥**來懲罰他，以便證明自己的作戰勇氣，而其階級之榮譽基本上便是基於這種勇氣——即使決鬥不免要**殺害**其對手，而在這種公開且經雙方同意，但還是情非得已而發生的戰鬥之中，這種殺害根本不能稱為**謀殺**（Mord/homicidium dolosum〔蓄意殺人〕）。如今，在這兩種（事屬刑事正義的）情況下，什麼是合法的呢？在此，刑罰正義陷入極度的困窘之中：若非藉法律將榮譽底概念（在此，它並非妄念）宣布為無效的，且因此以死刑懲罰之，就是使犯罪免於應受的死刑；因此，若非殘酷，就是寬厚。解開這個死結的辦法是：刑罰正義之定言令式（違法殺害另一個人，就得受到死刑之懲罰）保持不變，但只要立法本身（因而連同公民憲法）仍然是野蠻而未開化的，它就要為以下的情形負責：在人民當中的榮譽底動機（在主觀方面）不願與（在客觀方面）合乎其意圖的準則相契合，以致從國家出發的公共正義對於來自人民的正義而言，成為一種**不義**。

337

## II.

對於罪犯的**赦免權**（Begnadigungsrecht/ius aggratiandi），無論是減輕其刑，還是完全免除其刑，或許是主權體底所有權利當中最不穩定的權利，為的是顯示其威嚴之光彩，但卻因此而造成最大程度的不公。對於**臣民**彼此之間的犯罪，主權體絕對無權行使赦免權；因為在這種情況下，免除懲罰（Straflosigkeit/impunitas criminis）是對臣民的最大不公。因此，唯有在**他自己**受到傷害

（crimen laesae maiestatis〔冒犯君王尊嚴之罪〕）時，他才能使用赦免權。但是當其不予懲罰可能危及人民自身的安全時，他也決不可使用這項權利。這項權利是唯一稱得上君王權（Majestäts-recht）的權利。

## 論公民與祖國及外邦之法律關係

### §50

若是一塊**領土**（Land/territorium）之居民（Einsassen）憑憲法——也就是說，毋須行使一項特殊的法律行動（因而憑出生）——就已是同一共同體之國人，這塊領土便稱為**祖國**（Vaterland）；若是在一塊領土上，其住民欠缺這些條件，就不是同一共同體之國人，這塊領土便稱為**外邦**（Ausland）。如果外邦根本就是領土統治（Landesherrschaft）之一部分，這便稱為**行省**（Provinz）（依羅馬人使用此詞的意義）。但由於行省並非帝國（Reich/imperium）底一個組合的部分，作為國人之**住所**（Sitz），而僅是帝國底一塊**領地**，作為一個**別業**（Unterhaus），它必須將統治國底土地尊奉為**母國**（Mutterland/regio domina）。

338　　　1. **臣民**（也被視為公民）擁有向外遷徙的權利；因為國家不能將他當作其財產而加以扣留。但他只能帶走其動產，而不能帶走其不動產；但如果他有權變賣其過去占有的土地，並且以此換取金錢，他就可帶走其不動產。

2. **君主**（Landesherr）有權方便外人（殖民者）**遷入**並定居，儘管其國人可能會為此而側目——只要其國人對土地的私人所有權不因此而減少。

3. 當臣民底犯罪使其國人與他的一切聯繫均有害於國家時，君主還有權將他**驅逐**到外邦的一個行省，而在那裡，他不享有一個公民底任何權利；也就是說，君王有**流放**（Deportation）之權利。

4. 君主還有一般而言的**驅逐出境**（Landesverweisung）之權利（ius exilli），將臣民遣送到遠方，亦即一般而言的外邦（古德語稱之為 Elend）；如今，由於君主取消一切對他的保護，這無異意謂：使他在國君底境內成為法外之人（vogelfrei）。

## §51

在國家之中，由一般而言的**共同體**底概念（res publica latius dicta〔廣義的 res publica〕）而來之三種強制力，只是人民之先天地源自理性的聯合意志底三種關係，而且是一個關於國家元首的純粹理念，而這個理念具有客觀的實踐的實在性。但是就這個元首（主權體）還欠缺一個自然人格——它呈現國家底最高強制力，而且為這個理念取得對於人民底意志的實際作用——而言，他只是一個（呈現全體人民的）**思想物**而已。如今，國家底最高強制力與人民底意志之關係可以藉三種不同的方式去設想：或是國家中的**一個人**命令所有人，或是彼此平等的**若干人**聯合起來，命令其他所有人，或是**所有人**一起命令每個人，因而也命令自己；也就是說，**國家底形式**或是**專制的**（autokratisch），或是**貴族的**

（aristokratisch），或是**民主的**（demokratisch）。（以「**君主的**」〔mornachisch〕一詞取代「專制的」，並不適合於我們在此想要的概念；因為**君主**〔Monarch〕是擁有**最高強制力**的人，但**專制者**〔Autokrator〕或**獨斷統治者**〔Selbstherrscher〕卻是擁有**一切強制力**的人；後者是主權體，前者僅代表主權體。）人們不難察覺：專制的國家形式是**最簡單的**形式，亦即一個人（國君）對於人民的形式，因而在此只有**一個人**是立法者。貴族的國家形式則已由兩種關係所**組成**，亦即貴族（身為立法者）彼此間的關係（以便形成主權體），以及這個主權體對於人民的關係。但民主的國家形式卻是最複雜的形式，亦即：首先聯合所有人底意志，由此形成一個民族；接著聯合國民底意志，以形成一個共同體；繼而為這個共同體設置主權體，這便是這個聯合的意志本身[18]。就國家中的權利之**使用**而言，最簡單的國家形式當然同時也是最佳的形式；但是就權利本身而言，鑒於這種形式極容易招致的獨裁制，它卻是對人民最危險的形式。在藉由強制性法律聯合人民的機制之中，簡單化誠然是合乎理性的格律——也就是說，如果在人民當中，所有人都是被動的，而且服從一個位居他們之上的人——；但這卻不會產生任何身為**國民**的臣民。至於據稱可以讓人民滿意的敷衍之辭——此即，**如果君主英明**（也就是說，他不只是具有意志，而是也具有識見，足以成為明君），君主制度（在此其實是

339

---

18 關於未經授權而闖入的掌權者對這些形式所造成的歪曲（**寡頭政治與暴民政治**），以及所謂**混合的**國家憲法，我在此絲毫未提及，因為這會扯得太遠。

專制制度）便是最佳的國家憲法——，則屬於同義反覆的箴言，
而且不過是說：最佳的憲法是**使**國家管理者成為最佳執政者的憲
法，也就是說，是作為最佳憲法的憲法。

### §52

　　探求這種機制之**歷史文獻**，是**枉然的**，也就是說，我們無法
及於公民社會肇端之時刻（因為野蠻人並未為他們之服從法律立
下任何憑據，而且即使從原始人底本性已可推知：他們係由於強
制力而開始服從法律）。但是為了在必要時以強制力改變現行的
憲法而進行這種探究，是不可饒恕的。因為這種轉變必然藉由為
此而麇集的人民、而非藉由立法而發生。但是在一種既存的憲法
中造反，即是對一切公民的法權關係之顛覆，因而是對一切法權
之顛覆，也就是說，這並非公民憲法之變更，而是其解體；而在
這種情況下，向較佳憲法的過渡就不是變形（Metamorphose），
而是新生（Palingenesie）——它需要一個新的社會契約，而先
前的（如今已廢除的）契約對它並無任何影響。但如果現行的國
家憲法與原始契約之理念無法妥善協調，主權體就必須有可能去
改變它，而在這種情況下卻讓人民為了形成一個國家而在本質上
需要的那種形式存在。如今，這種變動不能在於：國家將自己從
這三種形式之一建構成另外兩種形式之一，例如，貴族一致同意
服從一種專制制度，或是願意融入一種民主制度，反之亦然；彷
彿主權體想要讓人民服從何種憲法，繫於他的自由抉擇與喜好。
因為即使主權體決定將自己轉變為一種民主制度，他卻可能對人
民造成不公，因為人民本身可能厭惡這種憲法，而認為其餘兩種

340

憲法之一對自己更為有利。

因此，國家底形式只是公民狀態中的原始立法之**條文**（Buchstabe/littera），且因此，只要它們屬於國家憲法之機制，而被古老而長遠的習俗（因此僅在主觀方面）視為必要，就可能存留。但是上述的原始契約之**精神**（anima pacti originarii）卻包含制憲權之責任，即是使**政府底種類**符合上述的理念，且因而（如果這無法一下子做到的話）逐漸而持續地使它改變，而致使它**在其結果上**與唯一合乎法權的憲法（即一個純粹共和制底憲法）協調一致，並且將上述經驗的（規章性的）舊形式——它僅用來使人民**順從**——化為原始的（理性的）形式；而唯有這種形式是以**自由**作為原則，甚至作為一切**強制**之條件——這種強制對於依國家底本義而言之一種法定的憲法是必要的，而且最後也會在條文上導向這種憲法。這是唯一持久的國家憲法，而在此，**法律**是自主的，而不依待於任何特殊的人格；一切公法之最後目的是一種狀態，每個人唯有在其中才能**終極地**（peremtorisch）分得其應得之分。然而，只要上述的諸國家形式在條文上據稱呈現同樣多被賦予最高強制力的不同道德人格，則我們所能承認的，只有一項**暫時的**（provisorisches）內在權利，而非公民社會之一種絕對的法律狀態。

但是所有真正的共和制均是而且只能是人民底一個**代議制度**，為的是以人民底名義，經由所有國民之聯合，藉其議員（代理人）來維護其權利。但是一旦一個國家元首就人格而言（無論是國君、貴族階層，還是全體人民、民主聯盟），也可以被代表，則聯合起來的人民不僅**代表**主權體，而是他們就是主權體本身；

因為在他們（人民）之中，原初就存在最高強制力，而純然身為
臣民（或許身為國家官員）的個人之所有權利必須從這種強制力
推衍出來，並且如今建立起來的共和制不再需要放棄對政府的掌
控，而將這種掌控重新轉移給那些先前進行這種掌控、而如今能
憑絕對意念再度毀滅所有新安排的人。

　　因此，在我們這個時代，一個有力的統治者底判斷力之
一項重大失誤是：為了要讓自己擺脫巨大國債所帶來的困
境，而委託人民依他們自己的意願自行承擔並分攤這種負
擔。因為在這種情況下，人民自然不僅在向臣民徵稅方面，
而是也在政府方面掌握立法權，即阻止政府藉揮霍或戰爭而
造成新的債務；君主底統治權因而完全消失（不僅是被解
除），而轉移給人民，而如今每個臣民底所有物均從屬於人民
底立法意志。我們也不能說：在此必須假定國民議會之一項
隱默的、但卻合乎契約的承諾，即不逕自將自己建構為主權，
而是僅管理主權底工作，而在工作完成之後，將對治權的掌
控重新交到君主手中；因為這樣一個契約本身是無效的。共
同體中的最高立法之權利並非可轉讓的權利，而是最高度人
格性的權利。擁有這種權利的人只能藉人民底總體意志來支
配人民，但卻不能支配總體意志本身，而總體意志是一切公
共契約之始基。一個使人民有義務再度歸還其強制力的契約
不會歸屬於作為立法權力的人民，而卻會責成人民——根據

342

「無人能服侍兩個主人」的命題[19]，這是一項矛盾。

---

19　【譯注】語出《新約·馬太福音》第 6 章第 24 節。

# 第二章

# 國際法

## §53

　　構成一個民族的人可以類比於一個共同**祖先**之所生（congeniti〔同根生〕），而被設想為土生者（儘管他們並非土生者）；但他們仍可以在智性的與法律的意義下被設想為由一個共同的母親（共和國）所生，彷彿構成一個家族（gens, natio[20]），而其成員（國民）都有共同的出身，並且將他們周遭想要在自然狀態中生活的人視為低賤而羞與為伍——儘管這些人（野蠻人）在他們這方面，反而由於他們所選擇之無法紀的自由而覺得自己更高貴，而他們也構成部落，但卻非國家。如今，**各國**在相互關係中的法律〔它在德語裡不盡正確地被稱為 Völkerrecht，而是毋寧該稱為 Staatenrecht（ius publicum civitatum）〕即是我們必須在國際法之名目下加以考察的法律；在這種情況下，由於一個國家被視為一個道德人格，而與另一個國家處於自然的自由之狀態中，因而也處於持續戰爭之狀態中，它一則探求**從事**戰爭的權利，再則探求戰爭中的權利，三則探求相互強制以脫離這種戰爭狀態的

---

20　【譯注】在拉丁文裡，gens 與 natio 最初僅是指有共同祖先的人（部族），與後來衍生出來的意義（民族）不同。natio 本來是生育女神的名字，在涵義上往往與 gens 相混。

權利,因而探求一部建立持久和平的憲法,亦即戰爭**之後**的權利。
再者,這部法律本身僅包含個別的人或家族(在相互關係中)之
自然狀態底法律與諸民族底法律之間的區別,此即:在國際法之
中不僅要從整體考慮一個國家與另一個國家之關係,而是也要考
344　慮一個國家底個別人格與另一個國家底個別人格(以及與其他全
部國家本身)之關係;但是與單在自然狀態中的個人底權利之這種
區別,僅需要那種能輕易地從自然狀態底概念推論出來的規定。

## §54

　　國際法之要素是:1)各國就其彼此的外在關係來看,(如同
無法紀的野蠻人一樣),自然地處於一種非法律的狀態中;2)這
種狀態是一種戰爭**狀態**(強者底權利之狀態)——即使沒有實際
的戰爭與持續不斷的實際攻擊(敵對)存在;儘管這種攻擊(由
於他們雙方都不願有所改善)並未使任何人遭受他人之不公,但
它本身卻是最大程度的不公,而彼此相鄰的國家有責任脫離這種
狀態;3)根據一項原始的社會契約之理念,一個國際聯盟
(Völkerbund)是必要的,雖然不是要相互介入各國內部的爭端,
但卻要防止外人之侵犯;4)但是這種結合必須不包含擁有主權
的強制力(像在一部公民憲法中一樣),而是只包含一種**聯盟關係**
(Genossenschaft/Föderalität);這是一種可隨時被宣布中止、因而
必須不時加以更新的結盟——輔助另一項原始權利的一項權利,
以防止各國彼此陷入實際戰爭之狀態中(foedus Amphicty-

onum）[21]。

## §55

就自由國家在自然狀態中相互進行戰爭（為了比方說建立一種接近於法律狀態的狀態）的上述原始權利而言，首先產生的問題是：國家**對於它自己的臣民**，有何權利使用他們對其他國家進行戰爭，在戰爭中利用其財產、乃至其生命，或是拿它們來冒險，以致臣民是否願意上戰場，並非取決於他們自己的判斷，而是主權體底最高命令可以將他們送上戰場？

這項權利似乎不難說明，即是來自以我們的所有物（財產）去做我們想做的事之權利。但是某人在實體方面自己**製造**的東西，他對此擁有一項無可爭議的所有權。因此，這裡有推證，正如一個純然的法學家所會作的推證一樣。

345

在一個地方有各種各樣的**自然產物**，但是就某一類自然產物之**數量**而言，它們必須同時被視為國家底**製造物**（Gemächsel/arte-facta），因為若無一個國家及一個有秩序而有力的政府存在，而是居民處於自然狀態之中，這個地方就不會提供如此大量的自然產物。不論是由於缺乏飼料，還是由於猛獸，家雞（最有用的家禽）、羊、豬、牛種等等，在我生活的地方，若非根本見不到，就是極其罕見，除非其中有一個政府來保障居民之所得與占有。同樣的

---

21　【譯注】近鄰聯盟（foedus Amphictyonum）是古希臘城邦為了保護特定的宗教中心（特別是德爾菲底阿波羅神廟）及共同利益而形成的一種聯合組織。

情況也適用於人類之數量：正如在美洲的沙漠中，即使人們為沙漠付出最大的辛勞（居民並未付出這種辛勞），其數量也不會太多。居民只會十分稀少，因為沒有任何居民能帶著其僕役，在一塊始終有被人或野獸及猛獸蹂躪之危險的土地上廣泛拓展；因此，目前在一塊土地上生活的如此大量的人不會得到足夠的生計。如今，就像人們對於農產品（例如馬鈴薯）與家畜——由於它們就數量而言，是人底一種**製造品**（Machwerk）——能說：人們使用、消耗且吃掉（讓人殺死）它們，人們對於國家中的最高強制力，即主權體，似乎也能說：它有權將其臣民（他們多半是它自己的產品）投入戰爭，像是去狩獵一樣，並且將他們投入一場野戰，像是去冶遊一樣。

　　但是這項法律根據——它或許也會隱晦地浮現於君主心中——固然對於動物（它們可以是人底一項**財產**）有效，但卻絕對不能應用在人（尤其是作為國民）身上。國民在國家中始終必須被視為共同立法的成員（不僅作為工具，而是同時也作為目的自身），且因此，他不僅一般而言對於從事戰爭，而是也對於一切特殊的宣戰，都得藉由其代表自由地表示同意——唯有在這項限制條件之下，國家才能安排其充滿危險的服役。

346　　　因此，我們的確必須從主權體對於人民的**義務**推衍出這項權利（而非反過來）；在此，人民必須被視為已為此而表決過——以這種資格，人民固然是被動的（聽任安排），但也是主動的，並且呈現主權體本身。

## §56

在國家間的自然狀態中，**從事戰爭**（進行敵對）**的權利**是一個國家被允許的方式，藉以追求它對另一個國家的權利，亦即，如果它自認為受到這個國家之傷害，就憑藉自己的**強制力**；因為在上述的狀態中，這無法藉由一項**訴訟**（在法律狀態中，爭執唯有藉由訴訟來調解）而為之。除了主動的侵犯（即最初的侵略，而這有別於最初的敵對）之外，還有**威脅**。屬於此類的，或者是一種首先進行的**準備**（**先發制人**的權利〔das Recht des Zuvorkommens/ius praeventionis〕係以此為根據），或者甚至僅是另一個國家（藉由土地之取得）**可怕地**增長的**力量**（potentia tremenda〔可怕的力量〕）。單單由於在**強權**底一切**行動**之前的**狀態**，這種力量就是對於弱勢的一種傷害，而且在自然狀態之中，這種攻擊的確是合法的。因此，所有積極地相互接觸的國家間的均勢之原則便以此為根據。

至於提供一項**從事戰爭的權利**之**實際傷害**，這包括一國人民因受到另一個國家底人民之冒犯而自行謀求的補償，即**報復**（Wiedervergeltung/retorsio），而不（循和平的途徑）向另一個國家要求賠償——就儀式而言，與此類似的是未先行宣告中止和約（**宣戰**）就發動戰爭；因為一旦我們要在戰爭狀態中發現一項權利，就得先假定與一項契約相類似的某個東西，即**接受**對方底聲明：雙方均願意以這種方式追求其權利。

§57

　　戰爭中的權利正是國際法中的權利，而其中最大的困難是：即使只是形成一個概念，並且在這種無法紀的狀態中設想一種法律（inter arma silent leges）[22]，而不自相矛盾；這必然是根據某種原理而從事戰爭的權利，而根據這些原理，各國總是有可能走出上述的自然狀態（在其外在的相互關係中），而進入一種法律狀態之中。

　　獨立國家彼此間的戰爭不可能是一種**懲罰戰爭**（Strafkrieg/bellum punitivum）。因為懲罰僅發生於一個上司（imperans）對屬下（subditus）的關係之中，而這種關係並非國家彼此間的關係。但這也不是一種**殲滅戰爭**（Ausrottungskrieg/bellum internecinum）或是**征服戰爭**（Unterjochungskrieg/bellum subiugatorium）；後者將是對一個國家（如今其人民或是與征服者底人民融為一體，或是淪於奴役之中）在道德上的滅絕。並非彷彿國家達到和平狀態的這種緊急手段本身與一個國家底權利相牴牾，而是由於國際法底理念僅含有「根據外在自由底原則而對抗」的概念，為的是保住其所有物，而非取得一種方式，能藉由擴大一個國家底勢力，而對另一個國家造成威脅。

　　對於被侵略的國家來說，各種防衛手段都是容許的，除了一種手段，即是其使用會使其臣民無法作為國民的那種手段；因為這樣一來，這個國家也使自己無法在國際關係中根據國際法而被

---

22　【譯注】此句意謂：在戰爭中法律緘默無語。語出古羅馬哲學家西塞羅的《為米羅辯護》（*Pro Milone*），第 4 章第 10 節。

視為一個人格（它與其他人格共享平等權利）。這類手段包括：利用它自己的臣民充當間諜，利用其臣民、乃至外國人充當刺客、下毒者（或許伏擊個人之所謂的狙擊手也屬於此類），或甚至僅是散播不實的消息；一言以蔽之，利用某種陰險的手段，而這種手段會毀滅未來建立一種持久和平時所需要的信任[23]。

　　在戰爭中容許對被征服的敵人要求捐輸並且徵收占領稅，但 348
不容許劫掠人民，亦即向個別的人格強取其所有物（因為這是搶劫；此由於並非被征服的人民，而是統治人民的國家**藉由人民**從事戰爭）；而是藉由**公告**所開出的憑單，以便在隨後的和平之中讓邦國或行省按比例分攤應繳的稅捐[24]。

<h3 style="text-align:center">§58</h3>

　　**戰爭之後**──亦即在和平協定底時刻，並且鑒於戰爭之結果
──的權利在於：勝利者提出條件，為了就這些條件與戰敗者取得協調，並達成和約之締結，而進行**協定**，更確切地說，並非根

---

23　【譯注】康德在《永久和平論》中列出永久和平底六項「臨時條款」，
　　其第六項為：「任何國家在與另一個國家作戰時，均不該容許自己
　　採取必會使未來在和平時的互信成為不可能的那種敵對行為，諸如
　　雇用**刺客**（percussores）與**下毒者**（venefici）、**破壞協約**、在敵國
　　**唆使叛逆**（perduellio）等。」（*KGS*, Bd. 8. 346）

24　【譯注】康德底意思可能是說：在戰爭過程中，戰勝國要求敵方捐
　　輸或繳納占領稅，均要開出憑單，但這些捐輸或占領稅未必合乎應
　　有的比例。故在戰後的和平時期，戰勝國應根據其所登錄的憑單，
　　按比例調整各邦國或行省應分攤的稅捐。

據某種以其敵人所謂的傷害為藉口而應有之權利，而是他撇開這個問題，憑藉其強制力。因此，戰勝者不能要求償還戰爭之花費；因為這樣一來，他就得冒稱其敵人底戰爭是不義的，而是即使他可能想到這項論據，他仍不可援引它，因為不然的話，他就會宣告這是一場懲罰戰爭，且因此再度造成一種冒犯。這類權利也包括俘虜之（不該付贖金的）交換，而不考慮人數之相等。

　　戰敗國或是其臣民並不因國土被占領而喪失其國民的自由，以致國家淪為殖民地，臣民淪為農奴；因為如其不然，這就成了一場懲罰戰爭，而這種戰爭是自相矛盾的。一個**殖民地**或行省是一群人民，他們固然擁有其自己的憲法、立法及土地，而在這塊土地上，那些屬於另一個國家的人只是外人，但這另一個國家卻對那群人民擁有最高的**行政權**。這另一個國家稱為**母國**（Mutterstaat）。女國（Tochterstaat）受母國底統治，但卻由自己（藉由它自己的國會，必要時在一個總督之監督下）來治理（civitas hybrida〔混合國〕）。過去**雅典**之於不同的島嶼，如今大不列顛之於愛爾蘭，均屬此類。

　　我們更不能從一群人民因戰爭而被征服推衍出**農奴制**（Leibeigenschaft）及其適法性，因為為此我們得假定一場懲罰戰爭。我們尤其不可能推衍出一個世襲的農奴制，這種制度根本是荒謬的，因為某人因犯罪而有的罪責無法世襲。

　　在「和約締結」之概念中已包含以下之義：**特赦**也與和約締結相聯結。

## §59

**和平底權利**是：1）周邊有戰爭時保持和平的權利，或者說**中立**底權利；2）讓已簽訂的和約之持續得以確保的權利，亦即**保證**底權利；3）若干國家相互**結盟**（同盟），共同**保衛**自己，以免於一切外來或內部的可能攻擊之權利；這並非為了攻擊或內部擴張的聯盟。

## §60

一個國家反抗一個**不義的敵人**之權利並無界限（雖然在質方面有界限，但在量方面，亦即在程度上並無界限）；也就是說，受害的國家為了保住其所有物，固然不得使用**一切**手段，但卻可以在其力所能及的範圍內使用本身可容許的手段。但是既然在國際法當中，根本就像在自然狀態中一樣，每個國家在它自己的事情上都是法官；那麼，根據國際法底概念，何者是一個**不義的敵人**呢？如果一個國家公開表達（無論是以口頭還是以行動）的意志暴露出一項格律，而根據這項格律，當它成為普遍的規則時，各民族之間的和平狀態必然是不可能的，而是自然狀態必然會成為常態，那麼，這個國家便是一個不義的敵人。對於公開契約的破壞即屬此類。對於這種契約，我們可以預設：它涉及所有那些民族之事務，即它們的自由因此而受到威脅，且因此而被要求聯合起來，反對這樣一種胡作非為，並剝奪這個國家如此做的權力。但這亦**非為了瓜分其土地**，讓一個國家彷彿在地球上消失——因為這是對該民族的不義，而這個民族無法喪失其加入一個共同體

的原始權利──，而是為了讓它採取一套新憲法，而這套憲法依
其本性就不利於好戰之心。

350　　此外，「在自然狀態中之一個不義的敵人」這個說法是**冗贅
的**；因為自然狀態本身就是一種不義底狀態。一個公正的敵人是
這樣的敵人：若我從我這方面去反抗它，就會對它有所不公；但
是這樣一來，它也不是我的敵人了。

## §61

　　既然各民族底自然狀態，正如各個人底自然狀態一樣，是這
樣一種狀態：人們應當脫離它，以便進入一種法律狀態，那麼在
這個事件發生之前，各民族底一切權利，以及各國可藉由戰爭而
取得或保有之一切外在的所有物，均只是**暫時的**，而且只能在一
個普遍的**國際聯合體**（類似於使一個民族成為國家的那種
聯合體）之中才能**終極地**生效，並且成為一種真正的**和平狀態**。
但由於在這樣一種國際國（Völkerstaat）[25]擴展太廣而及於遼闊的
地區之際，其治理、連同對其每個成員的保護，最終都必然成為
不可能，而諸多這種合作體又導致一種戰爭狀態，則**永久和平**（整
個國際法之最後目標）誠然是一個無法實現的理念。但是以永久和

---

25　【譯注】根據康德在《永久和平論》中的說明，通往永久和平的「國
際聯盟」（Völkerbund）並非一個「國際國」，因為在這個聯盟中的各國
毋須放棄其主權。他寫道：「這個聯盟底目標不在於取得國家底任何
權力，而僅在於維持與保障一個國家本身連同其他結盟國家之**自
由**，但是這些國家不必因此（像人在自然狀態中一樣）受制於公共法
律及其強制。」（*KGS*, Bd. 8, S. 356）

平為目標，而用來不斷**趨近**於永久和平的政治原理，即締結國家間的這種聯盟，卻不是不可實現的；而是既然這種趨近是一項基於人與國家底義務、因而也基於其權利的任務，則這些原理的確是可實現的。

若干**國家**為了維持和平而組成的這樣一種**聯合體**，我們可稱之為**常設的國際議會**，而每個鄰近的國家可以自由決定是否加入這個議會。在本世紀前半葉，這類的議會（至少就國際法以維持和平為目的的儀式而言）尚在海牙的階級代表大會之集會中出現[26]；在這種大會中，大多數歐洲王室、甚至連最小的共和國底部長，都針對一個國家所遭受另一個國家的攻擊而提出控訴，且因此將整個歐洲設想為一個唯一的聯盟國，而在他們的公開爭執中，他們彷彿將這個聯盟國當作仲裁法官。但以後則不然：國際法僅存留在書本中，而從內閣中消失了，或是在行使了強制力之後，以推證底形式被委諸檔案室之暗處。

在此，所謂一個**議會**（Kongreß），僅意指不同國家之一種任意的、隨時**可解散的**聚會，而不是以一部國家憲法為依據、且因此無法解散的一種聯合（如同美利堅合眾國之聯合）。唯有藉由這種議會，諸民族間必須建立的公法——以文明的方式，彷彿藉由一場訴訟，而非以野蠻的方式（按照原始人底方式），即藉由戰

351

---

26　【譯注】尼德蘭自 1556 年起成為西班牙屬國。由於西班牙國王腓力二世之橫徵暴斂，尼德蘭人民紛起反抗。1581 年尼德蘭北方七省共同組成聯省共和國，代表各階級的階級代表大會（die Generalstaaten）每年定期在海牙集會。

爭，來裁決它們的紛爭——之理念才得以實現。

# 第三章

# 世界公民權

352

## §62

「地球上所有能有相互影響關係的民族之一種儘管尚非友善、但卻**和平的**普遍交流」這個理性底理念決非仁愛的（倫理的），而是一項**法律的**原則。自然已將這些民族（由於其居留地呈球狀，作為地與水構成的球〔globus terraqueus〕）一起納入特定的界限之內，而且既然對地球居民所能居住的土地之占有始終只能被設想為對一個特定整體底一部分之占有，因而被設想為每個地球居民均原始地對它擁有一項權利的那種占有，則所有民族均**原始地**處於對土地的一種共享之中，但並非處於**在法律上**對土地的共同占有（communio）且因而共同使用，或是共有所有權之中，而是處於在自然方面可能的**交互作用**（commercium）之中，亦即處於一個人**願意**與其他所有人相互**交往**的一種普遍關係之中，而且這些民族有一項權利去嘗試這種交往，而外人無權因此而將此人當作一個敵人來對待。就這項權利涉及所有民族在其可能的交往底某些普遍法則方面之可能的聯合而言，它能被稱為**世界公民權**（das weltbürgerliche Recht/ius cosmopoliticum）。

海洋似乎能使各民族脫離一切相互交流，但是藉由船舶航行，海洋卻正好是對他們的交往最有利之自然設施。相互接壤的

海岸（如地中海底海岸）越多，這種交往就可能越熱絡。儘管有
353 人造訪這些海岸，但更多人在這些海岸上定居，以便將它們與母
國聯繫起來；這也提供了機緣，使得我們這個地球上一處之災禍
與暴行在各處都感受得到。但是這種可能的濫用無法廢除地球公
民**試圖**與所有人交流，並且為了這項目的而**造訪**地球上各地區的
權利——儘管這並非一項在另一個民族底土地上**移居**的權利（ius
incolatus〔居住權〕），而這項權利需要一項特殊的契約[27]。

　　但問題是：一個民族是否可以在新發現的地方，即使不經過
一個已在這樣一個地區立足的民族之同意，就在其附近**定居**
（Anwohnung/accolatus）並占取〔土地〕呢？

　　如果移居發生於距離原有民族所在之地如此遙遠之處，以致
任何一方在使用其土地時不會對另一方有所損害，則移居的權利
是毋庸置疑的。但如果事涉游牧民族或狩獵民族（如霍屯督族[28]、
通古斯族[29]及大多數美洲民族），而其生計有賴於廣大的不毛之
地，則移居不能憑藉強制力，而是只能藉由契約，而且即使在簽
訂契約時，也不能利用當地居民對於這類田地之轉讓的無知——

---

27　【譯注】康德在《永久和平論》中將這項定居的權利稱為「賓客權」
　　（Gastrecht），以別於前面所說的「拜訪權」（Besuchsrecht）（*KGS*, Bd.
　　8, S. 358）。

28　【譯注】霍屯督人是西非及西南非的游牧民族，主要分布於納米比
　　亞、博茨瓦納和南非。

29　【譯注】通古斯族（die Tungusten）是指居住於中國、俄羅斯與韓國
　　境內、使用阿爾泰語系中滿─通古斯語族的民族。滿族是其中最大
　　的一支。

儘管強制力之使用似乎有充分的辯解理由，即是說：這樣一種暴行帶來公共福祉，一則由於它教化了未開化的民族（連**畢辛**[30]都想用這種藉口來原諒基督宗教被血腥地引進德國），再則是為了從他自己的土地上將墮落的人清理出去，並且期望這些人或是其子孫在另一個洲（如新荷蘭[31]）得以改善——；因為這一切自以為善良的意圖的確無法洗刷在為此而使用的手段中不義底污點。反之，如果有人反駁說：若是我們對於「藉強制力開始建立一種法律狀態」一事有這樣的疑慮的話，整個地球或許尚處於無法紀的狀態之中，那麼這正如國家中的革命家之藉口——如果憲法敗壞了，人民甚至有權藉強制力來修改它，而且乾脆一不做、二不休地行其不義，以便隨後更穩當地建立正義，並使它繁盛——一樣，無法取消上述的法律條件。

## 結語

354

如果某人無法證明一物存在，他就可以試圖證明它不存在。

---

30　【譯注】畢辛（Anton Friedrich Büsching, 1724-1793）是哥廷根（Götin-
　　gen）大學教授，也是神學家和地理學家。他曾主編《關於新地圖、地
　　理、統計與歷史書籍的每週報導》（*Wöchentliche Nachrichten von neuen
　　Landkarten, geographischen, statistischen und historischen Büchern*, Ber-
　　lin 1773-1786）及《新歷史學與地理學雜誌》（*Magazin für die neue Hi-
　　storie und Geographie*, 1769-1793）。

31　【譯注】指澳洲。

如果他這兩者都做不到（這是經常發生的情況），他還可以問：他是否**有興趣**（藉由一項假設）**假定**一者或另一者，更確切地說，這種假定或者是在理論方面，或者是在實踐方面，也就是說，或者只是為了解釋某一現象（例如，對天文學家來說，行星倒行與靜止之現象），或者是為了達到某一目的；進而言之，這種目的或者可能是**實用的**（純然的技術目的），或者可能是**道德的**，也就是這樣一種目的，即「設定它」的格律本身即是義務。顯而易見的是：在此被當成義務的，並非關於上述目的之可實現性底**假定**（Annehmen/suppositio）──這是一個純理論的、而且也還成問題的判斷──；因為對此（相信某事）並不存在責任，而是依上述目的之理念而行，是一項義務要求我們去做的──即使此項目的之可實現性在理論上並無絲毫的可能性，但是其不可能性同樣無法證明。

如今，在我們心中之道德的實踐理性宣告其不可抗拒的否決：**不該有戰爭**；不論是在自然狀態中、在你我之間，還是在作為國家──它們內部固然處於法律狀態之中，但外部（在相互關係中）卻處於無法紀的狀態之中──的我們之間，都不該有戰爭；因為這並非每個人應當追求其權利的方式。因此，問題不再是：永久和平是否真有其事？以及，當我們假定永久和平真有其事時，我們是否在我們的理論性判斷中自欺？而是我們必須如此行動，彷彿或許不存在的東西存在，而致力於永久和平之建立，以及對我們來說似乎最適於達成這項目標的憲法（或許是全體國家之共和制），以便帶來永久和平，並終結萬劫不復的作戰──迄今為止，所有國家無例外地均以這種作戰為主要目的，來安排其內

部配置。再者，即使上述這點，就此項目標之達成而言，始終是
一項虔誠的願望，但我們在採取「不斷地努力趨向於它」的格律
時，的確並未自欺，因為採取這項格律是義務；但若是假定在我
們心中的道德法則本身是欺人的，這會產生惹人厭惡的願望，即
是寧可完全欠缺理性，並且將自己視為依其原理而與其餘的獸類
一起被拋入一個同樣的自然機制之中。

　　我們可以說：這種普遍而持久的和平之建立不止是單在理性
界限內的法權論之一部分，而是其整個終極目的。因為唯有和平
狀態才是在一群比鄰而居的人當中其所有物受到**法律**保障的狀
態，因此這群人共同生活於一部憲法之中；但是這部憲法之規則
不得取自那些過去在這方面最得心應手的人之經驗（作為他人底
一項規範），而是得藉由先天的理性，取自人在一般而言的公法之
下的一種法律聯結之理想；因為一切事例（它們只能闡釋、而無
法證明任何事情）均有欺騙性，且因此的確需要一門形上學。當
那些不將形上學當一回事的人，如他們經常所為，譬如說道：「最
好的憲法就是由法律、而非由人支配權力的憲法」時，它們自己
就不經意地承認了形上學之必要性。因為有什麼能比這個理念在
形上學方面更為純化呢？根據那些人自己的主張，這個理念還是
具有最可靠的客觀實在性，而這種客觀實在性也不難在實際的情
況中顯現出來；再者，如果我們不按照革命的方式，藉由一種跳
躍，亦即藉由以暴力推翻一部迄今存在的有缺陷的憲法（因為在
這種情況下，其間會出現一個完全無法律狀態存在的片刻），而是
藉由逐漸的改革、根據穩固的原理來嘗試並貫徹這個理念，則唯
有它能以逐漸接近的方式導向政治上的最高善，即永久和平。

355

356

# 附錄
# 對於法權論之形上學根基的
# 闡釋性附注

　　我之所以撰寫這些附注，多半緣於《哥廷根學報》第 28 號（1797 年 2 月 18 日）所刊對於本書的評論[32]。這篇評論之撰寫，〔對本書〕雖有深刻而犀利的審查，但也有所同情，並且「期望這些根基將會始終有益於學問」。在此，我想利用這篇評論作為導線，來評斷本系統，並且還對它作若干擴展。

　　在《法權論》底〈**導論**〉一開頭，我這位嚴厲審查的評論者就不滿於一項定義：何謂**欲求能力**（Begehrungsvermögen）？文中說：它[33]是憑藉我們的表象而作為這些表象底對象之原因的能

---

32　【譯注】*Göttingische Anzeigen von gelehrten Sachen*, 28. Stück, 18.2.1797, S. 65-76. 這篇匿名發表的評論係出自哥廷根大學哲學教授布特爾維克（Friedrich Bouterwek, 1766-1828）之手。這篇評論亦收入 *KGS*, Bd. 20, S. 445-453.

33　【譯注】康德在此使用代名詞 Sie，在這個句子中無所對應。此處依路德維希版，將 Sie 改為 Es，以它指涉「欲求能力」。

力。與這種解釋相反的是：「一旦我們抽除欲求底後果之**外在**條件，欲求便化為烏有。儘管對觀念論者而言，外在世界形同無物，但欲求能力對他而言，還是實有其物。」我**回答**如下：但豈不是還有一種強烈的、但也明知枉然的渴望（例如，但願那個人還活著！），而這種渴望固然**無行動**，但卻非**無結果**，並且固然並非在外在事物之中，但卻在主體本身之內部有影響力（致病）？即使主體洞悉一種欲望（Begierde）——作為憑藉自己的表象而成為**原因**的那種**努力**（Bestreben/nisus）——不足以達成預期的結果，但這種欲望卻總是因果性（至少在主體底內部）。此處的誤解是：既然對於自己**一般而言的**能力之意識（在上述的情況下）同時是對於自己對外在世界的**無能**之意識，這項定義便無法應用於觀念論者；然而，既然此處所說的僅是一個原因（表象）對於結果（情感）之一般而言的關係，則在欲求能力底概念中，我們必然無法避免去設想表象對於其對象的因果性（無論這種因果性是外在的還是內在的）。

357

## 1. 對於最近貿然提出的一個「法權」概念之邏輯上的準備

　　如果精通法律的哲學家想要提升至或者闖入法權論之形上學根基（若無這些根基，他們的一切法學都只會是規章性的），他們就不能漠然無視於確保法權概念底**畫分**之完整性；因為如其不然，這門學問就不會是一個**理性底系統**，而只是隨手拾掇的堆砌而已。為了系統底形式，諸原則底**詞序學**（Topik）必須是完整的，也就是說，一個概念必須被指定一個**位置**（locus communis〔公共的位置〕），而根據畫分之綜合性形式，這個位置是留給這個概念的；隨後我們還可以闡明：被置於這個位置的一個或另一個概念是自相矛盾的，而且從這個位置被移開。

迄今為止，法律教師占有了兩個公共位置，即**物權**與**人格權**之位置。我們自然會問：既然由於將這兩者結合為一個概念的純然形式，還有兩個作為先天畫分底環節的位置是開放的，此即一項出於人格的方式之物權底位置，以及一項出於物的方式之人格權底位置，那麼，這樣一種新添加的概念是否也可以容許，而且儘管它只是或然的，也得暫且見諸完整的畫分表當中？這一點是不容置疑的。因為純然邏輯的畫分（它抽除了知識底內容——對象）總是**二分法**，例如，任何權利或是一項物權，或是一項非物權。但是此處所談的畫分，即形上學的畫分，也可以是四分法；因為除了畫分之單純環節以外，還加上兩種關係，即限制權利的條件之關係——在這些關係之中，一項權利與另一項權利相結合，而這種結合之可能性需要特別加以探討。**一項出於人格的方式之物權**底概念直接就被取消；因為一件**物品**對於一個**人格**的權利是無法設想的。如今的問題是：將這種關係反轉過來，是否也同樣無法設想；或者說，這個概念（即「一項**出於物的方式之人格權**」底概念）不僅無內在矛盾，而是本身也屬於「外在的所有物」這個概念，而為一個必然的（在理性中先天地被給與的）概念，亦即儘管並非在所有方面均以類似於物的方式來**對待**

**人格**，但卻**占有**它們，而在許多關係中將它們當作物來處理？

## 2.「一項出於物的方式之人格權」底概念之證成

　　總而言之，「出於物的方式之人格權」底定義如下：「這是人將自己以外的一個**人格**當作**其所有物**[34]而擁有的權利。」我刻意說「一個**人格**」；因為人們固然可以將另一個因犯罪而喪失了其人格性（已成為奴隸）的**人**當作其所有物而擁有，但此處所談的並非這種物權。

　　上述作為「法學天空中的新事相」之概念，究竟是一顆神奇之星[35]（一種過去從未見過的現象，它成長為最大的星辰，但又逐漸消失，或許有朝一日再重現），抑或只是一顆**流星**，如今應當　359

---

34　我在這裡也不說：「將一個人格當作我的（eine Person als die　358
　　meinige）」（用形容詞）而擁有，而是說：「**當作我的所有物**（als
　　das Meine）」（οτ meum，用名詞）而擁有。因為我可以說：「這是
　　**我的父親**。」這只是表示我與他一般而言的自然關係（聯結）；
　　例如說：「**我有**一個父親。」 但是我不能說：「我將他當作**我的所
　　有物**而擁有。」可是如果我說「我的妻子」，這就意謂占有者對一
　　個為**物**的對象（即使它是一個人格）之一種特殊的（即法律的）
　　關係。但占有（**自然意義的**）是將一個東西**當作**一物來**操控**
　　（Handhabung/manipulatio）的可能性之條件——縱使這個東西
　　在另一種關係中必須同時被當作人格來對待。

35　【譯注】丹麥天文學家布拉赫（Tycho Brahe, 1546-1601）於 1572 年
　　發現一顆「超新星」（stella nova），稱之為「神奇之星」（stella mirabilis）。

加以探討。

# 3. 例證

　　將某個外在之物當作一個人底所有物而擁有，即是在法律上占有；但是占有是使用底可能性之條件。如果這項條件僅被視為自然的條件，這種占有便是**持有**（Inhabung）。而儘管單是合法的持有並不足以因此就將對象說成是我的所有物，或是使它成為我的所有物；但如果我有權（無論基於什麼理由）堅決要求持有一個脫離了我的支配或是從我的支配中被奪走之對象，這個法權概念便是一個徵兆（有如原因之結果），表示我自以為有權將該對象當作**我的所有物**，但也在對它的**智思性**占有之中對待它，且因此使用這個對象。

　　在此，所有物的確並非意謂以另一個人底人格為財產（因為一個人決不可能是自己的財產，更不可能是另一個人格之財產），而是僅意謂用益權（Nießbrauch/ius utendi fruendi）方面的所有物，即直接將這個人格**視同**一物，視同達成我的目的之工具來使用，但卻不損及其人格性。

　　但是這項目的作為使用底合法性之條件，必須在道德上是必然的。無論是丈夫為了將妻子視同物來**享用**，亦即為了在與妻子之純然動物性的結合中感受直接的滿足，而欲求她，還是妻子為此而獻身於丈夫，雙方都得放棄其人格性（肉體的或獸性的交合）；也就是說，除非是在婚姻之條件下，而婚姻——即是相互獻出其人格本身而讓另一個人格占有之——必須**事先**被締結，以免由於一方對另一方在肉體方面的使用而不成其為人。

　　若無這項條件，肉體的享樂就原理來說（儘管並非總是就結果來說），便是**野蠻的**。無論是〔食物〕被人用嘴和牙齒吃掉，還是女方由於懷孕，以及由此可能導致使她喪命的分娩，男方則由於女人對男人性能力的經常需索所導致之衰竭，而**被耗盡**，只是在享受的手法上不同而已，而且在這種對性器官的相互使用當中，一方對另一方而言，其實是一個**可利用**之物（res fungibilis）；因此，藉由一項**契約**使自己成為如此之物，這便是一項違法的契約（pactum turpe）。

　　同樣地，丈夫與妻子一起生育孩子，作為他們雙方的**製造品**（Machwerk/res artificialis）時，雙方必須對孩子共同負起撫養他的**責任**——這的確也是將一個人**視同**一物而取得之，但只是在形式上如此（合乎一項純然出於物的方式之人格權）。父母[36]有一項權利反對脫離其支配的孩子之任何占有者（ius in re〔對於物的權利〕），且同時有一項權利去強制孩子完成任何工作，並且完全服從其命令（這些工作與命令並不違反一種可能的法律自由）（ius ad rem〔關於物的權利〕），因而對孩子也有一項人格權。

　　最後，當孩子開始成年，父母撫養他們的義務終止時，父母還是有權為了維持家庭體，將孩子當作應服從其命令的家庭成員

---

36　在德文的書寫方式中，Ältern 一詞意謂 Seniores〔長者〕，而 Eltern 一詞則意謂 Parentes〔父母〕；兩者在發音上無法區別，但在意義上卻極為不同。

來使用，直到允許他們離開為止；這是父母對孩子的一項義務，而它是來自對父母權利的自然限制。至此為止，孩子固然是家庭成員，並且屬於**家庭**，但從現在起，他們屬於家庭中的**僕從**（Dienerschaft/famulatus）；因此，他們只能藉由契約附加於家長之所有物（作為其僕役）。同樣地，**家庭之外的**僕從也能根據一項出於物的方式之人格權而成為家長之所有物，並且藉由契約被當作僕役（Gesinde/famulatus domesticus〔家僕〕）而取得。這樣的一種契約並非一項純然**租賃**（Verdingung/ locatio conductio operae〔對勞力的租賃〕）之契約，而是讓其人格為家長所占有的契約，即**雇傭**（Vermietung/ locatio conductio personae〔對人格的租賃〕）之契約。這種雇傭與上述的租賃不同之處在於：僕役同意做**一切被允許之事**，而這些事涉及家庭體之福祉，而且並非作為指定的與特別規定的工作而被託付於他；反之，為了特定工作而受雇者（手工匠或臨時工）並不委身為他人底所有物，且因此也非家庭成員。由於這個受雇者並非在法律上由聘雇他去完成某些工作的另一個人所占有，即使他是家長戶內的住民（inqualinus），家長卻不得將他當作一物而加以**強占**（via facti〔藉由行動〕），而是必須根據人格權堅決要求他去完成他所承諾的工作，而家長是藉由法律手段（via iuris〔藉由法律〕）來支配此事。對於自然法學說中新添加的一項令人驚訝的法律依據（它已經一直隱默地被使用）之闡明與辯護，就說到這裡。

<sub></sub>361

# 4. 論物權與人格權之混淆

再者，「**買賣破除租賃**」（"Kauf bricht Miete."）這個命題（《法權論》，§30，頁129）[37]也被斥責為我在自然的私法中之異端邪說。

某人可能在約定的居住時間屆滿以前通知承租者取消其房屋之租賃，且因此似乎對承租者毀約（只要此人是在民法中已成慣例的期限內，在通常的搬遷時間這麼做）──乍看之下，這似乎當然牴觸了根據一項契約而有的一切權利。但若是能證明：承租者在簽訂其租賃契約時就知道或必然知道，**出租者**（作為所有者）對他所做的承諾自然地（*毋須*在契約中載明）、因而隱默地附有一項條件，即是「**假使出租者在這段期間內不出售其房屋的話**」（或是他在譬如遭逢破產時必須將房屋轉讓給其債權人），那麼，出租者就未毀棄其按理性來說本身就是有條件的承諾，而承租者底權利並未由於他在租期屆滿之前收到取消契約的通知，而有所減損。

因為承租者根據租賃契約而有的權利是一項**人格權**，即對於某一人格必須為另一個人格完成之事的權利（ius ad rem〔關於物的權利〕），而非反對該物底任何占有者的權利（ius in re〔對於物的權利〕），亦即一項**物權**。

如今，承租者的確能在其**租賃契約**中保障自己，並且為自己

362

---

37　【譯注】這是原版底頁碼，但§30當是§31之誤。這句話見 *KGS*, Bd. 6, S. 290.

取得對房屋的一項物權；也就是說，他只要讓租賃契約**登載**在出租者底房屋上（登記在其地籍簿上），而附加於土地。這樣一來，他就不會由於所有者通知他取消契約，甚至由於其死亡（自然的死亡，或甚至民事上的死亡，即破產），而在約定時間屆滿之前被撤銷租賃。如果他不這麼做——由於他或許想保有在他處以更好的條件簽訂一項租約之自由，或是由於所有者不願他的房屋被加上這樣一項負擔——，則由此可以推斷：對於宣告取消契約的時間（在民法中為此規定的期限除外），雙方中的任何一方都意識到自己簽訂了一項隱含條件的契約，可以根據他們的習慣再度解除這項契約。對於以買賣破除租賃的權限之確證，也顯示於這樣一項**無保留的**租賃契約之某些法律後果：因為在承租者死亡之後，其繼承人並不被強加繼續承租的責任，因為這只是某一人格應負的責任，這項責任隨著其死亡而終止（但在這種情況下，宣告取消契約的法定期限總是得一併加以考慮）。同樣地，若無一項特殊的契約，則承租者作為承租者的權利也無法轉移給其繼承人，正如雙方在世時，若無明確的協議，承租人也無權設定**轉租人**。

## 5. 對懲罰權底概念的補充討論

**人類**當中的一部國家憲法之純然理念已包含一種屬於最高權力的「懲罰底正義」之概念。問題只在於：如果懲罰方式僅適合作為消除犯罪（作為在每個人對其所有物的占有當中對國家安全的破壞）的手段，這些方式對立法者而言是否無所謂呢？或者

說，立法者是否還得考慮對罪犯底人格中的「人」（亦即，對人類） 363
的敬畏呢？——更確切地說，這是出於純然的法權根據，因為我
還是根據形式將報復權（ius talionis）視為作為懲罰權底原則之唯
一先天地決定的（而非由關於「為達到這項目標，什麼因應手段
最有效」的經驗擷取的）理念[38]。但是對於不容許**報復**的犯罪之
懲罰[39]，該怎麼辦呢？因為這些犯罪本身或者將是不可能的，或
者甚至將是對於一般而言的「人」（Menschheit）之一種應受懲罰
的犯罪，例如強姦罪，以及雞姦罪或獸姦罪。前兩種犯罪藉由去
勢來懲罰（像是土耳其蘇丹後宮中的白人太監或黑人太監之去

---

38　在每一項懲罰當中，都有某種（合理地）傷害被告底榮譽感的東西； 363
　　因為這項懲罰包含一種僅只單方面的強制，且因此在他身上，一個
　　國民作為國民的尊嚴在一個特殊情況下至少暫時被中止了；因為他
　　受制於一項外在的義務，而他不得從他這方面去抗拒這項義務。地
　　位高的人與富人被罰款時，由於他們必須屈從於地位較低的人之意
　　志而感受到的屈辱，更甚於金錢之損失。既然對於「**應受懲罰**」一
　　事的論證是**道德的**（quia peccatum est〔這是由於有罪〕），則**懲罰**
　　**底正義**（Strafgerechtigkeit/iustitia punitiva）在此必須與**懲罰底明哲**
　　（Strafklugheit）區別開來——既然後者僅是**實用的**（pragmatisch）
　　（ne peccetur〔為了不會犯罪〕），並且是以關於「什麼能最有效地
　　制止犯罪」的經驗為依據——而且在法權論底詞序學（Topik）中
　　有一個完全不同的**位置**，即公正底位置（lotus iusti），而非「有用 364
　　之事」（conducibilis）底位置，或是在某方面「**有利之事**」底位置，
　　亦非純然的正直（honestus）底位置——其位置必須在倫理學中去尋
　　求。

39　【譯注】這句話底文義不甚順通，今依 Vorländer 版將 Strafen 增字
　　為 Strafen für Verbrechen。

勢），後一種犯罪藉由永遠逐出文明社會來懲罰，因為罪犯已使自
己配不上人類社會。「誰犯了什麼罪，他也會以同樣的方式受到懲
罰。」（"Per quod quis peccat, per idem punitur et idem."）上述的犯
罪之所以稱為不自然的，係由於它們是對「人」本身所犯的。為
這些犯罪而**任意**施加懲罰，依條文就違反一種**懲罰底正義**之概
念。唯有當罪犯因其惡行而自食其果，並且遭受到（儘管不是按
照刑法底條文、而是按照其精神）他對別人所犯的罪時，他才無
法抱怨自己受到不公的對待。

# 6. 論因時效而占有的權利

「根據第 131 頁以下[40]，因**時效而占有**（Ersitzung/Usucapio）
的權利應當藉由自然法來證立。因為如果我們不假定：藉由誠實
的占有，此處所稱的一種**理想的取得**得以證立，則根本不會有任
何取得獲得終極的保障。（但是康德先生甚至在自然狀態中就假
定一種僅只暫時性的取得，且因此堅決要求公民憲法在法學上的
必要性。……我主張自己是誠實的占有者，但只是針對那個無法
證明他自己比我更早成為同一物底**誠實占有者**，且無意終止作為
占有者的人。）」[41]這裡所談的並不是這一點，而是：縱使有一個

---

40　【譯注】相當於學術院版第 291 頁以下。

41　【譯注】引文見 *Göttingische Anzeigen von gelehrten Sachen*, 28. Stück,
　　18.2.1797, S. 74; 亦見 *KGS*, Bd. 20, S. 451f.

人表示自己是該物**更早的**真正所有者而提出要求，但是要查明他身為占有者的存在及其身為所有者的占有狀態，卻是**絕對**不可能之事，我是否還能**主張**自己是所有者呢？如果此人根本未自行對其持續的占有提出任何公開而有效的表示（不論是否由於他自己的過失），例如藉由登錄於簿籍，或是藉由在公民集會中無異議地表決他是所有者，我就能如此主張。

　　因為此處的問題是：誰該證明其合法的取得呢？此項責任（onus probandi〔舉證責任〕）不能由占有者來承擔；因為就其已確知的歷史之所及，他已占有了此物。此物更早的所謂所有者，由於他在一段居間時期內對其財產並未提出任何在民事上有效的表示，則根據法權原則，他完全脫離了前後相繼的占有者之系列。由於他未採取任何一項公開的占有行動，他成為一個沒有名分的要求者。（反之，在這裡就像在神學中一樣，可以說：保持即是持續的創造〔conservatio est continua creatio.〕。）即使有一個過去並未現身、但後來帶著所發現的文件而提出要求的人存在，但他還是會再讓人懷疑：是否有朝一日會有一個更老的要求者出現，而且能將其要求建立在更早的占有之上？在這種情況下，要最後**因時效而占有**該物（acquirere per usucapionem），其關鍵根本不在於占有**時間之長短**。因為假定一樁不公之事由於持續已久，便逐漸成為一樁正當之事，乃是荒謬的。**使用**（無論多久）預設對於該物的權利，決非後者要以前者為依據。因此，「**因時效而占有**」（Ersitzung/sucapio），作為由於長期使用一物而致的**取得**，是個自相矛盾的概念。「要求**因過期而失效**」（Verjährung der Ansprü-

che），作為**保持底方式**（conservatio possessionis meae per praescrip-
tionem〔藉由因過期而失效來保持我的占有〕），同樣是個自相矛
盾的概念；但是就取用（Zueignung）底論據而言，這卻是一個與
前一概念不同的概念。因為這是一項消極根據，亦即完全**不使用**
其權利，甚至連為了顯示自己是占有者而必要的使用都不為，而
被視為對該物的**放棄**（derelictio〔棄權〕）[42]；而這種放棄是一項
法律行動，亦即使用其權利來反對另一個人，以便藉由使此人無
法提出要求（per praescriptionem〔藉由因過期而失效〕）而取得他
的對象——這包含一項矛盾。

　　因此，我的取得無需進行證明，也毋需有任何法律行動。我
不需要去證明，而是藉由法律（lege）而取得；然後呢？**公開地**擺
脫要求，也就是說，**在法律上保障我的占有**——由於我毋須進行
證明，而以一種持續的占有為依據。但是，在自然狀態中的一切
**取得**都僅是暫時的，這點不影響到對取得之物的**占有**底保障問
題，這個問題必然先於取得。

## 7. 論繼承

　　關於繼承權，評論者先生這回失去了其洞察力，而未抓住我

---

42　【譯注】這句話在文法上不完整，顯然有缺漏。今依學術院版此書
　　　編者 Paul Natorp 之建議，在 auf dieselbe（derelictio）之後補上 ge-
　　　nommen 一字，使語意完整。

的主張之證明要點。我在第 135 頁[43]並不是說：「每個人都必然接受一切**被提供給他的事物**，若是藉由這種接受，他只可能有所得，但決不會有所失的話」（因為根本沒有這樣的事物），而是說：每個人在這一瞬間實際上總是不可避免地且隱默地、但在此卻有效地接受〔得到〕**供給的權利**——也就是說，當事情在本質上使得撤銷〔供給〕絕對不可能之際，亦即其〔承諾者〕死亡底瞬間；因為在這種情況下，提出承諾者無法撤銷〔供給〕，而接受承諾者毋須採取任何一項法律行動，在這一瞬間就已是接受者，但並非所承諾的遺產之承受者，而是接受或拒絕遺產的權利之承受者。在這一瞬間，當他打開遺囑時便發覺：他在接受遺產之前便已經變得比過去更為富有；因為他已經單獨取得了**接受的權限**，而這種權限已經是一種富有狀態。在這種情況下，一種公民狀態被預設，以便使某物在有人已不在世時成為**另一個人**之**所有物**，而死者財產之這種轉移絲毫不改變根據自然法底普遍原則而取得的可能性——儘管要將這些原則應用於所發生的案例上，必須有一種公民憲法作為依據。也就是說，一個無條件地任由我選擇要接受還是拒絕的事物，稱為棄置物（res iacens）。如果一物底所有者無償提供給我某物，例如我正要搬出的房屋中之一件家具（他承諾讓此物為我所有），則只要他不撤銷〔承諾〕（如果他在這期間去世，他就不可能撤銷），我就單獨擁有一項接受被提供之物的權利（ius in re iacente〔對於閒置之物的權利〕），這就是說，唯有我能按己意接受或拒絕它；而我之獲得這項專屬地作選擇的

366

---

43　【譯注】相當於學術院版第 294 頁。

權利，並非藉由一項特殊的法律行動，即聲明我想要擁有這項權利，而是無需這項行動（lege〔藉由法律〕）。因此，我固然能甚至聲明：我意願**此物不當屬於我**（因為接受此物可能會使我與他人交惡），但我卻無法意願專屬地去選擇：**此物是否應當屬於我**；因為我毋須聲明我的接受，直接藉由這項供給，就擁有這項（接受或拒絕的）權利；因為如果我連這項選擇都能拒絕擁有，我就會選擇不作選擇，而這是一項矛盾。如今這項選擇的權利在遺贈者去世的那一瞬間就轉移給我，而藉由其遺囑（instututio heredis〔對繼承人的指定〕），我固然尚未取得遺贈者之任何財產，但卻取得對這份財產或其一部分之**純然法律上的**（智思的）占有；而今我可以為了他人之利益而放棄接受其財產，因而這種占有並無片刻中斷，而是繼承作為一個持續不斷的序列，藉由被指定的繼承人之接受，從死者轉移到這位繼承人，且因此「遺囑均合乎自然法」（testamenta sunt iuris naturae）這個命題毫無疑問地得以確立。

367

## 8. 論國家對於為其臣民而設的
## **永久**基金會之權利

**基金會**（Stiftung/sanctio testamentaria beneficii perpetui〔以遺囑責成永久的慈善〕）是一種自願的慈善機構，它是由國家所批准，為國家中某些前後相繼的成員而設立，直到其完全消逝為止。

如果藉以維持基金會的規章與國家本身底憲法相一致，這個基金會便稱為永久的（因為國家必須被視為永久的）；而其慈善或是針對一般而言的**人民**，或是針對人民當中根據某些特殊原理而聯合起來的一部分人，針對一個**階層**，或是針對一個**家族**及其後裔之永久延續。第一類底例子是**療養院**，第二類底例子是**教會**，第三類底例子是**會團**（神道的與世俗的），第四類底例子是**長子繼承制**。

　　如今人們說：這些團體及其繼承**權**不得被撤銷；因為藉由**遺囑**，這項權利已成為被指定的繼承人之所有物，而取消這樣一種組織（corpus mysticum〔神祕團體〕）等於是剝奪某人底所有物。

## A.

　　以國家財力（在收容院與療養院中）為**窮人、傷殘者與病人**而設的慈善機構的確是不可解散的。但如果並非遺贈者底意志之條文、而是其意涵要有優先性的話，那麼或許會出現一些情境，使得廢除這樣一種基金會至少在形式上是可取的。於是人們發現：如果窮人與病人（瘋人院中的病人除外）得到某一（與時間底需求成比例的）金額之補助，而得以依其意願在其親戚或是在其熟人那裡租個房間，則較諸（像是在**格林威治**的療養院中）為此而設置豪華但卻極度限制自由、且配有昂貴人員的機構，他們所得到的照顧更好，也更便宜。而在這種情況下，人們不能說：國家剝奪了有權享受這種基金會的人民之所有物，反倒是國家藉由選擇更聰明的手段來贍養這些人民，因而促進了其所有物。

## B.

由於國家之庇佑，不在肉體方面自我繁衍的神職人員（天主教神職人員）占有地產及依附其上的臣民，這些地產及臣民屬於一個神道的國家（稱為教會），而世俗之人為了其靈魂之拯救，藉由遺囑將他們自己當作其財產而奉獻給這個國家。於是教士作為一個特殊階層，便擁有一份產業，而這份產業能依法從一個時代傳到另一個時代，並且藉由教皇詔書得到充分的文獻證明。如今，人們難道可以假定：世俗國家之絕對權力可以逕自從教士那裡剝奪他們對於平信徒的關係？而這豈不等於是以強制力剝奪某人之所有物，如同法蘭西共和國中的無信仰者所嘗試過的？

此處的問題是：教會可以屬於國家，作為其所有物？還是國家可以屬於教會，作為其所有物？因為兩個最高權力無法相互隸屬而無矛盾。唯有**前一種憲法**（politico-hierachica〔政治的教權等級制的〕）本身才能持久，這是自**明**的；因為凡是公民憲法均屬於**此世**，這是由於它是（人底）一種世間權力，而這種權力連同其結果能在經驗中得到文獻證明。只要人們給予信徒——其**王國**在天上、在**彼世**——一部涉及這個王國的憲法（hierachico-politica〔教權等級制的政治的〕），他們就得在世俗人底最高權力下承受這個時代之苦難。因此，只有前一種憲法存在。

（在現象中的）宗教，作為對教會底規章及對教士（身為這樣一種憲法底貴族）底權力的信仰，或者即使這種憲法是君主制的（教皇制的），它既無法被任何國家底公民憲法強加於人民，也無法為它所剝奪，國民更不得（像是諸如愛爾蘭民族在大不列顛

受到的待遇）由於國民與王室之宗教不同，而被排除於公職及其
由此所獲得的利益之外。

　　如今，如果某些虔誠而篤信的心靈，為了藉祈禱、赦罪與懺
悔——藉由它們，他們為此而被任命的僕人（神職人員）應允會
使他們在來世有好運——而分享恩寵（教會向信徒承諾，即使在
他們死後也會顯示這種恩寵），永久建立一個基金會，而因此使神
職人員底某些地產在他們死後應當成為教會底財產，並且使國家
對教會在某個**部分**，甚或**全部**，負有領主底義務，則這樣一個在
假想中被永久化的基金會決非永久被建立的，而是國家可以擺脫
教會加諸它的這項負擔（如果國家願意的話）[44]。因為教會本身
是一個純然建立在信仰之上的機構，而且當來自這種意見的欺騙
由於人民之啟蒙而消失時，教士以此為依據的可怕強制力也被取

369

---

44　【譯注】這整句話底文義在原版不甚順通，學術院版此書底編者
　　Natorp 建議將這整句話調整為："Wenn nun gewisse andächtige und
　　gläubige Seelen, um - durch Gebete, Ablässe und Büßungen, durch wel-
　　che die dazu bestellten Diener derselben（die Geistlichen）das Loos in
　　der anderen Welt ihnen vortheilhaft zu machen verheißen - der Gnade
　　theilhaftig zu werden, welche die Kirche den Gläubigen auch nach dieser
　　ihrem Tode zu erzeigen verspricht, eine Stiftung auf ewige Zeiten
　　errichten, durch welche gewisse Ländereien derselben nach ihrem Tode
　　ein Eigenthum der Kirche werden sollen, und der Staat an diesem oder
　　jenem Theil, oder gar ganz sich der Kirche lehnspflichtig macht, so ist
　　eine solche vermeintlich auf ewige Zeiten gemachte Stiftung keineswegs
　　auf ewig begründet, sondern der Staat kann diese Last, die ihm von der
　　Kirche aufgelegt worden, abwerfen, wenn er will." 今從其說。

消了，而國家有完全的權利沒收教會底非分財產，即藉由遺囑而被贈與教會的土地——儘管迄今存在的機構之領地受封者可以根據其權利而要求在其有生之年不蒙受損失。

甚至為窮人設立的永久基金會或是教育機構，一旦它們具有某種由捐贈者依其理念而決定並規畫的樣式，就無法被永久建立，而土地也可能因此而有糾紛；而是國家必須擁有依時代需求而設立它們之自由。要全面實現這個理念（例如，讓窮學生以賣唱行乞來彌補為慈善而設立的教育基金之不足），更是困難，這點並不足為奇；因為以善心的、但卻同時略為好名的方式建創立一個基金會的人，並不希望另一個人依其想法來改造這個基金會，而是希望他自己在基金會裡永垂不朽。但是這並不改變事情本身底特性與國家底法權，甚至不改變國家改造任何基金會的義務（如果基金會有礙於國家之生存及其繁榮進步的話）；因此，基金會決無法被視為永久成立的。

## C.

在一個本身並非處於一部貴族制憲法、而是處於君主制憲法之下的國度裡，貴族始終可以是一個對某個時代而言容許的、並且就情勢而言必要的制度；但我們決無法主張：這個階層可以永遠被建立起來，而一個國家元首不當有權全盤廢除這個階層底特權；或者如果他這麼做，我們可以說：他剝奪了其（貴族）臣民由於繼承而歸屬於他們的**所有物**。貴族是一個由國家認可的暫時性的組合體[45]，這種組合體必須順應時代情勢，而且不得損害已延宕如此之久的普遍人權。因為國家中的貴族階層不單依待於憲法本身，而是僅為憲法底一個附質（Akzidenz），只能藉由依存於國家中而存在（一個貴族的確只能在國家中、而非在自然狀態中被設想為貴族）。是故，如果國家更改其憲法，則因此而失去上述頭銜與特權的人不可以說：他被剝奪了其所有物；因為唯有在這種國家形式繼續存在之條件下，他才能稱之為其所有物，但國家有權改變憲法（例如，轉換為共和制）。因此，會團及配戴其某些標誌的特權並不提供這種占有之**永久**權利。

## D.

最後，關於**長子繼承制底基金會**——在此，一個財產占有者藉繼承人之指定而規定：在前後相繼的一連串繼承人當中，家族中最親近的人總應當是財產底所有者（類似於在一個君主世襲制的國家憲法之中，**君主**便是家族中最親近的人）——，這樣一種基金會不僅可以隨時因所有父系親屬之同意而被撤銷，而且不可永久（彷如附著於土地的繼承權一般）持續存在下去，我們也不能說：讓基金會終止是對它及其先祖（創立者）底意志的一種侵犯；而是國家在此也擁有一項權利、甚至是義務，即在它自己的改革之原因逐漸出現時，不讓其臣民底這樣一種聯盟制度像輔君

---

45　【譯注】康德在此借用 Zunftgenossenschaft 一詞，此詞原本意指「同業公會」。

一樣（類似於王朝之於總督），再度死灰復燃。

## 結語

　　最後，評論者先生還對於在「**公法**」底欄目下所提到的諸理念──「對於這些理念，（如他所言，）限於篇幅，無法表示意見」
371 ──作了以下的說明：「就我們所知，還沒有任何哲學家承認〔康德底〕所有詭譎命題當中最詭譎的命題，此即：『**最高統治權**』（Oberherrschaft）之純然**理念**就應當迫使我將任何以我的主人自居的人當作我的主人來服從，而不問是誰授予他對我下命令的權利。人們應當承認最高統治權與元首，與人們應當先天地將這個人或那個人（其存在決非先天既有的）視為其主人，應當是一回事嗎？」[46] 好吧！姑且承認這裡有**弔詭**，但我希望：在進一步考察之後，這應當至少無法被指摘為**異端邪說**；而是這位有識見而寬以責人的深刻評論者（儘管有上述的反感，他還是「將這整部《法權論之形上學根基》視為學術成果」）應當不後悔曾將此書至少當作一種值得再度省察的嘗試，針對他人自大而淺薄的非議而為之辯護。

　　對一個民族據有最高的命令權與立法權的人必須被服從，而

---

46　【譯注】引文見 *Göttingische Anzeigen von gelehrten Sachen*, 28. Stück, 18.2.1797, S. 75f.; 亦見 *KGS*, Bd. 20, S. 453. 康德在引用這段文字時，略去了「康德底」（Kantischen）一詞。

且是在法律上無條件地被服從，以致即使僅是公開**探討**他取得這些權力的權原，因而懷疑他，以便在萬一欠缺這種權原時反抗他，這已應受懲罰了；再者，（在一切不牴牾內在道德的事務中）**服從對你擁有強制力的當權者**，這是一項定言令式——這是被否定的唐突命題。但不僅是這項原則——它以一項事實（占取）作為條件，以之為法權底基礎——，而是「甚至對於一個民族的最高統治權之純然理念，毋須先行探討，就迫使我（我屬於這個民族）服從這項自命的權利」（《法權論》，§49）[47]，似乎使評論者底理性產生反感。

每項事實（Faktum/Tatsache）都是（感官底）**現象**中的對象；反之，只能藉由純粹理性來呈現的東西，必須被歸諸**理念**，而在經驗中沒有任何對象能相應於這些理念而被給與——在人類當中的一部完美的**法律憲章**便屬於此類，這便是物自身。

然則，如果有一個民族藉由法律在一個當權者之下聯合起來，則這是按照**一般而言的**民族在一個掌握權力的最高意志下之統一底理念，作為經驗底對象而被給與，但當然只是在現象中被給與；也就是說，有一部法律憲章（依此詞底普遍意義）存在。再者，儘管這部憲章可能帶有重大缺陷與嚴重差錯，並且需要逐步作重要改革，但是反抗它卻是絕對不容許且應受懲罰的；因為如果人民認為自己有權用暴力來反抗這部憲章（儘管仍有差錯）及最高權威，他們就會自以為擁有一項權利，以暴力來取代規範

372

---

47　【譯注】這是指本書§49 之後〈關於從公民聯盟底本性所產生的法律效果之通釋〉之 A 節。

一切權利的最高立法，而這將產生一個摧毀自己的最高意志。

　　一般而言的國家憲法之**理念**——它對每個民族而言，也是根據法權概念作判斷的實踐理性之絕對命令——是**神聖**而不可抗拒的。再者，即使國家底組織由於自身的緣故而有缺陷，但在國家中並無任何下級權力可以藉暴力反抗來對抗其立法的元首，而是國家具有的缺點必須藉由它本身所從事的改革逐漸去消除；因為不然的話，若是臣民秉持一項相反的格律（專橫肆意地行事），一部良好的憲法本身便只能由於盲目的機運而實現。「服從對你擁有強制力的當權者」這項命令並不深究它如何取得這種強制力（以便在必要時削弱這種強制力）；因為你們生活於其下之現存的當權者已占有立法權，而你們固然可以對這種立法權公開進行詭辯，但卻不可自命為反抗的立法者。

　　使人民底意志（它本身是尚未聯合的，因而是無法紀的）無條件地從屬於一個**擁有主權的**（藉一部法律將所有人聯合起來的）意志，這是一個**行動**（Tat），它只能藉由占取最高權力而開始，且因此首度建立一部公法。還容許對這種絕對權力加以反抗（這種反抗限制上述的最高權力），乃是自相矛盾；因為這樣一來，這項權力（它可以被反抗）就不是法律上的最高權力——它首先決定：何者在公共領域應是正當的與否？再者，這項原則已先天地存在於一般而言的國家憲法之**理念**中，也就是說，存在於實踐理性底一個概念中——儘管在經驗中沒有任何實例能**相應地**被歸諸這個概念，但它作為規範，也必定沒有任何經驗與它相牴牾。

# 第二部

# 德行論之形上學根基

*Metaphysische Anfangsgründe*

*der Tugendlehre*

# 前言

　　如果關於某一對象有一門**哲學**（來自概念的理性知識之系統）的話，則對於這門哲學必然也有純粹的、無待於一切直觀條件的理性概念之一個系統，亦即一門**形上學**。問題只是：對於任何作為義務學說的**實踐**哲學來說，因而也對於**德行論**（倫理學）來說，是否也需要有**形上學的根基**，以便能將它當作真正的學問（系統地）、而非僅當作零星拾掇的學說之堆砌（片段地）而提出來。對於純粹的法權論，沒有人會懷疑這項需要；因為它僅涉及在外在關係中必須依自由法則加以限制的意念之**形式面**，而不考慮一切**目的**（作為意念底質料）。因此，義務學說在此只是一套**知識學說**（Wissenslehre/doctrina scientiae）<sup>1</sup>。

---

1　一個**精通實踐哲學的人**並不因此就是**一個實踐哲學家**。實踐哲學家　
　　是將**理性底目的**當作**其行為**底原則的人，因為他同時將對此必要的
　　知識與這一點結合起來。既然這種知識著眼於作為，則若它完全不
　　涉及一項法律義務──就這種義務而言，**所有物**（das Mein und Dein）
　　必須在正義之天秤上，根據「作用與反作用相等」的原則精確地、
　　且因此類乎數學的準確性而被決定──而是僅關乎一項德行義務，
　　它就大可不必被抽繹至形上學最精微之處。因為在這種情況下，問
　　題不僅在於知道義務為**何事**（由於所有人自然地擁有的目的，這點

376　　　　如今，在這門哲學（德行論）中，要回溯到**形上學的根基**，以便在清除了一切經驗之物（所有情感）之際，卻使義務概念成為動機，這似乎與這門哲學之理念正相牴牾[2]。因為如果德行應當從形上學——這是一項思辨之事，只有少數人懂得處置它——底軍械庫借用其武器，那麼為了克服滋生罪惡的愛好，我們能為一種力量及無比的強力形成怎樣的一個概念呢？ 因此，如果在講堂上、布道壇上及通俗讀物中的一切德行學說以形上學的碎片來裝飾，也會變得可笑。但即使如此，在一門形上學中探求德行論之最初根據，卻非無益，遑論可笑；因為任何人身為哲學家，都得歸趨於這個義務概念底最初根據，否則對於德行論，根本就無法期待可靠性，也無法期待純潔性。既然如此，民眾教師的確也能滿足於信賴某種**情感**（由於它被期待的作用，它稱為**道德的**）；因為他要求記取以下的課題，作為「一項德行義務是否為德行義務」之試金石：「如果每個人在所有情況下都使你的格律成為普遍

---

並不難說明），而是主要在於意志之內在原則，即是：對於這項義務的意識同時即是行為底**動機**，以便針對將這項智慧原則與其知識聯結起來的人說：他是一個**實踐哲學家**。

2　【譯注】康德在《道德底形上學之基礎》中談到「義務」底概念時寫道：「這個概念包含一個善的意志底概念，儘管是在某些主觀的限制和障礙之中；但這些限制和障礙決不會掩蔽這個概念而使之不可辨識，反而凸顯之，而使之呈現得更加鮮明。」（KGS, Bd. 4, S. 397）依此，「義務」底概念必然涉及「某些主觀的限制和障礙」，亦即感性的愛好。因此，康德才會說：這似乎與德行論之理念正相牴牾。

法則，這樣一項格律如何才可能自相一致呢？」但是如果使「採取這個命題作為試金石」也成為我們的義務的，只是情感，則在這種情況下，這項義務就不是由理性所授意，而只是依本能、因而盲目地被當成義務。

然而事實上，道德原則並非如人們可能錯認的那樣，以某種**情感**為依據，而其實無非是隱晦地被思考的**形上學**，而這種形上學寓於每個人底理性稟賦之中，一如試圖**以蘇格拉底的方式**藉問答對其學生講授義務令式及其應用於對其行為底道德判斷的教師會輕易察覺的。如果教師並無意將其學生教育成哲學家，則其**講課**（技術）大可不必是形上學的，而語言不必是學究式的。但是**思想**必須回溯到形上學之要素；若無這些要素，在德行論中便無法期待任何可靠性與純粹性，甚至也根本無法期待驅動的力量。

如果我們離開這項原理，而從感受的（pathologisch）或純感性的原理，或甚至從道德**情感**（從主觀實踐的、而非客觀的原理），也就是說，從意志底質料（**目的**），而非從其形式（亦即**法則**）出發，以便由此決定義務，那麼當然不出現德行論之**形上學根基**，因為無論情感是由什麼東西所激發，它始終是**自然的**（physisch）。但是在這種情況下，德行論甚至在其來源中就墮落了，無論在學校裡還是在講堂上等等，都是一樣。因為我們是被什麼動機（作為手段）導向一個好意圖（遵循一切義務），並非無關宏旨。因此，**無論預言式地**甚或**天才式地**對義務學說品頭論足的所謂的哲學家多麼討厭**形上學**，對於自命為哲學家的人而言，甚至在德行論中回溯到其原理，並且自己先在其課椅上受教育，卻是不可推卸

377

的義務。

＊　　＊　　＊

　　在此我們理當會驚訝：經過先前對義務原則的一切釐清之後（就它是由純粹理性被推衍出來而言），如何還可能再回歸到**幸福學說**，但最後卻臆想出某種不以經驗的原因為依據之**道德的**幸福——這是一個自相矛盾的荒謬之物？因為當有思想的人克制了引起罪惡的誘惑，並且意識到自己盡了其往往艱難的義務時，他便處於一種心靈平靜與滿足底狀態，我們大可稱之為幸福；在這種狀態中，德行便是他自己的報酬。如今，**幸福主義者**說：這種欣喜、這種幸福是他之所以依德而行的真正動因。並非義務底**概念直接**決定其意志，而是唯有**借助於**所預期的幸福，他才被鼓動去盡其義務。但如今明白的是：由於他只能從「他已盡了其義務」的意識指望德行底這種報酬，這種意識必須先行發生；也就是說，在他還來不及想到幸福將是遵循義務之結果以前，必須覺得自己有責任盡其義務。他在其**原因論**（Ätiologie）中兜圈子。因為唯有他意識到自己遵循義務時，他才能期望自己是**幸福的**（或是內心有至福）；但是唯有他預期他將藉此而使自己幸福時，他才能被鼓動去遵循其義務。但是在這種詭辯中，這也是一項**矛盾**。因為一方面，他應當遵循其義務，而不先問：這對其幸福會有什麼作用，因而是出於一項**道德的**理由；但是在另一方面，唯有他能指望這將會為他帶來的幸福時，他才能承認某件事是其義務，因而

378

是根據**感受的**（pathologisch）原則——這正好與前者相反。

我曾在另一處（《柏林月刊》）將**感受的愉快**與**道德的愉快**之區別，如我所相信的，化約為最簡單的說法[3]。一種愉快必須先於對法則的遵循，才能使人依法則而行，它便是感受的，而舉止則依循**自然秩序**；但一種愉快若要被感覺，就得有法則**先於它**，它便是在**道德秩序**之中。如果這項區別未被注意，如果是 Eudämonie（幸福原則）、而非 Eleutheronomie（內在立法之自由原則）被設定為原理，其結果便是一切道德之 Euthanasie（安樂死）[4]。

這些錯誤之原因無非如下：那些僅習慣於自然學解釋的人不能理解定言令式（由它專斷地產生這些法則）——儘管他們感覺到自己不可抑制地為定言令式所催迫。但是他們無法**解釋**完全超出上述範圍的東西（意念底**自由**）——不論人類底這項優越性，即是能有這樣一種**理念**，如何提升心靈——，而受到思辨理性（它在其他的領域一向感覺到其能力極為強大）底自負要求之刺激，彷彿廣泛地**動員**為理論理性之萬能而結盟者，以抗拒上述的理念，並且因此當下且或許還更長久地（儘管終究還是枉然地）反

---

3　【譯注】這是指康德在 1796 年 5 月號《柏林月刊》（*Berlinische Monatsschrift*）所發表的論文〈論哲學中最近出現的一種高貴腔調〉（"Von einem neuerdings erhobenen vornehmen Ton in der Philosophie"）。在這篇論文中，康德寫道：「**一種愉快（或不快）必須先於法則**，才能使行動發生，它便是**感受的**；但若是一種愉快必須有**法則先於它**，才能使行動發生，它便是**道德的**。」（*KGS*, Bd. 8, S. 395 Anm.）

4　【譯注】本段及上一段文字顯然包含對亞里斯多德倫理學的批評。

對道德自由底概念，並盡可能使它可疑。

# 德行論之導論

在古代，倫理學意謂一般而言的**道德論**（Sittenlehre/philoso-phia moralis），而人們也名之為**關於義務的學說**。其後，人們認為最好將這個名稱僅套用於道德論之一個部分，即是關於不服從外在法則的義務之學說（在德語裡，人們認為「**德行論**」這個名稱適合於它）。因此，普遍的義務學說之系統目前被畫分為能有外在法則的**法權論**（Rechtslehre/ius）之系統與不能有外在法則的**德行論**（Tugendlehre/ethica）之系統；在此，這樣就夠了。

## I. 關於「德行論」底概念的探討

**義務概念**本身就已是法則對於自由意念的一種**強制**（Nö-tigung/Zwang）之概念；而這種強制可能是一種**外在的強制**或是一種**自我強制**。道德**令式**藉由其定言的裁決（無條件的「應當」）宣布這種強制；因此，這種強制並非涉及一般而言的有理性者（其中可能也有**神聖的**存有者），而是涉及作為理性的**自然存有者**之**人**——他們就此而言不夠神聖，以致即使他們自己承認道德法則之威望，卻可能因違背它而突然感到愉快；甚至在他們服從道德

380　法則時，仍是**不情願地**（伴隨著其愛好之反抗）為之；而這其實就是強制之所在[1]。但既然人還是一個**自由的**（道德的）存有者，若是僅考慮意志底內在決定（動機）的話，義務概念便只能包含**自我強制**（僅藉由法則底表象）。因為唯有藉此方式，才有可能將上述的**強制**（即使它是一種外在的強制）與意念底自由統一起來；但這樣一來，義務概念將是一個倫理學的概念。

　　因此，本性底衝動包含義務底履行在人心中的**障礙**及（有時強大的）反抗力量。是故，人必定判斷自己有能力去對抗這些力量，而且藉理性——並非將來才、而是現在（在想到〔義務〕的同時）就——克制它們，也就是說，**能夠**做到法則無條件地命令他**應當**做的事。

　　如今，反抗一個有力但卻不義的敵人之能力與審慎決心是**勇**

379　　1　但是當人客觀地（根據他自己人格中的「**人**」）來考量自己——其
380　　　純粹實踐理性決定他這麼做——時，他卻發覺自己**身為道德存有者**，同時夠神聖，而**不情願**逾越內在法則；因為並無人如此卑鄙，以致在逾越內在法則時不在內心感受到一種反抗，以及對他自己的一種嫌惡（由於這種嫌惡，他不得不自制）。人在這個分岔路上（美麗的寓言將赫庫勒斯置於德行與肉慾之分岔路上）顯示出更多傾聽愛好甚於傾聽法則的傾向，這個現象是不可能解釋的；因為我們要解釋所發生之事，只能藉著根據自然法則從一項原因將它推衍出來，但是在這種情況下，我們不會認為意念是自由的。但是這種相互對立的自我強制及其不可避免性卻使人認識到**自由**本身無法理解的性質。

　　【譯者按】赫庫勒斯（Hercules）是希臘神話中因人神結合而生的大力士，其一生充滿神奇的英雄事蹟，經常徘徊於德行與誘惑之間。

氣（Tapferkeit/fortitudo），而就**我們內心中的**道德存心之敵人而言，這便是**德行**（virtus, fortitude moralis〔道德勇氣〕）。因此，一般義務學說，就其並非將外在自由、而是將內在自由置於法則之下的部分而言，便是一門**德行論**。

法權論僅涉及外在自由之**形式**條件（根據其格律被當作普遍法則時的自相協調），也就是說，涉及**法權**。反之，倫理學還提供純粹理性底一項**質料**（自由意念底一個對象）、一項**目的**，而這項目的同時被表述為客觀上必然的目的，亦即對人而言，被表述為義務。因為既然感性愛好誘使人去追求可能違反義務的目的（作為意念底質料），則除非再藉一項相反的道德目的（它因此必須無待於愛好、先天地被給與），否則制定法則的理性無法扼止感性愛好之影響。

**目的**是（一個有理性者底）意念之一個對象，而藉由其表象，意念被決定去做一個行為，以產生這個對象。如今，他人固然能強迫我去做一些作為手段而朝向一項目的之行為，但決無法強迫**我擁有一項目的**，而是我只能自己**使**某物**成為我的**目的。但是我也被責成使存在於實踐理性底概念中的某物成為我的目的，也就是說，除了意念之形式的決定根據（法權就包含這類東西）以外，還要擁有一個實質的決定根據，即一項目的，而這項目的可能與來自感性衝動的目的相對立；這將是「一項**本身就是義務的目的**」之概念。但是關於這種目的的學說不會屬於法權學說，而是屬於倫理學——唯有倫理學在其概念中包括依乎（道德）法則的**自我強制**。

基於這項理由，倫理學也能被界定為純粹實踐理性底**目的**之

381

系統。義務與目的將一般道德論底兩個分支[2]區別開來。倫理學包含他人無法（以自然的方式）強迫我們去遵循的義務，這點不過是從「倫理學是一套關於**目的**的學說」得出的結論，因為這種**強制**（擁有這些目的）是自相矛盾的。

　　但是，倫理學是一門**德行論**（Tugendlehre/doctrina officiorum virtutis〔德行義務底理論〕），這是將上文對於「德行」的解釋與方才已說明其特點的「責成」（Verpflichtung）加以比較之後所推得。因為除了意念被決定去追求一項**目的**之外，它並無任何其他的決定，憑其概念就足以不受他人底**意念**甚至**以自然的方式**所強迫。另一個人固然能**強迫**我去**做**某件並非我的目的（而只是達成其目的的手段）之事，但卻無法強迫我**使此事成為我的目的**，而且我的確無法懷有一項目的，而不使它成為我的目的。後一種情況是一種自相矛盾：這是自由底一項活動，但卻同時是不自由的。但是我為自己設定一項目的，而這項目的同時是義務，這卻不是一項矛盾，因為在這種情況下，我強迫我自己——這與自由完全

382　相容[3]。但現在的問題是：這樣的一項目的如何可能呢？因為一物

---

2　【譯注】這是指法權論與德行論。

382

3　人越是無法以自然的方式被強制，而在另一方面，越是可以以道德的方式（藉由義務之純然表象）被強制，他就越是自由。例如，一個人具有充分的堅定決斷與堅強心靈，不論我們讓他明白他會因此而蒙受多大的損害，都不放棄他已打算進行的娛樂。但是當他想到：他這麼做時，他廢弛了其職務上的義務，或是冷落了一位生病的父親，便毫不遲疑地（儘管極不情願地）放棄其決心。他正好藉此證明其最高程度的自由：他無法反抗義務底聲音。

底概念之可能性（此概念不自相矛盾）還不足以去假定此物本身
之可能性（此概念之客觀實在性）。

## II. 關於「一項同時是義務的目的」底概念的探討

　　我們可以藉兩種方式來設想目的與義務之關係：或者從目的
出發，去找出合乎義務的行為之**格律**；或者反過來，從這項格律
開始，去找出同時是義務的**目的**。**法權論**採行第一條道路。每個
人要為其行為設定什麼目的，聽任其自由意念。但是其行為底格
律是先天地被決定的，此即：行動者底自由與其他每個人底自由
能依一項普遍法則而並存。

　　但是**倫理學**採行一條相反的道路。它無法從人可能為自己設
定的目的出發，並且據此安排他所要採納的格律，亦即其義務。
因為這將是格律底經驗根據，而這些根據並不提供一個義務概念
——這個概念（定言的「應當」）唯獨在純粹理性中有其根源。同
樣地，如果格律之採納是要根據上述的目的（它們都是自私的），
那麼根本也不可能有義務概念可言。因此，在倫理學中，**義務概
念**會導向目的，而且必須根據道德原理，針對我們**應當**為自己設
定的目的來建立**格律**。

　　姑且不論到底怎樣的一項目的本身就是義務，亦不論這樣的
一項目的如何可能，在此我們只消說明：這類的義務名為一項**德
行義務**，並說明其緣故。

383

　　所有義務都有**一項**被視為**權限**（Befugnis/facultas moralis generatim〔一般而言的道德權限〕）的權利與之相對應，但並非所有義務都有另一個人強制某人的**諸權利**（facultas iuridica〔法律權限〕）與之相對應；而是後者[4]特別稱為**法律義務**（Rechtspflichten）。同樣地，所有倫理**責任**（Verbindlichkeit）也有德行概念與之相對應，但並非所有倫理義務因此都是德行義務。因為不涉及某一目的（意念之質料、對象），而是僅涉及意志底道德決定之**形式面**（例如，合乎義務的行為也須**出於義務**而為）的那些義務並非德行義務。唯有一項**同時是義務的目的**才可被稱為**德行義務**。因此，後者[5]有多種（也有不同的德行）；反之，對於前者[6]，我們只想到一項，但是它對所有行為均有效（有德的存心）。

　　德行義務與法律義務在本質上不同之處在於：對於後者，一種外在的強制在道德上是可能的，但是前者卻僅基於自由的自我強制。對於有限的**神聖**存有者（他們根本不可能被誘惑去違背義務）[7]而言，並無任何德行論，而是只有道德論——後者是實踐理性底一種自律，而前者同時是實踐理性底一種**專制**（Autokratie），也就是說，它包含一種即使並非直接被知覺到、但卻由道德的定言令式正確地推得的意識，即「有**能力**主宰其忤逆法則的愛好」之意識。因之，人類道德在其最高階段只能是德行——即使它是

---

4　【譯注】這是指「義務都有另一個人強制某人的諸權利與之相對應」的情況。

5　【譯注】這是指德行義務。

6　【譯注】這是指非德行義務的倫理義務，即定言令式。

7　【譯注】這是指天使。

完全純粹的（除了義務之外，完全不受到任何異類的動機所影響），因為在這種情況下，它通常作為一種理想（人們必須不斷地趨近於它），以**智者**之名詩意地被人格化。

　　但是德行也不能僅被解釋且評價為**熟練**（Fertigkeit）與（如宮廷牧師柯求斯底得獎論文所說的[8]）一種藉練習而獲得、履行道德上的善行之長期**習慣**[9]。因為如果這種習慣並非深思熟慮的、穩定的且日益純化的原理之一項結果，它就像任何其他出自技術性實踐理性的機械作用一樣，既未對所有情況做好準備，也無法充分防範新的誘惑可能造成之變化。

384

## 附釋

　　**消極的失德**（道德上的軟弱）＝0 係作為**邏輯的反面**（logisches Gegenteil/contradictorie oppositum〔矛盾的對立〕）而與德行＝＋a 相對立，但罪惡＝－a 卻是作為**對反**（Gegenspiel/contrarie s. realiter oppositum〔對反或真實的對立〕）而與德

---

8　【譯注】柯求斯（Leonhard Cochius, 1717-1779）是普魯士宮廷牧師暨柏林學術院成員。他曾以〈關於愛好的探討〉（"Untersuchungen über die Neigungen"）一文獲得 1767 年柏林學術院之論文獎。

9　【譯注】這正如《莊子·田子方篇》中溫伯雪子所言：「中國之民，明乎禮義，而陋乎知人心。　昔之見我者，進退一成規、一成矩，從容一若龍、一若虎。」

行相對立[10]。再者，這是一個不但不必要、而是甚至失禮的
問題：重大的**犯罪**是否決不比甚至偉大的**德行**需要更多的心
靈力量呢？因為我們將「心靈力量」理解為一個人（作為稟
有自由的存有者）底決心之力量，因而就他能（神智清醒地）
控制自己而言，因此是在人底**健康**狀態之中。但重大的犯罪
是一種發作，其景象使心靈健康的人感到毛骨悚然。因此，
問題最後可能會成為：一個人在怒氣發作時，較諸他在神智
清醒時，是否能有更多的自然力量？如果我們將「心靈」
（Seele）理解為人在自由運用其力量時的生命原則，我們就
可以承認這點，而毋須因此賦予他更多的心靈力量。因為既
然重大犯罪之根據僅在於**削弱**理性的各種愛好之勢力，而這
並不證明任何心靈力量，則這個問題最後幾乎等於：一個人
在病發時，較諸他在健康狀態中，是否能顯示更多的力量？
我們可以直截了當地以否定的方式回答這個問題，因為健康

---

10　【譯注】康德在其 1763 年發表的〈將「負量」底概念引入哲學中的
　　嘗試〉（"Versuch den Begriff der negativen Größen in die Weltweisheit
　　einzuführen"）一文中有不同的說法：「真實對立底概念也能有利地
　　應用於實踐哲學中。**失德**（Untugend/demeritum）不僅是一種否定，
　　而是一項**消極的德行**（negative Tugend/meritum negativum）。因為
　　唯有在一個存有者當中有一項內在法則（或者僅為良心，或者甚至
　　是一項積極法則底意識）被違犯時，才會發生失德。這項內在法則
　　是一個善的行為之積極根據，而且僅由於單從法則底意識產生的行
　　為被取消時，其結果才會因此歸於零。所以，在此有一種剝奪、一
　　種真實的對立，而不僅是一種欠缺。」（*KGS*, Bd. 2, 182f.）

——它在於人底所有身體力量之平衡——之欠缺乃是這些力量底系統中的一種削弱，而我們只能根據這個系統去評斷絕對的健康。

## III. 論設想「一項同時是義務的目的」之根據

**目的**是自由意念底一個**對象**，其表象決定自由意念去做一個行為（藉由這個行為，該對象被產生）。因此，每個行為均有其目的，而且既然沒有人能擁有一項目的，而不**自己**使其意念底對象成為他的目的，則擁有行為底任何一項目的，乃是行動主體底**自由**之一個活動，而非**自然**底一個結果。但由於這個決定一項目的之活動是一項實踐原則——它並非要求手段（因而並非有條件地），而是要求目的本身（因此是無條件地）——，它便是純粹實踐理性底一項定言令式，亦即這樣的一項令式：它將一個**義務概念**與一項一般而言的目的之概念結合起來。

如今，必然有這樣的一項目的與一項與它相對應的定言令式。因為既然有自由的行為，則必然也有這些行為當作對象而蘄向的目的。但是在這些目的當中，必然也有若干目的，它們同時（亦即，依其概念）是義務。因為若無任何這類目的，則由於任何行動都不可能是無目的的，則對於實踐理性而言，所有目的均始終僅被視為達成其他目的之手段，而一項**定言**令式是不可能的——這便取消了一切道德論。

因此，這裡所談的，並非人根據其本性底感性衝動而為自己

385

所定的目的，而是自由意念依其法則〔而選擇〕的對象——人**應當使**這些對象**成為**自己的目的。我們可以將前者稱為技術的（主觀的）、依本義而言實用的、包含在其目的底選擇中之明哲規則的目的學說；但我們必須將後者稱為道德的（客觀的）目的學說。這項區別在此卻是多餘的，因為道德論已藉由其概念將自己與自然論（在此是人類學）明白地分離開來——自然論係以經驗的原則為依據；反之，道德的目的學說（它探討義務）卻是以在純粹實踐理性中先天地被制定的原則為依據。

## IV. 同時是義務的目的為何？

它們即是**自己的圓滿性—他人底幸福**。

我們不可將這兩者互換，而一方面使**自己的幸福**、另一方面使**他人底圓滿性**成為本身即是同一人格底義務的目的。

386

因為**自己的幸福**固然是所有人（由於其本性底衝動）均懷有的一項目的，但是這項目的決無法被視為義務，而不自相矛盾。每個人均無可避免地就自然意願的東西，並不屬於**義務**底概念；因為義務是**強制**去接受一項不情願採納的目的。因此，說人們**有義務**盡全力去促進他自己的幸福，是自相矛盾的。

同樣地，使另一個人底**圓滿性**成為我的目的，並且自認為有義務促進其圓滿性，也是一項矛盾。因為另一個人（作為一個人格）底**圓滿性**正在於：他**自己**有能力根據他自己對於義務的概念為自己設定其目的，而且要求（使之成為我的義務）我應當做只有他自己才能做的某件事，是自相矛盾的。

# V. 對於這兩個概念的闡釋

## A. 自己的圓滿性

「**圓滿性**」（Vollkommenheit）一詞遭受不少誤解。有時它被理解為一個屬於先驗哲學的概念，即共同構成一個事物的雜多底**全體性**之概念。但是它也被理解為屬於**目的論**，因而它意謂一個事物底諸特性之協調於一項**目的**。我們可以稱第一種意義的「圓滿性」為**量的**（實質的）圓滿性，而稱第二種意義的「圓滿性」為**質的**（形式的）圓滿性。前者只能是一項（因為屬於一個事物者之全體是一）。但是關於後者，在一個事物中就能有諸多圓滿性；而在此真正要探討的也是後者。

如果說：使屬於一般而言的人（其實是「人」〔Menschheit〕）之圓滿性成為自己的目的，這本身就是義務，則這種圓滿性必須被置於能是其**行動**（Tat）之結果，而不僅是恩賜（他必須為此感謝自然）的東西之中；因為如其不然，它便不是義務。因此，這項義務只能是**陶冶**其**能力**（或自然稟賦）——其中，**知性**作為概念（因而也包括涉及義務的概念）底能力，是最高的能力——，但也陶冶其盡一切一般而言的義務之**意志**（道德心態）。1) 人有義務使自己從其本性之粗野、從動物性（Tierheit/quoad actum〔就活動而言〕）逐漸提升到「人」——唯有藉由「人」，他才有能力為自己設定目的——，藉由教誨來彌補其無知，並矯正其錯誤；再者，這不僅是技術的實踐理性為了他的其他（屬於技藝的）意圖而**建議**他去做，而是道德的實踐理性絕對地**命令**他去做，並且使這項目的成為他的義務，以便配得上居於他之內的「人」。2）人有義務提升其**意志**之陶冶，直到最純粹的德行存心（亦即，**法則**同時成為其合乎義務的行為之動機），並且出於義務而服從法則；這是內在的道德實踐的圓滿性。由於這種圓滿性是在人本身內部立法的意志加諸依此而行動的能力之結果底一種情感，它便是**道德情感**，彷彿是一種特殊的**感覺**（sensus moralis〔道德感〕）；的確，這種感覺固然經常以狂熱的方式被誤用，彷彿它能（如同蘇格拉底之靈感）先行於理性，或甚至能完全不需要理性之判斷，但它卻是一種道德的圓滿性，即是使每項同時是義務的特殊目的成為自己的對象。

## B. 他人底幸福

由於人性，人們必然會期望自己擁有幸福——亦即對其自身狀況的滿足（只要人們確定幸福會持續下去）——且追求之；但正因此故，這也不是一項同時是義務的目的。既然還有一些人在道德的幸福與自然的幸福之間作一區分（前者在於對人們底人格及其自己的道德行止，因而對其所**為**之滿足，後者則在於對自然之所賜，因而對人們所**享受**的外來贈與之滿意），則人們必須注意：此處且不指摘對於「幸福」一詞的濫用（這已包含一項矛盾），前一種感受方式僅屬於上一節底標題，即「圓滿性」底標題。因為凡是據稱在對其正直的純然意識中感到幸福的人，已據有在上一節標題中被解釋為「同時是義務的目的」之那種圓滿性。

因此，當事涉幸福，而將幸福當作我的目的來追求，應當是義務時，這得是**其他人底幸福**，而**我因此也使他們**（被允許）**的目的成為我的目的**。其他人想要將什麼視為他們的幸福，這任由他們自己去判斷；但是對於**他們**視為其幸福、而我卻不認為如此的一些事物，如果他們在其他情況下並無權利將這些事物當作其所應得者，而向我要求它們，那麼我也有權拒絕它們。但是將一種假冒的**責任**（Verbindlichkeit）與上述的目的對立起來，而必須也照管我**自己的**（自然的）幸福，且因此使我這項自然的且純然主觀的目的成為義務（客觀目的），這是對上述的義務畫分（第Ⅳ節）之一種經常被使用的虛假的反對理由，而且必須予以駁斥。

可厭之事、痛苦與匱乏是極大的誘惑，使人違背其義務。因此，富裕、力量、健康和一般而言的福祉（它們抵制上述事物之影響）似乎也能被視為同時是義務的目的，此即「促進**他自己的幸福**，而使它們〔這些目的〕不僅是針對他人底幸福」的義務。——但是這樣一來，他自己的幸福就不是目的，主體底道德才是目的，而這只是一項**被容許**的手段，為這項目的清除障礙；因為他人並無權利要求我犧牲我的並非不道德的目的。為自己追求富裕，並不直接地是義務，但這的確可能間接地是一項義務，即把貧窮當作一種引人入於罪惡的極大誘惑而防範之。但是這樣一來，我的目的且同時是我的義務，是要保持我的道德（而非我的幸福）之完美無瑕。

## VI. 倫理學並不為**行為**立法（因為這是法權論之事），而是僅為行為底**格律**立法。

如定言令式中義務底形式原則——「如此行動，即你的行為
389 之格律能成為一項普遍的**法則**。」——所已表明的，義務概念直
接關係到一項**法則**（儘管我還抽去了一切作為法則底質料的目
的）；但是在倫理學中，這項法則被設想為**你**自己**的意志**之法則，
而非一般而言的意志（這也可能是他人底意志）之法則——在後
一情況下，這項法則就會提供一項法律義務，而這項義務不屬於
倫理學底領域。在此，格律被視為僅僅**有資格**制定普遍法則的主
觀原理；而這只是一項消極的原則（即不與一項一般而言的法則
相牴牾）。但是在這種情況下，行為底格律如何還能有一項法則
呢？

唯有「一項同時是義務的**目的**」底概念（它為倫理學所專有）
為行為底格律建立一項法則，而這是藉由使主觀目的（它是每個
人所擁有的）從屬於客觀目的（每個人應當使它成為自己的目
的）。「你應當使此物或彼物（例如他人底幸福）成為你的目的」
這項令式涉及意念底質料（一個對象）。如今，沒有任何自由的行
為是可能的，除非行動者在此同時企求一項目的（作為意念底質
料）；既然如此，如果有一項同時是義務的目的存在的話，行為底
格律作為達成目的的手段，必然僅包含「可能制定普遍法則」的
資格之條件。反之，同時是義務的目的能使「擁有這樣一項格律」
成為一項法則；然而對於格律本身來說，單是「協調於一種普遍

立法」的可能性就已足夠了。

因為行為底格律可能是**任意的**，而且僅受制於「適合於制定普遍法則」這項限制性條件，作為行為底形式原則。但是一項**法則**卻消除了行為底任意成分，而且在這一點上有別於一切**推薦**（在此只消知道達成一項目的之最恰當的手段）。

## VII. 倫理義務具有**寬泛的**責任， 而法律義務卻具有**狹隘的**責任。

390

這個命題是從上一個命題得出的結論；因為如果法則只能命令行為底格律，而非行為本身，這便是一個訊息〔，它表示〕：法則為自由的意念在遵循（服從）方面留下一個迴旋餘地（Spielraum/latitudo），也就是說，它無法確切地指出：我們應當如何且在什麼程度上藉由行為去促成同時是義務的目的？但是所謂「寬泛的義務」，並非意謂容許行為底格律之例外，而只是意謂容許一項義務底格律為其他義務底格律所限制（例如，以對父母之愛來限制對鄰人之普遍的愛），而這事實上擴展了德行實踐之領域。義務越是寬泛，人對於行為的責任就因此越是不完全；儘管如此，他（在其存心中）使「服從這項義務」的格律越是接近**狹隘的**（法律）義務，其德行底行為就越是完全。

因此，唯有不完全的義務是**德行義務**。履行德行義務是**功績**（Verdienst/meritum）＝＋a；但是違背這些義務卻不即是**過失**

（Verschuldung/demeritum）＝－a，而只是道德上的**無價值**（Unwert）＝0——除非主體以「不服從上述的義務」為原則。唯有在前一種情況下，決心之堅強才真正稱為**德行**（Tugend/virtus），而在第二種情況下的軟弱與其稱為**罪惡**（Laster/vitium），不如僅稱為**失德**（Untugend），即道德上的堅強之欠缺（defectus moralis〔道德上的欠缺〕）。（如同「德行」一詞源自「適宜」〔taugen〕，「失德」一詞源自「無所適宜」〔zu nichts taugen〕。）任何違背義務的行為都稱為**逾矩**（Übertretung/peccatum）。但若故意的逾矩已成為原則，它便真正構成人們所謂的「**罪惡**」。

雖然行為合乎法權（做一個正直的人）並無任何功績可言，但是作為義務的這類行為之格律合乎法權——亦即對法權的**敬畏**（Achtung）——卻是**有功績的**。因為人藉此使「人」（Menschheit）或甚至人（Menschen）底權利**成為**自己的**目的**，並且藉此將其義務概念擴展到**本分**（Schuldigkeit/officium debiti）底概念之外；這是由於另一個人固然能根據其權利要求我依法則而行為，但卻無法要求這項法則也同時包含做這些行為的動機。「合乎義務、出於義務而行！」這項普遍的倫理命令也有相同的情況。在自己心中建立且鼓動這種存心，就像前面的存心一樣，是**有功績的**，因為這種存心超越了行為底義務法則，並且使法則本身同時成為動機。

但正因此故，這些義務也得被歸諸寬泛的責任。針對這種責任，出現一項關於其倫理**報酬**的主觀原則（更確切地說，是為了使這項責任盡可能接近一項狹隘責任底概念），也就是對於依德行法則而有的報酬之感受性底原則，亦即一種道德的愉快之原則——這種愉快超越了對自己的純然滿足（這只能是消極的），而對於這種愉快，人們頌揚說：在這種意識之中，德行便是它自己的報酬。

如果這項功績是人對於其他人的一項功績，即促進其自然的、並且得到所有人之承認的目的（使他人底幸福成為他自己的幸福），我們便可稱之為**甜美的功績**；對於這項功績的意識產生一種道德的享受，而人易於因共同感受到的快樂而**陶醉**於這種享受當中。然而，**苦澀的功績**——縱使其他人不認為這是其真正的福祉（見諸忘恩負義者），仍然促進其福祉——通常卻沒有這樣一種回饋，而是只造成對自己的**滿意**（儘管在後一種情況下，功績會更大）。

## VIII. 對於**作為寬泛義務**的德行義務之解說

### 1. 自己的圓滿性作為同時是義務的目的

a）**自然的圓滿性**，亦即**陶冶**所有一般而言的**能力**，以促進理性所指定的目的。由此可以得知：這是義務，因而本身就是目的，而且上述的培養——即使不考慮它為我們帶來的好處——並不以一項有條件的（實用的）令式為依據，而是以一項無條件的（道德的）令式為依據。一般地為自己設定某項目的之能力是「人」之特徵（以別於動物性）。因此，與我們自己人格中的「人」之目的相聯結的，還有理性底意志，因而是藉由一般而言的陶冶貢獻於「人」，亦即為自己取得或促進實現各種各樣可能的目的之**能力**

（只要在人本身當中能發現這種能力）的義務，也就是說，陶冶其本性底質樸稟賦的義務——藉由這種方式，動物首度提升為人——，因而是義務自身。

然而，這項義務僅是倫理的，亦即具有寬泛的責任。並無任何理性原則確切地規定：人們在培養（擴展或矯正其知性能力，也就是說，在知識或技能方面）方面應當走多遠？人可能身處的情境之不同也使得對工作（為此他應當培育其才能）底方式的選擇極其任意。因此，這裡並無行為之理性法則，而是只有行為底格律之理性法則，而這項格律是：「培育你的心靈力量與身體力量，使之適合於你可能遭遇到的一切目的！」——儘管不確定其中哪些目的可能成為你的目的。

b）**陶冶**我們內部的**道德性**。人最大的道德圓滿性是：盡其義務，更確切地說，**出於義務**（aus Pflicht）而盡其義務（法則不僅是行為底規則，而也是其動機）。乍看之下，這固然似乎是一項**狹隘的**責任，而且每個行為之義務原則似乎以一項法則底準確性與嚴格性，不僅要求**合法性**（Legalität），而是也求**道德性**（Moralität），亦即存心；但事實上，法則在此也只要求不僅在感性衝動（利害）中，而是完全在法則中尋求**行為底格律**，即責成底根據，因而並非尋求**行為本身**。因為人不可能洞悉他自己的內心深處，以致他曾經甚至僅在**一個**行為當中能完全確定其道德意圖之純粹性及其存心之純潔性——即使他完全不懷疑這個行為之合法性。勸阻一項犯罪底冒險行動的那種軟弱經常被同一個人視為德行（它提供「力量」底概念）；再者，有多少人可能度過了長期的無罪生活，而他們只是避免了諸多誘惑的**幸運者**？在每個行動當中，已有多少純粹的道德內涵在於存心之中，這對他們自己來說，始終隱晦不明。

因此，「不僅根據合法性，而是也根據道德性（存心）去評估其行為之價值」這項義務也僅具有**寬泛的**責任；法則並非要求人心之中的這種內在行為本身，而是僅要求行為之格律，即盡全力使得對所有合乎義務的行為而言，義務底思想單獨就是充分的動機。

## 2. 他人底幸福作為同時是義務的目的

a）**自然的福祉：仁慈**（Wohlwollen）可以是無界限的；因為在此毋須做任何事。但是要**施惠**（Wohltun），就較為困難——尤其是當其履行不該出於對他人的好感（愛），而是出於義務，並且犧牲與傷害某些貪欲時。「這種慈善是義務」係基於以下的理由：我們的我愛無法與「亦為他人所愛（在急難時得到其幫助）」的需求分開，故我們使自己成為他人之目的，而這項格律，除非僅藉由它作為一項普遍法則的資格，因而藉由一種「使他人亦成為我們的目的」之意志，否則決無法有約束力；因此，他人底幸福是一項同時是義務的目的。

然而，我應當將我的一部分福祉奉獻給他人，而不期望回報，因為這是義務，而且這可以做到什麼地步，對此不可能提出明確的界限。這泰半取決於：根據每個人底感覺方式，其真正的需求將是什麼？而這種需求必須聽由每個人自己去決定。因為如果我們使「犧牲自己的幸福（其真正的需求），以促進他人底幸福」這項格律成為普遍法則，這將是一項自相矛盾的格律。因此，這項義務只是一項**寬泛的**義務；它具有一個在這方面多做或少做的迴旋餘地，而無法明確地指出其界限。法則僅適用於格律，而非特定的行為。

394　　b）他人底**道德安適**（moralisches Wohlsein/salubritas moralis）也屬於他人底幸福，而促進其幸福是我們的義務，但只是消極的義務。一個人因良心愧疚而感到的痛苦，儘管其根源是道德的，但就結果而言，卻是自然的，就像悲傷、恐懼及所有其他的疾病狀態一樣。如今，防止此人罪有應得地受到這種內在的譴責，固然並非**我的**義務，而是**他的**事情；但是我有義務不做任何事，它依人底本性可能誘使他去做能使他以後受到其良心底折磨的事（人們稱之為**醜事**）。但是並不存在明確的界限，在這些界限之內，這種體貼可被視為他人底道德滿足；因此，以此為依據的僅是一項寬泛的責任。

## IX. 何謂德行義務？

**德行**是人在遵循其義務時的格律之力量。一切力量僅藉由它所能克服的障礙而被認識；但是在德行方面，這些障礙是可能與道德決心發生衝突的自然愛好，而且既然是人自己設置了這些障礙來阻撓其格律，則德行不僅是一種自我強制（因為在這種情況下，一項自然愛好可能試圖壓制另一項自然愛好），而且是依乎內在自由底一項法則，因而藉由其義務底純然表象，依乎義務底形式法則的一種強制。

　　所有義務均包含一個「為法則所**強迫**」的概念。**倫理**義務包含這樣一種強迫，即對它而言，只有一種內在立法是可能的；反之，法律義務則包含這樣一種強迫，即對它而言，一種外在立法也是可能的。因此，兩者均包含一種強制底概念，不論這種強制是自我強制，還是另一個人底強制。然則，前者底道德能力便可被稱為德行，而來自這樣一種存心（對法則的敬畏）的行為則可被稱為德行底行為（倫理的）──儘管法則表示一項法律義務。因為**德行論**要求將人底權利視為神聖的。

　　但是，行德行之事，並非因此即是依本義而言的**德行義務**。前者只能關乎格律之**形式面**，但後者卻涉及格律之質料，即涉及一項同時被設想為義務的**目的**。但既然對於目的（這種目的可能有多項）之倫理責任只是一項**寬泛**的責任──因為在這種情況下，這項責任僅包含行為底**格律**之一項法則，而目的便是意念底質料（對象）──，那麼便有許多因法則所涉的目的之不同而不同的義務，它們被稱為**德行義務**（Tugendpflichten/officia honestatis）；這正是因為它們僅依從於自由的自我強制，而非依從於其他人底強制，並且決定同時是義務的目的。

　　德行，作為因堅定存心而在意志與每項義務之間建立的協調一致，就像一切**形式之物**一樣，僅是同一個。但是就行為之同時是義務的**目的**而言，亦即就人們**該**當作自己的**目的**之物（實質之物）而言，可能有更多的德行，而對於這種目的底格律的責任便稱為德行義務；因此，有許多德行義務。

　　德行論底最高原則是：按照這樣的**目的**底一項格律而行動，即擁有這些目的對每個人來說，都能是一項普遍的法則。根據這

395

項原則，人不但對自己，而且對他人來說，均是目的；再者，他無權將自己或他人僅當作工具來使用（但在此，他還是可能對他人漠不關心），這是不夠的，而是使一般而言的人成為自己的目的，這本身便是人底義務。

德行論底這項原理，作為一項定言令式，不能有任何證明，但卻可以根據純粹實踐理性而有一項推證（Deduktion）[11]。在人與自己及他人之關係中能作為目的之物，即是純粹實踐理性之目的；因為純粹實踐理性是一種關於一般而言的目的之能力；因此，對這些目的漠不關心，也就是說，對它們沒有任何興趣，是一項矛盾；因為這樣一來，它也無法決定行為之格律（格律始終包含一項目的），因而就不會是實踐理性了。但是純粹理性無法先天地要求任何目的，除非它同時宣告這類目的為義務；在這種情況下，這種義務便稱為德行義務。

396

# X. 法權論底最高原則是**分析的**；
## 德行論底最高原則是**綜合的**。

就外在的強制是一種與根據普遍法則而協調一致的外在自由底障礙相抗衡的反抗（外在自由底障礙之一種障礙）而言，這

---

11　【譯注】依康德之見，定言令式是「純粹實踐理性底事實」，本身毋需證明，亦無法證明；但我們可以對它加以「推證」，亦即說明它如何可能。

種強制能與一般而言的目的並存，這點根據矛盾律是顯而易見的，而且我為了解悟這點，毋須超出自由底概念之外——無論每個人所擁有的目的是什麼。因此，最高的**法權原則**是一個分析命題。

反之，德行論底原則超出了外在自由底概念，並且還根據普遍法則將一項**目的**（這項原則使之成為**義務**）與這個概念聯結起來。因此，這項原則是綜合的。其可能性包含於推證（§IX.）之中。

將義務概念擴展到外在自由及「這種自由為其普遍協調之純然形式面所限制」底概念之外，——在這種情況下，並非外來的強制，而是**內在的**自由，即自我強制之能力被提出來，更確切地說，並非憑藉其他的愛好，而是藉由純粹實踐理性（它蔑視這一切仲介）——，係在於（而且這種擴展之所以超越法權概念，亦由於）：藉由這種擴展，**諸目的**（它們是法權根本不考慮的）被提出來。在道德的令式，以及為此而必要的自由之預設當中，**法則**、（履行法則的）**能力**及決定格律的**意志**是構成「法律義務」底概念的全部要素。但是在要求**德行義務**的令式當中，除了一種自我強制底概念之外，還加上一項**目的**底概念——這項目的並非我們所擁有、而是應當擁有的，因此是純粹實踐理性在自身之中所擁有的，而其最高的、無條件的目的（但它總還是義務）則在於：德行是它自己的目的，而且就它對於人的功績而言，也是它自己的報酬。〔在此，作為理想的德行如此閃耀，以致在人類眼中，它

397 似乎使決不被誘惑而逾矩的**神聖性**本身黯然失色[12]；但這卻是一種欺騙，因為既然除了在此能被克服的障礙（在我們身上，這些障礙便是愛好）底量度之外，我們並無任何尺度去衡量一種力量之程度，我們便被誘使將衡量一種量度的**主觀**條件視為這種量度本身之**客觀**條件。〕但是相較於**人類的目的**（它們全都有其必須排除的障礙），以下一事有其正確性：德行（作為它自己的目的）本身之價值遠遠超過一切利益、一切經驗的目的與德行畢竟可能帶來的好處之價值。

　　人們甚至盡可以說：人**對於**德行（作為一種道德的力量）有責任。因為儘管由於人底自由，克服一切在感性方面進行抵制的衝動之能力（Vermögen/facultas）絕對可以且必須被**預設**，但是這種作為**力量**（Stärke/robur）的能力是某種必須藉由以下的方式而取得的東西，此即：道德的**動機**（法則底表象）藉由對我們心中的純粹理性法則之尊嚴的觀想（Betrachtung/contemplatione），但同時也藉由**練習**（Übung/exercitio）而得以提升。

---

397　12　「人縱有缺點，猶勝於一群無意志的天使。」（哈勒）

　　　　【譯者按】這句詩出自德國詩人哈勒（Albrecht von Haller, 1708-1788）底詩〈論不幸之根源〉（"Über den Ursprung des Übels"），但引文與原文略有出入。其原文為：「然則上帝不喜歡強制，世界縱有缺點／猶勝於無意志的天使之國度。」（"Dann Gott liebt keinen Zwang, die Welt mit ihren Mängeln/Ist besser als ein Reich von Willen-losen Engeln."）語出卷 II 第 33/34 行。

# XI. 德行義務之圖表

根據上述的原理，德行義務之圖表可以藉以下的方式來展示：

德行義務之實質面

內在的德行義務

| 1. | 2. |
|---|---|
| **自己的目的，**<br>對我而言，它同時<br>是義務。<br>（我自己的**圓滿性**） | **他人底目的，**<br>對我而言，促進它<br>同時是義務。<br>（他人底**幸福**） |
| 3.<br>**法則，**<br>它同時是動機。 | 4.<br>**目的，**<br>它同時是動機。 |

對自由意志底一切決定之

| **道德性**<br>均以此為依據。 | **合法性**<br>均以此為依據。 |
|---|---|

外在的德行義務

德行義務之形式面

**XII**. 心靈對於一般而言的義務概念的感受性之感性
的預備概念

這是這樣的道德特質：如果人們不占有它們，那麼也不可能
存在「占有它們」的義務。它們即是**道德情感**、**良心**（Gewissen）、
對鄰人的**愛**與對自己的**尊敬**（**自重**）；並不存在「擁有它們」的責
任，因為它們係作為對於義務概念的感受性之**主觀**條件、卻非作
為客觀條件而為道德之根據。它們均是**感性的**（ästhetisch）與預
存的、但卻自然的心靈稟賦（Gemütsanlage/praedispositio），即為
義務概念所觸動的心靈稟賦。「擁有這些稟賦」無法被視為義務，
而是每個人均擁有它們，並且憑藉它們，每個人能被責以義務。
對於它們的意識並非源自經驗，而是只能隨著一項道德法則底意
識而來，作為法則加諸心靈的結果。

## a. 道德情感

這是對於純然因意識到我們的行為符合或牴牾義務法則而
生的愉快或不快之感受性。但是意念之一切決定均來**自**可能的行
為底表象，藉由愉快或不快之情感，對該行為或其結果產生一種
興趣，而**成為**行動；在這種情況下，這種**感性**狀態（觸動內感的
狀態）若非一種**感受的**（pathologishes）情感，就是一種**道德的**情
感。前者是先於法則底表象而有的情感，後者則是只能隨著這種
表象而來的情感。

如今，不可能存在任何「擁有一種道德情感」或者「取得這樣一種情感」的義務；因為對於責任的一切意識均是以這種情感為依據，以便意識到存在於義務概念中的強迫；而是每個人（作為一個道德的存有者）在自身之中原初就擁有這種情感。但是責任只能在於**陶冶**它，並且甚至藉由對其不可究詰的起源之驚嘆而強化它——這種驚嘆之發生係由於在此顯示出道德情感如何脫離一切感受性的誘惑，並且在其純粹性之中被純然的理性表象最強烈地激發出來。

將這種情感稱為一種道德的**感覺**（Sinn），並不恰當。因為「感覺」一詞通常意指一種理論性的、牽涉到一個對象的知覺能力；反之，道德情感（如同一般而言的愉快或不快）卻是純然主觀之物，它並不提供任何知識。沒有人完全不具有道德情感；因為一個人若對這種感覺完全無動於中，他在道德上便等於死了；而且如果（以醫生底用語來說）道德的生命力不再能對這種情感產生刺激，則「人」（彷彿按照化學定律）將化為純然的動物性，而與其他自然物底群類泯然無分了。但是我們對於（道德上的）「善」與「惡」並不具有一種特殊的**感覺**，正如我們對於**真理**並不具有這樣一種感覺（儘管我們經常如此表達），而是我們具有自由意念對於「它自己為實踐的純粹理性（及其法則）所引動」的**感受性**，而這便是我們所謂的道德情感。

## b. 論良心

同樣地，良心並非求得之物，而且並不存在任何「獲取一個

良心」的義務；而是每個人（作為道德的存有者）在自身之中原
初就**擁有**一個良心。「對良心有責任」無異是說：負有「承認義務」
的義務。因為良心是實踐理性，每當有一項法則時，它就會向人
告知其義務，以便開釋或責難他。因此，它所關涉的並非一個對
象，而只是主體（以其行動觸動道德情感）；故這種關係是一個無
法避免的事實，而非一項職責或義務。所以，當我們說「此人沒
**有良心**」時，我們的意思是說：他不理會良心之裁決。因為如果
他真的沒有良心，他也不會將任何事情視為合乎義務而歸功於自
己，或者將任何事情視為違反義務而譴責自己，因而甚至完全無
法設想「擁有一個良心」的義務。

401 　　在此我還是撇開對於良心的各種畫分，而僅說明從方才所述
得出的結論，此即：一個**犯錯的**良心是個荒謬之物。因為在關於
「某事是否為義務」的客觀判斷中，我們固然可能偶而犯錯，但
是在關於「為了上述的判斷，我是否已將此事與我的實踐的（在
此係裁斷的）理性相參照」的主觀判斷中，我卻不可能犯錯，因
為若是如此，我決不會有任何實踐的判斷；在這種情形下，既無
錯誤，亦無真實可言。**無良心**（Gewissenlosigkeit）並非欠缺良心，
而是不理會其裁斷的性癖（Hang）。但是當某人意識到自己已依
良心行事時，則就有罪或無罪而論，我們對他不能有更多的要求
了。他的職責僅在於就「何事為義務或者不是義務」澄明他的**知
性**；但一旦這發而為行動或已經發而為行動時，良心便不由自主
且無法避免地發言了。因此，「依良心行事」本身不可能是義務，
因為不然的話，就還得再有第二個良心，以便意識到前一個良心
之活動。

在此，義務僅在於陶冶其良心，磨鍊對這位內在法官底聲音的注意力，並且使用一切手段（因而只是間接的義務）去聆聽它。

## c. 論對人類之愛

**愛**是一樁**感覺**（Empfindung）之事，而非意欲（Wollen）之事，而且我無法因我**想要**愛而愛，更無法因我**應當**愛而愛（被強迫去愛）；因此，一項**愛底義務**是個荒謬之物。但是**仁慈**（Wohlwollen/amor benevolentiae）作為一個行動（Tun），卻能依從於一項義務法則。然而人們往往也將一種對於人之無私的仁慈稱為**愛**（儘管極不恰當）；甚至在事情無關乎他人底幸福，而關乎自己的所有目的之完全且自由地委順於另一個存有者（甚至一個超乎人類的存有者）底目的時，人們談到對我們而言同時為義務的愛。但是一切義務均是**強迫**（Nötigung），即一種強制（Zwang）——縱使它應當是一種依乎法則的自我強制。然而，人們出於強制而做的事不會由於愛而發生。

依我們的能力向其他的人**施惠**，是義務（不論我們是否愛他 402
們）；再者，縱使我們得悲哀地評論說：可惜！依我們的種屬之本性，當我們進一步認識他們時，不可能覺得他們特別值得去愛，這項義務卻絲毫不失其分量。但是**對人的憎恨**始終是**可恨的**——縱使這種憎恨僅存在於對人的全然棄絕（遁世主義的對人類之厭惡），而無主動的敵對。因為仁慈始終總是義務，甚至對憎恨人類者亦然；我們當然無法愛這種人，但是卻能為他行善。

但是憎恨人身上的罪惡，既非義務，亦非違背義務，而純然是對於這種罪惡的一種厭惡感；但意志對這種情感既無所影響，反之，這種情感對意志亦無所影響。**施惠**（Wohltun）是義務。誰若是經常履行這項義務，並且得以實現其施惠的意圖，最後或許會真的愛他所施惠的人。因此，如果說：「你應當**愛**你的鄰人，如愛你自己」[13]，這並不是說：你應當（首先）直接去愛，並且（然後）藉著這種愛去施惠；而是說：對你的鄰人**施惠**，而這種施惠將在你心中產生對人類之愛（作為對於一般而言的施惠之愛好底熟練）！

因此，唯有**愜意**之愛（Liebe des Wohlgefallens/amor complacentiae）會是直接的。但是對於這種愛（作為一種與一個對象底存在之表象直接相聯結的愉快）有一項義務——也就是說，必須被迫對此感到愉快——，卻是一項矛盾。

## d. 論敬畏

敬畏（Achtung/reverentia）同樣是某種純然主觀之物；是一種特殊種類的情感，而非關於我們有義務去產生或促成的一個對象之一項判斷。因為義務，當作義務來看，只能藉由我們對它所懷有的**敬畏**去表述。因此，說對於敬畏有一項義務，等於是說：使人對義務有義務。是故，如果說：人有一項**自重**底**義務**，這是403不正確的說法，而毋寧必須說：在人心中的法則無可避免地迫使他**敬畏**他自己的存有，並且這種情感（它屬於特殊的種類）是某

---

13　【譯注】語出《舊約·利未記》第 19 章第 18 節。

些義務——亦即某些能與對自己的義務並存的行為——之根據，而不是說：他**有**一項尊重自己的義務；因為他單是為了能設想一般而言的義務，就得在自己心中懷有對法則的敬畏。

## XIII. 在關於一套純粹德行論的探討中
## 道德底形上學之普遍原理

**第一**、對於一項義務，我們也只能發現責成底**唯一**一項根據，而如果我們為此提出兩項或多項的證明，這便明確地表明：若非我們根本尚未擁有任何有效的證明，就是甚至存在多項不同的義務，而我們卻視之為一項。

因為所有道德的證明均只能作為哲學的證明，借助於一項**來自概念**的理性知識，而非像數學所提供的證明那樣，藉由概念之建構，而被提出來。後者容許同一個命題有多項證明，因為在先天的**直觀**當中可能存在對於一個對象底特性的多項決定，而它們全都歸於同一項根據。例如，如果對於誠實底義務，有人首先想根據說謊對其他人所造成的**損害**，但接著又想根據一個說謊者底**卑鄙**與對自我尊重的侵犯提出一項證明，則在前一種情況下他所證明的，是一項仁慈底義務，而非一項誠實底義務，因而並非人們要求證明的義務，而是另一項義務。但是就同一個命題有多項證明而言，人們自我安慰說：理由之數量將彌補每項理由單獨來看在分量上之不足，這是一種極度非哲學的遁辭，因為它暴露出

陰險與不正直。蓋將不同的不充分的理由**並列**起來，一項理由並
不彌補另一項理由之不足而達到確切性，甚至連或然性都達不
到。它們必須作為理由與結論而在**一個系列中前進**到充足理由，
而且也只能以這種方式進行證明。然而，這卻是說服術底慣用技
巧。

　　**第二**、德行與罪惡之區別決無法在對某些格律的遵從之**程度**
中、而是必須僅在這些格律之特殊**性質**（對於法則的關係）中去
尋求；換言之，（亞里斯多德之）受人讚揚的原理，即將德行置於
兩種罪惡之間的**中道**，是錯誤的[14]。例如，假使「善理家計」就

---

14　在倫理學的古典語言中慣用的套語——「走中道最安全。」「一切
　　過度都會成為罪惡。」「事物中均有節度……」「有福者保持中道。」
　　「願智者蒙受瘋子之名……」——均包含一種無聊的智慧，它根本
　　不具有任何明確的原則；因為誰要為我說明在兩個極端之間的這種
　　中道呢？**吝嗇**（作為罪惡）有別於節儉（作為德行）之處不在於後
　　者〔譯者按：依文義，當改為「前者」〕衝**過頭**了，而是它有一項
　　完全**不同的**原則（格律），即是將家計底目的不放在**享用**其財富之
　　上，而是放棄享用財富，而僅放在**占有**它之上；正如**浪費**之罪惡不
　　可求諸對其財富的過度享用，而是可求諸壞的格律，而這項格律使
　　財富之使用成為唯一的目的，而不考慮財富之維持。
　　【譯者按】「走中道最安全」（"medio tutissimus ibis"）語出古羅馬
　　詩人奧維德（Ovid, 43 B.C.-17 A.D.）底《變形記》（*Metamorphoses*），
　　II. 137.「一切過度都會成為罪惡」（"omne minium vertitur in vitium"）
　　語出古羅馬政治家兼哲學家塞內卡（Lucius Annäus Seneca, ca. 4
　　B.C.-65 A.D.）底《論心靈之安寧》（*De tranquilitate animi*），9, 6.「事
　　物中均有節度……」之全文為：「事物中均有節度，且還有確定的
　　界限，過猶不及，公道均無法存在。」（"est modus in rebus, sunt certi

是兩種罪惡——浪費與吝嗇——之間的**中道**，則它作為德行，無法被表述為由於逐漸減少上述兩種罪惡中的第一種（節省），或是由於增加沉湎於後一種罪惡的人之開支而產生，彷彿這兩種罪惡朝向相反的方向，而在「善理家計」之中相遇；而是其中每一者均有它自己的格律，而這項格律必然與另一項格律相牴牾。

基於同樣的理由，根本沒有任何罪惡能藉由某些意圖之遂行**超乎**合宜的程度（e. g. Prodigalitas est excessus in consumendis opibus〔例如，浪費是在消費財物時的過度〕），或是藉由其實現不及適當的程度（e. g. Avaritia est defectus etc.〔例如，吝嗇是在消費財物時的不足〕）來解釋。因為既然這完全未決定**程度**，而舉止是否合乎義務，卻完全取決於程度，則這無法充作解釋之用。

**第三**、倫理義務不可根據人所稟有之遵守法則的能力來評價，而是反過來，這種道德能力必須根據定言地下命令的法則來評價；因此，並非根據我們所擁有、關於人底實際情況的經驗知識，而是根據關於「依『人』底理念，人應當如何」的理性知識來評價。

以學問的方式探討一套德行論的這三項格律與下列更古老

<sub>405</sub>

---

denique fines, quos ultra citraque nequit consistere rectum."）語出古羅馬詩人荷拉修斯（Quintus Horatius Flaccus, 65-8 B.C.）底《談話集》（*Sermones*），I, 1, 105f.「保持中道者有福了」一語之出處不詳。「讓智者蒙受瘋子之名……」之全文為：「願智者蒙受瘋子之名，公正者蒙受不公正者之名，若他自己追求德行過當的話。」（"insani sapiens nomen habeat, aequus iniqui, ultra quam satis est virtutem si petat ipsam."）語出荷拉修斯底《書簡集》（*Epistulae*），I, 6, 15f.

的箴言相對立：

　　一、只有一種德行，而且只有一種罪惡。

　　二、德行就是遵守在相反的罪惡之間的中道。

　　三、德行必須（如同明哲一樣）從經驗學來。

## 論一般而言的德行

　　德行意謂意志底一種道德力量。但是這個概念還不僅於此；因為這樣一種力量也可能為一個**神聖的**（超乎人類的）存有者所有，而在這個存有者身上並無任何阻礙的衝動抵制其意志底法則；因此，他樂於根據法則做這一切。是故，德行是一個**人**在遵循其**義務**時意志底道德力量，而義務是來自他自己的立法的理性之道德**強迫**——就這種理性本身將自己建構為一種**履行**法則的強制力而言。德行本身，或是擁有德行，並非義務（因為如其不然，就必須使人對義務有一項義務）；而是這種理性下命令，並且以一種道德的（依內在自由底法則而可能的）強制伴隨其命令；但由於這種強制當是無可抗拒的，為此就需要有力量，而其程度我們只能藉由人因其愛好而為自己造成的障礙之大小來衡量。罪惡，作為違反法則的存心之族裔，是人必須要制伏的怪物；因此，這種道德的力量，作為**勇氣**（Tapferkeit/fortitudo moralis），也是人最大的且唯一的真正的戰鬥榮譽；它也被稱為本然的，即實踐的

**智慧**，因為它使人在地球上的存在之**終極目的**[15]成為它自己的目的。唯有擁有這種力量，人才是自由的、健康的、富裕的、一個國王等，而且既不可能因機遇，亦不可能因命運而有損失，因為他擁有自己，而且有德者不可能失去其德行。

涉及「人」在其道德圓滿性中的理想之一切頌揚，不可能由於與人目前的狀況、過去的狀況或是未來可能的狀況相反之實例而絲毫喪失其實踐的實在性，而且純然來自經驗知識的**人類學**（Anthropologie）不可能損害由無條件地立法的理性所提出之**人類律則**（Anthroponomie）。再者，儘管德行（關乎人，而非關乎法則）偶而也可謂有功績的，而且是應得酬賞的，但是就它是它自己的目的而言，它也必須獨自被視為它自己的報酬。

因此，德行就其完全的圓滿性而觀，並非被表述為有如人擁有德行，而是被表述為彷彿德行擁有人；因為在前一種情形下，看起來彷彿人還作了選擇（然則，為此他還需要另一種德行，以便寧可挑選德行，而非任何其他被提供的物品）。設想多種德行（這可是無法避免的），無非是設想不同的道德對象，而意志根據統一的德行原則被導向這些對象；至於〔與德行〕對立的諸罪惡，情況也是如此。將這兩者人格化的說法是一部感性的機械裝置，

406

---

15　【譯注】在康德底用法中，「終極目的」（Endzweck）有別於「最後目的」（der letzte Zweck）。他在《判斷力批判》中談到「自然目的論」（natürliche Teleologie），並認為人類底文化是「自然底最後目的」（參閱 *KU*, §83）。接著，他論及「道德目的論」（moraliche Teleologie），並認為「作為道德底主體的人」是「造化底終極目的」（參閱 *KU*, §84）。

但它卻指向一種道德感。因此，一套道德底感性論固然不是道德底形上學之一部分，但卻是其一種主觀的呈現[16]；在此，伴隨道德法則底強迫力量的情感使這種力量底效驗成為可感覺的（例如厭惡、恐懼等，它們將道德的憎惡感性化），以便為**純屬**感性的刺激贏得優勢。

## XIV. 論德行論與法權論分離之原則

　這種分離（連一般而言的**德行論**之主要畫分也以此為依據）係基於：這兩者所共有的**自由**底概念使「**外在自由底義務**」與「**內在自由底義務**」之畫分成為必要的；其中，唯有後一項義務是倫理的。因此，內在自由底義務——更確切地說，作為所有**德行義務**之條件（如同在上文，關於良心的學說作為所有一般而言的義務之條件）——必須被置於前面，作為預備的部分（discursus praeliminarius〔初步的討論〕）。

407

---

16　【譯注】《實踐理性批判》底〈分析論〉中有一章題為「論純粹實踐理性底動機」（"Von den Triebfedern der reinen praktischen Vernunft"），即是此處所謂的「道德底感性論」。康德在此討論「對道德法則的敬畏」，而將這一章類比地稱為「純粹實踐理性底感性論（Ästhetik）」（*GMS*, Bd. 5, S. 90）。

# 附釋
## 論依乎內在自由底原則的德行論

熟練（Fertigkeit/habitus）是行動之一種輕易性與意念之一種主觀圓滿性。但並非所有的這種輕易性均是一種自由的熟練（freie Fertigkeit/habitus libertatis）；因為如果它是習慣（Angewohnheit/assuetudo），亦即由於經常重複的行為而已成為必然性之行為上的千篇一律，它便不是一種從自由產生的熟練，因而也不是一種道德上的熟練。因此，我們不能以在自由而合乎法則的行為中之熟練來界定德行，除非加上「在行動中以法則底表象來決定自己」，而在這種情況下，這種熟練並非意念、而是意志——它是與它自己所採納的規則同時制定普遍法則之一種欲求能力——之一項特性；唯有這樣一種熟練才能被算作德行。

但是內在的自由要求兩點：在一個既定的情況下作自己的師長（Meister/animus sui compos〔把持其心靈〕），並且作自己的主人（Herr/imperium in semetipsum〔控制他自己〕），也就是說，節制其情緒，並控制其激情。在這兩種狀態下的性情（Gemütsart/indoles）是高尚的（edel/erecta），而在相反情況下的性情則是卑下的（unedel/indoles abiecta, serva〔卑劣而奴性的性情〕）。

## XV. 德行首先要求自我控制

情緒（Affekte）與激情（Leidenschaften）在本質上彼此有別；

就前者先於思慮而生，使思慮本身成為不可能或更困難而言，它們屬於**情感**（Gefühl）。因此，情緒稱為**突然的**或**驟然的**（animus praeceps〔突發之情〕），而理性藉由德行概念表示：人們應當**把持**自己；但是在使用自己的知性時之這種軟弱與心靈激動之強烈相結合，只是一種**失德**，並且彷彿是某種幼稚而軟弱的東西，而這大可與最善良的意志共存，並且本身還具有唯一的「善」：這種風暴很快就停止。因此，對於情緒的一種性癖（例如**憤怒**）與作為**激情**的罪惡並無太密切的關聯。反之，**激情**是已成為持久愛好的感性**欲望**（例如與憤怒相對立的**仇恨**）。使人沉涵於激情的那種平靜容許思慮，並且允許心靈就此為自己制定原理，且因此，當愛好落在違背法則之事時，對愛好加以盤算，使它深入扎根，而且藉此（故意地）將「惡」納入其格律之中；這樣一來，這便是一種**十足的**「惡」（qualifiziertes Böse），亦即一種真正的**罪惡**。

因此，就德行基於內在自由而言，它對人而言，也包含一項肯定的命令，亦即將其所有能力與愛好均置於其（理性底）掌控之下，因而是自我控制之命令，而這項命令係附加於禁令之上，此即「讓自己不受其情感與愛好之支配」的禁令（**不動心**〔Apathie〕之義務）；因為若非理性掌控統御之韁繩，情感與愛好就扮演人底師長。

## XVI. 德行必然預設**不動心**（被視為力量）

由於此詞彷彿意謂對於意念底對象無感覺，因而在主觀方面無動於中，它已聲名狼藉：人們視之為弱點。我們可以將與冷漠有別的那種不動情（Affektlosigkeit）稱為**道德上的不動心**，藉以防止這種誤解；因為來自感性印象的情感之所以失去其對道德情感的影響，僅由於對法則的敬畏變得比所有前一種情感都更為有力。唯有一個發燒病人之虛假力量才讓甚至對於「**善**」的熱烈關切提升至情緒，或者不如說，退化為情緒。人們稱這種情緒為**狂熱**（Enthusiasmus），並且也就此來解釋**節制**（Mäßigung），而人們甚至經常為了德行之踐履而推薦節制（"insani sapiens no-men fe-rat, aequus iniqui, ultra quam satis est, virtutem si petat ipsam."〔願智者招致瘋子之名，公正者招致不公正者之名，若他自己追求德行過當的話。〕——荷拉修斯）[17]。因為如其不然，臆想人們可能甚至會**太過於智慧、太過於有德**，便是荒謬的。情緒始終屬於感性，不論它是由何種對象所引起。德行之真正力量是**心靈在平靜中**，經過思慮後堅定地決定將德行底法則付諸實現。這是道德生活中的**健全**狀態；反之，情緒即使是由「**善**」底表象所引發，也是一種靈光乍閃的現象，留下的是倦怠。但若有人不承認在道德方面有任何**無關緊要之事**（adiaphora〔中性之物〕），並為其每一步均設下義務，就像撒下鐵棘藜一樣，而且對於我究竟是吃肉還是吃魚、喝啤酒還是喝葡萄酒（如果兩者均適合我），並不認為無關緊要，他便可被稱為幻想地有德的（phantastisch-tugendhaft）；這是一種對瑣事的拘泥（Mikrologie），如果人們將它納入德行論

409

---

17　【譯注】語出古羅馬詩人荷拉修斯（Quintus Horatius Flaccus, 65-8 B.C.）底《書簡集》（*Epistulae*），I, 6, 15f.

之中，它就會使對德行的掌控成為暴政。

# 附釋

德行始終在**進步**之中，但也始終**從頭**開始。它之所以始終在進步之中，係由於：從**客觀方面**來看，它是一個理想，而且無法達成，但是不斷地趨近於它卻是義務。**在主觀方面**，德行之所以始終從頭開始，係由於人受到愛好所觸動的本性，而在這種本性之影響下，德行決無法憑其一勞永逸地被採納的格律而使自己歸於平靜與安寧，而是當它不上升時，就無可避免地下墜；這是由於道德的格律不像技術的格律那樣，能建立於習慣之上（因為這屬於其意志決定之自然特性），而是即使德行之踐履成為習慣時，主體並不因此就會喪失採納其格律的**自由**，而這種自由卻是一個出於義務的行為之特質。

410

# XVII. 德行論底畫分之預備概念

**第一、**就**形式面**而言，這項畫分原則必須包含一切用以將一般德行論底一個部分與法權論（更確切地說，根據特殊形式）區別開來的條件，而這是藉以下的方式來進行：1）德行義務是這樣的義務，即是：對它而言，並不出現任何外在的強制；2）既然一切義務均必須以一項法則為依據，這項法則在倫理學中可能是一項義務法則，並非為行為、而僅是為行為底格律而制定；

3）（再由這點推知）倫理義務必須被設想為**寬泛**義務，而非狹隘義務。

　　第二、就**實質面**而言，德行論必須不僅被當作一般而言的義務學說，而是也被當作**目的學說**而提出來，以致人有責任不但將他自己、也將其他每個人設想為其目的（人們經常稱之為我愛與對鄰人之愛底義務），而在此，這些用語是依非本義而被使用，因為對於愛不可能直接有義務，但是對於人藉以使自己及他人成為目的之行為，卻可能如此。

　　第三、就義務原則中實質面與形式面（合法則性與合目的性）之區別而言，要注意的是：並非每一**種德行底責成**（Tugendver-pflichtung/obligatio ethica）均是一項德行義務（Tugendpflicht/officium ethicum s. virtutis）；換言之，對一般而言的法則之敬畏尚未建立一項作為目的的義務；因為唯有後者才是德行義務。因此，只有**一種**德行底責成，但卻有**許多**德行義務；因為固然有許多對象對我們而言是目的，而懷有它們同時也是義務，但卻只有一種有德的存心作為履行自己的義務之主觀的決定根據——這種存心也延伸到法律義務之上，但是法律義務卻無法因此而據有德行義務之名。因此倫理學之一切**畫分**僅涉及德行義務。關於「即使不考慮可能的外在立法，也有約束力」之方式的學問，依其形式原則來看，便是倫理學本身。

# 附釋

411

　　但是有人會問：既然我在法權論中可以不必畫分**成素論**與**方**

**法論**，何以我會想到在倫理學中採用這種畫分呢？其故在於：因為倫理學與**寬泛**義務有關，而法權論卻僅與**狹隘**義務有關；因此，法權論——依其本性，它必須是嚴格地（準確地）決定性的——就像純粹數學一樣，不需要一項關於「在判斷中應當如何操作」的普遍準則（方法），而是藉作為（Tun）來證實其準則。反之，倫理學由於它容許其不完全義務能有的迴旋餘地，無法避免地導向一些問題，這些問題要求判斷力去確定，一項格律在特殊情況下該如何應用，而且是以這樣的方式：判斷力又提供一項（從屬的）格律（在這種情況下，我們可以一再追問將這項格律應用於所發生的情況之一項原則），且因此倫理學陷入一種**個案鑑別法**（Kasuistik）[18]，而法權論對此毫無所悉。

　　因此，**個案鑑別法**既非一門**學問**（Wissenschaft），亦非其一部分；因為〔在這種情況下，〕它將是教義學（Dogmatik），而它並非關於「該如何去**發現**某物」的學說，而是關於「該如何去**尋求**真理」的練習。是故，它係**片段地**、而非系統地（學問必須如此）**被編入學問之中**，如同注釋被附加於系統一般。

　　在另一方面，與其說判斷力之**練習**，不如說理性之**練習**——更確切地說，不但在關於人底義務之**理論**當中、也在**實踐**當中——特別屬於倫理學，作為道德的實踐理性之**方法論**。其中，**前一種**

---

18　【譯注】「個案鑑別法」（Kasuistik）是一種以個案為例的指導方法，係由斯多亞學派、猶太法典學者、士林哲學家及耶穌會士逐漸發展出來。其目的在於教人如何將法律或道德法則底規範應用於具體的行為或行為情境中，或者發現在個別情況中有效的規則（尤其是在良心衝突或義務衝突之情況中）。

練習¹⁹在於向學生**詰問**他對義務概念已知道的東西，而且可被稱為**詰問**法（erotematische Methode）。這或是由於人們已告訴他這種知識，如今只要從其記憶喚起這些知識，而這種方法稱為依本義而言的**問答教授法**（katechetische Methode）；或是由於人們預設：這種知識已自然地包含於其理性之中，而它只消由此被開展出來，而這種方法稱為**對話的**（蘇格拉底的）方法。

與作為理論的練習之問答教授法相對應，而作為在實踐領域中的配對物的是**修行法**（Asketik）。它是方法論底一部分，其中所教導的不單是德行概念，而是還有**德行能力**與對於德行的意志如何能被付諸實現與陶冶。

因此，根據這些原理，我們將在兩個部分，即**倫理學的成素論**與**倫理學的方法論**中建立系統。每個部分均被畫分成篇，而它們在第一個部分根據人對之負有一項責任的**主體**之不同，在第二個部分則根據理性責成人去擁有的**目的**及對於這些目的的感受性之不同，被畫分為不同的章節。

## XVIII.〔倫理學底畫分〕

實踐理性為了在一門**倫理學**中建立其概念系統而擬訂的畫分（建築學的畫分）如今可以根據兩項不同的原則分別地或結合起來去進行：一項原則**根據質料**來表述被責成者與責成者之**主觀**

---

關係，另一項原則**根據形式**來表述在一個系統中倫理法則與一般而言的義務之**客觀**關係。**第一項**畫分係對於一項倫理責任被設想時所能針對的存有者之畫分；**第二項**畫分則是對於純粹的倫理實踐的理性底**概念**之畫分，而這些概念為上述存有者底義務所需要，因而為倫理學所需要（只要倫理學應當是**學問**），因此對於根據第一項畫分而被發現的所有命題之有條理的組合是必要的。

# 倫理學之第一項畫分

413

## 根據主體及其法則之不同

它包含：

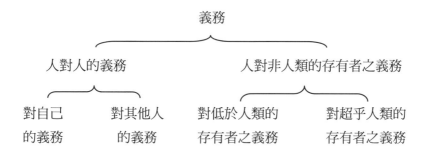

義務

人對人的義務　　　　　人對非人類的存有者之義務

對自己　　　對其他人　　　對低於人類的　　　對超乎人類的
的義務　　　的義務　　　存有者之義務　　　存有者之義務

# 倫理學之第二項畫分

## 根據純粹實踐理性底一個系統之原則

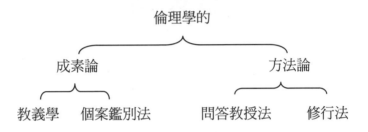

　　因此，由於後一項畫分涉及學問之形式，它必須先於前一項畫分，作為整體之綱要。

# I
# 倫理學的成素論

# 倫理學的成素論

## 第一部

## 論對自己之一般而言的義務

### 導論

§1. 「一項對自己的義務」底概念（乍見之下）包含一項
矛盾

如果**責成的**我與**被責成的**我依同一意義被看待，對自己的義務就是一個自相矛盾的概念。因為在「義務」底概念中包含了「一種被動強迫」底概念（我**負有責任**）。但是在「這是一項對自己的義務」當中，我將自己設想為**賦予責任的**，因而是在一種主動的強迫之中（我，正是這同一個主體，是賦予責任者）；而表示一項對自己的義務之命題（我**應當**賦予自己責任）將包含一項「負起責任」的責任（被動的義務，但是在關係底同一意義下，它同時是一項主動的義務），因而包含一項矛盾。但我們也可以指出：賦予責任者（auctor obligationis〔義務之發動者〕）總是能免除負有責任者（subiectum obligationis〔義務之主體〕）之責任（terminus

obligationis〔義務之目標〕），藉此澄清這項矛盾；因此，（如果兩
者是同一個主體），他便完全不受他加諸自己的一項義務所約束，
而這包含一項矛盾。

## §2. 但是卻存在人對自己的義務

因為假設不存在這樣一種義務，那麼任何地方都決不會存在
義務，也不會存在外在的義務。因為我無法認為自己對他人有責
任，除非我同時使自己負責；這是由於在一切情況下，使我認為
自己負有責任的法則均來自我自己的實踐理性，而我被實踐理性
所強迫，係由於我對自己而言，同時是強迫者[1]。

## §3. 對這種表面的背反之說明

在對自己的一項義務之意識當中，人以雙重的身分將自己視
為義務底主體：首先是作為**感性存有者**（Sinnenwesen），亦即作
為人（屬於獸類之一種）；其次卻作為**理性存有者**（Vernunft-
wesen）（不僅是有理性者〔vernünftiges Wesen〕，因為理性依其理

---

[1]　例如，事涉挽救我的名譽或自保之問題時，人們便這麼說：「我自
　　己理應如此做。」即使事涉意義較小的義務，也就是說，在服從我
　　的義務時，義務並非關乎必然之事，而是僅關乎有功績之事，我仍
　　是這麼說，例如說：「我自己理應擴展我與人交往的技巧等等（陶
　　冶自己）。」
　　【譯者按】這裡所謂「關乎必然之事」的義務係指「必然義務」，
　　亦即「完全義務」；所謂「關乎有功績之事」的義務則是指「有功
　　績的義務」，亦即「不完全義務」。

論性的能力，可能也是一個有生命的有形體者之身分），而它並非感性所及，而且只能在道德的實踐的關係——在此，**自由**之無法理解的性質藉由理性對制定內在法則的意志之影響而開顯——中被認識。

如今，人作為有理性的**自然存有者**（Naturwesen/homo phae-nomenon〔事相人〕），能被其理性（作為**原因**）決定去做感性世界中的行為，而在此「責任」（Verbindlichkeit）底概念尚未被考慮到。但是同一個人，依其**人格性**（Persönlichkeit）來設想——也就是說，被設想為稟有內在**自由**的存有者（homo noumenon〔理體人〕）——，被視為一個有能力責成的存有者，更確切地說，是對他自己（在其人格中的「人」〔Menschheit〕）責成；因此，人（依雙重意義來看）可以承認一項對自己的義務，而不陷於自相矛盾（因為「人」〔Menschen〕底概念並非在同一個意義下被設想）。

## §4. 論對自己的義務之畫分原則

這項畫分只能針對義務底對象、而非針對自我責成的主體而作。不但責成的主體，而且被責成的主體始終都**僅是人**；再者，儘管在理論方面，我們被容許將人當中的心靈與肉體當作人底自然特性而區別開來，但卻不被容許將它們設想為責成人的不同實體，以便有理由區分對**肉體**的義務與對**心靈**的義務。無論是藉由經驗，還使藉由理性底推論，我們均不足以得悉：究竟人包含一個心靈（作為寓居於人之中、與肉體不同、而且有能力無待於肉體而思考的實體，亦即精神的實體），還是毋寧生命可能是物質底一種性質？再者，縱使前者為真，我們仍無法設想人對一個**肉體**

419

（作為責成的主體）的義務——儘管這是人類的肉體。

　　1）因此，對自己的義務只會有一項**客觀的畫分**，即畫分為其**形式面**與**實質面**；其中一者是**限制性的**（消極義務），另一者是**擴展性的**（對自己的積極義務）[2]。前者**禁止**人違背其本性底**目的**而行動，因而僅涉及道德上的**自我保存**；後者則**命令**人使意念底某一對象成為自己的目的，並且涉及他自己的**圓成**。這兩者均屬於德行，或是「不作為底義務」（Unterlassungspflichten/sustine et abstine〔克制與避免〕），或是「作為底義務」（Begehungspflichten/viribus concessis utere〔運用許可的力量〕），但兩者均是德行義務。前者屬於人之道德上的**健康**（moralische Gesundheit/ad esse〔為了存在〕），不僅作為其外感底對象，而且作為其內感底對象，以**保持**其本性之圓滿性（作為**受納性**）。另一者屬於道德上的**豐饒**（moralische Wohlhabenheit/ad melius esse〔為了更好的存在〕；opulentia moralis），而這種豐饒在於擁有一種足以達成所有目的之**能力**——就這種能力是可取得的，並且屬於其**自我陶冶**（作為主動的圓滿性）而言。對自己的義務之前一項原理在於以下的格言：按照自然而生活（Lebe der Natur gemäß/naturae convenienter vive），也就是說，**保持**你的本性之圓滿性；第二項原理則在於以下的格言：**使你**比純然的自然所創造的你**更為圓滿**（perfice te ut finem; perfice te ut medium〔圓成你自己，猶如一項目的；圓成你自己，猶如一項手段〕）。

---

2　【譯注】所謂「消極義務」即是完全義務，所謂「積極義務」即是不完全義務。

2）人對自己的義務會有一項**主觀的**畫分，亦即這樣一種畫分：依此，義務底主體（人）或是將自己視為**動物性的**（自然的）且同時道德的存有者，或是將自己**僅視為道德的**存有者。

而在此，就人底**動物性**而言，自然底衝動為：a)自然想要藉以保存人自己的衝動；b)自然想要藉以保存人底種屬的衝動；c)自然想要藉以保存人追求舒適的、但卻只是動物性的生活享受之能力的衝動。在此與人對自己的義務相牴牾之罪惡為：**自殺**、任何人對**性慾**的非自然使用，以及**對食物享受無度**而削弱適當使用其力量的能力。

但是就人對於**僅**作為道德存有者（不考慮其動物性）的自己之義務而言，這項義務在於**形式面**，即其意志底格律之協調於其人格中的「人」（Menschheit）底**尊嚴**，因此在於以下的禁令：他不可剝奪自己一個道德存有者底**優點**，即依原則而行動，亦即內在的自由，並且藉此使自己成為純然愛好之遊戲，因而成為物。與這項義務相對立的罪惡為：**說謊、吝嗇與假謙卑**（阿諛奉承）。這些罪惡所採納的原則（在形式上已經）直接牴牾他作為道德存有者的性格，亦即內在的自由，即人天生的尊嚴；這等於說：他以「無任何原則，且因而也無任何性格」當作他自己的原則，亦即以「自暴自棄，並且使自己成為輕視底對象」當作他自己的原則。與所有這些罪惡相對立的德行可被稱為**榮譽感**（Ehrliebe/ honestas interna, iustum sui aestimium〔內在的榮譽、對自己的公正評價〕）——這是一種與**好名心**（Ehrbegierde/ambitio）天差地別的心態（後者甚至可能是十分卑鄙的）——，但它在下文將特別以這個標題出現。

421

# 德行論
# 第一部
# 倫理學的成素論

## 第一卷

### 論對自己的完全義務

### 第一章
### 論人對作為動物性存有者的自己之完全義務

#### §5

人對在其動物性底身分中的自己之**第一項**（儘管不是最重要的）義務是在其動物本性中的**自我保存**。

這項義務之反面是任意的**肉體死亡**，而這種死亡又可被設想為全部的，或僅是局部的。因此，肉體的死亡，即**自戕**（Entleibung/autochiria），也可能是全部的（suicidum〔自殺〕），或是局部的，即**截肢**（殘身）。後者又分為**實質的**與**形式的**：在前一種情況下，人們**剝奪**自己某些作為器官的組成**部分**，亦即使自己殘廢；在後一種情況下，人們（永遠或在若干時間內）**剝奪**自己在肉體上（且因此也間接地在道德上）**使用**其力量的**能力**。

既然在本章所談的僅是消極的義務，因而僅是不作為，故義務底條款必須針對與對自己的義務相對立之**罪惡**。

### 第一章 第一款
#### 論自戕
##### §6

422

唯有在能夠證明任意**戕害**自己根本是一項罪行——這或者是對我們自己的人格所為，或者甚至藉由此一人格之自戕而對其他人格所為（例如，在一個懷孕的人格自殺時）——時，它才能被稱為**自我謀殺**（Selbstmord/homicidium dolosum〔蓄意殺人〕）。

a)自戕是一項罪行（謀殺）。如今，這固然也能被視為違背我們對其他人的義務（夫婦間的義務、父母對子女的義務、臣民對其上司或其同胞的義務，最後還有對上帝的義務——未被撤銷上帝在人世間託付給我們的職務就離棄它）；但是此處所談的只是對於一項對自己的義務之違背，亦即，縱使我撇開上述的一切考慮，人是否僅由於他作為人格的身分就有責任維持其生命，並且必須在此承認一項對自己的（更確切地說，嚴格的）義務？

說人能傷害自己，似乎是荒謬的（volenti non fit iniuria〔對於志願者不會有所不公〕[3]）。因此，斯多亞學派認為其（智者底）人格性之一項優點是：不迫於當下的或可憂慮的不幸，以平靜的

---

3　【譯注】這是羅馬法原理。

心靈任意離開生命（像是離開一個冒煙的房間）；因為他在此生無法再有任何用處了。但正是這種勇氣，這種「不畏懼死亡，並且知道人可能珍視某物更勝於其生命」的心靈力量，對他而言必然是一項更加大得多的動因，不摧毀一個具有如此大的控制最強烈感性動機之主宰權的存有者，因而不剝奪自己的生命。

　　只要談到義務，因而只要人活著，他就無法拋棄其人格性；再者，擁有「撤銷自己的一切責任」之權限，也就是說，自由地行動，彷彿要做這項行動，根本就不需要任何權限，這是一項矛盾。消滅他自己人格中的道德底主體，等於是盡其所能地在存在上將道德本身從世間根除，但道德卻是目的自身；因之，將自己僅當作達成其隨便什麼目的之手段來支配，即是貶抑其人格中的「人」（Menschheit/homo noumenon〔理體人〕），但是人（Mensch/homo phaenomenon〔事相人〕）卻受託去保存此「人」。

　　剝奪自己一個作為器官的組成部分（使自己殘廢），例如贈與或出售一顆牙齒，以便將它植入另一個人底下顎，或是讓人閹割自己，以便能更舒適地以歌手為生等等，均屬於部分的自殺；但是藉由截肢術讓人從自己割除一個已壞死的或瀕臨壞死的、因而對生命不利的器官，或是讓人從自己割除某個固然是身體底一部分、但卻不是其器官的東西，例如頭髮，卻不可被算做對他自己的人格之犯罪——儘管當後一種情況意在獲取外在之物時，它並非完全無咎責。

## 個案鑑別的問題

為了拯救祖國而陷於某種死亡（如庫爾提烏斯[4]），是自我謀殺嗎？或者說，「為了一般而言的人類之福佑而犧牲自己」這種有意的殉道，也如上述的情況一樣，可被視為英雄行徑嗎？

在自己上司不義的死刑判決之前搶先自殺──縱使其上司容許他這麼做（如尼祿之於塞內卡[5]）──，是容許的嗎？

最近去世的一位偉大君王[6]隨身帶著一份迅速生效的毒藥，可能是為了他在親自從事的戰爭中被俘擄時，決不被迫接受可能不利於其國家的贖身條件，人們能將此視為其犯罪的企圖嗎？──因為人們能將這項意圖加諸他，而毋須推測其背後有一份純然的自負。

一個男子被一條瘋狗咬過之後，已感覺到其後果，即恐水，

---

4　【譯注】這當是指傳說中的羅馬英雄 Marcus Curtius。根據傳說，西元前 362 年羅馬廣場出現一條深不見底的裂縫。預言師指出：唯有將羅馬最珍貴的東西扔下去，裂縫才會合攏。此時，庫爾提烏斯表示：羅馬最珍貴的東西莫過於一個勇敢的公民。於是他便騎馬跳入裂縫，縫隙隨即合攏。其後，這個地方成為一個湖，便稱為「庫爾提烏斯湖」。

5　【譯注】尼祿（Nero Claudius Carsar, 37-68）是羅馬有名的暴君。塞內卡是斯多亞學派的羅馬哲學家，曾擔任羅馬執政官，在尼祿為儲君時擔任他的教師。西元 65 年塞內卡因捲入政治陰謀而被尼祿賜死。

6　【譯注】這是指普魯士的腓特烈二世，即腓特烈大帝（在位期間為 1740-1786）。

而且在他表明他仍未知悉有人從這種病被治癒之後，他自盡了，

424 為的是如他在一封遺書中所言，他不要使其他人也在其狂犬病
（他已感覺到其發作）中遭殃；問題是：他是否因此犯了錯？

　　誰要是決定讓自己接種天花疫苗，就讓其生命在不確定之中
冒險（儘管他這麼做，是**為了保全其生命**），並且因此處於義務法
則之一種遠比航海家更加令人憂慮的狀態中；但航海家至少並未
造成他任其擺布的風暴，而這個人卻為自己招致使他陷於死亡危
險的疾病。因此，接種天花疫苗是容許的嗎？

第二款

論淫慾的自瀆

§7

　　如同對生命之愛為自然所決定，以保存**人格**，性愛為自然所
決定，以保存**種屬**；也就是說，這兩者中的每一者均是**自然目的**，
而人們所理解的自然目的係原因與一個結果之一種聯結——在
這種聯結之中，即使不為此賦予原因以一種理智，原因卻根據與
這樣一種理智的類比而被設想為產生出結果，因此彷彿有意地產
生出人。如今問題是：後一種能力[7]之使用，對於行使它的人格本
身而言，是否受制於一項限制性的義務法則？抑或即使這個人格
無意於上述的目的，它有權將其對性特徵的使用獻給純然動物性
的愉快，而不因此違背一項對自己的義務而行動？在法權論中已
證明：人不可不受由一項法律契約而來的特殊限制，利用**另**一個

---

7　【譯注】指性愛。

人格來滿足這種愉快[8]；在這種情況下，兩個人格相互責成對方。但此處的問題是：對於這種享受而言，是否存在人對自己的一項義務，而違背它便是對他自己人格中的「人」之褻瀆（不僅是貶抑）？對於這種享受的衝動被稱為肉慾（甚至是不折不扣的淫慾）。由此而產生的罪惡稱為不貞（Unkeuchheit），而關於這種感性衝動的德行被稱為貞潔（Keuchheit），而這種德行在此應被表述為人對自己的義務。如果人並非由實際的對象、而是由對於對象的想像（因此，違背目的，自己創造對象）所刺激，而產生一種淫慾，這種淫慾便稱為**不自然的**。因為在這種情況之下，它引起一種違背自然底目的之欲望——更確切地說，這是一項甚至比對生命之愛底目的還更為重要的目的，因為後者僅以維持個體為目標，前者卻以維持整個種屬為目標。

　　對其性特徵之這樣一種違背自然的使用（因此是濫用）係對於對**自己**的義務之一種（更確切地說，與道德極度牴牾的）違犯，這點是每個人在想到這種濫用的同時都立刻注意到的，並且引起對這種想法的嫌惡到一個程度，以致連以其本身的名稱提到這樣一種罪惡都被視為不道德的——在自我謀殺底罪惡那裡並不發生這種情況：人們至少不會顧慮將自我謀殺連同其全部恐怖（以一種行動類型〔species facti〕）公諸世人眼前——；彷彿人因自己能如此對待他自己的人格而將他自己貶抑到畜牲不如，而為此根本感到羞愧，以致連在婚姻中兩性被容許的（本身當然只是動物

425

---

8　　【譯注】參閱康德在《法權論之形上學根基》中關於婚姻權的論述（§§24-27）。

性的）肉體交合，在文明的交往當中都引發並要求諸多文雅，為的是在該談到它的時候，為它蒙上一層紗。

上述對自己的性特徵之不自然的、而且甚至僅是不合乎目的的使用，係對於對自己的義務之侵犯（更確切地說，就前者[9]來說，是極度的侵犯），但是要為這種使用之不容許提出理性證明，並非如此容易。其**論據**當然在於：由於人將自己僅當作滿足動物性的衝動之手段來使用，他（輕蔑地）放棄了其人格性。但是在此並未說明這樣一種罪惡在其不自然性之中——既然就形式（存心）而言，這項罪惡似乎甚至還超過自我謀殺之罪惡——侵犯他自己人格中的「人」之嚴重程度。除非是，由於在後一種情況[10]下，固執地將自己當作一項生命負擔而加以拋棄，這至少並非懦弱地陷溺於動物性的刺激，而是需要勇氣，而在這裡，對他自己人格中的「人」之敬畏還是有一席之地；前者[11]——它使自己完全沉湎於動物性的愛好——使人成為可享用的、但在這一點上卻同時違背自然的事物，亦即成為**可厭的**對象，且因此剝奪了對自己的一切敬畏。

426

### 個案鑑別的問題

在兩性之交合中，自然底目的是繁衍，亦即維持種屬；因此，我們至少不可違反上述的目的而行動。然而，即使**不考慮這項目**

---

9　【譯注】指對性特徵的不自然使用。

10　【譯注】指自我謀殺。

11　【譯注】指對性特徵的不自然使用。

的，自以為能作上述的使用（縱使這發生於婚姻之中時），是容許的嗎？

例如，在妻子懷孕時期，在她無法受孕（由於高齡或生病）時，或者在她對性交感受不到刺激時，使用其性特徵，豈非如同在不自然的淫慾中一樣，違反自然目的，並且連帶地也違反對自己（在一方或另一方）的義務？抑或此處存在道德的實踐理性之一項許可法則，它在這種理性底諸項決定根據相衝突時，使某件本身固然不被容許、但卻可防範一項更為重大的違犯之事（彷彿寬容地）成為容許的？從何處開始，我們可將對一項寬泛責任的限制視為**潔癖**（就這種責任底範圍而言，在義務底遵循方面的拘泥），並且容許動物性的愛好有一個迴旋餘地，而有背離理性法則的危險？

性慾也被稱為**愛**（依此詞之最狹義），而且事實上是對於一個對象可能有的最大的感官愉快——不僅是**感性的**愉快，像是對於僅是對它們加以反省就會令人滿意的諸對象（在此，對於這種愉快的感受性稱為品味〔Geschmack〕），而是來自對另一個人格的**享受**之愉快；因此，這種愉快屬於**欲求能力**（Begehrungsvermögen），更確切地說，屬於欲求能力之最高階段，即激情（Leidenschaften）。但是它既無法被視為愜意之愛，也無法被視為仁慈之愛（因為這兩者毋寧均背離肉體上的享受）[12]，而是一種特殊種

---

12　【譯注】依康德之意，愜意之愛（Liebe des Wohlgefallens）是美感的，仁慈之愛（Liebe des Wohlwollens）是道德的，所以說：它們「均背離肉體上的享受」。

類（sui generis〔自成一類〕）的愉快，並且發情與道德上的愛根本無共通之處——儘管當實踐理性加上其限制條件時，這種愉快也能與後者產生緊密的結合。

427

## 第三款
### 論因無節制地使用享受品或甚至食品而致的自我麻醉
### §8

在這種無節制當中的罪惡在此並非根據人由此而為自己招致的損害或身體痛苦（甚至疾病）來評斷。因為在這種情況下，要用來抵制這種罪惡的便是安康與舒適（因而是幸福）底原則；但是這項原則決無法建立一項義務，而是只能建立一項明哲底規則：至少它不是一項直接義務底原則。

在享用食物時之動物性的無節制是對享受品之濫用，它妨礙或耗盡理智地使用食物的能力。**酗酒**與**貪食**是屬於此類的罪惡。在酒醉狀態之中，人只能像一個動物、而非被當作人來對待；由於用食過量，而且在這樣一種狀態中，他對於在使用其力量時需要精幹與思慮之行動，在某段時間內被癱瘓了。落入這樣一種狀態是對於一項對自己的義務之侵犯，這點是昭然若揭的。這些貶抑（甚至貶抑至動物的本性之下）之第一種通常是由發酵的飲料，但也由其他麻醉品（像是罌粟汁與植物界底其他產品）所引起，並且變得誘人，因為這些東西暫時產生夢想中的幸福與無憂，甚至可能產生想像中的力量，但是也產生沮喪與軟弱，而最糟糕的是，它們導致重複使用這種麻醉品、甚至可能因此而加重使用它之必要性。貪食猶在上述動物性的感官樂趣之下，因為它僅將感覺當作被動的特性來動用，而根本不動用構想力──但這還是表象之一種**主動的**遊戲，像是前面提到的享受中之情況那樣──，因此還更近於動物底享受。

### 個案鑑別的問題

428

人們可以由於葡萄酒之使用而提振社交聚會之談興，並且因此使人心胸坦率，而允許這種使用（縱使不是作為頌揚者，但至少是作為辯護者），直到近乎醺醺然嗎？或者說，人們甚至可以將促成塞內卡稱許加圖之事，即「他的德行係由純酒所激發」（virtus eius incaluit mero）[13]，歸功於這種使用嗎？但是對一個正準備過渡到他對於**衡量**不再有清晰眼光之狀態中的人，誰能為他決定**尺度**呢？將鴉片與烈酒當作享受品來使用，更近乎下流，因為它們使人在夢想的安康中沉默、矜持與難於溝通；因此，它們也僅被容許當作藥物[14]。是故，完全禁止葡萄酒的伊斯蘭教做了極糟糕的選擇，而容許以鴉片來取代它。

盛宴雖是對這兩種享受中的無節制之正式邀請，但除了純然身體上的舒適生活之外，它本身還具有某個著眼於道德**目的**之

---

13　【譯注】塞內卡是古羅馬政治家兼哲學家。康德在《實用方面的人類學》（*Anthropologie in pragmatischer Hinsicht*）中也有同樣的引述（*KGS*, Bd. 7, S. 171）。但根據學院本編者納托爾普之推測（*KGS*, Bd. 6, S. 525），這段話並非出自其說，而是出自古羅馬詩人荷拉修斯底《頌歌集》（*Carmina*）, III, 21.12.

14　【譯注】此句與上一句在第一版中前後次序顛倒，致使文亦不順，今根據第二版校改。

物，即是將許多人聚集起來，並且讓他們長時間相互交流；儘管如此，但正由於〔賓客〕人數（若是如切斯特菲爾德所言，人數超過了繆思女神之數目[15]）僅容許一場小型的交流（與最接近的同席者〔之交流〕），因而這項安排與上述的目的相牴牾，故盛宴依然總會誘發不道德之事，即無節制，而這違背對自己的義務——縱使不考慮飲食過量對身體的害處（這些害處或許能由醫生加以排除）。聽從對無節制之這些邀請的道德權限有多大呢？

# 第二章
# 人對僅作為一個道德性存有者的自己之義務

這項義務與**說謊**、**吝嗇**及**假謙卑**（阿諛）諸罪惡相對立。

429

## I. 論說謊
### §9

就人對純然當作道德存有者來看的自己（在其人格中的

---

15　【譯注】繆思女神（die Musen）係古希臘神話中主管藝術、文學、哲學、科學等的九位女神。切斯特菲爾德係指英國政治家切斯特菲爾德伯爵（4ᵗʰ Earl of Chesterfield, Philip Dormer Stanhope, 1694-1773）。康德在《實用方面的人類學》中也有同樣的引述（*KGS*, Bd. 7, S. 278）。但康德此書底多位編者均無法在切斯特菲爾德伯爵底著作中找到出處。根據學院本編者納托爾普之研究（*KGS*, Bd. 6, S. 525），這段引述係出自古羅馬作家及文法學家蓋利伍斯（Aulus Gellius, ca. 125-180）底《雅典之夜》（*Noctes atticae*），XIII, 11.2.

「人」）之義務而言，最嚴重的侵犯是誠實之反面：**說謊**（aliud lingua promptum, aliud pectore inclusum gerere〔舌頭表達一事，胸中隱藏另一事〕[16]）。在表達其思想時任何故意的謊言，在不從無損害取得任何權限的倫理學中，無法拒絕這項嚴厲的稱謂（在法權論中，唯有在這種謊言侵犯他人之權利時，它才擁有這項稱謂），這是不言而喻的。因為伴隨說謊的無恥（成為道德輕視之一個對象）也像影子一樣，伴隨說謊者。說謊可能是一種外在的說謊（mendacium externum），或者也可能是一種內在的說謊。由於前者，他使自己在他人眼中成為輕視底對象，但由於後者，他進而在他自己眼中成為輕視底對象，並且傷害他自己人格中的「人」之尊嚴。在此，其他人可能因此而蒙受的損害無關乎罪惡底特點（因為在這種情況下，罪惡便僅在於侵犯對他人的義務），且因此在這裡不予以考慮，甚至連他為自己招致的損害也不予以考慮；因為不然的話，這便只能被視為關於明哲的錯誤（它與實用的格律、而非道德的格律相牴牾），而決無法被視為對義務的侵犯。說謊是拋棄並且彷彿消滅其人底尊嚴。一個人自己若是不相信他對另一個人所說的話（即使這是一個純然理想性的人格[17]），他所具有的價值較諸他僅是物時，還要更渺小。因為既然此物是某個現實而既存的東西，則對於其「有用處」的這項性質，另一個人的

---

16　【譯注】語出古羅馬史學家薩魯斯修斯（Gaius Sallustius Crispus, 86-34/35 B.C.）底《論卡提里納之密謀》（*De coniuratione Catilinae*），11,5. 康德底引文與原文略有出入，原文作"aliud clausum in pectore, aliud in lingua promptum habere"。

17　【譯注】這是指上帝。

確能作某種運用；但是藉（故意）包含與說話者在此之所思相反的言辭對某人傳達其思想，是一項與他傳達其思想的能力之自然合目的性正好相反的目的，因而是對其人格性的放棄，並且是人之一種純然欺人的現象，而非人本身。在意思表示時的**誠實**（Wahrhaftigkeit）也被稱為**真誠**（Ehrlichkeit），而若是這些意思表示同時是承諾，則被稱為**正直**（Redlichkeit），但一般而言，被稱為**坦誠**（Aufrichtigkeit）。

430　　說謊（依此詞之倫理學意義）作為一般而言的蓄意謊言，甚至毋須對他人**不利**，就可被宣告為可恥的；因為在這種情況下，它是對他人權利的侵犯。說謊之原因也可能只是輕率或甚至好心腸，它甚至可能意在一項真正善的目的；但是追求這項目的之方式單單由於形式就是人對他自己人格的一項犯罪，而且是一種必然使人在他自己眼中顯得可鄙的卑劣行徑。

要證明人所犯的諸多**內在的**說謊之現實性，是輕而易舉的，但是要解釋其可能性，卻似乎困難得多，因為這需要人們有意欺騙的第二個人格，但是蓄意欺騙自己，卻似乎包含一項矛盾在內。

作為道德存有者（homo noumenon〔理體人〕）的人不能將作為自然存有者的自己（homo phaenomenon〔事相人〕）當作純然的工具（語言機器）來使用——這項工具並不受內在目的（思想之傳達）所約束，而是受「與前者底意思表示（Erklärung/declaratio）協調一致」這項條件所約束，並且責成人對自己**誠實**。例如，若他謊稱自己信仰一位未來的世界審判者，而實際上在內心並無這種信仰，但是他說服自己說：在思想中向一位洞悉人心者表明這樣一種信仰，以便無論如何騙取其寵愛，這的確不可能有壞處，但卻可能有好處[18]。或者儘管他在這種情況下無所懷疑，但卻以自己在內心尊崇其法則而沾沾自喜，而在此除了恐懼懲罰之動機以外，他感覺不到自己有任何其他的動機。

不正直只是欠缺**敬謹**（Gewissenhaftigkeit），亦即欠缺對其**內在**審判者（他被設想為另一個人格）的告白之純潔性（如果最嚴格地來看這種純潔性的話）。在這種情況下，一個願望（由於我愛）被當成行動，因為它懷有一個本身即為善的目的，而儘管內在的說謊違反人對自己的義務，它在此卻贏得軟弱之名，如同一個戀人期望在其所愛者身上全然發現善的特質，而這使他對後者顯而易見的缺點視而不見。然而，人們在意思表示中對自己所犯的這種不純潔性卻應受到最嚴重的譴責，因為從這樣一個敗壞之處（似乎根植於人性中的虛偽）出發，一旦誠實底最高原理受到侵犯之後，不誠實底罪惡也蔓延到其他人方面。

431

### 附釋

值得注意的是：《聖經》並不將使「惡」進入世界的第一

---

18　【譯注】這裡所說的「未來的世界審判者」與「洞悉人心者」均是指上帝。這段話隱然針對法國哲學家巴斯卡（Blaise Pascal, 1623-1662）底「賭博論證」。其論證如下：如果上帝存在，而我們相信其存在，我們會受到福佑；如果上帝存在，而我們不相信其存在，我們會受到懲罰；如果上帝不存在，而我們不論相信其存在與否，我們都無所損失。綜而言之，相信上帝存在是穩賺不賠的。其論證見諸其《沉思錄》（Pensées），Ⅲ，§233.

次犯罪溯自（該隱底）**謀殺兄弟**[19]，而是溯自第一次**說謊**[20]（因為本性的確反對前者），並且將最初的說謊者與說謊之父稱為一切「惡」之創始者——縱使理性無法為人對於**偽善**之這種必然已先存在的性癖（esprit fourbe〔偽善的氣質〕）[21]提出進一步的根據，因為自由底一個行動無法（像一個自然的結果一樣）根據結果及其原因（它們都是現象）底關聯之自然法則來推證與解釋。

### 個案鑑別的問題

純然出於客套的一番假話（例如，在一封信底末尾的「**最順從的僕人**」）可以被視為說謊嗎？可沒有人因此而受騙。一個作者問他的一個讀者說：您喜歡我的作品嗎？人們固然可能嘲笑這樣一種問題之難於應付，而虛晃一招地提出回答；但誰總是隨時有這種機智呢？在回答時稍有遲疑，就已經傷害了作者；因此，讀者可以迎合這個作者之意而說話嗎？

在事涉所有物的實際事務當中，如果我說出一番假話，我必須為因此而產生的一切後果負責嗎？例如，一個家長吩咐〔他的僕人〕說：如果某個人問起他，這個僕人要否認他在家。這個僕

---

19　【譯注】該隱是亞當與夏娃所生的兒子，因嫉妒其兄弟亞伯而殺了他。其事蹟見《舊約·創世記》第 4 章。

20　【譯注】這是指亞當與夏娃在伊甸園中瞞著上帝偷吃禁果。其事蹟見《舊約·創世記》第 3 章。

21　【譯注】這即是康德在《單在理性界限內的宗教》一書中所說的「根本惡」（das radikale Böse）。

人照辦，但卻因此讓這個家長溜走，並且犯下一件重大的罪行，否則這項罪行會被奉派來監視他的警衛所阻止。在此，（根據倫理學原理）要歸罪於誰呢？的確也要歸罪於僕人——他在此由於一番謊言而侵犯了一項對自己的義務，而他自己的良心將其後果歸咎於他。

## II.論吝嗇

432

### §10

在此，我在這個名目之下所理解的，並非**貪婪的吝嗇**（將他對達到舒適生活的手段之獲取擴展到真正需求之限度以外），因為這種吝嗇也能被視為僅侵犯了他對**他人**的義務（慈善）；亦非意指**儉省的吝嗇**——如果這種吝嗇是可恥的，它便被稱為**小氣**（Knickerei）或慳吝（Knauserei），但卻只能是疏忽了他對他人的愛底義務——；而是意指將**他自己**對達到舒適生活的手段**之**享受壓縮到自己真正的需求之尺度以下；這種吝嗇其實是這裡所意指的吝嗇，而它與**對自己**的義務相牴牾。

在對這種罪惡的斥責當中，我們可以澄清一切僅藉由**程度**而對德行與罪惡所作的解釋之不正確底一個例子，且同時闡明**亞里斯多德底**下列原理之不適用，此即：「德行存在於兩項罪惡之間的中道。」[22]

蓋如果我在浪費與吝嗇之間將**善理家計**視為中道，而這應當

---

22　【譯注】語出亞里斯多德《尼各馬可倫理學》第 2 卷第 5 章（1106b25-28）。

是**程度**上的中道，則一項罪惡便只是通過**德行**而過渡到相反的（entgegengesetzte/contrarie）罪惡，且因此德行無非是一項減弱的或者不如說消逝中的罪惡，而在目前的事例中，其結論為：「完全不使用舒適生活之手段，是真正的德行義務。」

如果一項罪惡應當與德行區別開來，我們就得認知並闡述道德格律底客觀**原則**，而非其履行之**尺度**有所不同。**貪婪的**吝嗇（作為浪費者）之**格律**是：**為了享受**，贏取並維持舒適生活之一切手段。反之，**儉省的**吝嗇之格律是：獲取並維持舒適生活之一切手段，但**並非為了享受**（亦即，目的不在享受，而僅在於占有）[23]。

因此，後一項罪惡之獨特標誌是「占有達成各種各樣的目的之手段」底原理，但卻有所保留，即不想為自己而使用這些手段中的任何一項，且因此剝奪自己舒適的生活享受；而這與在目的方面對自己的義務正好相對立[24]。因此，浪費與儉省並非藉由程

---

[23] 【譯注】這裡所說的「儉省的吝嗇」顯然不是指上文被視為「小氣」或「慳吝」之「儉省的吝嗇」，而是指第三種「吝嗇」，因為它是指違背對自己的義務之罪惡。

433
[24] 「凡事我們都不應做得過分或不夠」這個命題等於什麼都沒說；因為它是同義反覆（tautologisch）。何謂「做得過分」？**答案**是：比恰當還多。何謂「做得不夠」？**答案**是：做得比恰當還少。何謂「我**應當**（做或不做某事）」？**答案**是：做得比恰當**還多**或是還少，便是**不恰當**（違反義務）。如果這便是我們應當回溯到古人（亞里斯多德）——如同那種接近泉源的人——那裡來探究的智慧，諸如「德行存乎中道」（"virtus consistit in medio."），「有福者保持中道」（"medium tenuere beati."），「事物中均有節度，且還有確定的界限，過猶不及，公道均無法存在」（"est modus in rebus, sunt certi

denique fines, quos ultra citraque nequit consistere rectum."），我們便
做了不當的選擇，而求助於智慧底神諭。在誠實與說謊之間（作為
contraditorie oppositis〔矛盾的對立〕）並無中道。但是在坦率與矜
持之間（作為 contrarie oppositis〔相反的對立〕）或許有中道，因為
就表示其意見的人來說，他所說的**一切**都是實話，但他並未說出**全
部實話**。如今要求德行底教師為我提示這個中道，是極其自然的。
但是他做不到這點；因為兩項德行義務均有一個應用上的迴旋餘地
（latitudinem），而且該做的事只能由判斷力根據明哲底規則（實用
的規則）、而非倫理底規則（道德的規則）──亦即，並非作為**狹
隘的**義務（enge Pflicht/officium strictum）、而僅是作為**寬泛的**義務
（weite Pflicht/officium latum）──來裁斷。因此，遵從德行底原理
的人固然能在履行時超過或不及明哲所規定者，而犯下一項**錯誤**
（Fehler/peccatum），但卻不會因他嚴格地忠於這些**原理**而犯下一項
**罪惡**（Laster/vitium）；而荷拉斯底詩句：「願智者蒙受瘋子之名，
公正者蒙受不公正者之名，若他自己追求德行過當的話。」（"insani
sapiens nomen habeat, aequus iniqui, ultra quam satis est virtutem si petat
ipsam."）按字面來看，是根本錯誤的。「智者」（sapiens）在此或
許僅意謂一個**聰明**人（prudens），他並不虛幻地設想德行底圓滿性
──這種圓滿性作為理想，固然要求接近這項目的，但卻不要求其
完成，因為這項要求超出了人底力量，並且將荒誕之物（幻想）帶
入其〔德行底圓滿性之〕原則之中。因為**完全有德**──亦即，完全
忠於其義務──約略等於是說：使一個圓完全成為圓的，或是使一
條直線完全成為直的。

【譯者按】荷拉斯即古羅馬詩人荷拉修斯。「德行存乎中道」是拉
丁文諺語，出自亞里斯多德所言：「德行存在於兩項罪惡之間的中
道。」本注釋中所引的其餘拉丁文引文，請參閱上文注 14（頁 278-
279）之「譯者按」。

度，而是在種類上藉由相對立的格律而相互區別。

## 個案鑑別的問題

434　　這裡所談的只是對自己的義務；再者，為浪費而貪婪（貪得無厭），正如慳吝（吝於揮霍）一樣，都是以**自私**（Selbstsucht/solipsismus）為依據，而且不論是浪費還是儉省，這兩者之所以似乎是可恥的，僅是由於它們均導致貧乏：在一者，導致意外的貧乏，而在另一者，導致恣意的貧乏（願意貧乏地生活）。既然如此，問題便是：不論是一者還是另一者，它們到底是否該被稱為罪惡？抑或兩者毋寧該被稱為純然的明哲，因而完全不可能超出對自己的義務之界限外？但儉省不單是被誤解的節儉，而是使自己如奴隸般地為物質財富所役，而非其主人，這侵犯了對自己的義務。它與一般而言的心態之**寬大**（Liberalität/liberalitas moralis〔道德的寬大〕）——而非慷慨（Freigebigkeit/liberalitas sumptuosa〔過度的寬大〕），這只是寬大在一種特殊狀況中的應用——，亦即與「除了法則之外，完全無所依待」的原則相對立，而且是主體對自己所犯的詐騙。然而，怎麼樣的一項法則底內在立法者自己都不知道它可以應用於何處？我該戒食，還是僅停止外在的浪費？在年老時，還是在年輕時就如此？抑或節儉根本就是一種德行？

## III. 論阿諛

### §11

自然底系統中的人（homo phaenomenon〔事相人〕, animal rationale〔理性的動物〕）是個微不足道的存有者，而且與其餘作為土地底產物的動物均具有一項平凡的價值（pretium vulgare）。即使他在知性方面勝過這些動物，而且能為自己設定目的，這也僅為它提供其可使用性底一項**外在**價值（pretium usus〔使用價值〕），即一個人優於他人的價值，也就是說，在與這些作為物的動物之交換當中作為一個貨物的一項**價格**──但在此，他所具有的價值卻還低於一般的交換工具，即貨幣，故貨幣底價值被稱為卓越的（pretium eminens〔卓越價值〕）。

唯有當作**人格**來看的人──亦即作為一種道德的實踐理性之主體──才超乎一切價格；因為作為這樣一種人（homo noumenon〔理體人〕），他不單是被當作達成他人底（甚至他自己的）目的之手段、而是被當作目的自身來評價，也就是說，他擁有一項**尊嚴**（一項絕對的內在價值）──由於這項尊嚴，他使世上其他所有的有理性者不得不**敬畏**他，而能將自己與其他每個此類的存有者相提並論，而且在平等底立足點上評價自己。

在其人格中的「人」是敬畏底對象，而他可以要求其他每個人之敬畏，但也得使自己不失去敬畏。因此，他可以且應當不但根據一套低標準，而且根據一套高標準來評價自己，這視乎他將自己看作感性存有者（根據其動物的本性）還是智思的存有者（根據其道德稟賦）。但既然他必須將自己不僅看作一般而言的人格，而且也看作人，亦即看作一個承擔他自己的理性託付給他的義務之人格，則他作為**動物人**的卑微無損於他作為**理性人**的尊嚴之意識；再者，他不該就後者而否認道德上的自我評價，也就是說，他不該阿諛奉承地、**奴顏婢膝地**（animo servili〔以奴性的心靈〕）謀求其本身即是義務的目的，像是謀求恩惠一樣，不該否認他的尊嚴，而是始終意識到其道德稟賦之崇高（這種意識已包含於德行底概念之中），而這種**自我評價**乃是人對自己的義務。

在**與法則比較時**對其道德價值之卑微的意識與情感即是**謙卑**（Demut/humilitas moralis〔道德上的謙卑〕）。對於他這項價值之偉大的堅信（但僅是由於未與法則相比較）可被稱為**德行底自負**（Tugendstolz/arrogantia moralis〔道德上的自負〕）。放棄對其自身底任何道德價值的一切要求，而堅信正因此而會獲得一項借來的價值，乃是道德上虛假的**阿諛**（Kriechrei/humilitas spuria〔假謙卑〕）。

在**與其他人相比較**（甚至一般而言，與任何有限的存有者相比較，即使這是一個撒拉弗[25]）**時的謙卑**根本不是義務；反倒是在這種關係中努力趕上或勝過他人，而堅信由此也會為自己贏得一項更大的內在價值，乃是**傲慢**（Hochmut/ambitio），而這正好與對他人的義務相悖。但是僅作為獲取另一個人（不論是誰）之恩惠的手段而想到貶低他自己的道德價值（虛偽與諂媚）[26]，卻是虛假的（捏造的）謙卑，而且作為對其人格性的貶抑，違背對自己的義務。

從我們與道德法則（其神聖性與嚴格性）之坦誠而精確的比

---

25　【譯注】撒拉弗（Seraph）是《聖經》中所提到的一群六翼天使，他們陪侍於上帝身邊。相關的記載見《舊約·以賽亞書》第6章。

26　**虛偽**（Heucheln）——原本作 häuchlen——似乎衍生自呻吟的、打斷語言的氣息（Hauch）（短促的嘆息）；反之，**諂媚**（Schmeicheln）似乎源自 Schmiegen（依偎）——它作為習性，被稱為 Schmiegeln，而最後被說高地德語的人稱為 Schmeicheln。

較當中，必然無法避免地得出真正的謙卑；但是從我們能夠從事這樣一種內在立法，以及（自然）人感到自己不容不尊崇他自己人格中的（道德）人當中，必然同時得出**揚升**與最高的自我評價，作為對於其內在價值（Wert/valor）的情感——根據這種情感，他不為任何價格（Preis/pretium）所收購，而且擁有一項不會失去的尊嚴（dignitas interna〔內在尊嚴〕），而這項尊嚴引起他對自己的敬畏（Achtung/reverentia）。

<h2 style="text-align:center">§12</h2>

在以下的例子中，我們或多或少能就我們內部的「人」底尊嚴，因而也對於我們自己，使這項義務可認識。

不要成為人底奴僕！莫讓他人踐踏你們的權利而不受懲罰！莫欠下你們無充分把握償還的債務！莫接受你們不需要的慈善！也不要作寄生蟲或諂媚者，或者甚至乞丐（這當然只是在程度上與前者有別）！因此，要節約，以免你們窮到討飯的地步！抱怨、哀求，甚至只是在身體疼痛時叫喊，都已使你們不堪；如果你們意識到自己要為這種疼痛負責，尤為不堪之至。因此，一個罪犯之視死如歸使其死亡變得高貴（免於恥辱）。下跪或匍匐在地，即使是為了藉此將對天上諸對象的崇拜具象化，也有悖於人底尊嚴，就像是在眼前的圖像中呼喚這些對象一樣；因為這樣一來，你們就不是屈從於你們自己的理性呈現給你們的一個**理想**之下，而是屈從於你們自己所製造的一個**偶像**之下。

437

## 個案鑑別的問題

在人心中，對其分命（Bestimmung）[27]之崇高的情感，亦即作為對他自己之評價的**心靈揚升**（Gemütserhebung/elatio animi），豈非與**自負**（Eigendünkel/arrogantia）——這與真正的**謙卑**（Demut/humilitas moralis〔道德上的謙卑〕）正好相反——太過近似，以致鼓勵心靈揚升並不適宜——縱使是在與其他人相比較，而不單與法則相比較時？抑或這種自我否定豈非毋寧會強化他人之論斷，而使他們蔑視我們的人格，且因此有悖於對我們自己的（敬畏底）義務？在一個人面前俯首貼耳，無論如何，似乎有失一個人之身分。

甚至對於一個在文明社會中並不發號施令的人在言辭與態度上特別表示尊敬——敬意、鞠躬（致敬）、以細緻的準確性來表示階級差別的宮廷套語——完全有別於禮貌（它對於相互平等看待的人也是必要的）：在稱呼中的「你」（Du）、「他」（Er）、「你們」（Ihr）與「您」（Sie），或是「閣下」（Ew. Wohledlen）、「尊貴的」（Hochedlen）、「出身尊貴的」（Hochedelgeborenden）、「出身高貴的」（Wohlgeborenen）（ohe, iam satis est!〔唉！已經夠了！〕[28]）。在這種拘泥方面，德國人在地球上所有民族當中（或許印度

---

27　【譯注】Bestimmung 一詞相當於孟子所謂「君子所性，雖大行不加焉，雖窮居不損焉，分定故也」（《孟子·盡心上》第 21 章）的「分定」之意，儒家即由此言「天命」。但「天」字在此易引起不必要的聯想，故譯為「分命」。

28　【譯注】語出古羅馬詩人荷拉修斯底《談話集》（Sermones），I,

的種姓制度除外）已發揮到了極致，而這些稱呼豈非證明人類當
中對於阿諛的一種廣泛的性癖（Hae nugae in seria ducunt.〔這些
瑣事導致嚴重之事〕）？但是誰使自己成為蟲，事後就不能抱怨他
被人用腳踐踏。

第一節

論人對作為天生的自我裁判者的自己之義務

§13

　　每個義務概念均包含來自法則的客觀強迫（作為限制我們的
自由之道德令式），並且屬於提供規則的實踐知性。但是對一個行 **438**
動（Tat）──作為一個受制於法則的事例──的內在**歸責**（Zu-
rechnung）（in meritum aut in demeritum〔有功還是有過〕）屬於**判
斷力**（Urteilskraft/iudicium）；而判斷力作為對行為歸責的主觀原
則，以法律效力判斷該行為是否已作為行動（受制於一項法則的
行為）而發生。然後隨之以**理性**底推斷（判決），亦即法律後果與
行為之聯結（判罪或開釋）。這一切均發生於**審判席**面前（vor
Gericht/coram iudicio），而審判席作為一個使法則產生效果的道德
人格，稱為**法庭**（Gerichtshof/forum）。對於人心中的一個**內在法
庭**（「在它面前，他的思想相互控告或辯解」[29]）之意識便是**良心**
（Gewissen）。

　　每個人都有良心，並且發現自己被一個內在的審判官所監

---

　　5, 12f.

29　【譯注】語出《新約・羅馬書》第 2 章第 15 節。

視、威脅，且一般而言，受到其尊重（與恐懼相結合的尊敬）；而
這個在其心中看管法則的強制力並非他為自己（任意）**製造**的某
個東西，而是它已被併入其存有之中。當他打算逃走時，良心便
像他的影子一樣跟隨他。他固然能藉情欲與娛樂來麻痺或催眠自
己，但卻無法避免偶而回神或甦醒，而在這種情況下，他立刻聽
到良心底可怕聲音。在其極度的墮落之中，他或許能做到根本不
再將這種聲音放在心上，但他卻無法避免**聽到**它。

　　如今，這種被稱為**良心**之智性的且（由於它是義務底表象）
道德的原始稟賦包含以下的特點：儘管它的這件事是人與自己的
事，但是人卻發現自己為其理性所強迫，如同依**另一個人格**之指
令去推動此事。因為在這裡，爭執是在法庭面前打一場**官司**
（Rechtssache/causa）。但是被他的良心所**控告的人**與審判官被表
述為**同一個人格**，這是對一個法庭之一種荒謬的表述方式；因為
在這種情況下，原告可永遠會敗訴。因此，如果人底良心不該與
自己相矛盾，則對一切義務而言，它必須將（一般而言的人以外
的）**另一者**，亦即自己以外的另一者[30]設想為其行為底審判者。
439　而今這個另一者可能是一個現實的人格，或是理性為自己所創造
之一個純然理想的人格[31]。

---

30　【譯注】第一版底文義不通，故此處根據第二版譯出。

439　31　在良心中控訴並審判自己的人必須在雙重的人格性中設想自己：這
　　　種雙重的自我，一方面必然戰慄地站在一個法庭（這個法庭卻被託
　　　付給他自己）底圍欄之前，但在另一方面卻自己掌管來自天生的權
　　　威之審判者職務，而這需要一番解釋，才不致使理性甚至陷於與自
　　　己的矛盾之中。我，原告但也是被告，是同一個**人**（numero idem〔數

　　這樣一種理想的人格（得到授權的良心審判者）必定是一個洞悉人心者；因為法庭是被安置在人底**內心**之中；但他同時也必須是**負有一切義務的**，也就是說，他必須是這樣一種人格，或是被設想為這樣一種人格：在對於他的關係之中，一切義務根本也能被視為他的命令；因為良心是一切自由行為之內在審判官。而今既然這樣一種道德存有者同時得擁有一切強制力（在天上及世間）──因為不然的話，他就無法為其法則取得與之相稱的效果（但這必然為審判者底職務所要求）──，而這樣一種掌控一切的道德存有者稱為**上帝**（Gott），則良心必須被設想為一項在上帝面前能為自己的行動承擔之責任（Verantwortung）底主觀原則；甚至後一個概念[32]（儘管只是以隱晦的方式）將始終被包含於上述道德的自我意識之中。

　　而這並不等於說：由於人底良心不可避免地將他引至的理

---

量上同一〕）；但是作為從自由底概念出發的道德立法之主體──在這種情況下，人臣屬於他為自己所制定的一項法則（homo noumenon〔理體人〕）──，他卻被視為與稟有理性的感性人不同的另一個人（specie diversus〔種類上不同〕）──但只是在實踐方面。因為關於智思之物對於感性之物的因果關係，並無任何理論，而這項種類上的不同乃是凸顯人底特性的能力（高級能力與低級能力）之不同。前者是原告，而面對他，被告被容許有一個法律上的協助者（其代理人）。在訴訟結束後，作為**掌有權力的**人格之內在審判官作出幸福或不幸之判決，作為行動之道德後果；在這種身分當中，我們無法憑我們的理性進一步探尋這個人格（作為世界統治者）之權力，而是只能尊崇這項無條件的命令（iubeo）或禁令（veto）。

32　【譯注】這是指「責任」底概念。

念，他有權**假定**如此一種在自己之外的最高存有者為**現實的**；更不是說：他由於其良心而**有責任**作此假定。因為這個理念並非**在客觀方面**由理論理性，而僅是**在主觀方面**由責成自己依此理念而行的實踐理性提供給他；而且人憑藉實踐理性，**僅依據**與世間一切有理性者底一個立法者之間的**類比**而單是得到一種引導，即將「有良心」（Gewissenhaftigkeit）──它也被稱為 religio[33]──設想為對一個與我們自己不同、但我們卻最真摯地想到的神聖存有者（制定道德法則的理性）負責任，並且將其意志當作正義底規則來服從[34]。在此，一般而言的宗教（Religion）底概念對人而言，僅是「對於人底一切**作為**上帝誡命的義務之一項評斷原則」。

　　1）在一件涉及良心之事（causa conscientiam tangens〔涉及良心的事件〕）當中，人在作決定之前設想一種**警告的**（warnendes/praemonens）良心；在此，如果事涉一個義務概念（某個本身就是道德性的東西），則在良心是其唯一審判者的事件（casibus conscientiae〔良心底事件〕）之中，極端的**疑慮**（Bedenklichkeit/scrupulositas）不能被判定為小題大作（拘泥小節），而一項真正的逾矩也不能被判定為小事（Bagatelle/peccatillum），並且──依據「執政官不為瑣事操心」（"minima non curat praetor"）的原理──被委諸一個任意發言的良心顧問。因此，將一種**寬泛的**良心歸諸某

---

33　【譯注】這個拉丁字原有「有良心」、「有良心疑慮」之義，引申為「對神的畏懼」之義。

34　【譯注】根據第一版，這句話當譯為「使其意志服從正義底規則」，於義不通。此處係根據第二版譯出。

人，等於是說他**沒有良心**。

2）在行動已完成時，在良心之中**原告**首先出現，但與他同時出現的還有一位**代理人**（辯護人）；在此，爭執並非平和地解決（per amicabilem compositionem〔藉由友善的調解〕），而是得依法律底嚴格性來裁決；隨之而來的是：

3）良心對人作出有法律效力的判決，即**開釋**或**譴責**他，而這個判決便結束了訴訟。在此要注意的是：良心決無法決定一種**酬賞**（Belohnung/praemium），即獲得某個先前並不存在的東西，而是僅包含一種因擺脫了被認定應受懲罰的危險而有之**喜悅**，且因此在其良心之慰藉性鼓勵當中，至福（Seligkeit）並非**積極的**（作為愉悅），而只是**消極的**（在先前的憂慮之後的安心）；這只能被賦予德行，作為對抗人內心中惡的原則底影響之鬥爭。

## 第二節
### 論對自己的一切義務之第一命令
#### §14

441

這就是：**認識**（研究、探索）**你自己**，並非就你的自然圓滿性（適宜或不適宜各種各樣隨你喜歡的甚或被要求於你的目的）而言，而是針對你的義務，就道德圓滿性而言——認識你的心，看它是善的還是惡的，你的行為底來源是純潔的還是不純潔的，而這可能原始地屬於人底**實體**，或是衍生的（取得的或招致的），而能被歸諸他自己，並且屬於道德**狀態**。

要求穿透到更難以探索的心靈深處（深淵）之道德上的自我認識是一切人類智慧之開端。因為後者——它在於一個存有者底

意志與終極目的之協調——在人這裡，首先需要清除（一個在他
內心盤據之惡的意志底）內在障礙，然後需要發展在他內心中一
個善的意志之決不會喪失的原始稟賦（唯有自我認識底地獄之行
才開闢通往神化之途）。

## §15

這種道德上的自我認識首先會根本排除對作為人的自己（其
整個種屬）之**狂熱的**鄙視；因為這種鄙視是自相矛盾的。甚至唯
有藉由在我們內心中存在之向善的美妙稟賦（它使人值得尊敬），
人才可能會認為違背這種稟賦而行動的人（他自己，而非他自己
內部的「人」）應受到鄙視。但這樣一來，這種自我認識也與**自私
的**自我評價——當純然的願望出之以仍然極其強烈的渴望，但這
些願望本身卻無所作為，且始終如此時，將這些願望當作一種善
心之證明——相牴牾（**祈禱**也只是在內心中對一位洞悉人心者許
下的願望）。在與法則相比較而評斷我們自己時的無偏無黨，以及
在對其內在的道德價值或無價值自我表白時的坦誠，都是對自己
的義務，而這些義務係由自我認識之上述的第一命令直接推出的。

442

### 附節
### 論道德的**反省概念**之曖昧：
將原屬人對自己的義務者當作對他人的義務

## §16

純然依理性去判斷，除非對於人（自己或另一個人），否則人
沒有任何義務；因為他對任何一個主體的義務是由這個主體底意

志而來的道德強迫。因此，這個強迫的（責成的）主體**首先**必須是一個人格；**其次**，這個人格必須作為經驗底對象而被給與；因為人應當追求這個人格底意志之目的，而這只能發生於兩個存在者底相互關係之中（因為一個純然的思想物無法依目的而成為任何一個後果之**原因**）。但如今，憑我們的一切經驗，除了人以外，我們不知道任何其他有能力責成（主動地或被動地）的存有者。因此，除非對於人，否則人不可能對任何一個存有者有義務，而他仍然設想自己有這樣的一種義務，這是**反省概念**[35]**之曖昧**使然，而他所假想的對其他存有者的義務僅是對自己的義務；他之所以被誘導至這種誤解，係由於他將他**關乎**其他存有者的義務與他**對**這些存有者的義務混為一談。

如今，這些假想的義務只能關聯於**非人格性的**，或者雖是人格性的、但卻絕對**無形的**（不能對外感呈現的）對象。前一種（**人類之外的**）對象可能是純然的自然材質，或是為了繁衍而被組織起來、但卻無感覺的自然材質，或是自然中稟有感覺與意念的部分（礦物、植物、動物）；第二種（**超乎人類的**）對象可被設想為精神性的存有者（天使、上帝）。現在要問：在這兩類存有者與人之間是否存在一種義務關係？又其間存在什麼關係？

---

35　【譯注】康德在《純粹理性批判》底〈反省概念之曖昧〉一章中解釋道：「『**反省**』（Überlegung/reflexio）並非關乎諸對象本身，以便直接由它們得到概念，而是心靈底狀態，在其中我們首先準備要發現我們能據以得到這些概念的主觀條件。它是現有表象對我們的不同認知來源之關係底意識，而唯有藉由這種意識，諸表象彼此間的關係才能被正確地決定。」（B316）

443

## §17

就自然中儘管無生命、但是就**美的**事物而言，一種純然從事摧毀的性癖（spiritus destructionis〔毀滅之心〕）與人對自己的義務相悖；因為這削弱或根除了人內心中的一種情感：這種情感本身固然還不是道德的，但卻是一種對道德大有裨益，或至少為此作準備的感性情調，即是縱使不考慮利益，也喜愛某物（例如，美的結晶、植物界之無法形容的美）。

就受造物中儘管無理性、但卻有生命的部分而言，粗暴而又殘酷地對待動物遠遠更深切地與人對自己的義務相對立[36]，因為這使人內心中對動物底苦難的同情心麻痺，而且削弱並逐漸根除一種在與其他人的關係中極有利於道德的自然稟賦——儘管俐落地（無折磨地進行）宰殺它們，或甚至（只要不至於超乎能力的辛苦）役使它們（人可是必定也承受這類事情），屬於人之權限[37]；反之，僅僅為了思辨而進行充滿折磨的自然實驗（如果即使沒有這些實驗，目的也能達成的話），是應受到憎惡的。甚至對一匹老馬或一隻老狗底長期效勞的感恩（彷彿它們是家庭之一員）也**間接地**屬於人底義務，亦即**關乎**這些動物；但是**直接地**來看，這種感恩始終只是人**對**自己的義務。

## §18

**關乎**完全超出我們的經驗界限之外，但就可能性來說卻見諸

---

36　【譯注】第一版底文義不通，故此處根據第二版譯出。

37　【譯注】孟子主張「君子遠庖廚」的理由與此類似。

我們的理念（例如上帝底理念）之中的東西，我們同樣也有一項
義務，它被稱為**宗教義務**，此即「認識我們的一切義務均**為**
（als/instar）上帝底誡命」之義務。但這並非**對上帝**的一項義務之
意識。因為既然這個理念完全來自我們自己的理念，而且是由我
們自己——無論是在理論方面，為了對自己解釋宇宙整體中的合
目的性，還是甚至為了在我們的舉止中充作動機——所**製造**的， 444
則我們在此並不面對一個現成的存有者，而我們有責任**對**它承擔
義務，因為在這種情況下，其現實性首先必須藉由經驗去證明（啟
示）；而是人對自己有一項義務，即是將這個不可避免地呈現於理
性的理念應用於我們心中的道德法則，而在這裡，這個理念[38]有
最大的道德成果。因此，在這個（**實踐的**）意義下可以說：擁有
宗教是人對自己的義務。

## 第二卷

## 論人對自己（關乎其目的）的不完全義務

### 第一節
#### 論人在發展並增益其**自然圓滿性**時，亦即在實用方面，
#### 對自己的義務

---

38　【譯注】第二版將 es 改為 sie，此處從之。

## §19

　　培養（Anbau/cultura）其作為達成各種各樣可能的目的之手段的自然力量（精神、心靈與肉體底力量）是人對自己的義務。人對自己（作為一個理性存有者）有責任，不讓其理性有朝一日可能使用的自然稟賦與能力不被利用，並且彷彿生鏽了，而是假設即使他能滿足於其能力對於自然需求來說的天生幅度，則必定是其理性先藉由原理[39]為他指定對於其能力底微小幅度的這種**滿足**，因為他作為一個能夠有目的（使對象成為自己的目的）之存有者，必然將其力量之使用不單歸功於自然底本能，而是歸功於他藉以決定這個幅度的自由。因此，這並非考慮到其（達成各種各樣的目的之）能力底陶冶可能帶來的**好處**，因為這種好處或許（根據盧梭底原理）最後會有利於自然需求之粗野；而是培養其能力（依其目的之不同，在這些能力當中，培養一種能力更甚於另一種能力），並且在實用方面做一個適合於其存在底目的的人，係道德的實踐理性之命令與人對自己的**義務**。

　　**精神力量**是唯有藉由理性才有可能行使的力量。就其使用並非得自經驗，而是先天地衍生自原則而言，它們是創造性的。數學、邏輯與自然底形上學屬於此類；後兩者也被歸入哲學，即理論哲學──在這種情況下，它們固然並非如字面所言，意謂智慧學（Weisheitslehre）[40]，而是僅意謂學問，但卻可能有助於前者達

---

445

39　【譯注】這是指目的論原理。

40　【譯注】康德在《實踐理性批判》中指出：「在實踐方面，亦即，為了我們的理性行為之格律而充分地決定這個理念〔按：指最高

成其目的。

**心靈力量**是這樣的力量：它們供知性及它為了滿足隨便什麼意圖而使用的規則來支配，並且就此而言，依經驗底引導而被運用。記憶、構想力之類的東西屬於此類，而在其上能建立博學、品味（內在與外在的美化）等──它們為各式各樣的意圖提供工具。

最後，**肉體力量**之陶冶（依本義而言的體操）乃是照顧在人身上構成**原料**（質料）的東西，而沒有這些東西，人底目的就始終不會實現；因此，持續而有意地活化人身上的動物乃是人對自己的義務。

### §20

在這些自然圓滿性之中，何者為**優先**？再者，在相互比較當中，以什麼比例使它們成為自己的目的，才是人對自己的義務？這留待他自己的理性考慮，以便就對於某種生活方式的愉快，且同時就對於他為此所需要的力量之評價，而從中加以選擇（例如，這到底應當是一種手藝抑或貿易，還是博學）。因為撇開自我保存之需求（它本身無法建立任何義務）不談，人對自己的義務是做一個對世界有用的成員。因為這也屬於在他自己人格中的「人」之價值，故他不應貶抑這個「人」。

446

---

善〕，便是**智慧學**（Weisheitslehre）；而將智慧學當作**學問**（Wissen-schaft）來看，又是依古人所理解的意義而說的『**哲學**』──對古人而言，哲學是對有關『最高善應置於何處』的想法及藉以求得最高善的行為之指引。」（*KGS*, Bd. 5, S. 108）

　　但是人在其**自然**圓滿性方面對自己的義務只是**寬泛的**且不完全的義務；因為它固然包含行為底格律之一項法則，但是對於行為本身，在其方式與程度方面卻無所決定，而是容許自由的意念有一個迴旋餘地。

第二節

論人在提升其**道德**圓滿性時，亦即純然在道德方面，
對自己的義務

§21

　　**首先**，這項義務在主觀方面存在於義務存心之**純潔性**（Lauterkeit/puritas moralis〔道德的純潔性〕），亦即，即使沒有來自感性的意圖之摻雜，法則獨自就是動機，而且行為之發生不僅合乎義務（pflichtmäßig），而是也**出於義務**（aus Pflicht）。此處的命令是：「你們要聖潔！」[41]**其次**，在客觀方面，就全部道德目的——它涉及圓滿性，亦即涉及其全部義務及關乎他自己而言的道德目的底完整性之達成——而言，命令是：「你們要圓滿！」[42]但是追求這項目標，在人這裡卻始終只是從**一種**圓滿性進到另一種圓滿性：「若是有什麼德行，若是有什麼稱讚，就追求它吧！」[43]

---

41　【譯注】語出《新約·彼得前書》第 1 章第 16 節：「聖經上說：『你們要聖潔，因為我是聖潔的。』」

42　【譯注】語出《新約·馬太福音》第 5 章第 48 節：「你們要完全，正像你們的天父是完全的。」

43　【譯注】語出《新約·腓立比書》第 4 章第 8 節：「末了，弟兄們，你們要常常留意那些美善和值得讚揚的事。一切真實、高尚、公正、

## §22

對自己的這項義務是一項雖然在程度上寬泛而且不完全的、但在性質上卻**狹隘**而且完全的義務，而這是由於人性之**脆弱**（Gebrechlichkeit/fragilitas）。

因為這種圓滿性——**追求**它固然是義務，但**達成**它（在此生之中）卻非義務，故對這項義務的遵循只能在於不斷的進步——是對自己的義務，而它在對象（人們應當使其實現成為自己的目的之那個理念）**方面**固然是狹隘而且完全的，但**考慮**到主體，它卻是寬泛的而且僅是不完全的。

人類心靈之深處是無法探索的。誰充分地認識自己（如果他感覺到遵守義務的動機），了解這項動機是否完全來自法則底表象，還是有若干其他的感性衝動——它們著眼於好處（或是為了防止一項害處），而且在其他的時機甚至可能為罪惡所利用——共同起作用呢？但是就作為道德目的之圓滿性而言，在理念中（在客觀方面）固然僅有**一項**德行（作為格律之道德力量），但事實上（在主觀方面）卻有許多性質相異的德行，而在其中，如果人們想要尋找的話，或許不可能不發現某種失德（儘管正是由於上述的德行，這些失德通常不具有罪惡之名）。但是德行之總和——自我認識決無法讓我們充分看出它是完整的還是有所欠缺——只能建立「要圓滿」的不完全義務。

447

---

純潔、可愛，和光榮的事，都應該重視。」

＊　　＊　　＊

　　因此，就我們自己人格中的「人」底目的而言，對自己的義務均只是不完全義務。

# 倫理學的成素論

448

## 第二部

## 論對他人的德行義務

### 第一章

### 論對僅作為人的他人之義務

#### 第一節
#### 論對其他人的愛底義務

##### 導論
##### §23

　　最上層的畫分可以畫分為兩類對他人的義務：第一類義務是你藉由執行這項義務而同時使他人承擔責任者，第二類義務是遵守它並不能造成他人底責任者。執行第一類義務是（對他人而言）**有功績的**（verdienstlich）；執行第二類義務是**分內的**（schuldige）義務。**愛與尊敬**是伴隨這些義務底履行的情感。它們可以分別地（每項均單獨地）來考慮，而且也分別地存在。（對鄰人之**愛**，雖然他可能不太值得**尊敬**；以及對每個人必要的尊敬，儘管他被判定為幾乎不值得去愛。）但是它們畢竟總是根據法則在一項義務當中相互結合在一起，只是有時一項義務，有時另一項義務是主體中的原則，而另外一項義務則附屬地聯結於其上。於是我們將認識到自己有義務對一個窮人行善；但由於這份好意也包含其福祉之依待於我的慷慨，而這種慷慨卻貶抑他人，則藉由一種態度——它將這種慈善若非呈現為純屬本分，就是呈現為舉手之勞——來避免受惠者之屈辱，並且維持他的自尊，便是義務。

449

## §24

　　當我們談到義務法則（而非自然法則），更確切地說，在人與人相互的外在關係中之義務法則時，我們係在一個道德的（智思的）世界中看待自己，而在這個世界中，按照與自然世界的類比，（在世上的）有理性者之結合係由**引力**與**斥力**所造成。由於**互愛**底原則，他們奉命要不斷地相互**接近**；由於他們彼此間應有的**尊敬**底原則，他們奉命要相互保持**距離**。再者，如果這兩種強大的道德力量之一下降，「那麼（不道德之）虛無就會張開咽喉，喝下（道德的）存有者之整個王國，有如喝下一滴水」——如果我在這裡可以利用**哈勒**底文句，但卻是在另一種關係之中[44]。

---

44　【譯注】出自德國詩人哈勒底詩〈論永恆〉（"Über die Ewigkeit", 1736）。但康德在此並非忠實地引用，而是變動了原本的詩句。其原文見第76-85行：

　　O Gott! du bist allein des Alles Grund!
　　Du, Sonne, bist das Maß der ungemeßnen Zeit,

## §25

但是在這裡，**愛**並不被理解為**情感**（感性的），亦即對於他人底圓滿性的愉快，並不被理解為**愜意**之愛（因為他人不可能責成我們擁有情感），而是必須被設想為**仁慈**（Wohlwollen）底格律（被設想為實踐的），而這項格律產生施惠（Wohltun）。

對於應向他人表示的**尊敬**，我們得同樣說：它不僅意謂由於

---

Du bleibst in gleicher Kraft und stetem Mittag stehen,

Du gingest niemals auf und wirst nicht untergehen,

Ein einzig Itzt in dir ist Ewigkeit!

Ja, könnten nur bei dir die festen Kräfte sinken,

So würde bald, mit aufgesperrtem Schlund,

Ein allgemeines Nichts des Wesens ganzes Reich,

Die Zeit und Ewigkeit zugleich,

Als wie der Ozean ein Tröpfchen Wasser, trinken.

今試譯如下：

噢！上帝！唯有你是萬有之根本！

太陽！你是無量時間之尺度，

你總是保持同樣的力量與永遠的正午，

你從不升起，也不會下降，

在你之中，唯一的現在便是永恆！

是啊！唯有在你那裡，堅定的力量才會下沉，

一個遍在的虛無將張開咽喉，

立即喝下存有者之整個王國，

同時喝下時間與永恆，

有如海洋喝下一滴水。

將我們自己的**價值**與他人底價值相比較而生的**情感**（諸如一個孩子對其父母、一個學生對其老師、一般而言的部屬對其長官，僅出於習慣而感覺到的情感），而是僅意謂一項「以另一個人底人格中的『人』（Menschheit）之尊嚴來限制我們的自我評價」的**格律**，因而意謂實踐意義下的尊敬（observantia aliis praestanda〔對他人應當表示的尊敬〕）。

由於對他人的自由尊敬之義務其實只是消極的（不自以為高人一等），且因此類似於「不使任何人底所有物減損」的法律義務，它雖然只是德行義務，但相較於愛底義務，也被視為**狹隘的**義務；因此，愛底義務被視為**寬泛的**義務。

因此，「愛鄰人」的義務也可以這樣來表達：它是「使他人底**目的**（只要這些目的並非不道德的）成為我的目的」的義務；「尊敬我的鄰人」的義務則包含於「不將其他任何人貶抑為只是達成我的目的之工具」（不要求他人為了遷就我的目的而放棄自己）的格律之中。

由於我對某人履行了前一項義務[45]，我同時責成另一個人；我對他有功勞。但由於我遵守後一項義務[46]，我僅責成我自己，限制我自己，為的是不對他人作為人而有權在自己之中設定的價值有所剝奪。

450

---

45　【譯注】指愛底義務。

46　【譯注】指尊敬底義務。

## 專論愛底義務

### §26

由於對人的愛（Menschenliebe/Philanthropie）在此被設想為實踐的，因而並非被設想為對人的愜意之愛，它必須被置於主動的仁慈之中，且因此涉及行動底格律。對人底順遂（Wohlsein/salus）感到滿足的人（就他將人僅視為人而言），當其他每個人都過得順遂時，他就**舒坦**，這種人一般而言稱為一個**愛人者**（Menschenfreund/Philanthrop）。唯有在其他人過得不順時才舒坦的人稱為**以人為敵者**（Menschenfeind），即實踐意義下的「憎人者」（Misanthrop）。只要他自己過得順遂，卻對別人過得如何漠不關心的人是一個**自利者**（Selbstsüchtiger/solipsista）。但是由於無法對人感到**愜意**而逃避他們（儘管他**意願**所有人都**舒坦**）的人可被稱為**懼人的**（menschenscheu），即感性上的「憎人者」，而他對人的離棄可被稱為恐人症（Anthrophobie）。

### §27

根據圓滿性底倫理法則：「愛你的鄰人如愛你自己」[47]，仁慈底格律（對人的實踐之愛）是所有人相互間的義務，而不論人們是否認為這些人值得愛。因為一切對於人之道德的實踐關係均是人在純粹理性底表象中的一種關係，亦即依乎格律的自由行為底

451

---

47　【譯注】《舊約·利未記》第19章第18節：「不可報仇；不可埋怨本國人民，要愛自己的同胞像愛自己一樣。」

一種關係，而這些格律有資格制定普遍法則，因此不可能是自私的（ex solipsismo prodeuntes〔由自私產生的〕）。我意願其他每個人都對我仁慈（Wohlwollen/benevolentiam）；因此，我也應當對其他每個人都仁慈。但既然除了我之外的所有**其他人**不會是**所有人**，因而格律不會具有一項法則底普遍性，但這種普遍性對於責成卻是必要的，故仁慈底義務法則將在實踐理性底命令中把我當作仁慈底對象而包括進來；並非彷彿我因此而會有責任愛我自己（因為沒有義務法則，我也不可避免地會愛自己，且因而對此並無責成可言），而是立法的理性（它在其一般而言的「人」底理念中包含整個種屬，因而也包含我）、而非人，作為普遍法則之制定者，在相互仁慈底義務中根據平等原則，將我與我以外的其他所有人一起包括進來，並且在「你也願意善待其他每個人」的條件下，**容許**你對你自己仁慈；因為唯有如此，你的（施惠底）格律才有資格制定普遍的法則，而一切義務法則均以此為依據。

## §28

如今，在對人的普遍之愛中的仁慈固然在**範圍**上最大，但在**程度**上卻最小；再者，如果我說：我只是根據對人的普遍之愛而關心此人底安康，則我在此所懷有的關心是可能的關心中最小的。我對其安康只是並非無所謂而已。

但是一個人卻比另一個人對我更為親近，而且我在仁慈中是對我最為親近的人。如今，這如何與「愛你的**鄰人**（你的同胞）如愛你自己」這項程式相吻合呢？如果（在仁慈底義務中）一個人比另一個人對我更為親近，因而我有責任對一個人比對另一個

人有更大的仁慈，但是我公認對我自己比對其他任何人更為親近
（甚至就義務而言），則我似乎無法說：我應當愛每個人如愛我自
己，而不與我自己相矛盾；因為我愛（Selbstliebe）底標準不會在
程度上容許任何差異。人們立即了解：這裡所指的，不單是**願望**
中的仁慈——它其實只是對其他每個人底安康的一種愜意，而甚
至可以對此毫無貢獻（人人為己，上帝為我們所有人）——，而
是一種主動的、實踐的仁慈，亦即使他人底安康與福佑成為自己
的**目的**（施惠）。因為在願望中，我能對所有人**同等**仁慈，但是在
作為中，程度卻可能依所愛者（其中一個人比另一個人與我的關
係更為親近）之不同而極其不同，而無損於格律之普遍性。

452

愛底義務之畫分

　　它們是：A）**慈善**（Wohltätigkeit）底義務、B)**感恩**
（Dankbarkeit）底義務、C)**同情**（Teilnehmung）底義務。

A. 論慈善底義務
§29

　　在僅為了對生活感到一種樂趣（保養自己的肉體，但不至於
柔弱之地步）而必要的範圍內自得其樂，屬於對自己的義務；其
反面則是：由於**吝嗇**而（奴隸般地）剝奪自己為了愉快地享受生
活而必要之物，或是由於對自己的自然愛好之過度**訓練**而（狂熱
地）而剝奪自己對生活之樂的享受——這兩者均與人對自己的義
務相牴牾。

　　但是除了在願望中針對其他人的**仁慈**（這不費我們任何事）之外，人們如何還能要求這種仁慈是實踐的，亦即要求每個有能力這麼做的人針對有需求的人**施惠**，作為義務呢？仁慈是對他人底幸福（順遂）的滿足；但施惠卻是「使他人底順遂成為自己的目的」之格律；而對於此事的義務乃是理性強迫主體採納這項格律作為普遍法則。

　　這樣的一項法則根本就在理性之中，這並非顯而易見的；反而「人人為己，上帝（命運）為我們所有人」的格律似乎是最自然的。

453

§30

　　樂善好施，亦即，盡其能力促使身處困境中的其他人得到其幸福，而不期望得到任何回報，這是每個人底義務。

　　因為每個身處困境中的人都期望其他人會幫助他。但如果他讓他的格律，即「在他人身處困境中時，不願回過來幫助他們」，聲張出去，也就是說，使這項格律成為普遍的許可法則，則當他自己身處困境中時，每個人也都同樣會拒絕、或者至少有權拒絕幫助他。因此，如果這項自私的格律被當成普遍的法則，它就會自相矛盾，也就是說，它是違反義務的；是故，「對有需求的人施惠」這項有利於公眾的格律是人底普遍義務，更確切地說，這是因為這些人必須被視為同儕，也就是說，被視為在一個居住地由自然聯合起來以相互幫助之有需求的有理性者。

## §31

對於**富足的**（擁有達成他人底幸福的多餘**手段**，亦即超乎他自己的需求之手段）人而言，施惠幾乎根本不可被視為施惠者之有功績的義務——雖然他同時藉此而責成他人。他藉此使自己得到的滿足（這不需要他作任何犧牲）是一種沉湎於道德情感的方式。他也得小心避免一切幻相，即彷彿他想藉此而責成他人；因為不然的話，這就不是他為他人所做的真正慈善，因為他表示要使他人承擔一項責任（在他人自己的眼中，這總是侮辱了自己）。除非他（這樣更好）完全暗中從事其慈善活動，否則他反而得表示：他人之接受使自己有責任或榮幸，因而這項義務僅是其本分。如果施惠的能力有限，而施惠者又夠強，足以默默地承擔他使他人免除的不幸，這種德行就更偉大；在這種情況下，他確實可被視為道德上富足的。

### 個案鑑別的問題

454

人們在施惠時應當將其能力耗費到什麼地步呢？可不要到人們自己最後變得需要他人底慈善。人們藉冰冷的手（在辭世時藉由一份遺囑）所表現之善行有多大的價值呢？某人行使國家法律許可他加諸另一個人的一項最高權力，而他剝奪後者依他自己的抉擇而使自己幸福的**自由**（其莊園中的世襲農奴）；我說：如果此人根據**他**自己對於幸福**的**想法彷彿父親般地照顧這另一個人，他是否可以將自己視為施惠者呢？或者毋寧說，剝奪一個人底自由的這種不義豈非某種根本與法律義務相牴牾之事，以致屈從於這項條件而指望主人底慈善，對於自願同意這麼做的人來說，便會是對「人」之最大的糟蹋，而主人對後者的最大照顧決不會是慈善？或者慈善底功績可能如此之大，以致它能抵銷人權？我不能根據**我**對於幸福**的**想法，藉著強加給任何人一項禮物而施惠於他（未成年的孩子或是〔精神〕殘障者除外），而是只能根據我想施以善行的**那個人**底想法而施惠於他。

　　施惠的能力繫於物質財富，而這種能力多半是由於政府之不義偏袒某些人而產生的結果，而這種不義導致財富不均，這種不均又使他人之慈善成為必要。在這樣的情況下，富人可能對窮困者提供的協助到底應得慈善（人們如此願意將它當作功績而自鳴得意）之名嗎？

### B. 論感恩底義務

　　**感恩**是由於一項加諸我們的善行而對一個人格的**尊崇**。與這種評斷相結合的情感是對於（責成他的）施惠者的尊敬之情；反之，施惠者對於受惠者僅被視為在愛底關係之中。甚至他人底一種純然衷心的**仁慈**（而無自然的結果）也應得一項德行義務之名；於是，這便為**實際的**感恩與僅是**情感性的**感恩之區別提供了根據。

§32

　　**感恩**是義務，也就是說，不單是一項**明哲底格律**，即藉由證實我因蒙受慈善而有的責任來鼓勵他人進一步施惠（gratiarum actio est ad plus dandum invitatio〔感恩之舉鼓勵人給得更多〕），因為在此我只是利用感恩作為達成我的其他意圖之手段；而是感恩係來自道德法則的直接強迫，亦即義務。

　　但是感恩還得特別被視為**神聖的**義務，亦即這樣的一種義務：對它的侵犯可能在原理本身之中消滅施惠底道德動機（作為令人憤慨的事例）。因為若是關乎一個道德對象的責任無法藉由任何合乎這項責任的行動而被完全消除（在此，被責成者始終被責成），這種對象便是神聖的。其他一切都是**通常的**義務。但是我們無法藉由對一項已被接受的善行之任何回報而**償清**這項善行，因為受惠者決無法從施惠者贏得後者所擁有的功績之優勢，即在仁慈當中已是先手。但即使沒有這樣一種（施惠底）行動，甚至純然衷心的仁慈已是責成感恩的理由了。這種感恩的存心被稱為**感激**（Erkenntlichkeit）。

§33

　　就這種感恩底**廣度**而言，它不單涉及同時代的人，而是也涉及祖先，甚至那些我們無法確切地指名道姓的人。這也是何以不盡可能地為可被視為我們的老師之古人辯護，以防止一切攻訐、譴責與蔑視一事，被認為不得體之故。但是在此，一個愚蠢的妄想是妄言古人由於古代底緣故在才能與善的意志方面均優越於現代人，彷彿世界正依自然法則而持續地減少其原初的圓滿性，並且在與古代相較之下輕視一切新事物。

456

　　但是就對於這種德行的責任之**強度**，亦即級度而言，它可以根據被責成者從善行得到的好處，以及這種善行據以被施諸他的那種無私性來評價。最低的程度是：向能接受服務的（還活著的）施惠者提供**同等的**服務，而如果他無法接受服務，就向他人提供服務；不將一個已被接受的善行視如一種人們可能樂於擺脫的負擔（因為受到如此恩惠的人對其恩人矮了一截，而且這傷害其自豪），而是甚至將感恩底機緣當作道德的善行來接受，亦即當作現成的機會，去責成對人類之愛底這項德行——這項德行帶有仁慈的存心之**真摯**，同時是仁慈底**溫柔**（在義務底表象中對這種存心體貼入微）——，且因此陶冶對人類之愛。

## C. 同情感根本是義務
### §34

**同甘**（Mitfreude）與**共苦**（Mitleid）（sympathia moralis〔道德的同情〕）誠然是對於他人之喜悅與痛苦底狀態的一種愉快或不快（因此可稱為感性的〔ästhetisch〕）底感性情感（同感、同情的感覺），而自然已在人之中賦予對於這些情感的感受性。但是利用這些情感作為促進實際的且理性的仁慈之手段，在「**人道**」（Menschlichkeit/humanitas）底名義下仍是一項特殊的（儘管只是有條件的）義務；因為在這裡，人不僅被視為有理性者，也被視為稟有理性的動物。如今，人道可被置於彼此**互通情感**的**能力**與**意志**（humanitas practica〔實踐的人道〕）之中，或是僅被置於對喜悅或痛苦底共通情感的**感受性**（這是自然本身所賦予的）（humanitas aesthetica〔感性的人道〕）之中。前者是**自由的**，且因此被稱為**同情的**（teilnehmend）（communio sentiendi liberalis〔自由的感通〕），並且以實踐理性為根據；後者是**不自由的**（communio sentiendi illiberalis, servilis〔不自由的、奴性的感通〕），並且可稱為**傳播的**（mitteilend）（如溫度或傳染病之傳播），也可稱為共感

（Mitleidenschaft）；因為它以自然的方式在比鄰而居的人當中擴散。只有對於前者才有責任可言。

對於**智者**曾有一種崇高的表述方式，如同斯多亞學派讓智者說出以下的話時對他所設想的那樣：「我期望有一個朋友，並非要他在我身處窮困、疾病、監禁等等之中時幫助**我**，而是為了我能協助**他**，並且拯救一個人。」但是這同一位智者在他的朋友無法得救時，卻對自己說：「這干我什麼事呢？」也就是說，他拒絕共感。

事實上，當另一個人受苦，而我也（藉助於構想力）讓自己受到他的痛苦（對此我卻愛莫能助）所感染時，我們兩人都受苦——儘管真正說來，不幸（在自然中）僅及於一人。但是，增加世界上的不幸，因而甚至不**出於共苦**而施惠，這不可能是義務；果真如此，這也會是一種侮辱性的施惠方式，因為這表現一種仁慈——它涉及不配受惠的人，並且被稱為**憐憫**（Barmherzigkeit），而且決不該在正好不可自誇配得幸福的人彼此之間發生。

## §35

但儘管與他人共苦（且因此也同甘）本身並非義務，可是陶冶我們內心中同情的自然的（感性的）情感，而且利用這些情感作為諸多手段，以促成出於道德原理及與之相符的情感之同情，這卻是對他人底命運之實際同情，且因此為了這項目的而為間接的義務。因此，義務是：不要迴避欠缺最需要之物的窮人所在之處，而要尋找它們，不要為了逃避我們無法抑遏的痛苦同感，而避開病房或負債者底監牢與此類地方；因為這的確是自然置於我們內心的衝動之一，而去做義務底表象不會獨自完成之事。

458　　　　　　　　　　個案鑑別的問題

　　如果人底一切道德僅被局限於法律義務，但卻出之以極度的
認真，而仁慈卻被歸諸道德上中性之物，這對世界底安康難道不
會更好嗎？這對人底幸福可能會有什麼後果，並非如此容易看出
來。但是在這種情況下，世界上至少會欠缺一種偉大的道德光彩，
即對人的愛；因此，即使不計較（幸福底）好處，這種愛本身也
被要求將世界在其完全的圓滿性中呈現為一幅美的道德整體。

　　感恩其實並非被責成者回報施惠者的愛，而是對他的**尊敬**。
因為對鄰人的普遍之愛能夠且必須以義務之平等為依據；但是在
感恩之中，被責成者卻比其施惠者矮了一截。難道這不是諸多忘
恩負義之原因──此即看到一個人高於自己時的自負，亦即因無
法與他完全平起平坐（就義務關係而言）而生的反感──嗎？

## 論與對人的愛正相（相反）對立之對人的恨底罪惡
### §36

　　它們構成**嫉妒**、**忘恩負義**與**幸災樂禍**之鄙陋家族。但是仇恨
在此並非公然的與粗暴的，而是祕密的與遮掩的；它還為對其鄰
人的義務之遺忘添加了卑鄙，且因此同時傷害了對自己的義務。

　　a）**嫉妒**（Neid/livor）是痛苦地見到他人之安康（儘管這無損
於他自己的安康）的性癖。當嫉妒付諸行動（而減損他人之安康）
時，便稱為**十足的嫉妒**（qualifizierter Neid），否則便僅稱為**妒意**
（Mißgunst/invidentia）；但嫉妒只是一種間接惡意的存心，即是
不甘心見到他人之安康使我們自己的安康相形見絀，因為我們不

知在安康底內在價值中評價其標準，而只知在與他人底安康的比較當中評價其標準，並且將這種評價具體化。因此，人們可能也 459 談到在一個婚姻或家庭中一種**值得嫉妒的**和睦與幸福等等，彷彿在若干情況下容許嫉妒某人。所以，嫉妒之激動存在於人底本性之中，而且唯有這些激動之發作才使它們成為一種懊惱的、自我折磨的而且意在破壞他人底幸運（至少就願望而言）的激情之醜陋罪惡，因而與對自己及對他人的義務相對立。

　b）如果對其施惠者的**忘恩負義**甚至發展到仇恨他們的地步，便稱為**十足的忘恩負義**（qualifizierte Undankbarkeit），否則便僅稱為**不知感恩**（Unerkenntlichkeit）。忘恩負義固然是一種在公開的評斷中極度令人厭惡的罪惡，但此人仍由於此種罪惡而如此聲名狼藉，以致人們認為：他們會由於所做的善行甚至為自己製造了一個敵人，這並非不可能之事。這樣一種罪惡之所以可能，係由於誤解了對自己的義務，亦即不需要、亦不要求他人之慈善（因為這會使我們承擔對他人的責任），而是寧可自己忍受生活之艱辛，也不要以此來麻煩他人，因而欠他們的債（義務），因為我們害怕因此而陷於受保護者低於其保護者的層級；這與真正的自重（以他自己人格中的「人」之尊嚴自豪）相悖。因此，人們對於在施惠當中**不可避免地**必然搶先於我們的人（對於已故的祖先或對於父母），不吝於表示感恩，但是對於同時代的人，卻吝於表示感恩，而為了掩蓋這種不平等底關係，甚至表示感恩之對立面。但這樣一來，這便是一種激怒「人」的罪惡，不僅是由於這樣一個例子一般來說必然為人類帶來的**損害**，即是使未來的慈善卻步（因為正是在對所有這種報酬的鄙棄當中，人類憑真正道德的存心，卻只可能賦予其施惠一項更大的內在道德價值），而是因為對人類之愛在此彷彿被倒置，而愛之欠缺甚至被低俗化為仇恨施愛者的權限。

c) **幸災樂禍**正好是同情之反面，而它對人性來說，也並不陌生——儘管當它發展到如此地步而甚至有助於災禍或惡之產生時，它作為**十足的幸災樂禍**（qualifizierte Schadenfreude）而彰顯出對人的仇恨，並且顯得令人恐怖。當他人之不幸或陷於醜聞彷彿用來襯托我們自己的富裕，以便更清楚地顯示它時，更強烈地感覺到自己的安適且甚至自己的良好舉止，根據構想力（即對比）底法則，無疑是本性使然。但是對於這種摧毀普遍公益的**極惡**（Enormitäten）之存在直接感到高興，因而甚至可能期望這類的事件，乃是對人的一種祕密仇恨，並且正好是對鄰人之愛（它是我們的義務）底反面。他人在持續安康時的**傲慢**與在良好舉止中的**自負**（但其實只是幸運地依然避開犯下公開罪惡的誘惑）——自私的人將這兩者均看作自己的功績——造成這種敵意的愉悅，而這種愉悅與依乎同情底原則的義務正好對立。這項原則即是特倫茲筆下誠實的克雷梅斯底原則：「我是一個人；凡是人所遭遇的事，也都與我有關。」[48]

在這種幸災樂禍當中，最甘美的是**復仇欲**，而且它似乎還帶

---

48　【譯注】特倫茲（Terenz）是古羅馬劇作家 Publius Terentius Afer（195-159 B.C.）。克雷梅斯（Chremes）是其五幕喜劇《自我折磨者》（*Heautontimorumenos*）中的人物。這段引文的原文為："homo sum: humani nil a me alienum puto."（I, 1,25）

460

有最大的權利，甚至責任（作為權利欲），即是縱使對自己沒好處，也要將傷害他人當作自己的目的。

　任何傷害一個人底權利的作為都應受懲罰，藉此使犯罪在作案者身上得到**報復**（不僅是蒙受的損失得到補償）。但如今，懲罰並非被冒犯者底私人權威之一項行動，而是一個與他有別的法庭之一項行動──這個法庭使一個高於所有聽命於它的人之**上司**底法律生效，而且當我們在一個法律狀態中，但卻**根據純然的理性法則**（而非根據民法）來考察人（在倫理學中必須如此）時，無人有權施加懲罰，並且報復人所受到的冒犯，除非他也是最高的道德立法者，而唯有這位立法者（即上帝）能說：「伸冤在我；我必定報應。」[49]因此，不但不以仇恨來回報他人之敵意（即使僅是出於報復），而是甚至根本不要求世界審判者來報復，這是德行義務；一則由於人受夠了自己的罪咎，因而自己亟需寬恕，再則特別是由於任何懲罰無論是由誰來執行，均不可出於仇恨。是故，**和解**（Versöhnlichkeit/placabilitas）是人底義務；但這不可與對冒犯的**溫和容忍**（mitis iniuriarum patientia）──即是放棄嚴厲的（harte/rigorosa）手段，以免他人之繼續冒犯──混為一談；因為這是將他的權利任由他人踐踏，而且傷害人對自己的義務。

461

　　**附釋：**一切罪惡，若是人們想要依原理底意義來看待它們（視為十足的罪惡），它們甚至會使人性成為可恨的，則從客觀方面來看，它們便是**非人的**（inhuman），但是從主觀方

─────────────

49　【譯注】語出《新約・羅馬書》第 12 章第 19 節。

面來考慮，卻是**人類的**（menschlich）；也就是說，一如經驗使我們認識我們的種屬那樣。因此，儘管人們以極端的厭惡願意將若干罪惡稱為**魔鬼般的**，而其對立面可被稱為**天使底德行**，但這兩個概念僅是一個極大值底理念，是為了比較道德性底程度而被設想為標準──藉著人們為人指定他在**天堂**或**地獄**中的位置，而不使他成為一個既不占有其中一個位置、亦不占有另一個位置的居間存有者。**哈勒**所謂「天使與畜牲之間模稜的中間物」[50]是否將它說得更準確，在此可能依然是不確定的。但是，在異質之物底一個組合中的二分決不會導至任何確定的概念，而且並無任何東西能在存有底秩序中、根據其不為我們所知的種類差異將我們引至這個概念。第一種對立（天使底德行與惡魔般的罪惡之對立）是誇張。第二種罪惡（儘管人也不幸墮入這種**畜牲的**罪惡）卻不會使人有權將一種關於這種罪惡而**屬於人底種屬的**稟賦加諸他們，正如森林中若干樹木之畸曲並非一項理由，可使它們成為一個特殊**種類**底植物。

---

50　【譯注】 "Zweideutig Mittelding von Engeln und von Vieh"這句詩出自德國詩人哈勒底詩〈論不幸之根源〉（"Über den Ursprung des Übels"），語出卷 2 第 107 行。

## 第二節
### 論出於對其他人應受到的**尊敬**而對他們的德行義務

#### §37

一般而言在要求時的**節制**（Mäßigung），亦即一個人底我愛自願地為他人底我愛所限制，稱為**謙虛**（Bescheidenheit）。在「值得為他人所**愛**」方面欠缺**這種節制**（不謙虛）稱為**自私**（Eigenliebe/philautia）。但是，在要求為他人所**尊敬**時的不謙虛便是**自負**（Eigendünkel/arrogantia）。因此，我對他人懷有的，或是另一個人能對我要求的**尊敬**（observantia aliis praestanda〔對他人應當表示的尊敬〕），即是承認其他人身上的一種**尊嚴**（Würde/dignitas），亦即承認一項價值——它不具任何價格，也不具任何可以與評價底（aestimii）對象交換的等值物。將一個事物判定為這樣一種不具任何價值的事物，即是蔑視。

#### §38

每個人均有權要求其同儕之尊敬，而且**反過來**也有責任尊敬其他每個人。

「人」（Menschheit）本身就是一種尊嚴；因為人（Mensch）不能被任何人（既不能被他人，甚至也不能被他自己）僅當作工具，而是始終必須同時被當作目的來使用，而其尊嚴（人格性）正在於此；藉此，他將自己提升到世間一切並不是人，而卻可以被使用的存有者之上，因而提升到一切物（Sachen）之上。因此，正如他不可為了任何價格而出賣自己（這將與自重底義務相牴牾），他也不可悖於作為人的他人之同樣必要的自尊而行動，也就是說，他有責任在實踐方面承認其他每個人身上的「人」底尊嚴；因此，他負有一項義務，這項義務涉及必然要向其他每個人表示的尊敬。

463

## §39

**蔑視**（verachten/contemnere）他人，亦即，拒絕予他們以人一般而言應得到的尊敬，無論如何都是違反義務的；因為他們是人。在與他人比較時在心中**輕視**（geringshätzen/despicatui habere）他們，固然有時是無法避免的，但露骨地表示輕視卻是冒犯。**危險的**並非蔑視底對象，且因此亦非有罪惡者；而如果對於此人底攻擊所具的優勢使我有理由說：我蔑視他，這不過是意謂：即使我對他完全不設防，在此也沒有任何危險，因為他自己表現出其墮落。儘管如此，即使對於作為人的這個有罪惡者，我也不可全無尊敬——儘管此人因其作為而使自己不值得尊敬，但至少他以一個人底身分，不能被撤銷這種尊敬。於是可能有恥辱性的、侮辱「人」本身的懲罰（如四馬分屍、放狗囓咬、割除耳鼻），而這些懲罰不僅對於愛惜榮譽的人（他要求他人底尊敬，就像每個人必須做的一樣）來說，比喪失財富與生命還更為痛苦，而是也使旁觀者不再羞愧於自己屬於一個可以受到如此對待的種屬。

　　**附釋**：在此基礎上建立起一項義務，即是甚至在人底理性之邏輯運用中對人的尊敬之義務：莫以「荒謬」、「無聊的判斷」等名義來指摘其理性之失誤，而是不如預設：在這種判斷中必然還有某種真實的東西，並且找出它；但是在此，同時也揭露欺人的假象（由於一項疏失，判斷底決定根據之主觀面被視為客觀的），且因此，當人們在解釋犯錯的可能性時，仍然為人保持對其知性的尊敬。因為如果人們在某項判斷中以上述的說法完全否定其對手底知性，那麼他們要如何讓他明白他犯了錯呢？在譴責罪惡時，情況也是如此：這種譴責決不可發展至全然蔑視並否定有罪惡者之全部道德價值；因為按照這項假設，他也決無法得到改善，而這與一個**人**──他作為人（作為道德存有者），決無法喪失一切向善的稟賦──底理念是不相容的。

464

## §40

對法則的敬畏──它在主觀方面被稱為道德情感──與對於自己義務的意識是一回事。正因如此，對作為道德的（極度尊重其義務的）存有者之人表示尊敬，本身也是他人對他所負有的一項義務，並且是他決無法放棄去要求的一項權利。人們稱這項要求為**榮譽感**（Ehrliebe），它在外表舉止中的現象稱為**正派**（Ehrbarkeit/honestas externa〔外表的正直〕），而對它的違背則稱為**醜事**（Skandal）：一個無視於榮譽心的榜樣，而可能引起仿效。**提供**這種榜樣固然是極其違背義務的，但是將純然悖理的（widersinnig/paradoxon）、但通常本身是善的東西**當作**榜樣，卻是一種妄想（既然人們將不尋常的東西也視為不容許的），是一項危害且敗壞德行的錯誤。因為對其他提供一個榜樣的人應有之尊敬不能退化而至成為盲目的模仿（在此，習俗，即 mos，被提升為一項法則底尊嚴），而民俗之這種專制將有悖於人對自己的義務。

§41

不履行純然的愛底義務是**失德**（Untugend/peccatum）。但是不履行由對每個一般而言的人應有之**尊敬**而來的義務卻是**罪惡**（Laster/vitium）。因為疏忽了前者，沒有人會被冒犯；但是不履行後者，卻對人之合法要求有所損害。前一種逾越是作為**對立面**的違背義務之事（contrarie oppositum virtutis〔德行之相反的對立〕）。但是非但不是道德的附加物[51]，而是甚至取消通常有利於主體的附加物[52]底價值者，便是**罪惡**。

正因如此，出於對同儕應有的尊敬而對他的義務也僅是消極地被表達，也就是說，這項德行義務僅是間接地（藉由對於對立面的禁止）被表達。

## 論傷害對其他人的尊敬之義務的罪惡

這些罪惡是：A. **傲慢**（Hochmut）；B. **誹謗**（Afterreden）；C. **嘲笑**（Verhöhnung）。

---

51　【譯注】這裡所說的「道德的附加物」（moralische Zutat），當是指愛。

52　【譯注】這是指尊敬。

## A. 傲慢

### §42

傲慢（即 superbia，而根據這個字所表達的意思，是始終漂浮於**上面**的愛好[53]）是一種**好名心**（Ehrbegierde/ambitio），而根據這種好名心，我們要求其他人在與我們相比較時輕視自己，且因此是一種與每個人可以合法地要求的尊敬相牴牾之罪惡。

這有別於作為**榮譽感**的**自負**（Stolz/animus elatus），亦即在與他人相比較時絲毫不失其人類尊嚴的那種認真（因此，自負也經常被冠以「**高貴的**」這個形容詞）；因為傲慢要求他人之尊敬，卻拒絕對他人的尊敬。但是如果這種自負也只是要求他人關注自己的重要性，它本身便成為錯誤與冒犯。

傲慢彷彿是好名者之謀求追隨者，而他卻自以為有權輕蔑地對待他們；這是**不公的**，並且與對一般而言的人應有之尊敬相牴牾。再者，傲慢是**愚蠢**（Torheit），亦即為了追求在某種關係中根本無充作目的之價值的東西而使用手段時之虛榮。它甚至是**癡騃**（Narrheit），亦即一種冒犯性的無知，使用那些必然會使其目的在他人那裡適得其反的手段（因為高傲的人對尊敬越是表現得急切，每個人就越是拒絕尊敬他）。這一切都是不待言而明的。但是較不可能察覺的是：高傲的人在其心靈底層始終是**卑鄙的**。因為他不會要求他人在與他相比較時輕視他們自己，除非他自己發現：當他的幸運逆轉時，他會覺得，如今在他這方面也卑躬屈膝， 466

---

53　【譯注】在拉丁文中，super 便有「在上面」之義。

並且放棄他人之一切尊敬，是毫無困難的。

## B. 誹謗

### §43

我所謂的惡意中傷（Nachrede/obtrectatio）或誹謗，並非意指**誣蔑**（Verleumdung/contumelia）、一種必須訴諸法律的**不實**中傷，而只是意指並不懷有任何特殊意圖的直接愛好，即散播某種不利於對他人的尊敬之謠言，而這有悖於對一般而言的「人」（Menschheit）應有之尊敬；因為任何既有的醜聞都會削弱這種尊敬（對於「道德善」的推動力卻是基於這種尊敬），並且盡可能地使人不相信它。

故意**散布**（Verbreitung/propalatio）那種貶低另一個人底名譽的事情——即使它不屬於公共的司法管轄權，又即使它是真的——，便是降低對一般而言的「人」之尊敬，終至為我們的種屬本身投下卑鄙無恥之陰影，並且使對人類的厭惡（對人類的逃避）或蔑視成為流行的心態，或是由於經常目睹這種事情而麻痺其道德情感，且對此習以為常。因此，莫對他人底錯誤之暴露幸災樂禍，以便藉此使自己被視為善的，至少不比其他所有人更壞，反倒是不僅藉由緩和我們的判斷，而是也藉由隱匿我們的判斷，將對人類之愛底面紗罩在他人底錯誤之上，這是德行義務；因為我們為他人提供的尊敬底榜樣[54]也能鼓舞他們努力使自己同等地值

---

54　【譯注】此句原作"Beispiele der Achtung, welche uns Andere geben"，上下文義不通，故第二版改為"Beispiele der Achtung, welche wir An-

得尊敬。因此之故，對他人底道德的窺探欲（allotrio-episcopia）本身甚至已是人類學中一種冒犯性的好奇心，每個人均可以理直氣壯地將它當作對他應得的尊敬之侵犯而抗拒它。

## C. 嘲笑

### §44

**輕率的苛責癖**(Tadelsucht)與使他人成為笑柄而出醜的性癖，以及使另一個人底錯誤成為自己取樂之直接對象的**嘲弄癖**（Spottsucht），均是惡意，而且完全有別於表示朋友間的親密之**玩笑**（Scherz），即只是在表面上將它們當作錯誤，但其實卻是當作偶而也有勇氣超脫時尚底規格的長處來嘲笑（在這種情況下，這就不是**嘲笑**了）。但是使實際的錯誤或是虛構的錯誤（彷彿它們是實際的錯誤，意在剝奪人格應受到的尊敬）成為笑柄而出醜，以及在這方面的性癖，即**尖酸的**嘲弄癖（spiritus causticus），本身具有某種魔鬼似的愉悅，且因此正好更加嚴重地侵犯了對其他人的尊敬之義務。

但這有別於對一個對手底冒犯性攻擊以蔑視予以玩笑式的（儘管是嘲弄性的）反擊（retorsio iocasa〔戲謔的反擊〕）——這使嘲弄者（或是一般而言，一個幸災樂禍、但卻無力量的對手）受到同等的嘲弄，而且是對於他可以向其對手要求的尊敬之合法防衛。但如果這個對象根本不是詼諧（Witz）底對象，而是這樣一種對象，即理性必然對它懷有一種道德興趣的對象，那麼，無論

---

deren geben"。此處係根據第二版翻譯。

對手發出多少的嘲弄，而他自己在此也同時暴露多少的弱點讓人
訕笑，則對於該對象底尊嚴與對「人」的尊敬而言，更恰當的做
法是：對於攻擊，或是完全不加以防衛，或是以尊嚴與嚴肅來進
行防衛。

　　**附釋**：人們將察覺：在前面的標題[55]之下，與其說是頌
揚德行，不如說是譴責與德行相對立的罪惡；但是這已存在
於我們有責任對其他人表示的尊敬底概念之中，而這種尊敬
只是一項**消極的**義務。我並無責任**崇敬**他人（僅被視為人），
也就是說，對他們表示**積極的**尊崇。我天生有責任表示的一
切尊敬，乃是對一般而言的法則之尊敬（reverere legem〔敬
畏法則〕）；再者，崇敬法則，而非崇敬其他一般而言的人
（reverentia adversus hominem〔對人的敬畏〕），或是在其中
為他們做某件事，乃是人對他人之普遍而無條件的義務，而
每個人都可以要求這項義務，作為他人原初應得的尊敬
（observantia debita）。

　　在德行論之**形上學**根基中，根據人底特性之不同或是其
偶然關係之不同——亦即年齡、性別、出身、強弱、或甚至
階級與頭銜之不同（它們部分係基於任意的安排）——而對
他人表示的不同尊敬無法詳細地被闡述與分類，因為在此所
關涉的僅是德行論底純粹理性原則。

---

55　【譯注】這是指「論傷害對其他人的尊敬之義務的罪惡」。

# 第二章

# 論人與人之間針對其**狀態**的倫理義務

## §45

這些義務（德行義務）誠然無法有任何理由在純粹倫理學中成為其系統中的一個專章；因為它們並不包含人作為人彼此間的責成（Verpflichtung）之原則，且因此根本無法充作德行論底**形上學**根基之一個部分，而僅是按照將德行原則（根據形式面）**應用**於在經驗中出現的事例（實質面）之主體底不同而更改的規則；因此，它們也像一切經驗的畫分一樣，並不容許有任何保證完備的分類。然而，正如我們要求自然底形上學跨越到物理學，而這種跨越具有其特殊的規則，我們理當也對道德底形上學提出一項類似的要求，亦即藉由將純粹義務原則應用於經驗底事例，彷彿將這些原則**圖式化**（schematisieren），並且闡明它們已足以作道德實踐的運用。因此，對於人，例如在其狀態之道德純潔性中或是在其墮落中，在開化狀態中或是在野蠻狀態中，該保持什麼態度？對於有學識者或無學識者，什麼態度才是得宜的？對於在使用其學問時善與人同的（精幹的）學者，或是在其專業中不善與人同的學者（學究），對於務實的學者或是更加著重於精神與品味的學者，什麼態度表現出其特色？依階級、年齡、性別、健康狀

469

態、富裕或貧窮底狀態等等之不同，對人該保持什麼態度[56]？——這並不提供倫理**責成**之諸多**方式**（因為只有**一種**責成，即一般而言的德行之責成），而是只提供**應用**之方式（繫論）；因此，這些方式無法作為倫理學之章節與一個系統（它必然先天地來自一個理性概念）底**畫分**之環節而被提出，而是只能被附加其上。但是該系統底闡述之完整性正是需要這種應用。

## 成素論之結論

## 論愛與尊敬在**友誼**中的緊密結合

### §46

**友誼**（就其圓滿性觀之）是兩個人格藉由平等的相互之愛與尊敬的結合。人們不難看出：它是一個「這兩個藉由道德上善的意志結合起來之人格雙方分享與傳達福祉」的理想；而即使它不造成生命底全部幸運，「將這個理想納入他們雙方的存心之中」也包含「配得幸福」，因此，在人當中的友誼是其義務。但是友誼是一個純然的（但卻是在實踐上必然的）理念；它固然在履行中無法達到，但是追求它（作為相互間善的存心之一個極大值）卻是理性所交付之決非通常的、而是光榮的義務——這並不難看出

---

56　【譯注】在原版中，從「因此，對於人」至此的一整段文字之文義極不通暢，今據第二版翻譯。

來。因為在人與其鄰人之關係中，他如何可能弄清在具有正是同
一存心的一者與另一者心中，正是同一項義務（例如相互的仁慈）
為此所需要的要素之一是**相等的**呢？猶有進者，在同一個人格之
中，出於一項義務的情感與出於另一項義務的情感（例如，出於
仁慈的情感與出於尊敬的情感）有什麼關係呢？再者，如果此一
人格在**愛**方面更為熾熱，他豈不正因此故而在對他人的**尊敬**方面　470
有所喪失，以致愛與尊崇雙方在主觀方面難以臻於均衡勻稱，而
這對於友誼卻是必要的？因為人們可將前者視為吸引，將後者視
為推拒；再者，如果吸引底原則要求接近，推拒底原則要求彼此
保持適當的距離，則對親密的這項限制──藉由「即使最好的朋
友之間也不該**狎暱**」這項規則來表達──便包含一項格律，它不
僅適用於地位高者對地位低者，而是反之亦適用。因為地位高者
在瞬間感到其自負受到傷害，而且希望地位低者底尊敬或許暫時
被延遲，但卻不被取消；只是這種尊敬一旦受到傷害，它在心中
便一去不復返了──縱使尊敬底外在標誌（禮儀）回復其故轍。

　　友誼被視為可達到純潔性與完整性（在歐瑞思特斯與皮拉德
斯之間、在特修斯與皮里托伍斯之間[57]），這是小說家之癖好；反

---

57　【譯注】歐瑞思特斯（Orestes）、皮拉德斯（Pylades）特修斯（Theseus）
　　與皮里托伍斯（Pirithous）都是希臘神話中的傳奇人物。歐瑞思特斯
　　是特洛伊戰爭中希臘聯軍統帥阿加曼儂（Agamemnon）之子，皮拉
　　德斯則是阿加曼儂之外甥，為歐瑞思特斯之摯友。特修斯是雅典國
　　王埃格伍斯（Aegeus）與特洛曾（Troezen）公主埃特拉（Aethra）
　　之子。他曾完成許多偉大的事蹟，而傳頌一時。他與拉皮泰人
　　（Lapiths）的國王皮里托伍斯決鬥，卻不打不相識，而成為好友。

之，亞里斯多德說：「我親愛的朋友，沒有任何朋友存在！」[58]以下的說明可使人注意到友誼之困難。

從道德方面來考慮，一個朋友讓他人察覺其錯誤，這當然是義務；因為這可是為了他好，且因此是愛底義務。但是他的夥伴卻將此視為他所期待於前者的尊敬之欠缺，更確切地說，他或者在這一點上已失敗了，或者由於他被他人所監視並暗中批評，他經常有陷於失去其尊敬之虞；甚至「他應當被監視與掌控」一事本身就已會讓他覺得受到侮辱了。

在困境中的朋友，他是如何不受歡迎（試想：如果他是一個主動的、樂於以自己的花費助人的朋友）！但是，感覺到自己與他人之命運聯繫在一起，並且承擔他人之需求，卻也是一項重大的負擔。因此，友誼不能是一種意在互利的結合，而是它必須為純粹道德的；再者，雙方底任一方在緊急情況下可以指望於他人的協助必定不是意指友誼之目的與決定根據（這樣一來，他就會失去另一方之尊敬），而是只能意指內心誠摯的仁慈之外在標誌，但卻不冒險去測試（這總是危險的）；而每一者考慮要寬諒地解除另一者底這項負擔，獨自承擔它，甚至向他完全隱瞞這項負擔，但卻始終能自許：在緊急情況下，他肯定能指望另一者之協助。但是當一者從另一者接受一項**善行**時，他固然或許能指望在愛中的平等，但卻無法指望在尊敬中的平等，因為他看到自己顯然低

471

---

58　【譯注】根據法沃林（Favorin）底報導，這是亞里斯多德常說的話；相關記載見 Diogenes Laertius: *Leben und Meinungen berühmter Philosophen* (Hamburg: Felix Meiner, 1967 ), V, 1, 21.

了一截，負有責任，但卻無法相互責成。儘管感覺到親近的相互
占有而至於交融為一個人格是甜美的，但友誼同時是如此**細緻**之
物（teneritas amicitiae〔友誼底溫柔〕），以致如果人們讓它基於情
感，而不為這種相互的傳達與委順配上原理或是配上防範狎暱且
藉由要求尊敬而限制互愛的規則，它就無時無刻可免於**中斷**。在
無教養的人格當中，這類的事情是常見的——儘管它們並不因此
就總是造成**分離**（因為群氓既鬥爭又和解）；他們無法彼此分開，
但也無法相互協調，因為爭吵本身是他們的需求，以便在和解中
品嘗和睦之甜美。但無論如何，友誼中的愛不能是**情緒**（Affekt）；
因為情緒在抉擇中是盲目的，而隨後煙消雲散。

§47

　　**道德的友誼**（有別於感性的友誼）是兩個人格在相互敞開其
隱祕的判斷與感覺時的完全信任——就它能與雙方相互間的尊
敬並存而言。

　　人是一種為社會而生就的（儘管也是非社會的）存有者，而
且在社會狀態之陶冶中，他強烈感覺到向他人**敞開**自己的需求
（甚至在此並無所企求）。但在另一方面，也由於他恐懼他人可能
濫用對其思想的這種揭露而受到壓迫與警告，他不得不將其大部
分判斷（尤其是關於其他人的判斷）**封閉**在自己心中。他願意與 472
任何人談論他對他所交往的人有何想法，他對政府、宗教等等有
何想法；但他可能不敢這麼做，一則係由於謹慎地不透露自己的
判斷之他人會利用這點來傷害他，再則就公開他自己的錯誤而
言，如果他完全坦率地對他人表白自己，他人會隱瞞自己的錯誤，

且因此他會在他人底尊敬方面有所損失。

因此，如果他發現一個有理智的人，在此人那裡，他根本不必擔心上述的危險，而是他能以完全的信任對此人敞開自己，此外，此人本身還擁有一種與他的方式一致的方式去判斷事物，他就能抒發他的思想；他連同其思想就不會全然**孤獨地**像在監獄中一樣，而是享受他在廣大群眾中——在那裡，他必須在內心中封閉自己——所欠缺的一種自由。每個人均有祕密，而不可盲目地信賴他人，一則係由於多數人卑鄙的心態，對此作不利於他的運用，再則係由於有些人在判斷與分辨何事可否在背後議論時的不理智（不慎重）；而上述的特質[59]很少一起見諸一個主體當中（rasa avis in terris, nigro similima cygno〔在世間一隻極像黑天鵝一樣罕見的鳥〕[60]）——特別是由於最親密的友誼要求這位有理智且受到信賴的朋友同時有責任，未經其明確的同意，不得將這同一個被託付於他的祕密告訴另一個被視為同樣可靠的人。

這種（純然道德的）友誼並非一種理想，而是（〔像〕黑天鵝）偶而在其圓滿性中實際存在；但是那種雖然出於愛、但卻與其他人底目的相糾纏的（實用的）友誼既無法具有純潔性，也無法具有所要求的完整性（這種完整性對於一項精確地規定的格律是必要的），而是一個期望中的理想，而它在理性概念中並無界限，但

---

59　【譯注】這是指「有理智」與「擁有一種與他的方式一致的方式去判斷事物」。

60　【譯注】語出古羅馬諷刺詩人尤維納利斯（Decimus Iunius Iuvenalis, 55/60-ca. 127）底《諷刺詩》（*Saturae*）, II, 6, 165.

在經驗中卻必定總是極有局限的。

　　但是一位一般而言的**人類之友**（亦即整個種屬之友）是這樣的人：他在感性上關切所有人之安康（同甘），並且決不會干擾這種安康而無內心的遺憾。可是一位「人類之**友**」這種說法較諸僅是「愛人類者」（des Menschenliebenden/Philanthrop）之說法，仍然更為狹義。因為在前者之中也包含在人類當中的**平等**之表象與銘記，因而包含「當人們以施惠責成他人時，他自己也被責成如此做」的理念，彷彿是在一位意願所有人都幸福的共同的父親之下的兄弟。因為作為施惠者的保護者與作為有義務感恩者的被保護者之關係固然是一種互愛之關係，但卻不是一種友誼之關係，因為雙方相互間應有的尊敬並非平等的。作為朋友而對人仁慈的義務（一種必要的紆尊降貴），以及對這項義務的銘記可用來防範擁有施惠能力的幸運者常犯之自負。

473

# 附錄

## 論交往底德行（virtutes homileticae）

### §48

　　以其倫理的圓滿性推動彼此的交往（officium commercii, sociabilitas〔交往底義務、社會性〕），不**孤立**自己（separatistam agere

〔孤離〕），這不僅是對自己的義務，也是對他人的義務；固然為自己構作其原理底一個不動的中心點，但卻將這個環繞自己而畫的圓圈也視為這樣一個圓圈，即它構成世界公民的存心底一個無所不包的圓圈之部分；正好不是為了將世界福祉當作目的而促進之，而只是培養間接導向世界福祉的相互會面[61]、在這種會面中的舒適、隨和、相互的愛與尊敬（和藹與端正，humanitas aesthetica et decorum〔感性的人道與得體〕），且因此使優雅伴隨德行──設法做到這點，本身就是義務。

這固然只是**附加物**（Außenwerke）或附屬物（Beiwerke/par-erga〔補充物〕），它提供一種美的類乎德行的光澤，但它也不欺人，因為每個人都知道，他為何得採納它。它固然只是輔幣，但卻藉由努力使這種光澤盡可能接近真理而促進德行感本身──在**平易近人、健談、客氣、好客、婉轉**（在反對而不爭吵當中），整個來說，作為以表現出來的責任交往之純然風度當中；它們同時責成他人，因而促成德行底存心[62]（由於它們至少使德行**受歡迎**）[63]。

474

---

61　【譯注】「會面」（Zusammenkunft）一詞原版缺，茲依路德維希版增補。

62　【譯注】這顯示：此處及下一段係回應席勒在〈論魅力與尊嚴〉（"Über Anmut und Würde"）中對康德倫理學的批評；參閱拙著：《四端與七情──關於道德情感的比較哲學探討》（台北：臺灣大學出版中心，2005），第一章〈康德的「道德情感」理論與席勒對康德倫理學的批判〉。

63　【譯注】在原版中，從「在平易近人」至此的一整段文字之文義極

　　但此處的問題是：人們是否可以經常與有罪惡者交往呢？人們無法避免與他們碰面，否則，人們就得離開世界；甚至我們對於他們的判斷亦非夠格的。但如果罪惡是一樁醜聞，亦即為蔑視嚴格的義務法則公然提供之一個事例，因而帶有寡廉鮮恥，則縱使國法不懲罰它，迄今發生的交往卻必須被中斷，或盡可能被避免，因為進一步的交往使德行喪失一切榮譽，並且將它出售給每個富有到足以藉著侈底享樂來賄賂寄生蟲的人。

---

　　不通暢，今據第二版翻譯。

# II
## 倫理學的方法論

# 倫理學的方法論

## 第一節
### 倫理學的教學法

### §49

德行必須被取得（並非天生的），這點已存在於德行底概念之中，因此毋須根據來自經驗的人類學知識。因為如果人之道德能力並非藉由在與如此強大的對立的愛好之衝突中決心底**力量**而產生，它就不是德行。德行是出自純粹實踐理性的產物——就這種理性在意識到其（來自自由的）優越性時取得對這些愛好的優勢而言。

由「德行並非天生的」已可推知：它能夠且必須被**教導**；因此，德行論是一套**學理**（Doktrin）。但由於單單藉由關於「為了符合德行概念，人們應如何行事」的學說，履行規則的力量仍未被取得，於是斯多亞學派僅認為：德行無法單單藉由義務底表象、藉由勸誡（以勸告的方式）來**教導**，而是它必須藉由試圖與人心中的內在敵人鬥爭（以修行的方式）來陶冶、**練習**。因為如果人們未曾先嘗試與練習其力量，他就**不能**立即做到他**想要**的一切——但是當然，他必須一下子完全下**決斷**這麼做，因為不然的話，當存心（Gesinnung/animus）為了逐漸地脫離罪惡而向它屈服時，其本身就可能是不純潔的、甚且罪惡的，因而也無法產生任何德行（它以一項唯一的原則為依據）。

## §50

　　而今就學理的方法而言（因為每一種學問上的學說都得是**條理井然的**，否則講述就是**雜亂無章的**），如果德行論應當呈現一套**學問**（Wissenschaft），這種方法也不能是**片段的**，而是必須是**系統的**。但講述或者可能是**口授的**（akroamatisch）（在此，它所涉及的其他所有人均僅是聽眾），或者可能是**詰問的**（erotematisch）（在此，教師以他想要教給其生徒的東西考問他們）；而這種詰問的方法又或者是**對話的**（dialogische）教學法（在此，教師以此考問其生徒底**理性**），或者是**問答教授的**（katechetische）教學法（教師僅考問其生徒底**記憶**）。因為如果某人想要對另一個人底理性有所考問，這就只能是對話的，亦即藉由教師與學生之彼此**交互**問答來進行。教師藉提出的事例僅在其學生心中開發對某些概念的稟賦（他是其學生底思想之產婆），以此方式他藉由問題引導其學生底思路；在此領略到自己有能力獨立思考的學生藉由其反問（關於曖昧之處或與被承認的命題對立之懷疑）促使**教師**自己根據「寓學於教」（docendo discimus）[1]來**學習**他必須如何恰當地發問。（因為一項對邏輯提出、但仍未被充分銘記於心的要求是：它也提供關於「人們應如何合目的地**探求**」的規則，亦即，並非總是僅為了**決定的**判斷，而是也為了**先導的**判斷〔vorläufige Ur-

---

1　【譯注】語出古羅馬哲學家塞內卡底《致魯希利伍斯的道德書簡》（*Epistulae morales ad Lucilium*），I, 7, 8.

teile/iudicia praevia〕，而這些判斷使人們產生思想；這是一種學說，它甚至對數學家來說，能是發明底指導，而且也經常為他所應用。）

## §51

對於仍然生澀的學生來說，德行論之首要的且最必要的**學理**工具是一部道德的**問答手冊**。這部手冊必須先於宗教底問答手冊而存在，而且不能僅作為插入物而被編入宗教學說之中，而是必須單獨地作為一個獨立存在的整體來講述；因為唯有藉由純粹道德的原理，我們才能從德行學說跨越到宗教，因為不然的話，宗教底皈依便是不純潔的。因此，正是最可敬的且最偉大的神學家都對為章程性的宗教學說撰寫一部問答手冊（且同時為這部手冊擔保）表示反感——既然人們本該相信：這是人們有理由期待於其博學底巨大寶藏的東西當中最微不足道者。

反之，一部純粹**道德的**問答手冊，作為德行義務底基本學說，則無任何這種疑慮或困難，因為它能從通常的人類理性（在其內容方面）開展出來，而且只消（在形式方面）符合最初的教導之教學規則。但是為了這項目的，這樣一種課程底形式原則不容許蘇格拉底的**對話的**教學法，因為學生根本不知道他該如何發問；因此，唯有教師是發問者。但是教師有條理地從學生底理性誘導出來的答案必須以確定的、不易變更的詞語撰寫並保存下來，因而必須被託付給學生底**記憶**；在這一點上，**問答教授的教學法**既有別於**獨斷**的教學法（在此，只有教師發言），亦有別於**對話的**教學法（在此，雙方相互發問與回答）。

479

## §52

德行教養之**實驗的**（技術的）手段是以教師自身為**好**範例（具有模範的品行），而以他人為**告誡的**範例；因為對於未經教養的人而言，模仿是最初決定意志去採納格律（他其後為自己制定這些格律）者。養成習慣或戒除習慣是藉由經常滿足一種持久的愛好來建立它，而無任何格律，而且是感覺方式底一種機械作用，而非思考方式底一項原則（在此，以後的**荒廢**變得比**學會**更加困難）。但是就呈現於模仿或告誡底性癖的**榜樣**之力量（無論是向「善」還是向「惡」的力量）而言[2]，他人提供給我們的東西無法建立任何德行底格律。因為這種格律正是存在於每個人底實踐理性之主觀自律當中；因此，並非其他人底舉止、而是法則必須充當我們的動機。是故，教育者不會對其變壞的學生說：以那個好孩子（規矩的、勤奮的孩子）為榜樣吧！因為這只會成為前者憎恨後者的原因，因為前者使後者暴露其缺點。好榜樣（模範的品行）不該充當樣板，而是僅該用來證明合乎義務之事底可行性。因此，並非與任何其他人之比較（他是如何），而是與（「人」底）

480

479

---

2　「**範例**」（Beispiel）這個德文字，人們通常將它當作與「榜樣」（Exempel）同義來使用，但它與「榜樣」並無同樣的意義。以某事為一個榜樣，和為了使一個詞語可理解而舉出一個範例，是完全不同的概念。榜樣是一項**實踐**規則底一個特殊事例——就這項規則呈現一個行為之可行性或不可行性而言。反之，一個範例是僅將殊相（concretum〔具體之物〕）呈現為依概念而被包含於共相（abstractum〔抽象之物〕）之下，而且只是一個概念之理論展示。

理念之比較（他應當如何），因而與法則之比較，必須為教師提供其教育之決不會出錯的準繩。

# 附釋
## 一部道德的問答手冊之片段

教師向其學生底理性考問他想要教給他的東西，而如果學生比方說不懂得回答問題，教師就向他（引導其理性）提示答案。

1. 教師：你生命中最大的、甚至全部要求是什麼？學生無法回答。教師：**一切**都**始終**依你的願望與意志而進行。

2. 人們如何稱呼這樣一種狀態呢？學生無法回答。教師：人們稱之為**幸福**（持久的安康、愉悅的生活、對自己狀態的完全滿足）。

3. 如今，如果你擁有一切幸福（在世界上可能的一切幸福），你會為自己保有它們全部呢？還是也將它們傳布給你的鄰人呢？學生：我會傳布它們，使他人也幸福和滿足。

4. 如今，這固然證明你還大有一副良好的**心腸**，但讓我們看看，你在此是否也顯示出良好的**理智**呢？你會真的為懶漢弄到軟墊，好讓他在甜美的閒散中打發他的生活，或是讓酒鬼不缺酒，以及麻醉所需的其他東西，給騙子一副討人喜歡的外表與儀態，以便詐騙他人，或是給暴徒以膽量與強壯的拳頭，以便能制伏他人嗎？這些可是每個人為了依照自己

481

的方式得到幸福而願意採取的諸多手段。學生：不，不然。

　　5. 因此，你看到：即使你擁有一切幸福，並且還擁有最善良的意志，你卻不會毫不猶豫地將幸福給予每個出手抓取的人，而是會先調查，每個人在多大的程度上**配得**幸福。但是對於你自己，你卻可能會毫不猶豫地將你歸入你的幸福之一切東西首先提供給你自己。學生：是的。教師：但在這種情況下，難道你沒想到這個問題：你自己是否也可能配得幸福嗎？學生：當然。教師：如今，在你的內部僅追求幸福的，是**愛好**；但是，將你的愛好局限於「首先配得這種幸福」的條件的，是你的**理性**；而且你能藉由你的理性限制與制伏你的愛好，這是你的意志之自由。

　　6. 如今，為了知道你如何開始，才能分享幸福，卻又不至於不配得幸福，關於這點的規則和指示完全僅存在於你的**理性**當中；這等於是說：你毋須從經驗或從他人藉由其指導學得你的舉止底規則；你自己的理性直截地教導並命令你去做你必須做的事。例如，如果你碰到一種情況：你可以藉由一個精心編造的**謊言**為你或你的朋友謀得一份巨大的利益，此外，甚至還不會因此而損及其他任何人，你的理性對此說什麼呢？學生：我不該說謊，不論我或我的朋友底利益多大。說謊是**卑鄙無恥的**，而且使人**不配得**幸福。這裡是一項理性底命令（或禁令）之無條件的強迫，而我得服從這項命令；面對它，我的一切愛好必須噤聲。教師：這種由理性直接要人去承擔、依其一項法則而行的必然性，人們如何稱呼呢？學生：它稱為**義務**。教師：因此，對人而言，遵循其義務便

482

是「配得幸福」之普遍的且唯一的條件，而且後者與前者是一回事。

7. 教師：但如果我們也意識到這樣一種善良的且主動的意志，它使我們認為自己配得幸福（至少並非不配），我們能據此也建立「分享這種幸福」的可靠期望嗎？學生：不，不能僅以此為依據；因為為我們謀得幸福，並非總是在我們的能力之中，而且自然底運行亦非如此自動地依功績而轉移，而是生命底幸運（我們一般而言的福利）繫乎遠非人所能完全操控的處境。因此，我們的幸福始終只是一種願望，除非有另一個力量介入，否則這種願望決無法成為期望。

8. 理性本身真的有理由假定這樣一種依人底功過分配幸福、掌管整個自然，並且以最高的智慧統治世界的力量為現實的，也就是說，相信上帝嗎？學生：是的；因為我們在自然底作品（我們能評斷它們）當中見到如此廣大而深邃的智慧，而我們只能藉由一個世界創造者之無以名狀的偉大藝術為自己解釋它；於是，就世界底最高光彩所在的道德秩序而言，我們也有理由對於這個世界創造者指望一種同樣智慧的統治，也就是說，如果我們不使我們自己**不配得幸福**（這是由於違背我們的義務），我們也能期望**分享**幸福。

在這部問答手冊（它必須通過德行與罪惡之一切項目來進行）當中，最該注意的是：義務底命令可不是立基於從遵循這種命令而為它應當責成的人（甚至也決非為他人）所產生之利益或害處，而是完全純粹地立基於道德原則，但僅是附帶地提及這種

利益或害處，作為本身固然可以或缺、但僅供天生軟弱的人底口
味當作資具的附加物。罪惡（對於犯者自己）之**可恥**（Schändlich-
keit）、而非**不利**（Schädlichkeit）必須始終被凸顯。因為如果德行
底尊嚴在行為中不被提高到超乎一切，義務底概念本身就消失
了，並且化為純然實用的規範──既然在這種情況下，人在他自
己意識中的高貴消失了，而他待價而沽，並且以誘人的愛好向他
提出之價格出售。

　　如今，如果這是明智地且一絲不苟地按照人逐漸經歷的年
齡、性別與地位底階段之不同，從人自己的理性開展出來，則還
有某個必須告一終結的東西，它深切地打動心靈，並且將人置於
一個位置，在此他只能懷著對他所固有的原始稟賦之最大讚嘆來
看自己，而且對於此事的印象決不消逝。因為如果在其教導結束
時，有人再度依其次序向他總括地陳述（扼要地重述）其義務，
又如果有人在每一項義務均要他注意：在他忠實地遵從義務時可
能遭遇的生命底一切災禍、折磨與痛苦、甚至死亡底威脅，均無
法從他奪去「超乎這一切且能作主」的意識，則他極容易想到以
下的問題：在你內部有什麼東西敢於與你內部和你周圍的自然之
一切力量進行鬥爭，而且在這些力量與你的道德原理發生衝突
時，克制它們呢？當這個問題──其解決完全超出思辨理性底能
力，但這個問題還是自動出現──被放在心上時，連在心靈底這
種自我認識中的不可理解性都必定產生一種提升，而心靈越是受
到糾纏，這種提升就越強烈地鼓舞心靈去尊崇其義務。

　　在這種問答的道德教導中，每次剖析義務時都提出若干個案
鑑別的問題，並且讓聚集在一起的孩子試驗其知性，看看他們每

個人打算如何解決擺在其面前的棘手問題，這對道德教養大有裨
益。〔這種裨益〕不僅〔在於〕：這是對於**理性**之一種最適合於未
經教養者底能力的陶冶（因為理性在涉及「何為義務」的問題中， 484
遠比對於思辨的問題，能更輕易地作決斷），且因此是磨練一般而
言的年輕人底理性之最適當方式；而是特別因為人底本性就**愛**這
樣的事情：人在其中探討它時，已引導它，直到它成為一門學問
（由於這門學問，人如今了解〔其事〕），且如此，學生藉由這類
的練習，不知不覺地被引入對於道德的**興趣**（Interesse）之中。

　　但是在教育中最重要的是：不要混雜著宗教底問答手冊來闡
述（融合）道德的問答手冊，更不要讓道德的問答手冊跟隨在宗
教底問答手冊之後；而是始終要使道德的問答手冊——更確切地
說，以最大的勤奮與詳盡——得到最清晰的解悟。因為若非如此，
其後從宗教產生的無非是虛偽，即出於恐懼而信奉義務，並且謊
稱對於並不存在於心中的宗教有一份關切。

## 第二節
## 倫理學的修行法

### §53

　　在德行中的練習（exercitiorum virtutis〔德行之練習〕）之規
則係以兩種心情為目標，即在遵循德行底義務時擁有**活潑的**與**快
活的**心靈（animus strenuus et hilaris）。因為德行必須與障礙鬥爭
（為了克服這些障礙，德行必須集中其力量），且同時犧牲若干生

活樂趣（這種樂趣之喪失偶而可能使心靈灰暗且鬱悶）；但是人們
並非愉快地、而是僅當作勞役來做的事，對於在此遵從其義務的
人來說，不具有任何內在價值，並且不被喜愛，而是人們盡可能
逃避履行義務的機會。

　　就剛健的、勇敢的與活潑的德行練習而言，德行之陶冶，亦
即道德的**修行法**，擁有**斯多亞學派**底箴言：你要習慣於**忍受**偶然
的生活不幸，並且**欠缺**同屬多餘的愉悅（assuesce incommodis et
desuesce commoditatibus vitae〔習慣於生命中的不便而不留戀生
命中的便利〕）。對人而言，在道德方面維持健康是一種**養生法**
（Diätetik）。但**健康**只是一種消極的愜意，它本身無法被感覺到。
在此必須添加某個東西，它提供一種愉快的生活享受，但卻只是
道德的。這是有德的**伊比鳩魯**底理念中始終快活的心腸。有誰可
能比未意識到自己故意逾矩、而且無墮入這樣一種逾矩之虞的人
更有理由擁有快活的心緒，並且不將「使自己有一種快活的心情，
並且使之成為自己的習慣」甚至視為一項義務呢（hic murus
aheneus esto etc ——荷拉修斯）[3]？反之，僧侶底修行法——它出
於迷信的恐懼或偽裝的自我憎惡，而以自我折磨與肉身上十字架
為務——亦非以德行為目標，而是以狂熱的滌罪為目標，對自己
施加懲罰，而且不在道德方面**悔恨**其逾矩（亦即，著眼於遷善），

485

---

3　【譯注】完整的引文為"hic murus aenus esto: nil conscire sibi, nulla
　　pallescere culpa"，意謂：「讓這成為銅牆鐵壁吧！不要因意識到過
　　錯而臉色發白。」語出古羅馬詩人荷拉修斯底《書簡集》（*Epistulae*），
　　I, 1, 60.

而是想要為它**懺悔**；儘管它是一種自我選擇且對自己執行的懲罰，這卻是（因為懲罰必定總是由另一個人所施加的）一項矛盾，而且也無法產生伴隨德行的愉悅，而毋寧是若無對義務底命令的祕密憎恨，就無法發生。因此，倫理學的操練僅在於克制自然衝動，這種克制達到一個程度，即在這些衝動威脅到道德的情況出現時，能主宰它們；因此，這種克制使人活潑，而且使人在意識到自己重獲的自由時喜悅。**悔恨**某事（在回憶先前的逾矩時，這是無可避免的，而在此不讓這種回憶消逝，甚至是義務）與對自己**以苦行懺悔**（例如齋期），並非基於養生學的考慮、而是基於虔誠的考慮，是兩種完全不同的、有道德意涵的預防措施；在兩者之中，後者是無樂趣的、灰暗的與鬱悶的，使德行甚至可厭，並且嚇走其追隨者。因此，人施加於自己的管束（紀律）只能藉由伴隨德行的愉悅而成為有功績的與模範的。

486

# 〔全部倫理學之〕結論：
# 作為對上帝的義務之學說的
# 宗教學說
# 位於純粹道德哲學底界限之外

　　阿布德拉(Abdera)底普羅他哥拉斯(Protagoras)在其書底開頭有這樣的話：「**諸神存在還是不存在，對此我不能置一詞。**」[4] 因此，他被雅典人從城裡且從他的地產驅逐出去，而他的書在公眾集會前被焚燒。（昆提利安：《雄辯家之培育》，第 3 卷第 1 章）[5]

---

486　4　"De diis neque ut sint, neque ut non sint, habeo dicere."〔對於神，我既不能說他們存在，也不能說他們不存在。〕

　　　5　【譯注】普羅他哥拉斯（Protagoras, 485-415 B.C.）是古希臘的哲學家及辯士。昆提利安（Marcus Fabius Quintilianus, ca. 30-96）是古羅馬的修辭學家，《雄辯家之培育》（*Institutio Oratoria*）是其主要著作。在康德所提到的出處中雖然提到普羅他哥拉斯，但並無這句話，可能是康德記憶錯誤。根據學術院本底編者納托爾普（Paul Natorp），這句話當出於西塞羅底《論諸神底本性》（*De natura deorum*），I, 23, 63。此外，納托爾普又指出：「從他的地產」（von seinem Landbe-

在這一點上，身為人的雅典法官固然對他極其**不公**；但是身為**國家官員**及法官，其作為卻是完全**合法**且一貫的；因為若非**以最高當局底名義**（de par le Sénat〔以元老院底名義〕）公開且依法命令說：有諸神存在，人們如何能發一個誓言呢[6]？

---

sitz）一詞係康德誤譯，應譯作「從鄉下」（agro）（*KGS*, Bd. 6, S. 526）。

6　固然日後有一位道德立法的偉大智者將發誓當作荒謬且又幾近褻瀆之事而完全加以禁止；然而出於政治的考慮，人們仍然總是相信絕對不能欠缺這種有利於公共正義之管理的機械手段，並且想出了溫和的解釋，來迴避上述的禁令。既然認真地發誓說：有一個神存在，是無稽之談（因為單是為了根本能夠發誓，人們必定已設定了這個神），則仍然留下這個問題：一個誓言是否可能且有效？——既然唯有**假定**「一個神存在」（毋須像普羅他哥拉斯那樣，對此有所確定），人們才發誓。事實上，一切正直地而又審慎地發出的誓言都不可能在其他意義下為之。因為一個人自願逕自發誓說：有一個神存在，這誠然似乎不是一個令人憂慮的建議，不論他相信神與否。（騙子會說）如果有一個神存在，那麼我就說中了；如果沒有神存在，也沒有人要我負責任，而由於這樣一個誓言，我並未使自己陷於任何危險。但**如果有一個神存在**，在此難道沒有被逮到一個蓄意的、且甚至意在欺騙神的謊言之危險嗎？

【譯者按】所謂「一位道德立法的偉大智者」係指耶穌，因為《新約‧馬太福音》第 5 章第 34-37 節記載：「但是我告訴你們，你們根本不可以發誓。不可指天發誓，因為天是上帝的寶座；不可指地發誓，因為它是上帝的腳凳；也不可指耶路撒冷發誓，因為它是大君王的城；甚至不可指著自己的頭發誓，因為你無法使自己的一根頭髮變黑變白。你們說話，是，就說是；不是，就說不是；再多說便是出於那邪惡者。」

486

487　　　　但若是承認這種信仰，並且同意**宗教學說**是普遍的**義務學說**之一個組成部分，則現在關於宗教學說所屬的**學問**底定界之問題是：它究竟必須被視為倫理學之一部分（因為在此無法談到人相互間的權利）呢？還是被看成完全位於一門純粹哲學的道德學底界限之外呢？

　　　　如果人們如此解釋宗教：它是一切**作為**（als/instar）上帝誡命的義務之總合，則一切宗教底**形式面**均屬於哲學的道德學，因為這種解釋所表達的僅是理性對於上帝底**理念**（它是理性為自己製作的）的關係，而這仍未使一項宗教義務成為**對於**（gegen/erga）上帝（作為一個在我們的理念之外存在的存有者）的義務，因為我們在此仍不考慮上帝底存在。一切人類義務都應當根據這個**形式面**（它們對於一個神性的、先天地被給與的意志之關係）來設想，其理由僅是在主觀方面邏輯的。因為我們不可能使責成（道德的強迫）對我們有跡可見，除非在此設想一個**他者**及其意志（普遍立法的理性僅是這個他者底代言人），即上帝。然而，這種**關乎**上帝（其實是我們對於這樣一種存有者為自己形成的理念）的義務即是人對自己的義務，也就是說，並非客觀的義務，即對一個他者作某些事奉的責任，而只是主觀的義務，為了增強在我們自己的立法的理性中之道德動機。

　　　　但至於宗教底**實質面**，即**對於**（gegen/erga）上帝的義務之總合，亦即應當為上帝而作的事奉（ad praestandum〔就執行而言〕），宗教能包含作為上帝誡命的特殊義務，但這些義務並非出自普遍立法的理性，因而無法先天地、而是只能經驗地為我們所認識，故而僅屬於啟示宗教；因此，這些義務也在實踐方面，並非任意地預設這個存有者底存在，而不僅是其理念，而是被闡述為直接地（或間接地）在經驗中被給與的。但是這樣一種宗教無論在其他情況下是如何有根據，卻不會構成**純粹的哲學道德學**之一部分。

因此，作為**對於**上帝的義務之學說的**宗教**居於純粹哲學的倫理學底一切界限之外，而且這點可用來為本書作者辯護：他並未為了這種倫理學之完整性而像通常可能的情況那樣，將依上述意義設想的宗教一起納入倫理學之中。 488

我們固然能談及一種「單**在**理性**界限內**的宗教」，但是這種宗教並非單**從**理性衍生出來，而是同時以歷史學說與啟示學說為依據，並且僅包含純粹實踐理性與這些學說之**一致**（純粹實踐理性不與這些學說相牴牾）。但這樣一來，它也不是**純粹的**宗教學說，而是被**應用**於一種現有歷史的宗教學說；而在作為純粹實踐哲學的**倫理學**當中，並無這種宗教學說之位置。

# 結語

有理性者底一切道德關係──它們包含「一個人底意志與另一個人底意志協調一致」的原則──可化約為**愛**與**尊敬**，而且就這項原則是實踐的而言，關乎愛的意志底決定根據可化約為他人底**目的**，關乎尊敬的意志底決定根據可化約為他人底**權利**。如果這些存有者之一是這樣一種存有者，即他對另一個存有者單有權利而無義務（上帝），因而另一個存

有者對前者單有義務而無權利，則他們之間的道德關係底原
則是**超越的**（反之，人底意志是彼此相互限制的，而人與人
底道德關係具有一項**內在的**原則）[7]。

　　人們只能將關乎人類的神性目的（人類之創造與完成）
設想為僅是出於**愛**，也就是說，這項目的是人底**幸福**。但就
應得的**尊敬**（崇敬）——它限制愛底作用——而言之上帝意
志底原則，亦即上帝權利底原則，只能是**正義**底原則。我們
也能（以人底方式）如此表達：上帝創造了有理性者，彷彿
是出於擁有在他自己以外的某物之需求，而他能愛此物，或
是也為此物所愛。

489
　　但是上帝底**正義**在我們自己的理性底判斷中——更確
切地說，作為**懲罰性的**正義——對我們提出的要求不僅同樣
偉大，而是更加偉大（因為該原則是限制性的）。因為**酬賞**
（praemium, remuneratio gratuita〔報酬；無所求的報答〕）決
非涉及對於對他者單有義務而無權利的存有者之正義，而是
僅涉及愛與慈善（Wohltätigkeit/benignitas）；在這樣一種存有
者那裡，更不可能出現對**報酬**（Lohn/merces）的要求，而且
在上帝對人的關係中，一種**報償性的正義**（belohnende
Gerechtigkeit/iustitia brabeutica）是一項矛盾。

　　但是在一個完全不容損及其目的的存有者底正義實現

---

7　【譯注】依康德底用法，「超越的」（transzendent）一詞意謂「超
　　乎可能的經驗底範圍之外」，「內在的」（immanent）一詞意謂「在
　　可能的經驗底範圍之內」。

之理念當中，卻有某個無法與人對上帝的關係妥善地相聯合的東西，即是能對不受限制且無可企及的世界統治者施加之**傷害**底概念；因為這裡所談的，並非人在權利方面對彼此施加的侵犯（身為懲罰性的法官，上帝對此加以裁決），而是上帝及其權利據稱受到的侵犯；對於這種侵犯的概念是**超越的**（transzendent），亦即完全超乎我們能為之舉出任一例證的一切懲罰性正義之概念（亦即人當中的這個概念），並且包含逾分的（überschwengliche）原則[8]——這些原則與我們在經驗底事例中會使用的原則根本無法協調一致，因而對我們的實踐理性來說，是完全空洞的。

　　在此，一個神性的懲罰性正義之理念被人格化了；這並不是一個特殊的從事審判的存有者實現了正義（因為這樣一

---

8　【譯注】康德在《未來形上學之序論》中將 überschwenglich 與 transzendent 當作同義詞來使用（*KGS*, Bd. 4, S. 328）。根據查赫胡伯（Johannes Zachhuber）之考證，überschwenglich 一詞源自中世紀的神祕主義，其後可能經由虔敬派神學家齊墨曼（Johann Liborius Zimmermann, 1702-1734）之著作而影響到康德。根據查赫胡伯之歸納，在康德底用法當中，此詞有三種意涵：1）用作「極度」之義（übermäßig）；2）用作 transzendent 之同義詞；3）用作「狂熱的」（schwärmerisch）或「神祕的」（mysthisch）之義。第一種用法屬於日常語言，並無特別的哲學意涵。第三種用法帶有貶義，涉及康德所批判的「神祕主義」。此處所涉及的是第二種用法，意謂「超越於我們的可能經驗之領域」。關於此詞底概念史發展，參閱 Johannes Zachhuber: "'Überschwenglich'. Ein Begriff der Mystikersprache bei Immanuel Kant", *Archiv für Begriffsgeschichte*, Bd. 42 (2000), S. 139-154.

來，這個存有者與法權原則之矛盾就會出現），而是彷彿作為
實體（通常被稱為**永恆的**正義）──它如同從事哲學思考的
古代詩人底**命運**（厄運），猶在朱彼特之上──的**正義**根據鋼
鐵般的、不可轉移的必然性宣布法權，而這種必然性對我們
來說，是無法進一步究詰的。現在為此舉幾個例子。

　　懲罰（根據荷拉斯）不讓在它前面自負地行走的罪犯脫離
視線，而是不斷地跛行於其後，直到它逮到罪犯為止[9]。無辜地
流出的血強烈要求復仇。罪犯不能始終不受到報復；如果罪
犯不受到懲罰，他的子孫必然為此付出代價；或者如果這不
在他生前發生，必然在他死後的來生[10]發生──人們也明確
地假定並且願意相信這點，為的是永恆的正義之要求得到補
償。有一個仁慈的君王曾說過：由於我赦免了一個邪惡地謀
殺、而你們為他求情的決鬥者，我不想讓任何**血債**在我的國
家發生。**罪責**必須被償還，而且甚至一個完全無辜者據稱獻

490

---

9　【譯注】荷拉斯即古羅馬詩人荷拉修斯。這段話出自其《頌歌集》
　　（*Carmina*），III, 2, 31: "raro antecedentem scelestum deseruit pede
　　Poena claudo." （懲罰雖然跛行，但很少放過在前面的罪犯。）

490　10　一個來生底假設在此決不可被擾入，以便將上述威脅性的懲罰呈現
　　為已完全執行。因為人依其道德性來看，不根據時間條件而被評斷
　　為在一位超感性的審判官面前之超感性對象；我們所談的只是人底
　　存在。他在塵世的生命，不論是長是短，或甚至是永恆的，均只是
　　他在現象中的存在，而正義底概念毋須進一步的規定；如同對一個
　　來生的信仰其實也並非先行存在，以便讓懲罰性正義可在來生見到
　　其作用，而是毋寧反過來，從懲罰之必然性推得一個來生。

身為罪惡底祭品（當然，在這種情況下，他所受到的苦難其實不能稱為懲罰，因為他自己並未犯任何罪）[11]。從這一切可以得悉：人們並非賦予一個掌管正義的**人格**以這種定罪判決（因為這個人格無法如此宣判，而不對他人有所不公），而是純然的正義，作為逾分的、為一個超感性主體所臆想的原則，決定這個存有者底權利；這固然符合這項原則之**形式面**，但卻與其**實質面**，即**目的**（它始終是人底**幸福**）相牴牾。因為萬一罪犯之人數多到使其罪責底登記簿一直延續下去，懲罰性的正義便不會將創造底**目的**置於世界開創者底**愛**之中（如人們必然設想的那樣），而是置於對**法權**的嚴格遵循之中（使法權本身成為**目的**，而這項目的被置於上帝底**榮耀**之中）。既然後者（正義）只是前者（善意）之限制條件，則上述的情況似乎與實踐理性底原則相牴牾，而根據這些原則，一個世界之創造——這種創造會提供一個與世界開創者底意圖（它只能以愛為依據）相牴牾的產物——必然不會發生。

　　人們由此得知：在作為內在立法底純粹實踐哲學的倫理學當中，唯有**人**與**人**底道德關係對我們來說是可以理解的；但是在人與上帝之間，在這方面存在怎樣的一種關係，卻完全超出倫理學底界限之外，而且對我們來說是絕對無法理解的；這就證實了我在前面所主張的：倫理學無法擴展到人與人間的相互義務底界限之外。

491

---

11　【譯注】這顯然是指耶穌被釘上十字架。

492

# 倫理學底畫分表

## Ⅰ. 倫理學的成素論

### 第一部

論人對自己的義務

### 第一卷

論人對自己的完全義務

### 第一章

論人對作為動物性存有者的自己之完全義務

### 第二章

論人對僅作為道德存有者的自己之完全義務

### 第一節

論人對作為天生的自我裁判者的自己之義務

### 第二節

論一切對自己的義務之首要命令

### 附節

論關乎對自己的義務之道德的反省概念底曖昧

# 第二卷

493

論人對自己關乎其目的之不完全義務

### 第一節

論人在發展並增益其自然圓滿性時對自己的義務

### 第二節

論人在提升其道德圓滿性時對自己的義務

# 倫理學的成素論

# 第二部

論對他人的倫理義務

# 第一章
## 論對僅作為人的他人之義務

## 第一節
### 論對其他人的愛底義務

## 第二節
### 論對他人的尊敬底義務

# 第二章
## 論對他人依其情況底不同而有的義務

# 成素論之結論
## 論愛與尊敬在友誼中的密切結合

# II. 倫理學的方法論

## 第一節
### 倫理學的教學法

## 第二節

倫理學的修行法

## 全部倫理學之結論

# 相關文獻

## 1）此書之版本

Kant, Immanuel: *Metaphysische Anfangsgründe der Rechtslehre*. Königs-
berg: Friedrich Nicolovius, 1797.

———: *Metaphysische Anfangsgründe der Rechtslehre*. Zweyte mit einem
Anhange erläuternder Bemerkungen und Zusätze vermehrte Auflage,
Königsberg: Friedrich Nicolovius, 1798.

———: *Metaphysische Anfangsgründe der Tugendlehre*. Königsberg:
Friedrich Nicolovius, 1797.

———: *Erläuternde Anmerkungen zu den metaphysischen Anfangsgründen
der Rechtslehre*. Königsberg: Friedrich Nicolovius, 1798.

———: *Metaphysische Anfangsgründe der Tugendlehre*. Zweyte verbesserte
Auflage, Königsberg: Friedrich Nicolovius, 1803.

———: *Metaphysik der Sitten*. Hrsg. von J.H. von Kirchmann, Berlin: L.
Heimann, 1870.

———: *Metaphysik der Sitten*. Hrsg. von Karl Vorländer, Leipzig: Felix
Meiner, 1907, 2. Aufl.

———: *Metaphysik der Sitten*. Hrsg. von Paul Natorp. In: *Kants Gesammelte*

*Schriften* (Akademieausgabe), Bd. 6.

————: *Metaphysische Anfangsgründe der Rechtslehre*. Frankfurt/M.: F. Keip, 1970.

————: *Metaphysische Anfangsgründe der Rechtslehre*. Hrsg. von Bernd Ludwig, Hamburg: Meiner, 1986.

————: *Metaphysik der Sitten*. Erlangen: Fischer, 1986.

————: *Rechtslehre. Schriften zur Rechtsphilosophie*. Herausgegeben und eingeleitet von Hermann Klenner, Berlin: Akademie-Verlag, 1988.

————: *Metaphysische Anfangsgründe der Tugendlehre*. Hrsg. von Bernd Ludwig, Hamburg: Felix Meiner, 1990.

————: *Metaphysik der Sitten*. Hrsg. von Hans Ebeling, Stuttgart: Reclam, 1990.

## 2）此書之評論

### 1. 關於《法權論》((a)=第一版；(b)=第二版及《闡釋性附注》)

*Allgemeine Juristische Bibliothek*, 3. Band, Tübingen 1797, S. 145-168; (a), Rez.: "r.".

*Allgemeine Literaturzeitung. Ergänzungsblätter,* Bd. II, Halle 1804, S. 217-240.

*Annalen der neuesten theologischen Literatur und Kirchengeschichte.* Frankfurt 1797, S. 563-564.

*Annalen der Philosophie und des philosophischen Geistes.* Hrsg. von Ludwig Heinrich Jakob, Leipzig 1797, S. 13-58; (a), Rez.: L.H. Jakob.

*Gelehrte Anzeigen*, Tübingen, 39. Stück, 15.5.1797, S. 305-310; 40. Stück, 18.5.1797, S. 316-320; (a).

*Gothaische Gelehrte Zeitungen*, 46. Stück, 10.6.1797; 47. Stück, 14.6.1797; 48. Stück, 17.6.1797, S. 420-439; (a).

———, 44. Stück, 31.5.1800, S. 366-367; (b).

*Göttingisehe Anzeigen von gelehrten Sachen*, 28. Stück, 18.2.1797, S. 65-76; (a), Rez.: Friedrich Bouterwek.

———, 120. Stück, 29.7.1799, S. 1197-1200; (b), Rez.: Friedrich Bouterwek.

*Göttingische Bibliothek der neuesten theologischen Literatur*, IV, 1798, II. Stück, S. 159-189; (a).

*Jenaische Allgemeine Literaturzeitung*, Nr. 169/170, Jena 1797, S. 529-544; (a).

———, Nr. ???, 1799, S. 201-208; (b).

———, Nr. 272/273, Jena 1804, S. 297-308; (a) & (b), Rez.: "Rr.".

*Juristische Literatur-Zeitung*, I. Bd., Halle 1799, S. 75-80; (b).

*Neue Allgemeine Deutsche Bibliothek*, 42. Band, erstes Stück, Kiel 1799, S. 28-42; (a), Rez.: "Bs." (Dietrich Tiedemann).

———, 49. Band, 1. Stück, Kiel 1800, S. 93-99; (b), Rez.: "Qg." (Dietrich Tiedemann).

*Neue Leipziger gelehrte Anzeigen*, 13. Stück, 12.2.1797, S. 101-104; (a).

*Neue Nürnbergische Gelehrte Zeitung*, 8. Jg., XIX. Stück, 14.3.1797; XXII. Stück, 17.3.1797, S. 161-173; (a).

*Neues Journal der Katechetik und Pädagogik* (=*Katechetisches Journal*), V. Bd., I. Heft, Celle 1798, S. 1-36; (a).

*Neueste Critische Nachrichten.* Hrsg von J. G. P. Möller, 18. Stück, Greifs-
wald, 6. Mai 1797, S. 137-141; 19. Stück, S. 147-150; (a), Rez.: "Pw."
(J.E. Parow).

————, 31. Stück, Greifswald 1799, S. 244-245; (b), Rez.: "Pw.".

*Oberdeutsche Allgemeine Literaturzeitung*, 66. Stück, Salzburg, 2.6. 1797, S.
1041-1056; 67. Stück, 5.6.1797, S. 1057-1067; (a), Rez.: "E.R.".

————, 29. Stück, Salzburg, 8.3.1800, S. 449-458; (a) & (b).

## 2. 關於《德行論》

*Allgemeine Literaturzeitung*, Nr. 286, Halle 1804, S. 42-43.

*Allgemeine Literaturzeitung.* Ergänzungsblätter, Bd. II, Halle 1804, S. 217-
240.

*Annalen der Philosophie und des philosophischen Geistes.* Hrsg. von L.H.
Jakob, 3. Jg., Leipzig 1797, S. 504-518.

*Beylage zu den gemeinnützigen Betrachtungen der neuesten Schriften, wel-
che Religion, Sitten und Besserung des menschlichen Geschlechts be-
treffen*, 1798, 1. Stück, 2. Beylage, III, S. 17-35.

*Gelehrte Anzeigen,* 91. Stück, Tübingen, 13.11.1797, S. 722-728; 92. Stück
16.11. 1797, S. 733-735.

*Gothaische gelehrte Zeitungen*, 3. Stück, 9.1.1799, S. 17-24.

*Göttingische Bibliothek der neuesten Literatur*, IV 1798, III. Stück, S. 317-
367.

*Göttingische gelehrten Anzeigen*, Göttingen, 201. Stück, 17.12.1804, S.
2008, Rez: Friedrich Bouterwek.

*Jenaische Allgemeine Literaturzeitung*, Nr. 272/273, Jena 1804, S. 297-308.

*Neue Allgemeine deutsche Bibliothek*, 42. Band, l. Stück, Kiel 1799, S. 41-53, Rez.: "Bs." (Dietrich Tiedemann).

*Neue Leipziger Litteraturzeitung*, Bd. I, Leipzig 1804, S. 543.

*Neue theologische Annalen*, 2. Stück, 17.3.1798, S. 273-281.

*Neueste Critische Nachrichten*. Hrsg. von J. G. P. Möller, Greifswald, April 1798, 15. Stück, S. 113-116; 16. Stück, S. 123-126, Rez.: "Pw." (J.E. Parow).

*Neues Journal der Katechetik und Pädagogik*. Hrsg. von J. F. Chr. Gräffe, 3. Jg. (=*Katechetisches Journal*, 5. Jg.), Heft 1, Celle 1798, S. 1-36.

# 3）關於此書之同時代評論

# 1. 關於《法權論》

Beck, Jacob Sigismund: *Commentar über Kants Metaphysik der Sitten.* Halle 1798 (Nachdruck Brüssel 1970).

Bergk, Johann Adam: *Briefe über Immanuel Kants metaphysische Anfangsgründe der Rechtslehre, enthaltend Erläuterungen, Prüfung und Einwürfe.* Leipzig und Gera 1797 (Nachdruck Brüssel 1968).

Mellin, Georg Samuel Albert: *Marginalien und Register zu Kants metaphysischen Anfangsgründen der Rechtslehre.* Jena und Leipzig 1800 (Nachdruck Aalen 1973).

Michaelis, Christian Friedrich: *Zur Erläuterung von J.G. Fichtes Grundlagen des Naturrechts. Mit Rücksicht auf I. Kants Entwurf zum ewigen Frieden und Metaphysische Anfangsgründe der Rechtslehre.* Zweiter Theil,

Leipzig 1798（drei Teile）.

Reinhold, Carl Leonhard: *Einige Bemerkungen über die in der Einleitung zu den "Metaphysischen Anfangsgründen der Rechtslehre" von I. Kant aufgestellten Begriffe von der Freiheit des Willens.* In: ders., *Auswahl vermischter Schriften*, Bd. II, Jena 1797, S. 364-400.

Schwab, Johann Christoph: *Neun Gespräche zwischen Christian Wolff und einem Kantianer über Kants Metaphysische Anfangsgründe der Rechtslehre und der Tugendlehre.* Mit einer Vorrede von Friedrich Nicolai, Berlin und Stettin 1798（Nachdruck Brüssel 1968）.

Stang, Konrad: *Darstellung der reinen Rechtslehre von Kant zur Berichtigung der vorzüglichsten Mißverständnisse derselben.* Frankfurt und Leipzig 1798.

Stephani, Heinrich: *Anmerkungen zu Kants Metaphysischen Anfangsgründen der Rechtslehre.* Erlangen 1797（Nachdruck Brüssel 1968）.

Tieftrunk, Johann Heinrich: *Philosophische Untersuchungen über das Privat- und öffentliche Recht zur Erläuterung und Beurteilung der metaphysischen Anfangsgründe der Rechtslehre von Prof. Imm. Kant.* Erster Theil, Halle 1797; Zweiter Theil, Halle 1798.

## 2. 關於《德行論》

"Anfrage an Kenner der kritischen Philosophie". *Augustis theologische Blätter*, Nr. 35（1798）, S. 558-559.

Bergk, Johann Adam: *Reflexionen über Kant's Metaphysische Anfangsgründe der Tugendlehre.* Leipzig und Gehra 1798.

Block, Gerhard Wilhelm: *Neue Grundlegung zur Philosophie der Sitten, mit beständiger Rücksicht auf die Kantische.* Braunschweig 1802.

Heydenreichs, K.H.: *Philosophische Gedanken über den Selbstmord, frey-müthig geprüft von einem seiner Freunde.* Weissenfels und Leipzig 1804.

Kunhard, Heinrich: *Disciplina morum iuvenibus litterarum studiosis tra-denda aptisque philosophorum sententiis et sacrarum litterarum dictis illustrata.* Helmstädt 1799.

Mauchart, J.D.: "Antwort auf einige von Kants kasuistischen Fragen". In: Mauchard und Tzschirner (Hrsg.), *Neues allgemeines Repititorium für empirische Psychologie und verwandte Wissenschaften*, Bd. 1 (Leipzig 1802), S. 111-154.

Mellin, Georg Samuel Albert: *Marginalien und Register zu Kants metaphy-sischen Anfangsgründen der Tugendlehre. Zu Vorlesungen.* Jena und Leipzig 1801.

Schwab, Johann Christoph: *Vergleichung des Kantischen Moralprinzips mit dem Leibniz-Wolffischen.* Berlin und Stettin 1800.

————: *Neun Gespräche zwischen Christian Wolff und einem Kantianer über Kants Metaphysische Anfangsgründe der Rechtslehre und der Tu-gendlehre.* Mit einer Vorrede von Fiedrich Nicolai, Berlin und Stettin 1798 (Nachdruck Brüssel 1968).

Stäudlin, Karl Friedrich: *Grundrisse der Tugend- und Religionslehre, zu aka-demischen Vorlesungen für künftige Lehrer in der christlichen Kirche.* 2 Bde., Göttingen 1798 (Bd. 1 Tugendlehre).

"Über die Moralität der Blatterninokulazion". *Neues Deutsches Magazin,* II, Nov./Dez. 1801 (zu § 6 der Tugendlehre).

"Wie verhält sich die Ethik zur Naturrechtswissenschaft?" In: J.F.E. Lotz (Hrsg.), *Staatswissenschaftliche und juristische Nachrichten*, Bd. II

(1799), Nr. 148, S. 565-567.

## 4）此書之校勘

Adickes, Erich: "Korrekturen unf Konjekturen zu Kants ethischen Schriften". *Kant-Studien*, Bd. 5 (1901), S. 207-214.

Bacin, Stefano/Schönecker, Dieter: "Zwei Konjekturvorschläge zur *Tugendlehre*, § 9". *Kant-Studien*, 101 Jg., S. 247-252.

Bayerer, Wolfgang Georg: "Hinweis auf eine Lücke im Text der Akademie-Ausgabe von Kants Bemerkungen zur Bouterwek-Rezension". *Kant-Studien*, 77. Jg. (1986), S. 338-346.

Grillo, Friedrich: "Druckfehlerverzeichnis in den Schriften Herrn I. Kant". In: *Philosophischer Anzeiger*. Hrsg. von Ludwig Heinrich Jakob, Halle/Leipzig 1795, 37-45, 47-49, 51-54. Stück; reprint in: *Aetas Kantiana*, 128a (Bruxelles: Culture et Civilisation, 1968).

Ludwig, Bernd: *Kants Rechtslehre. Mit einer Untersuchung zur Drucklegung Kantischer Schriften von Werner Stark*. Hamburg: Felix Meiner 1988.

Mauthner, Thomas: "Kant's Metaphysics of Morals: A Note on the Text". *Kant-Studien*, 72. Jg. (1981), S. 356-359.

Tenbruck, Friedrich, "Über eine notwendige Textkorrektur in Kants 'Metaphysik der Sitten'". *Archiv für Philosophie*, Bd. 3 (1949), S. 216-220.

# 5）此書之翻譯與注解

Byrd, B. Sharon/Hruschka, Joachim: *Kant's Doctrine of Right: A Commentary*. Cambridge: Cambridge University Press, 2010.

Kant, Immanuel: *The Philosophy of Law: An Exposition of the Fundamental Principles of Jurisprudence as the Science of Right*. Translated by W. Hastie, Edinburgh : T. & T. Clark, 1887.

―――: *The Metaphysical Elements of Justice: Part I of The Metaphysics of Morals*. Translated, with an introduction, by John Ladd, Indianapolis: Bobbs-Merrill, 1965.

―――: *The Doctrine of Virtue: Part II of The Metaphysic of Morals*. Translated, with an introduction and notes, by Mary J. Gregor, New York: Harper & Row, 1964.

―――: *The Metaphysical Principles of Virtue*. Translated by James Ellington, with an introduction by Warner Wick.（The Library of Liberal Arts.）Indianapolis: Bobbs-Merrill, 1964.

―――: *Rechtslehre. Schriften zur Rechtsphilosophie*. Berlin: Akademie-Verlag, 1988.

―――: *The Metaphysics of Morals*. In: Immanuel Kant, *Practical Philosophy*. Translated and edited by Mary J. Gregor（Cambridge: Cambridge University Press, 1996）, pp. 353-627.

Trampota, Andreas/Sensen, Oliver/Timmermann,Jens（ed.）: *Kant's "Tugendlehre": A Comprehensive Commentary*. Berlin: de Gruyter, 2013.

康德著、沈叔平譯：《法的形而上學原理――權利的科學》。北京：商務印書館，1991。

康德著、曾曉平、鄧曉芒譯：〈《道德形而上學》導言〉。《哲學譯叢》，1999 年第 6 期。

康德著、李秋零譯：《道德形而上學》。收入李秋零主編：《康德著作全集》，第 6 卷（北京：中國人民大學出版社，2007），頁 209-501。

康德著、白井成允、小倉貞秀譯：《イマヌエルカント道德哲学》。東京：岩波書店，1926。

康德著、恒藤恭、船田享二譯：《イマヌエルカント法律哲学》。東京：岩波書店，1933。

康德著、吉澤傳三郎、尾田幸雄譯：《人倫の形而上学》（《カソト全集》第 11 卷）。東京：理想社，1969。

康德著、樽井正義、池尾恭一譯：《人倫の形而上学》。東京：岩波書店，2002。

## 6）期刊專號

Byrd, B. Sharon/Hruschka, Joachim/Joerden, Jan C.（Hrsg.）: *Jahrbuch für Recht und Ethik*, Bd. 5（1997）, Themenschwerpunkt: "200 Jahre Kants *Metaphysik der Sitten*".

——（Hrsg.）: *Jahrbuch für Recht und Ethik*, Bd. 16（2008）, Themenschwerpunkt: "Kants Metaphysik der Sitten im Kontext der Naturrechtslehre des 18. Jahrhunderts".

Potter, Nelson/Timmons, Mark（eds.）: *The Southern Journal of Philosophy*, Vol. 36（Spring 1998）, Spindel Supplement: "Kant's Metaphysics of Morals".

"Symposium on Kantian Legal Theory". In: *Columbia Law Review*, Vol. 87

（1987），pp. 419-591.

# 7）中文二手資料

尹懷斌：《論康德的德性理論與道德教育思想》。復旦大學社會科學基礎部博士論文，2010。

———：〈康德的德性理論及其當代道德實踐意義〉。《湖州師範學院學報》，2012 年第 4 期，頁 47-50, 62。

———：〈論康德的德性理論與個人品德建設〉。《思想理論教育》，2010 年第 13 期，頁 44-49。

王永鑫：〈論康德的法權哲學思想〉。《陝西教育(理論版)》，2006 年第 4 期，頁 77-78。

王立峰：〈康德的懲罰觀：公正優先兼顧功利——讀《法的形而上學原理》〉。《政法論壇》，2006 年第 5 期，頁 166-175。

王志銘：〈論康德對義務的區分〉。《國立政治大學哲學學報》，第 6 期(2000 年 1 月)，頁 1-32。

王星星：〈康德的人權思想探析〉。《山西省政法管理幹部學院學報》，2002 年第 4 期，頁 28-31。

王欽賢：〈康德之良知內在法庭觀與王陽明致良知話頭之工夫〉。《鵝湖學誌》，第 44 期(2010 年 6 月)，頁 173-205。

———：〈康德之良知法庭觀〉。《鵝湖月刊》，第 34 卷第 10 期(2009 年 4 月)，頁 13-21。

———：〈康德良知論在西方人文主義傳統中之意義〉。《鵝湖月刊》，第 21 卷 3 期(1995 年 9 月)，頁 16-24。

王貴勤：〈康德國際法哲學思想考評〉。《法學論壇》，2007 年第 3 期，頁 131-138。

冉　杰：〈康德所有權思想的思辨性〉。《番禺職業技術學院學報》，
　　2004 年第 2 期，頁 1-4。

任　丑：〈義務論還是德性論──走出「康德倫理學是義務論」的誤區〉。
　　《理論與現代化》，2008 年第 4 期，頁 29-34。

朱高正：〈康德的法權哲學〉。《哲學雜誌》，第 4 期（1993 年 4 月），
　　頁 176-187；亦刊於《律師通訊》，第 180 期（1994 年 9 月），頁 50-
　　55。

朱曉喆：〈批判哲學視界中的私權問題──康德的私權哲學思想研究〉。
　　《金陵法律評論》，2002 年第 2 期，頁 156-164。

江玉林：〈康德《法學的形上學基本原理》導讀──與當代法學的對話〉。
　　《臺灣法學雜誌》，第 195 期（2012 年 3 月），頁 52-66。

───：〈康德的法哲學〉。《憲政時代》，第 20 卷 4 期（1995 年 4
　　月），頁 77-130。

───：〈從康德之道德哲學論其正義論之建構〉。《法律學刊》，第
　　21 期（1990 年 7 月），頁 93-125。

吳　彥：《法、自由與強制力──康德法權學說的基本語境與架構》。
　　吉林大學法學院博士論文，2012。

吳冠軍：〈康德論服從與權利──與何懷宏商榷〉。《二十一世紀》，
　　第 72 期（2002 年 8 月），頁 118-123。

李　超：〈康德權利思想的現代解讀〉。《社會科學家》，2010 年第 10
　　期，頁 17-19, 28。

李明輝：〈獨白的倫理學抑或對話的倫理學？──論哈柏瑪斯對康德倫
　　理學的重建〉。《科學發展月刊》，第 18 卷第 1 期（1990 年 1 月），
　　頁 29-47；收入李明輝：《儒學與現代意識》（台北：文津出版社，
　　1991），頁 157-191。

李素貞：〈從康德的道德哲學探討自殺的道德性議題〉。《弘光人文社

會學報》，第 9 期(2008 年 11 月)，頁 1-16。

李喜英：〈論德性的力量及其限度——兼論康德道德問答法的教育意義〉。《江蘇社會科學》，2009 年第 4 期，頁 26-31。

汪　雄：〈論康德的守法觀——從被迫守法到自律守法〉。《華中科技大學學報(社會科學版)》，2010 年第 5 期，頁 415-421。

沈叔平：〈第四講康德的《法律哲學》〉。《國外法學》，1983 年第 5 期，頁 53-59。

周冬平：〈從康德的法哲學看法律與道德的關係〉。《安徽職業技術學院學報》，2009 年第 3 期，頁 28-31。

周家瑜：〈康德論政治自由：對政治式詮釋的修正〉。《政治與社會哲學評論》，第 40 期(2012 年 12 月)，頁 81-116。

林永崇：〈關懷與友愛——康德論德行義務及人的終極目的〉。《哲學與文化》，第 36 卷第 2 期(2009 年 2 月)，頁 93-117。

林道海：〈略論康德的法治理論〉。《雲南教育學院學報》，1999 年第 3 期，頁 18-21。

———：〈試論康德關於道德權利與法律權利關係的學說〉。《學術探索》，1998 年第 5 期，頁 51-53。

林顯榮：《康德法律哲學》。台北：自印本，1969。

邱振卓：〈「倫理的立法」與「法律的立法」的區分——理解康德「權利科學」的理論前提〉。《長白學刊》，2007 年第 4 期，頁 27-29。

邵　華：〈論康德的德性倫理思想〉。《華中科技大學學報》(社會科學版)，2010 年第 5 期，頁 6-11。

———：〈論康德的德性倫理思想〉。《華中科技大學學報》(社會科學版)，第 24 年卷第 5 期(2012 年 9 月)，頁 6-11。

金可可：〈康德視野中對人權與對物權的區分〉。《雲南社會科學》，2005 年第 4 期，頁 40-43。

郁　樂：〈康德「德性」概念與倫理學的兩個基本問題〉。《經濟與社會發展》，2008 年第 11 期，頁 44-46。

孫守煌：〈論康德的法哲學思想〉。《現代法學》，1992 年第 6 期，頁 69, 70-72。

徐宗良：〈權利、義務、責任的內涵探討〉。《道德與文明》，2009 年第 4 期，頁 38-42。

姜　淼：《自由與權利——康德政治哲學》。黑龍江大學哲學與公共管理學院博士論文，2010。

寇東亮：〈德性與自由的融通——康德倫理思想的一個旨意〉。《學術論壇》，2008 年第 6 期，頁 13-16。

崔文奎：〈康德分配正義理念與和諧社會的構建〉。《生產力研究》，2009 年第 3 期，頁 9-10, 33。

崔拴林：〈康德法哲學視野下的「動物權利論」批判〉。《時代法學》，2010 年第 4 期，頁 33-39。

張正印、唐勉：〈評黑格爾對康德財產思想的批評〉。《長春工業大學學報》（社會科學版），2007 年第 2 期，頁 74-76。

張竹云、邵維國：〈論康德刑罰道義報應學說〉。《廣州大學學報》（社會科學版），2009 年第 6 期，頁 23-27。

張君平、　葉新發：〈康德的「法權人格」要旨透析〉。《前沿》，2010 年第 9 期，頁 57-59。

張廷國、于全敬：〈自由與權利：康德法哲學的先驗線索〉。《蘭州大學學報》（社會科學版），1999 年第 4 期，頁 105-110。

曹巽之：〈康德的法哲學觀念初探——對康德「法的形而上學」一詞的詮釋〉。《中南政法學院學報》，1993 年第 3 期，頁 115-119。

郭碧娥：〈版權背後的法律文化之因——從康德論版權談起〉。《內江師範學院學報》，2007 年第 5 期，頁 36-38。

陳士誠：〈論康德之國際聯盟與國家理念〉。《歐洲國際評論》（南華大學），第 6 期(2010 年)，頁 129-150。

陳　杰：〈論康德的著作權思想〉。《理論界》，2012 年第 8 期，頁 57-58。

陳　徽：〈歷史進步的理性基礎──康德的社會歷史觀與法權政治思想〉。《哈爾濱工業大學學報》（社會科學版），2004 年第 5 期，頁 77-78。

陳　鵬：〈法哲學上的「哥白尼革命」──康德法哲學思想淺析〉。《宜春學院學報》，2007 年第 5 期，頁 28-30, 34。

陳旭東、汪行福：〈從德性義務理解「人是目的」的道德律令〉。《山東社會科學》，2008 年第 7 期，頁 49-55。

陳金全：〈人是目的而不是手段──康德法治論解讀〉。《法學家》，2005 年第 3 期，頁 47-54。

陳斯彬：〈論良心自由作為現代憲政的基石──一種康德主義的進路〉。《清華法學》，2012 年第 4 期，頁 37-51。

陳義平：〈康德法哲學的權利倫理視域與法治理想〉。《現代法學》，2005 年第 3 期，頁 175-178。

───：〈權利與法治：康德法哲學的二維視界〉。《安徽大學學報》（哲學社會科學版），2004 年第 5 期，頁 23-27。

陳瑤華：〈康德的人權理念〉。《東吳政治學報》，第 6 期（1996 年 9 月），頁 73-90。

彭文本：〈良知的辯證──康德、費希特、牟宗三的理論比較研究〉。《臺大文史哲學報》，第 69 期（2008 年 11 月），頁 273-308。

游惠瑜：〈康德的倫理學禁得起女性主義的批判嗎？〉。《哲學與文化》，第 35 卷第 5 期（2008 年 5 月），頁 155-167。

楊　婷：〈論康德法權學說中的自由概念〉。《學術研究》（廣州），2012 年第 5 期，頁 16-19, 25。

楊祖漢：〈論康德所說之完全義務及不完全義務〉。《鵝湖月刊》，第 3 卷第 5 期（1977 年 11 月），頁 31-35。

趙　明：〈康德論死刑〉。《湘潭大學社會科學學報》，2003 年第 5 期，
　　頁 30-41。

趙相明：〈康德的法權國家觀〉。《東亞季刊》，第 23 卷第 3 期(1992
　　年 1 月)，頁 60-73。

趙雪綱：〈人權概念的正當性何在？——康德倫理學對人權概念(以生
　　命權為例)之奠基性意義〉。《政法論壇》，2004 年第 5 期，頁 134-
　　143。

劉　軍：〈為什麼「刑法是一種絕對命令」？〉。《東岳論叢》，2010
　　年第 2 期，頁 183-187。

劉　靜：〈現代性道德困境及其解決——一種可能的康德倫理學路徑〉，
　　《道德與文明》，2012 年第 3 期，頁 18-22。

劉英波：〈理性、權利與正義——康德的政治倫理思想研究〉。《南昌
　　高專學報》，2007 年第 1 期，頁 5-8。

劉澤剛：〈康德論法學與哲學之關係〉。《社科縱橫》，2010 年第 3 期，
　　頁 94-95。

———：〈康德論外在自由〉。收入《德國哲學》(2010 年卷)(北京：
　　中國社會科學出版社，2011)，頁 1-24。

鄧安慶：〈康德法律哲學初探〉。《湖南師範大學社會科學學報》，1996
　　年第 5 期，頁 7-11。

鄧曉芒：〈康德論道德與法的關係〉。《江蘇社會科學》，2009 年第 4
　　期，頁 1-7。

蕭文歡、　謝瑩：〈試論亞里士多德和康德對「德性」的解釋〉。《牡丹
　　江大學學報》，2008 年第 5 期，頁 6-7, 10。

賴賢宗：〈從「道德」到「法權」——從康德的令式倫理學到康德的法
　　權哲學〉。《思與言》，第 39 卷第 2 期(2001 年 6 月)，頁 165-191。

———：〈從「道德」到「法權」——從康德的令式倫理學到康德的法
　　權哲學〉。《思與言》，第 39 卷第 2 期(2001 年 6 月)，頁 165-191。

———：〈論康德倫理學中意志與意念之區分與連結〉。《哲學與文化》，
　　第 20 卷第 8 期(1993 年 8 月)，頁 803-815。

戴兆國：〈論康德道德哲學的兩種義務體系〉。《社會科學戰線》，2007
　　年第 6 期，頁 28-33。

韓水法：〈康德法哲學中的公民概念〉。《中國社會科學》，2008 年第
　　2 期，頁 29-41, 204-205。

———：《批判的形而上學》。北京：北中大學出版社，2009。

鄺芷人：〈康德德性哲學的分析(7)：論人對自己應有的責任〉。《中
　　國文化月刊》，第 47 期(1983 年 9 月)，頁 56-70；收入鄺芷人：
　　《康德倫理學原理》(台北：文津出版社，1992)，頁 163-179。

———：〈康德德性哲學的分析(8)：論對他人應有的責任〉。《中國文
　　化月刊》，第 49 期(1983 年 11 月)，頁 34-49；收入鄺芷人：《康
　　德倫理學原理》(台北：文津出版社，1992)，頁 181-198。

魏楚陽：〈內在自由與外在權利的辯證：黑格爾論康德的權利國家觀〉。
　　《政治科學論叢》，第 51 期(2012 年 3 月)，頁 129-159。

譚德貴：〈道德和法律的內在性與外在性辨正——從康德動機論倫理學
　　談起〉。《濟南市社會主義學院學報》，2003 年第 3 期，頁 117-
　　118。

Cavallar, Georg：〈評〔朱高正著〕《康德的人權與基本民權學說》(*Kants
　　Lehre vom Menschenrecht und von den Staatsbürgerlichen Grund-
　　rechten*)〉。《哲學雜誌》，第 4 期(1993 年 4 月)，頁 204-207。

Cohen, Morris Raphael 著、林作舟譯：〈康德的法律哲學〉。《法律評
　　論》，第 43 卷第 8 期(1977 年 8 月)，頁 24-28；第 43 卷第 9 期
　　(1977 年 9 月)，頁 19-22；第 43 卷第 11/12 期(1977 年 12 月)，頁
　　28-31。

Suter, Ronald 著、葉新雲譯：〈康德論說謊〉。《現代學苑》，第 9 卷
　　第 7 期(1972 年 7 月)，頁 35-38；第 9 卷第 8 期(1972 年 8 月)，頁

17-20。

Murphy, Jeffrie G.著、吳彥譯：《康德：權利哲學》。北京：中國法制出版社，2010。

Pogge, Thomas 著、劉莘、徐向東等譯：《康德、羅爾斯與全球正義》。上海：上海譯文出版社，2008。


# 8) 西文二手資料


Acton, Harry Burrows: *Kant's Moral Philosophy*. London: Macmillan, 1970.

Aczyk, Rainer: "Untersuchungen zum rechtlichen Postulat der praktischen Vernunft in Kants Metaphysik der Sitten". In: Christel Fricke u. a. (Hrsg.), *Das Recht der Vernunft. Kant und Hegel über Denken, Erkennen und Handeln* (Stuutgart-Bad Cannstatt: Frommann-Holzboog, 1995), S. 311-331.

Allison, Henry E.: "Kant's Doctrine of Obligatory Ends". *Jahrbuch für Recht und Ethik*, Bd. 1 (1993), S. 7-23.

————: *Essays on Kant*. Oxford: Oxford University Press, 2012.

Altman, Matthew C.: "Subjecting Ourselves to Capital Punishment". In: his *Kant and Applied Ethics: The Uses and Limits of Kant's Practical Philosophy* (West Sussex: Wiley-Blackwell, 2011), pp. 117-138.

Anderson, Georg: "Die 'Materie' in Kants Tugendlehre und der Formalismus der kritischen Ethik". *Kant-Studien*, Bd. 26 (1921), S. 289-311.

————: "Kants Metaphysik der Sitten - ihre Idee und ihr Verhältnis zur Ethik der Wolffsehen Schule". *Kant-Studien*, Bd. 28 (1923), S. 41-61.

————: "War and Resistance: Kant's Doctrine of Human Rights". *Journal of Social Philosophy*, Vol. 19（1988/1989）, pp. 37-50.

Angeli, Oliviero: "Das Volk als Transzendenz? Die 'Erfindung' des Volkes in Kants rechts- und geschichtsphilosophischen Schriften". In: Oliviero Angeli u.a.（Hrsg.）, *Transzendenz, Praxis und Politik bei Kant*（Berlin: Akademie Verlag, 2013）, S. 41-55.

Arntzen, Sven: "Kant on the Duty to Oneself and Resistance to Political Authority". *Journal of the History of Philosophy*, Vol. 34, No. 3（July 1996）, pp. 409-424.

Ataner, Artila: "Kant on Capital Punishment and Suicide". *Kant-Studien*, 97. Jg.（2006）, S. 452-482.

Atterton, Peter: "A Duty to Be Charitable? A Rigoristic Reading of Kant". *Kant-Studien*, 98. Jg.（2007）, S. 135-155.

Atwell, John E.: "Objective Ends in Kant's Ethics". *Archiv für Geschichte der Philosophie*, Bd. 56（1974）. S. 156-171.

————: *Ends and Principles in Kant's Moral Thought*. Dordrecht: Nijhoff, 1986.

Axinn, Sidney: "Kant, Authority, and the French Revolution". *Journal of the History of Ideas*, Vol. 32（1971）, pp. 423-432.

Babić, Jovan: "Die Pflicht, nicht zu lügen - Eine vollkommene, jedoch nicht auch juridische Pflicht". *Kant-Studien*, 91. Jg.（2000）, S. 433-446.

Bacin, Stefano: "Kant on the Relation between Duties of Love and Duties of Respect". In: Stefano Bacin u.a.（Hg.）, *Kant und die Philosophie in weltbürgerlicher Absicht. Akten des XI. Kant-Kongresses 2010*（Berlin: Walter de Gruyter, 2013）, Bd. 3, S. 15-27.

Baron, Marcia: "Kantian Ethics and Supererogation". *The Journal of Philosophy*, Vol. 84, No. 5（May 1987）, pp. 237-262.

————: "Was Effi Briest a Victim of Kantian Morality?". *Philosophy and Literature*, Vol. 12, No. 1 (April 1988), pp. 95-113.

————: "Imperfect Duties and Supererogatory Acts". *Jahrbuch für Recht und Ethik*, Bd. 6 (1998), S. 57-71.

————: "Love and Respect in the Doctrine of Virtue". *Southern Journal of Philosophy*, Vol. 36 (1998), Supplement: "Kant's Metaphysics of Morals", pp. 29-50.

————: "Love and Respect". *The Southern Journal of Philosophy*, Vol. 36, No. 5 (Jan. 1998), pp. 29-44.

————: "Moral Paragons and the Metaphysics of Morals". In: Graham Bird (ed.): *A Companion to Kant* (West Sussex: Wiley-Blackwell, 2010), pp. 335-349.

Baron, Marcia/Fahmy, Melissa Seymour: "Beneficence and Other Duties of Love in *The Metaphysics of Morals*". In: Thomas E. Hill, Jr. (ed.): *The Blackwell Guide to Kant's Ethics* (West Sussex: Wiley-Blackwell, 2009), pp. 211-228.

Bartuschat, Wolfgang: "Apriorität und Empirie in Kants Rechtsphilosophie". *Philosophische Rundschau*, 34. Jg. (1987), S. 31-49.

————: "Praktische Philosophie und Rechtsphilosohie bei Kant". *Philosophisches Jahrbuch*, 94. Jg. (1987), S. 24-41.

Basta, Danilo N./Wolf, Peter (Hrsg.): *Wider die Beliebigkeit. Kants Metaphysische Anfangsgründe der Rechtslehre nach zwei Jahrhunderten*. Belgrad: Goethe-Institut Belgrad/Juristische Fakultät Belgrad, 1997.

Batscha, Zwi (Hrsg.): *Materialien zu Kants Rechtsphilosophie*. Frankfurt/M.: Suhrkamp, 1976.

Bauch, Bruno: "Das Rechtsproblem in der Kantischen Philosophie". *Zeitschrift für Rechtsphilosophie in Lehre und Praxis*, Bd. 3 (1921), S. 1 -

26.
Baum, Manfred: "Probleme der Begründung Kantischer Tugendpflichten". *Jahrbuch für Recht und Ethik*, Bd. 6 (1998), S. 41-56.

———: "Recht und Ethik in Kants praktischer Philosophie". In: Jürgen Stolzenberg (Hrsg.), *Kant in der Gegenwart* (Berlin: de Gruyter, 2007), S. 213-226.

Baumann, Peter: "Zwei Seiten der Kantschen Begründung von Eigentum und Staat". *Kant-Studien*, 85. Jg. (1994), S. 147-159.

———: "Kants Antinomie der reinen Rechtsvernunft in systemgeschichtlicher und systematischer Hinsicht". *Philosophisches Jahrbuch*, 100. Jg. (1993), S. 282-300.

———: "Kants kategorischer Imperativ und das Problem der inhaltlichen Pflichtbestimmung". In: Herta Nagl-Docekal (Hrsg.), *Überlieferung und Aufgabe. Festschrift für Erich Heintel zum 70. Geburtstag* (Wien: Wilhelm Braumüller, 1982), 2. Teilband, S. 165-179.

Baxley, Anne Margaret: *Kant's Theory of Virtue: The Value of Autocracy*. Cambridge: Cambridge University Press, 2010.

Beck, Lewis White: "Kant's Two Conceptions of the Will in Their Political Context". In: idem, *Studies in the Philosophy of Kant* (Indianapolis: Bobbs-Merrill, 1965), pp. 215-229.

———: "Kant and the Right of Revolution". *Journal of the History of Ideas*, Vol. 32 (1971), pp. 411-422; also in: Ruth F. Chadwick (ed.), *Immanuel Kant: Critical Assessments* (London: Routledge, 1992), pp. 399-411; Heiner F. Klemme/Manfred Kuehn (eds.), *Immanuel Kant* (Dartmouth: Ashgate, 1999), Vol. II: "Practical Philosophy", pp. 327-338.

Benson, Peter: "External Freedom According to Kant". *Columbia Law Review*, Vol. 87 (1987), pp. 559-579.

Berkemann, Jörg: *Studien über Kants Haltung zum Widerstandsrecht.* Diss. Karlsruhe 1972.

Betzler, Monika (ed.), *Kant's Ethics of Virtue.* Berlin: Walter de Gruyter, 2008.

Bielefeldt, Heiner: "Towards a Cosmopolitan Framework of Freedom: The Contribution of Kantian Universalism to Cross-Cultural Debates on Human Rights". *Jahrbuch für Recht und Ethik*, Bd. 5 (1997), S. 349-362.

———: "Autonomy and Republicanism: Immanuel Kant's Theory of Freedom". *Political Philosophy*, Vol. 25, No. 4 (Aug. 1997), pp. 524-558.

Bird, Graham (ed.): *A Companion to Kant.* Oxford: Blackwell, 2006.

Birtsch, Günther: "Freiheit und Eigentum. Zur Erörterung von Verfassungsfragen in der Publizistik im Zeichen der Französischen Revolution". In: R. Vierhaus, *Eigentum und Verfassung. Zur Eigentumsdiskussion im ausgehenden 18. Jahrhundert* (Göttingen: Vandenhoeck & Ruprecht, 1972), S. 179-192.

Blöser, Claudia: "Grade der Tugend und Rigorismus". In: Stefano Bacin u.a. (Hg.), *Kant und die Philosophie in weltbürgerlicher Absicht. Akten des XI. Kant-Kongresses 2010* (Berlin: Walter de Gruyter, 2013), Bd. 3, S. 51-62.

Blühdorn, Jürgen: "'Kantianer' und Kant. Die Wende von der Rechtsmetaphysik zur 'Wissenschaft' vom positiven Recht". *Kant-Studien*, 64. Jg. (1973), S. 363-394.

Blühdorn, Jürgen/Ritter, Joachim (Hrsg.): *Recht und Ethik. Zu Ihrer Beziehung im 19. Jahrhundert.* Frankfurt/M.: Klostermann, 1970.

Bohn, Jochem: "Ewiger Krieg der Ansprüche: Kritik der freiheitsrechtlichen

Friedensphilosophie Kants". *Archiv für Rechts- und Sozialphilosophie*, Bd. 99 (2013), S. 462-474.

Bojanowski, Jochen: "Kant und das Problem der Zurechenbarkeit". *Zeitschrift für philosophische Forschung*, Bd. 61 (2007), S. 207-234.

Borries, Kurt: *Kant als Politiker. Zur Staats- und Gesellschaftslehre des Kritizismus*. Leipzig: Felix Meiner, 1928.

Brandt, Reinhard: *Eigentumstheorie von Grotius bis Kant*. Stuttgart-Bad Cannstatt: Frommann-Holzboog, 1974.

───── (Hrsg.), *Rechtsphilosophie der Aufklärung. Symposium Wolfenbüttel 1981*. Berlin: Walter de Gruyter, 1982.

─────: "Das Erlaubnisgesetz, oder Vernunft und Geschichte in Kants Rechtslehre". In: ders. (Hrsg.), *Rechtsphilosophie der Aufklärung. Symposium Wolfenbüttel 1981* (Berlin: Walter de Gruyter, 1982), S. 233-285.

─────: "Gerechtigkeit bei Kant". *Jahrbuch für Recht und Ethik*, Bd. 1 (1993), S. 25-44.

─────: "Menschenrechte und Güterlehre. Zur Geschichte und Begründung des Rechts auf Leben, Freiheit und Eigentum". In: Johannes Schwardtländer/Dieter Willoweit (Hrsg.), *Das Recht des Menschen auf Eigentum* (Kehl a. R./Straßburg: N.P. Engel, 1983), S. 19-31.

─────: "Das Problem der Erlaubnisgesetze in Spätwerk Kants". In: Otfried Höffe (Hrsg.), *Immanuel Kant: Zum ewigen Frieden* (Berlin: Akademie Verlag, 1995), S. 69-86.

─────: "Gerechtigkeit und Strafgerechtigkeit bei Kant". In: Gerhard Schönrich/Yasushi Kato (Hrsg.), *Kant in der Diskussion der Moderne* (Frankfurt/M.: Suhrkamp, 1996), S. 425-463.

————: *Immanuel Kant – Was bleibt?* Hamburg: Felix Meiner, 2010.

Brehmer, Karl: *Rawls' "Original Position" oder Kants "Ursprünglicher Kontrakt"*. Meisenheim: Anton Hain, 1980.

Broadie, Alexander/Pybus, Elizabeth M.: "Kant's Treatment of Animals". *Philosophy*, Vol. 49 (1974). pp. 375-383; also in: Ruth F. Chadwick (ed.), *Immanuel Kant: Critical Assessments* (London: Routledge, 1992), Vol. III: "Kant's Moral and Poltitical Philosophy", pp. 144-152.

————: "Kant's Concept of 'Respect'". *Kant-Studien*, Bd. 66 (1975), S. 58-64.

Brocker, Manfred: *Kants Besitzlehre. Zur Problematik einer transzendentalphilosophischen Eigentumslehre*. Würzburg: Königshausen & Neumann, 1987.

Brown, Stuart M.: "Has Kant a Philosophy of Law?". *Philosophical Review*, Vol. 71 (1962), pp. 33-48.

Buchda, Gerhard: *Das Privatrecht Immanuel Kants. Ein Beitrag zur Geschichte und zum System des Naturrechts*. Diss. Jena 1929.

Burg, Peter: *Kant und die Französischen Revolution*. Berlin: Duncker & Humblot, 1974.

————: "Die Verwirklichung von Grund- und Freiheitsrechten in den Preußischen Reformen und Kants Rechtslehre". In: Günter Birtsch (Hrsg.), *Grund- und Freiheitsrechte im Wandel von Gesellschaft und Geschichte. Beiträge zur Geschichte der Grund- und Freiheitsrechte vom Ausgang des Mittelalters bis zur Revolution von 1848* (Göttingen: Vandenhoeck & Ruprecht, 1981), S. 287-309.

Busch, Werner: *Die Entstehung der kritischen Rechtsphilosophie Kants 1762-1780*. Berlin: Walter de Gruyter, 1979.

Byrd B. Sharon: "Kant's Theory of Punishment: Deterrence in Its Threat,

Retribution in Its Execution". *Law and Philosophy*, Vol. 8 (1989), pp. 151-200.

———: "Two Models of Justice". *Jahrbuch für Recht und Ethik*, Bd. 1 (1993), S. 45-68.

———: "Kan's Theory of Contract". *Southern Journal of Philosophy*, Vol. 36 (1998), Supplement: "Kant's Metaphysics of Morals", pp. 131-153.

Byrd, B. Sharon/Hruschka, Joachim (eds.): *Kant and Law*. Hants: Ashgate, 2005.

———: "The Natural Law Duty to Recognize Private Property Owner- ship: Kant's Theory of Property in His Doctrine of Right". *University of Toronto Law Journal*, Vol. 56, No 2 (Spring 2006), pp. 217-282.

C. W.: "Review of the Doctrine of Virtue; The Metaphysical Principles of Virtue by I. Kant". *Ethics*, Vol. 75, No. 2 (Jan. 1965), pp. 142-143.

Cagle, Randy: "Becoming a Virtuous Agent: Kant and the Cultivation of Feelings and Emotions". *Kant-Studien*, 96. Jg. (2005), S. 452-467.

Cohen, Hermann: *Kants Begründung der Ethik. Nebst ihren Anwendungen auf Recht, Religion und Geschichte*. Berlin: Bruno Cassirer, 1910.

Cohen, Morris R.: "A Critique of Kant's Philosophy of Law". In: George Tapley Whitney/David F. Bowers (eds.), *The Heritage of Kant* (New York: Russell & Russell, 1962), pp. 277-302.

Corlett, J. Angelo: "Foundations of a Kantian Theory of Punishment". *The Southern Journal of Philosophy*, Vol. 31, No. 3 (1993), pp. 263-283.

Dahlstrom, Daniel O.: "Ethik, Recht und Billigkeit". *Jahrbuch für Recht und Ethik*, Bd. 5 (1997), S. 55-72.

Dakin, A. Hazard.: "A Critique of Kant's Philosophy of Law". In: George Tapley Whitney/David F. Bowers (eds.): *The Heritage of Kant* (New York: Russell & Russell, 1962), pp. 403-420.

Deggau, Hans-Georg: *Die Aporien der Rechtslehre Kants*. Stuttgart–Bad
　　Cannstatt, 1983.

─────: "Die Architektonik der praktischen Philosophie Kants. Moral – Religion
　　– Recht – Geschichte". *Archiv für Rechts- und Sozialphilosophie*, Bd. 71
　　(1985), S. 319-342.

Delekat, Friedrich: "Das Verhältnis von Sitte und Recht in Kants grosser *Me-
　　taphysik der Sitten* (1797)". *Zeitschrift für philosophische Forschung*,
　　Bd. 12 (1958), S, 59-86.

Denis, Lara: "Kant on the Perfection of Others". *The Southern Journal of
　　Philosophy*, Vol. 37 (1999), pp. 21-41.

─────: "Kant's Conception of Duties Regarding Animals: Reconstruction
　　and Reconsideration". *History of Philosophy Quarterly*, Vol. 17, No. 4
　　(Oct. 2000), pp. 405-423.

─────: "Kant's Conception of Virtue". In: Paul Guyer (ed.), *The Cam-
　　bridge Companion to Kant and Modern Philosophy* (Cambridge: Cam-
　　bridge University Press, 2006), pp. 505-537.

───── (ed.): *Kant's Metaphysics of Morals : A Critical Guide*. Cambridge:
　　Cambridge University Press, 2010.

Devereux, Daniel T.: "Socrates' Kantian Conception of Virtue". *Journal of
　　the History of Philosophy*, Vol. 33, No. 3 (July 1995), pp. 381-408.

Diesselhorst, Malte: *Naturzustand und Sozialvertrag bei Hobbes und Kant:
　　Zugleich ein Beitrag zu den Ursprüngen des modernen Systemdenkens*.
　　Göttingen: Schwartz, 1988.

Dietze, Gottfried: *Kant und der Rechtsstaat*. Tübingen: J.C.B. Mohr, 1982.

Dohna, Graf Stanislaus zu: *Kants Verhältnis zum Eudämonismus*. Diss. Ber-
　　lin 1902.

Donagan, Alan: "The Structure of Kant's Metaphysics of Morals". *Topoi*,

Vol. 4 (1985), pp. 61-72.

Dreier, Ralf: "Zur Einheit der praktischen Philosophie Kants. Kants Rechtsphilosophie im Kontext seiner Moralphilosophie". In: ders., *Recht – Moral – Ideologie. Studien zur Rechtstheorie* (Frankfurt/M.: Suhrkamp, 1981), S. 286-315.

———: *Rechtsbegriff und Rechtsidee. Kants Rechtsbegriff und seine Bedeutung für die gegenwärtige Diskussion*. Frankfurt/M.: Alfred Metzner, 1986.

Dünnhaupt, Rudolf: *Sittlichkeit, Staat und Recht bei Kant. Autonomie und Heteronomie in der Kantischen Ethik*. Diss. Greifswald 1926.

Dulckeit, Gerhard: *Naturrecht und positives Recht bei Kant*. Leipzig: A. Deichertsche Verlagsbuchhandlung Dr. Werner Scholl, 1932.

Durán Casas, Vicente: *Die Pflichten gegen sich selbst in Kants "Metaphysik der Sitten"*. Frankfurt/M.: Peter Lang, 1996.

Dyroff, Adolf: "Zu Kants Strafrechtstheorie". In: Friedrich von Wieser/Leopold Wenger/Peter Klein (Hrsg.), *Kant-Festschrift: Zu Kants 200. Geburtstag am 24. April 1924*. (Berlin-Grunewald: Dr. Walther Rothschild, 1924), S. 191-213.

Ebbinghaus, Julius: "Über den Grund der Notwendigkeit der Ehe". *Blätter für deutsche Philosophie*, Bd. 10 (1937), S. 1-21, 148-160, 240-253; auch in: ders., *Gesammelte Schriften*, Bd. 1: "Sittlichkeit und Recht: Praktische Philosophie 1929-1954" (Bonn: Bouvier, 1986), S. 47-94.

———: "Positivismus – Recht der Menschheit – Naturrecht – Staatsbürgerrecht". *Archiv für Philosophie*, Bd. 4 (1952), S. 225-242; auch in: ders., *Gesammelte Schriften*, Band 1: "Sittlichkeit und Recht: Praktische Philosophie 1929-1954" (Bonn: Bouvier, 1986), S. 349-366.

———: "Das Problem der Todesstrafe". *Sudium Generale*, 8. Jg. (1955), S.

611-616; auch in: ders., *Gesammelte Schriften*, Bd. 2: "Philosophie der Freiheit: Praktische Philosophie 1955-1972" (Bonn: Bouvier, 1988), S. 1-10.

————: "Die Idee des Rechtes". *Zeitschrift für philosophische Forschung*, Bd. 12 (1958), S. 17-42, 515-546; auch in: ders., *Gesammelte Schriften*, Bd. 2: "Philosophie der Freiheit: Praktische Philosophie 1955-1972" (Bonn: Bouvier, 1988), S. 141-198.

————: "Kants Rechtslehre und die Rechtsphilosophie des Neukantianismus". In: Josef Derbolav/Friedhelm Nicolin (Hrsg.), *Erkenntnis und Verantwortung. Festschrift für Theodor Litt* (Düsseldorf: Schwann, 1960), S. 317-334; auch in: ders., *Gesammelte Schriften*, Bd. 2: "Philosophie der Freiheit: Praktische Philosophie 1955-1972" (Bonn: Bouvier, 1988), S. 231-248.

————: "Das Kantische System der Rechte des Menschen und Bürgers in seiner geschichtlichen und aktuellen Bedeutung". *Archiv für Rechts- und Sozialphilosophie*, Bd. 50 (1964), S. 23-55; auch in: ders., *Gesammelte Schriften*, Bd. 2: "Philosophie der Freiheit: Praktische Philosophie 1955-1972" (Bonn: Bouvier, 1988), S. 249-281.

————: *Die Strafen der Tötung eines Menschen nach Prinzipien einer Rechtsphilosophie der Freiheit*. Bonn: Bouvier 1968; auch in: ders., *Gesammelte Schriften*, Bd. 2: "Philosophie der Freiheit: Praktische Philosophie 1955-1972" (Bonn: Bouvier, 1988), S. 283-380.

Edwards, Jeffrey: "Self-Love, Anthropology, and Universal Benevolence in Kant's Metaphysics of Morals". *Review of Metaphysics*, Vol. 53, No. 4 (June 2000), pp. 887-914.

Eisenberg, Paul D.: "From the Forbidden to the Supererogatory: the Basic Ethical Categories in Kant's Tugendlehre". *American Philosophical*

*Quarterly*, Vol. 3, No. 4 (Oct. 1966), pp. 255-269.

——: "Duty to Oneself: A New Defense Sketched". *Review of Metaphysics*, Vol. 20, No. 4 (Jun. 1967), pp. 602-634.

——: "Kant on Duties to, and Duties Regarding, Oneself or Others". In: Lewis White Beck (ed.), *Proceedings of the 3rd International Kant-Congress* (Dordrecht: Reidel, 1972), pp. 275-280.

Elsigan, Alfred: "Zum Rigorismusproblem in der Kantischen Tugendlehre". *Wiener Jahrbuch für Philosophie*, Bd. 10 (1977), S. 208-225.

Emge, C. August: "Das Eherecht Immanuel Kants". *Kant-Studien*, Bd. 29 (1922), S. 243-279.

Enderlein, Wolfgang: "Die Begründung der Strafe bei Kant". *Kant-Studien*, 76. Jg. (1985), S. 303-327.

Esser, Andrea Marlen: *Eine Ethik für Endliche: Kants Tugendlehre in der Gegenwart*. Stuttgart: Frommann-Holzboog, 2004.

Euler, Werner/Tuschling, Burkhard (Hrsg.): *Kants "Metaphysik der Sitten" in der Diskussion. Ein Arbeitsgespräch an der Herzog August Bibliothek Wolfenbüttel 2009*. Berlin: Duncker & Humblot, 2013.

Fahmy, Melissa Seymour: "Active Sympathetic Participation: Reconsidering Kant's Duty of Sympathy". *Kantian Review*, Vol. 14 (2009), pp. 31-52.

——: "Understanding Kant's Duty of Respect as a Duty of Virtue". *Journal of Moral Philosophy*, Vol. 10 (2013), pp. 723-740.

Falduto, Antonino: "Kants Metaphysik der Sitten – editorische und philosophische Probleme. Bericht zum Arbeitsgespräch in Wolfenbüttel vom 19. bis 23. Mai 2009". *Kant-Studien*, 100. Jg. (2009), S. 518-522.

——: "The Two Meanings of 'moralisches Gefühl' in Kant's *Doctrine of Virtue*". In: Stefano Bacin u.a. (Hg.), *Kant und die Philosophie in weltbürgerlicher Absicht. Akten des XI. Kant-Kongresses 2010* (Berlin:

Walter de Gruyter, 2013), Bd. 3, S. 161-171.

Finnis, John M.: "Legal Enforcement of 'Duties to Oneself': Kant v. Neo-Kantians", *Columbia Law Review*, Vol. 87 (1987), pp. 433-456.

Fisher, Norbert: "Tugend und Glückseligkeit. Zu ihrem Verhältnis bei Aristotles and Kant". *Kant-Studien*, 74. Jg. (1983), S. 1-21.

Fleischhacker, Samuel: "Kant's Theory of Punishment". In: Howard Williams (ed.), *Essays on Kant's Political Philosophy* (Chicago: The University of Chicago Press, 1992), pp. 191-212.

Fletcher, George P.: "Law and Morality: A Kantian Perspective". *Columbia Law Review*, Vol. 87 (1987), pp. 533-558.

―――: "Why Kant". *Columbia Law Review*, Vol. 87 (1987), pp. 421-432.

Flikschuh, Katrin: "Ist das rechtliche Postulate ein Postulat der reinen praktischen Vernunft? Zum Endzweck der Kantischen Rechtslehre". *Jahrbuch für Recht und Ethik*, Bd. 12 (2004), S. 299-330.

―――: "Freedom and Constraint in Kant's *Metaphysical Elements of Justice*". In: B. Sharon Byrd/Joachim Hruschka (eds.), *Kant and Law* (Hants: Ashgate, 2005), pp. 87-108.

Forkl, Markus: *Kants System der Tugendpflichten: eine Begleitschrift zu den "Metaphysischen Anfangsgründen der Tugendlehre"*. Frankfurt/M.: Peter Lang, 2001.

Forschner, Maximilian: "Kant versus Bentham. Vom vermeintlichen kategorischen Imperativ des Strafgesetzes". In: Reinhard Brandt (Hrsg.), *Rechtsphilosophie der Aufklärung. Symposium Wolfenbüttel 1981* (Berlin: Walter de Gruyter, 1982), S. 376-398.

Friedrich, Rainer: *Eigentum and Staatsbegründung in Kants Metaphysik der Sitten*. Berlin: Walter de Gruyter, 2004.

Fulda, Hans Friedrich: "Kants Postulat des öffentlichen Rechts (RL §42)". *Jahrbuch für Recht und Ethik*, Bd. 5 (1997), S. 267-290.

———: "Kants Begriff eines intelligiblen Besitzes und seine Deduktion ('Metaphysische Anfangsgründe der Rechtslehre', § 6 )". *Jahrbuch für Recht und Ethik*, Bd. 5 (1997), S. 103-119.

Funke, Gerhard: "'Achtung fürs moralische Gesetz' und Rigorismus/Impersonalismus-Problem". *Kant-Studien*, Bd. 65 (1974), S. 45-67.

Geismann, Georg: "Kant als Vollender von Hobbes und Rousseau". *Der Staat*, Bd. 21 (1982), S. 161-189.

———: "Kants Rechtslehre vom Weltfrieden". *Zeitschrift für philosophische Forschung*, Bd. 37 (1983), S. 363-388.

———: "Die Grundlegung des Vernunftstaates der Freiheit durch Hobbes". *Jahrbuch für Recht und Ethik*, Bd. 5 (1997), S. 229-266.

———: *Kant und kein Ende*, Bd. 1: "Studien zur Moral-, Religions- und Geschichtsphilosophie". Würzburg: Königshausen & Neumann, 2009.

———: *Kant und kein Ende*, Bd. 2: "Studien und Rechtsphilosophie". Würzburg: Königshausen & Neumann, 2010.

———: *Kant und kein Ende*, Bd. 3: "Pax Kantiana oder Der Rechtsweg zum Weltfrieden". Würzburg: Königshausen & Neumann, 2012.

Gerhardt, Volker: "Recht und Herrschaft. Zur gesellschaftlichen Funktion des Rechts in der Philosophie Kants". *Rechtstheorie*, Bd. 12 (1981), S. 53-94.

———: "Ausübende Rechtslehre. Kants Begriff der Politik". In: Gerhard Schönrich/Yasushi Kato (Hrsg.), *Kant in der Diskussion der Moderne* (Frankfurt/M.: Suhrkamp, 1996), S. 464-488.

Gerresheim, Eduard (Hrsg.): *Immanuel Kant 1724/1974. Kant als politischer Denker*. Bonn-Bad Godesberg: Inter Nationes, 1974.

Gillespie, Norman: "Wrongful Risks and Unintended Consequences". *Jahrbuch für Recht und Ethik*, Bd. 5 (1997), S. 85-101.

Gillroy, J.M.: "Making Public Choices: Kant's Justice from Autonomy as an Alternative to Rawls' Justice as Fairness". *Kant-Studien*, 91. Jg. (2000), S. 44-72.

Golding, Martin P.: "Retroactive Legislation and Restoration of the Rule of Law". *Jahrbuch für Recht und Ethik*, Bd. 1 (1993), S. 169-192.

Gößl M.: *Untersuchungen zum Verhältnis von Recht und Sittlichkeit bei Immanuel Kant und Karl Chr. Fr. Krause*. Diss. München 1961.

Goy, Ina: "Immanuel Kant über das moralische Gefühl der Achtung". *Zeitschrift für philosophische Forschung*, Bd. 61 (2007), S. 337-360.

Gregor, Mary J.: "Kant's Conception of a 'Metaphysic of Morals'". *Philosophical Quarterly*, Vol. 10 (1960), pp. 238-251.

————: *Laws of Freedom. A Study of Kant's Method of Applying the Categorical Imperative in the "Metaphysik der Sitten"*. New York: Barnes & Noble, 1963.

————: "Kant on Obligation, Rights and Virtue". *Jahrbuch für Recht und Ethik*, Bd. 1 (1993), S. 69-102.

————: "Kant's Theory of Property". *Review of Metaphysics*, Vol. 41 (1987/1988), pp. 757-787; also in: Heiner F. Klemme/Manfred Kuehn (eds.), *Immanuel Kant* (Dartmouth: Ashgate, 1999), Vol. II: "Practical Philosophy", pp. 241-271.

————: "Leslie Mulholland on Kant's Rechtslehre". *Dialogue*, Vol. 33 (1994), pp. 693-700.

Grey, Thomas C.: "Serpents and Doves: A Note on Kantian Legal Theory". *Columbia Law Review*, Vol. 87 (1987), pp. 580-591.

Guevara, Daniel: "The Impossibility of Supererogation in Kant's Moral The-
ory". *Philosophy and Phenomenological Research*, Vol. 59, No. 3 (Sep.
1999), pp. 593-624.

Guyer, Paul: "Kantian Foundations for Liberalism". *Jahrbuch für Recht und
Ethik*, Bd. 5 (1997), S. 121-140.

————: "Life, Liberty and Property: Rawls and the Reconstruction of Kant's
Political Philosophy". In: Dieter Hüning/Burkhard Tuschling (Hrsg.),
*Recht, Staat und Völkerrecht bei Immanuel Kant* (Berlin: Duncker &
Humblot, 1998), S. 273-291.

————: *Kant on Freedom, Law, and Happiness.* Cambridge: Cambridge
University Press, 2000.

Haensel, Werner: *Kants Lehre vom Widerstandsrecht. Ein Beitrag zur Syste-
matik der Kantischen Rechtsphilosophie.* Berlin: Rolf Heise, 1926.

Hammacher, Klaus: "Über Erlaubnisgesetze und die Idee sozialer Gerechtig-
keit im Anschluß an Kant, Fichte, Jacobi und einige Zeitgenossen". In:
Klaus Hammacher/Albert Mues (Hrsg.), *Erneuerung de Transzenden-
talphilosophie in Anschluß an Kant und Fichte. Reinhard Lauth zum 60.
Geburtstag* (Stuttgart-Bad Cannstatt: Frommann- Holzboog, 1979), S.
121-141.

Hancock, Roger: "Kant and the Natural Right Theory". *Kant-Studien*, Bd. 52
(1960/1961), S. 440-447.

Haney, G.: "Recht und Moral bei Kant". *Wissenschaftliche Zeitschrift der
Universität Jena*, Bd. 24 (1975), S. 189-197.

Harbison, Warren: "Self-Improvement, Beneficence, and the Law of Nature
Formula." *Kant-Studien*, 91. Jg. (2000), S. 17-24.

Harris, N.G.E.: "Imperfect Duties and Conflicts of Will". *Kant-Studien*, 79.
Jg. (1988), S. 33-42.

Hartmann, Anja Victorine: "Der Platz des rechtlichen Postulats in der Besitz-lehre". In: Reinhard Brandt/Werner Stark（Hg.）, *Kant-Forschungen*, Bd. 5（Hamburg: Felix Meiner, 1994）, S. 109-120.

Hayward, Tim: "Kant and the Moral Considerability of Non-Rational Be-ings". In: Robin Attfield/Andrew Belsey（eds.）, *Philosophy and Natu-ral Environment*（Cambridge: Cambridge University Press, 1994）, pp. 129-142.

Herb, Karlfriedrich/Ludwig, Bernd: "Naturzustand, Eigentum und Staat. Im-manuel Kants Relativierung des 'Ideal des Hobbes'". *Kant-Studien*, 84. Jg.（1993）, S. 283-316.

Herman, Barbara: "Mutual Aid and Respect for Persons". *Ethics*, Vol. 94（1983/1984）, pp. 577-602; also in: Ruth F. Chadwick（ed.）, *Immanuel Kant: Critical Assessments*（London: Routledge, 1992）, Vol. III: "Kant's Moral and Poltitical Philosophy", pp. 116-143.

Hespe, Franz: "Der Gesellschaftsvertrag: Rechtliches Gebot oder Rationale Wahl". In: Dieter Hüning/Burkhard Tuschling(Hrsg.), *Recht, Staat und Völkerrecht bei Immanuel Kant*（Berlin: Duncker & Humblot, 1998）, S. 293-320.

————: "Rechtsbegründung und Sicherung des Meinen nach Kants *Einlei-tung der Rechtslehre*". In: Stefano Bacin u.a.（Hg.）, *Kant und die Phi-losophie in weltbürgerlicher Absicht. Akten des XI. Kant-Kongresses 2010*（Berlin: Walter de Gruyter, 2013）, Bd. 3, S. 809-823.

Heubült, Willem: *Die Gewissenslehre Kants in ihrer Endform von 1797. Eine Anthroponomie*. Bonn: Bouvier, 1980.

Heyd, David: "Beyond the Call of Duty in Kant's Ethics". *Kant-Studien*, 71. Jg.（1980）, S. 308-324.

————: "Moral and Legal Luck. Kant's Reconciliation with Practical Contingency". *Jahrbuch für Recht und Ethik*, Bd. 5 (1997), S. 27-42.

Hill, Jr., Thomas E.: "Kant on Imperfect Duty and Supererogation". *Kant-Studien*, Bd. 62 (1971), S. 55-76.

————: "Kant on Punishment: A Coherent Mix of Deterrence and Retribution?" *Jahrbuch für Recht und Ethik*, Bd. 5 (1997), S. 291-314.

————: "Happiness and Human Flourishing in Kant's Ethics". *Social Philosophy and Policy*, Vol. 16 (1999), pp. 143-175.

———— (ed.): *The Blackwell Guide to Kant's Ethics*. West Sussex: Wiley-Blackwell 2009.

Hinske, Norbert: "Staatszweck und Freiheitsrechte. Kants Plädoyer für den Rechtsstaat". In: Günter Birtsch (Hrsg.), *Grund- und Freiheitsrechte vom der ständischen zur spätbürgerlichen Gesellschaft* (Göttingen: Vandenhoeck & Ruprecht, 1987), S. 375-391.

Hochberg, Gary M.: "The Concept of 'Possible World' and Kant's Distinction between Perfect and Imperfect Duties". *Philosophical Studies*, Vol. 26, No. 3 (Nov. 1974), pp. 255-262.

Hodgson, Louis-Philippe: "Needs and External Freedom in Kant's *Doctrine of Right*". In: Stefano Bacin u.a. (Hrsg.), *Kant und die Philosophie in weltbürgerlicher Absicht. Akten des XI. Kant- Kongresses 2010* (Berlin: Walter de Gruyter, 2013), Bd. 3, S. 825-833.

Hoesch, Matthias: "Pflichten gegen sich selbst und die Frage nach dem guten Leben". In: Matthias Hoesch u.a. (Hrsg.), *Glück –Werte – Sinn. Metaethische, ethische und theologische Zugänge zur Frage nach dem guten Leben* (Berlin: Walter de Gruyter, 2013), S. 219-241.

Höffe, Otfried: "Recht und Moral: Ein kantischer Problemaufriss". *Neue Hefte für Philosophie*, Heft 17 (1979), S. 1-36.

————: "Kants Begründung des Rechtszwangs und der Kriminalstrafe". In: Reinhard Brandt (Hrsg.), *Rechtsphilosophie der Aufklärung. Symposium Wolfenbüttel 1981*. (Berlin: Walter de Gruyter, 1982), S. 335-375.

————: "Kant's Principle of Justice as Categorical Imperative of Law". In: Y. Yovel (ed.), *Kant's Practical Philosophy Reconsidered* (Dordrecht: Kluwer, 1989), pp. 149-167.

————: *Ethik und Politik. Grundmodelle und -probleme der praktischen Philosophie*. Frankfurt/M.: Suhrkamp, 1992.

————: *Kategorische Rechtsprinzipien. Ein Kontrapunkt der Moderne*. Frankfurt/M.: Suhrkamp, 1994.

————: "Kant als Theoretiker der internationalen Rechtsgemeinschaft". In: Gerhard Schönrich/Yasushi Kato (Hrsg.), *Kant in der Diskussion der Moderne* (Frankfurt/M.: Suhrkamp, 1996), S. 489-505; auch in: Dieter Hüning & Burkhard Tuschling (Hrsg.), *Recht, Staat und Völkerrecht bei Immanuel Kant* (Berlin: Duncker & Humblot, 1998), S. 233-246.

———— (Hrsg.): *Immanuel Kant: Metaphysische Anfangsgründe der Rechtslehre*. Berlin: Akademie Verlag, 1999.

————: *Kant's Cosmopolitan Theory of Law and Peace*. Translated by Alexandra Newton, Cambridge: Cambridge University Press, 2006.

————: "Anthropology and Metaphysics in Kant's Categorical Imperative of Law: An Interpretation of *Rechtslehre*, §§ B&C". In: Mark Timmons/Sorin Baiasu (eds.): *Kant on Practical Justification: Interpretive Essays* (Oxford: Oxford University Press, 2013), pp. 110-124.

Hoesch, Matthias: "Lässt Kants Völkerbund als Mitgliedsstaaten nur Republiken zu?". *Kant-Studien*, 103. Jg. (2012), S. 114-125.

Hoffmeister, Johannes: *Die Problematik des Völkerbundes bei Kant und Hegel*. Tübingen: J.C.B. Mohr, 1934.

Hofmann, Hasso: "Zur Lehre vom Naturzustand in der Rechtsphilosophie der Auflkärung". In: Reinhard Brandt (Hrsg.), *Rechtsphilosophie der Aufklärung. Symposium Wolfenbüttel 1981* (Berlin: Walter de Gruyter, 1982), S. 12-46.

Holtman, Sarah Williams: "A Kantian Approach to Prison Reform". *Jahrbuch für Recht und Ethik*, Bd. 5 (1997), S. 315-331.

Hölzing, Philipp: "Von Kant zu Schlegel. Georg Forsters Republikanismus". *Archiv für Rechts- und Sozialphilosophie*, Bd. 99 (2013), S. 29-41.

Honig, Bonnie: "Kant and the Concept of Respect for Persons". In: idem, *Political Theory and the Displacement of Politics* (Ithaca: Cornell University Press, 1993), pp. 18-41.

Horn, Adam: *Immanuel Kants ethisch-rechtliche Eheauffassung*. Würzburg: Königshausen & Neumann, 1991.

Hruschka, Joachim: "Rechtsstaat, Freiheitsrecht und das 'Recht auf Achtung von seinen Nebenmenschen'". *Jahrbuch für Recht und Ethik*, Bd. 1 (1993), S. 193-206.

————: "Existimatio: Unbescholtenheit und Achtung vor dem Nebenmenschen bei Kant und in der Kant vorangehenden Naturrechtslehre". *Jahrbuch für Recht und Ethik*, Bd. 8 (2000), S. 181-195.

————: "The Permissive Law of Practical Reason in Kant's *Metaphysics of Morals*". *Law and Philosophy*, Vol. 23 (2004), pp. 45-72.

Hudson, Hud: "Wille, Willkür, and the Imputability of Immoral Action". *Kant-Studien*, 82. Jg. (1991), S. 179-196.

Hüning, Dieter: "Von der Tugend der Gerechtigkeit zum Begriff der Rechts-

ordnung: Zur rechtsphilosophischen Bedeutung des suum cuique tribu-
ere bei Hobbes und Kant". In: Dieter Hüning/Burkhard Tuschling
(Hrsg.), *Recht, Staat und Völkerrecht bei Immanuel Kant* (Berlin:
Duncker & Humblot, 1998), S. 53-84.

————: "Unrechtmäßiger Geisteszwang oder zulässiges Erpressungsmittel
der Wahrheit. Die Rolle des Eides in Kants Rechtslehre". In: Peter Fried-
rich/Manfred Schneider (Hrsg.), *Fatale Sprachen. Fluch und Eid in Li-
teratur- und Rechtsgeschichte* (München: Fink, 2009), S. 227-251.

————: "Kant's Theory of Criminal Law and the jus talionis". *Estudos
Kanianos*, Vol. 1, No. 1 (2013), pp. 139-162.

Hüning, Dieter/Tuschling, Burkhard (Hrsg.): *Recht, Staat und Völkerrecht
bei Immanuel Kant*. Berlin: Duncker & Humblot, 1998.

Ilting, Karl-Heinz: "Gibt es eine kritische Ethik und Rechtsphilosophie
Kants?". *Archiv für Geschichte der Philosophie*, Bd. 63 (1981), S. 325-
345.

Jacobsen, Morgens Chrom: "Über das Verhältnis zwischen Immanuel Kants
Rechts- und Moralphilosophie". *Danish Yearbook of Philosophy*, Vol.
27 (1992), pp. 72-92.

Jakl, Bernd: *Recht aus Freiheit. Die Gegenüberstellung der rechtstheoretischen
Ansätze der Wertungsjurisprudenz und des Liberalismus mit der kriti-
schen Rechtsphilosophie Kants*. Berlin: Ducker & Humblot, 2009.

James, David N.: " Suicide and Stoic Ethics in the Doctrine of Virtue". *Kant-
Studien*, 90. Jg. (1999), S. 40-58.

Joerden, Jan C.: "Das Prinzip der Gewaltenteilung als Bedingung der Mög-
lichkeit eines freiheitlichen Staatswesens". *Jahrbuch für Recht und
Ethik*, Bd. 1 (1993), S. 207-220.

————: "Der Widerstreit zweier Gründe der Verbindlichkeit. Konsequenzen einer These Kants für die strafrechtliche Lehre von der 'Pflichtenkollision'". *Jahrbuch für Recht und Ethik*, Bd. 5 (1997), S. 43-52.

————: "Kants Lehre von der 'Rechtspflicht gegen sich selbst' und ihre möglichen Konsequenzen für das Strafrecht". In: Heiner F. Klemme (Hrsg.), *Kant und die Zukunft der europäischen Aufklärung* (Berlin: Walter de Gruyter, 2009), S. 448-468.

Johnson, Robert N.: "Kant's Concept of Virtue". *Jahrbuch für Recht und Ethik*, Bd. 5 (1997), S. 365-387.

————: *Self-Improvement: An Essay in Kantian Ethics*. Oxford: Oxford University Press, 2011.

Jost, Lawrence (ed.): *Perfecting Virtue: New Essays on Kantian Ethics and Virtue Ethics*. Cambridge: Cambridge University Press, 2011.

Ju, Gau-Jeng 朱高正: *Kants Lehre vom Menschenrecht und von den staatbürgerlichen Grundrechten*. Würzburg: Königshausen & Neumann, 1990.

Kaehler, Klaus E.: "Die Asymmetrie von apriorischen Rechtslehre und positivem Recht bei Kant". *Jahrbuch für Recht und Ethik*, Bd. 1 (1993), S. 103-112.

Kahn, Samuel: "The Interconnection between Willing and Believing for Kant's and Kantian Ethics". *International Philosophical Quarterly*, Vol. 54, No. 2, Issue 214 (June 2014), pp. 143-157.

Kalścheuer, Fiete: *Autonomie als Grund und Grenze des Rechts. Das Verhältnis zwischen dem kategorischen Imperativ und dem allgemeinen Rechtsgesetz Kants*. Berlin: Walter de Gruyter, 2014.

Kalścheuer, Fiete: "Kants Theorie der Abwägung". *Archiv für Rechts- und Sozialphilosophie*, Bd. 99 (2013), S. 499-505.

Kaufmann, Matthias: "The Relation between Right and Coercion: Analytic or Synthetic?". *Jahrbuch für Recht und Ethik*, Bd. 5 (1997), S. 73-84.

Kaulbach, Friedrich: "Moral und Recht in der Philosophie Kants". In: Jürgen Blühdorn/Joachim Ritter (Hrsg.), *Recht und Ethik. Zu ihrer Beziehung im 19. Jahrhundert* (Frankfurt/M.: Klostermann, 1970), S. 43-58.

————: "Naturrecht und Erfahrungsbegriff im Zeichen der Anwendung der kantischen Rechtsphilosophie; darstellt an den Thesen P.J.A. Feuerbach". In: Manfred Riedel (Hrsg.), *Rehabilitierung der praktischen Philosophie*, Bd. 1 (Freiburg i. Br.: Rombach, 1972), S. 297-321.

————: "Der Begriff der Freiheit in Kants Rechtsphilosophie". *Philosophische Perspektiven*, Bd. 5 (1973), S. 78-91.

————: *Studien zur späten Rechtsphilosophie Kants und ihrer transzendentalen Methode*. Würzburg: Königshausen & Neumann, 1982.

————: "Perspektivismus und Rechtsprinzip in Kants Kritik der reinen Vernunft". *Allgemeine Zeitschrift für Philosophie*, Bd. 10 (1985), Heft 2, S. 21-35.

Kelly, Geroge Amstrong: "The Structure and Spirit of Legality in Kant". *The Journal of Politics*, Vol. 31 (1969), pp. 513-527.

Kerstein, Samuel J.: "The Kantian Moral Worth of Actions Contrary to Duty". *Zeitschrift für Philosophische Forschung*, Bd. 53 (1999), S. 530-552.

————: "Kantian Condemnation of Commerce in Organs". *Kennedy Institute of Ethics Journal* (Baltimore), Vol. 19 (2009), No. 2, pp. 147-169.

Kersting, Wolfgang: "Das starke Gesetz der Schuldigkeit und das schwächere der Gütigkeit. Kant und die Pflichtenlehre des 18. Jahrhunderts". *Studia Leibnitiana*, Bd. 14 (1982), S. 184-219.

————: "Sittengesetz und Rechtsgesetz –Die Begründung des Rechts bei Kant und den frühen Kantianer". In: Reinhard Brandt (Hrsg.), *Rechtsphilosophie der Aufklärung. Symposium Wolfenbüttel 1981* (Berlin: Waler de Gruyter, 1982), S. 148-177.

————: "Neuere Interpretationen der Kantischen Rechtsphilosophie". *Zeitschrift für philosophische Forschung*, Bd. 37 (1983), S. 282-298.

————: "Der kategorische Imperativ, die vollkommenen und die unvollkommenen Pflichten". *Zeitschrift für philosophische Forschung*, Bd. 37 (1983), S. 404-421.

————: *Wohlgeordnete Freiheit. Immanuel Kants Rechts- und Staatsphilosophie*. Berlin: Walter de Gruyter, 1984.

————: "Rezension von Immanuel Kant: *Metaphysische Anfangsgründe der Rechtslehre*. Neu hrsg. von Bernd Ludwig, Hamburg: Meiner 1986". *Archiv für Geschichte der Philosophie*, Bd. 71 (1989), S. 100-102.

————: "Ist Kants Rechtsphilosophie aporetisch? Zu Hans-Georg Deggaus Darstellung der Rechtslehre Kants". *Kant-Studien*, 77. Jg. (1986), S. 241-251.

————: "Die verbindlichkeitstheoretischen Argumente der Kantischen Rechtsphilosophie". In: Ralf Dreier (Hrsg.), *Rechtspositivismus und Wertbezug des Rechts* (Stuttgart: Franz Steiner, 1990), S. 62-74.

————: "Die juridische Gesetzgebung der Vernunft". In: Gerhard Funke/Thomas M. Seebohm (ed.): *Proceedings of the Sixth International Kant Congress* (Washington, D.C.: University Press of America, 1991), Vol. II/2, pp. 253-266.

————: "Politics, Freedom, and Order: Kant's Political Philosophy". In: Paul Guyer (ed.): *The Cambridge Companion to Kant* (Cambridge: Cambridge University Press, 1992), pp. 342-366.

————: "Transzendentalphilosophische Eigentumsbegründung". In: ders., *Recht, Gerechtigkeit und demokratische Tugend. Abhandlungen zur praktischen Philosophie der Gegenwart* (Frankfurt/M.: Suhrkamp, 1997), S. 41-73.

————: "Der Geltungsgrund von Moral und Recht bei Kant". In: ders., *Politik und Recht. Abhandlungen zur politischen Philosophie der Gegenwart und zur neuzeitlichen Rechtsphilosophie* (Weilerswist: Velbrück Wissenschaft, 2000), S. 304-333.

Kiefner, Hans: "§39 der Metaphysischen Anfangsgründe der Rechtslehre Kants". In: Michael Stolleis (Hg.), *Die Bedeutung der Wörter. Studien zur europäischen Rechtsgeschichte: Festschrift für Sten Gagner zum 70. Geburtstag* (München:C.H. Beck, 1991), S. 133-153.

Kiehl, Betty: "The One Innate Right". *Jahrbuch für Recht und Ethik*, Bd. 5 (1997), S. 195-204.

Kim, Soo Bae: "The Formation of Kant's Casuistry and Method Problems of Applied Ethics". *Kant-Studien*, 100. Jg. (2009), S. 332-345.

Klein, Hans-Dieter: "Versuch einer Theorie des Rechts im Ausgang von Kant". In: Dieter Hüning/Burkhard Tuschling (Hrsg.), *Recht, Staat und Völkerrecht bei Immanuel Kant* (Berlin: Duncker & Humblot, 1998), S. 321-332.

Kleingeld, Pauline: "Kants politischer Kosmopolismus". *Jahrbuch für Recht und Ethik*, Bd. 5 (1997), S. 333-348.

————: "Kantian Patrotism". *Philosophy & Public Affairs*, Vol. 29, No. 4 (Autumn 2000), pp. 313-341.

————: "Kant's Theory of Peace". In: Paul Guyer (ed.), *The Cambridge Companion to Kant and Modern Philosophy* (Cambridge: Cambridge University Press, 2006), pp. 477-504.

————: *Kant and Cosmopolitanism: The Philosophical Ideal of World Citizenship*. Cambridge: Cambridge University Press, 2012.

Klenner, Hermann: "Zur Rechtslehre der reinen Vernunft". In: Manfred Buhr/Theodor I. Oisermann (Hrsg.), *Revolution der Denkart oder Denkart der Revolution. Beiträge zur Philosophie Immanuel Kants* (Berlin: Akademie-Verlag, 1976), S. 162-177.

Knappik, Franz/Mayr, Erasmus: "Gewissen und Gewissenhaftigkeit beim späten Kant". In: Stefano Bacin u.a. (Hg.), *Kant und die Philosophie in weltbürgerlicher Absicht. Akten des XI. Kant-Kongresses 2010* (Berlin: Walter de Gruyter, 2013), Bd. 3, S. 329-341.

Kneller, Jane: "Kant on Sex and Marriage Right". In: Paul Guyer (ed.), *The Cambridge Companion to Kant and Modern Philosophy* (Cambridge: Cambridge University Press, 2006), pp. 447-476.

König, Siegfried: *Zur Begründung der Menschenrechte: Hobbes – Locke – Kant*. Freiburg i. Br.: Karl Alber, 1994.

Kopper, Joachim: "Von dem auf dingliche Art persönlichen Recht". *Kant-Studien*, Bd. 52 (1960/61), S. 283-294.

Korsgaard, Christine M.: "Taking the Law into Our Hands: Kant on the Right to Revolution". In: Andrews Reath et al. (eds.), *Reclaiming the History of Ethics: Essays for John Rawls* (Cambridge: Cambridge University Press, 1997), pp. 297-328.

Kretschmann, Philip M.: "An Exposition of Kant's Philosophy of Law". In: George Tapley Whitney/David F. Bowers (eds.), *The Heritage of Kant* (New York: Russell & Russell, 1962), pp. 243-276.

Kühl, Kristian: *Eigentumsordnung als Freiheitsordnung. Zur Aktualität der Kantischen Rechts- und Eigentumslehre*. Freiburg i. Br.: Karl Alber, 1984.

————: "Die Bedeutung der Kantischen Unterscheidungen von Legalität und Moralität sowie von Rechtspflichten und Tugendpflichten für das Strafrecht – ein Problemaufriß". In: Heike Jung u.a. (Hrsg.): *Recht und Moral. Beitrage zu einer Standortbestimmung* (Baden-Baden: Nomos, 1991), S. 139-176.

————: "Naturrecht und positives Recht in Kants Rechtsphilosophie". In: Ralf Dreier (Hrsg.), *Rechtspositivismus und Wertbezug des Rechts* (Stuttgart: Franz Steiner, 1990), S. 75-93.

————: "Rehabilitierung und Aktualisierung des kantischen Vernunftrechts. Die westdeutsche Debatte um die Rechtsphilosophie Kants in den letzten Jahrzehenten". In: Robert Alexy u.a. (Hrsg.): *Rechts- und Sozialphilosophie in Deutschland heute: Beiträge zur Standortbestimmung* (Stuttgart: Franz Steiner Verlag, 1991), S. 212-221.

————: "Die Bedeutung der Kantischen Unterscheidungen von Legalität und Moralität sowie von Rechtspflichten und Tugendpflichten für das Strafrecht – ein Problemaufriß". In: Heike Jung u.a. (Hrsg.), *Recht und Moral. Beiträge zu einer Standortbestimmung* (Baden-Baden: Nomos, 1991), S.139-176.

————: "On How to Acquire Something External, and Especially on the Right to Things (A Commentary on the *Metaphysics of Morals* §§ 10-17)". In: Karl Ameriks/Otfried Höffe (eds.), *Kant's Moral and Legal Philosophy* (Cambridge: Cambridge University Press, 2009), pp. 231-245.

Küsters, Gerd-Walter: "Recht und Vernunft: Bedeutung und Problem von Recht und Rechtsphilosophie bei Kant – Zur jüngeren Interpretations geschichte der Rechtsphilosophie Kants". *Philosophische Rundschau*, 30. Jg. (1983), S. 209-239.

————: *Kants Rechtsphilosophie*. Darmstadt: Wissenschaftliche Buch-gesellschaft, 1988.

————: "Rezension zu Immanuel Kant, Rechtslehre. Schriften zur Rechts-philosophie. Herausgegeben und eingeleitet von Hermann Klenner". *Kant-Studien*, 80. Jg. (1989), S. 483-484.

Kulenkampff, Jens: "Moralisches Gefühl oder moral sense: Wie berechtigt ist Kants Kritik?". *Jahrbuch für Recht und Recht*, Bd. 12 (2004), S. 233-251.

Kuster, Friederike: "Verdinglichung und Menschenwürde. Kants Eherecht und das Recht der häuslichen Gemeinschaft". *Kant-Studien*, 102. Jg. (2011), S. 335-349.

Landwehr, Götz (Hrsg.): *Freiheit, Gleichheit, Selbständigkeit. Zur Aktuali-tät der Rechtsphilosophie Kants für die Gerechtigkeit in der modernen Gesellschaft*. Göttingen: Vandenhoeck & Ruprecht, 1999.

Langer, Claudia: *Reform nach Prinzipien. Untersuchungen zur politischen Theorie Immanuel Kants*. Stuttgart: Kletta-Cotta, 1986.

Lege, Joachim: "Der Kategorische Imperativ im Lichte der Jurisprudenz. Kants *Grundlegung zur Metaphysik der Sitten* und die Autonomie des Rechts". In: Hans-Ulrich Baumgarten/Carsten Held (Hrsg.), *Systemati-sche Ethik mit Kant* (Freiburg i. Br.: Karl Alber, 2001), S. 262-285.

Lehmann, Gerhard: "Kants Besitzlehre". In: ders., *Beiträge zur Geschichte und Interpretation der Philosophie Kants* (Berlin: Walter de Gruyter, 1969), S. 195-218.

Lisser, Kurt: *Der Begriff des Rechts bei Kant. Mit einem Anhang über Cohen und Görland*. Berlin: Reuther & Reichard, 1922.

Losurdo, Domenico: *Immanuel Kant. Freiheit, Recht und Revolution*. Köln: Pahl-Rugenstein, 1987.

Louden, Robert R.: "Kant's Virtue Ethics". *Philosophy*, Vol. 61 (1986), pp. 473-489; also in: Ruth F. Chadwick (ed.), *Immanuel Kant: Critical Assessments* (London: Routledge, 1992), pp. 330-345; Heiner F. Klemme/Manfred Kuehn (eds.), *Immanuel Kant* (Dartmouth: Ashgate, 1999), Vol. II: "Practical Philosophy", pp. 191-207; Robert B. Louden: *Kant's Human Being: Essays on His Theory of Human Nature* (New York: Oxford University Press, 2011), pp. 3-15.

————: "Review of 'Kant's Metaphysics of Morals: Interpretative Essays' (by Mark Timmons)". *Mind*, New Series, Vol. 112, No. 448 (Oct. 2003), pp. 802-805.

————: "Moralische Stärke: Tugend als eine Pflicht gegen sich selbst". In: Heiner F. Klemme u.a. (Hrsg.), *Moralische Motivation. Kant und die Alternativen* (Hamburg: Felix Meiner, 2006), S. 79-95.

————: *Kant's Human Being : Essays on His Theory of Human Nature*. New York: Oxford University Press, 2011.

Lucas, Jr., George R.: "Agency after Virtue". *International Philosophical Quarterly*, Vol.28, No. 3, Issue 111 (Sep. 1988), S. 293-311.

Ludwig, Bernd: "Der Platz des rechtlichen Postulats der praktischen Vernunft innerhalb der Paragraphen 1-6 der kantischen Rechtslehre". In: Reinhard Brandt (Hrsg.), *Rechtsphilosophie der Aufklärung. Symposium Wolfenbüttel 1981* (Berlin: Walter de Gruyter, 1982), S. 218-232.

————: "'The Right of a State' in Immanuel Kant's Doctrine of Right". *Journal of the History of Philosophy*, Vol. 28 (1990), pp. 403-415.

————: "Kants Verabschiedung der Vertragstheorie - Konsequenzen für eine Theorie sozialer Gerechtigkeit". *Jahrbuch für Recht und Ethik*, Bd. 1 (1993), S. 221-254.

————: "Postulat, Deduktion und Abstraktion in Kants Lehre vom intelligibelen Besitz". *Archiv für Rechts- und Sozialphilosophie*, Bd. 82 (1996), S. 250-269.

————: "Die 'praktische Vernunft' – ein hölzernes Eisen? Zum Verhältnis von Voluntarismus und Ratinalismus in Kants Moralphilosophie". *Jahrbuch für Recht und Ethik*, Bd. 5 (1997), S. 9-25.

————: "Commentary on Kant's Treatment of Constitutional Right (*Metaphysics of Morals* II: General Remark A; §§ 51-52 Appendix)". In: Karl Ameriks/Otfried Höffe (eds.), *Kant's Moral and Legal Philosophy* (Cambridge: Cambridge University Press, 2009), pp. 265-283.

Ludwig, Ralf: *Kategorischer Imperativ und Metaphysik der Sitten. Die Frage nach der Einheitlichkeit von Kants Ethik.* Frankfurt/M.: Peter Lang, 1992.

Lübbe-Wolf, Gertrude: "Begründungsmethoden in Kants Rechtslehre, untersucht am Beispiel des Vertragsrechts". In: Reinhard Brandt (Hrsg.), *Rechtsphilosophie der Aufklärung. Symposium Wolfenbüttel 1981* (Berlin: Walter de Gruyter, 1982), S. 286-310.

Luf, Gerhard: *Freiheit und Gleichheit. Die Aktualität im politischen Denken Kants.* Wien: Springer, 1978.

Mahon, James Edwin: "Kant and the Perfect Duty to Others Not to Lie". *British Journal for the History of Philosophy*, Vol. 14 (2006), pp. 653-685.

Marcucci, Silvestro: "'Moral Freiendship' in Kant". *Kant-Studien*, 90. Jg. (1999), S. 434-441.

Marthaler, Ingo: *Bewusstes Leben. Moral und Glück bei Immanuel Kant.* Berlin: Walter de Gruyter, 2014.

Matson, Wallace I.: "Kant as Casuist". *The Journal of Philosophy*, Vol. 51

(1954), pp. 848-855; also in: Robert Paul Wolff (ed.), *Kant. A Collection of Critical Essays* (Notre Dame/Indiana: University of Notre Dame Press, 1967), pp. 331-336.

Maus, Ingeborg: *Zur Aufklärung der Demokratietheorie. Rechts- und demokratietheoretische Überlegungen im Anschluß an Kant.* Frankfurt/ M.: Suhrkamp, 1994.

Mauthner, Thomas: "Kant's Metaphysics of Morals: A Note on the Text". *Kant-Studien*, 72. Jg. (1981), S. 356-359.

May, Stefan: *Kants Theorie des Staatsrechts zwischen dem Ideal des Hobbes und dem Bürgerbund Rousseaus.* Frankfut/M.: Peter Lang, 2002.

Maryhofer, Heinrich: *Die Tugendlehre in Kants Metaphysik der Sitten und ihr Verhältnis zur Kritik der praktischen Vernunft.* Diss. Wien 1974.

Mertens, Thomas: "War and International Order in Kant's Legal Thought". *Ratio Juris*, Vol. 8 (1995), pp. 296-314.

Metzger, Wilhelm: *Gesellschaft, Recht und Staat in der Ethik des deutschen Idealismus.* Hrsg. von Ernst Bergmann, Aalen: Scientia Verlag, 1966.

Mohr, Georg: "nur weil er verbrochen hat – Menschenwürde und Vergeltung in Kants Strafrechtsphilosophie". In: Heiner F. Klemme (Hrsg.), *Kant und die Zukunft der europäischen Aufklärung* (Berlin: de Gruyter, 2009), S. 469-499.

Mosazebi, Reza: "Die Antinomie des § 3 der *Tugendlehre*". In: Stefano Bacin u.a. (Hg.), *Kant und die Philosophie in weltbürgerlicher Absicht. Akten des XI. Kant-Kongresses 2010* (Berlin: Walter de Gruyter, 2013), Bd. 3, S. 443-455.

————: *Das Minimum der reinen praktischen Vernunft. Vom kategorischen Imperativ zum allgemeinen Rechtsprinzip bei Kant.* Berlin: Walter de Gruyter, 2013

Mulholland, Leslie A.: *Kant's System of Rights*. New York: Columbia University Press, 1990.

————: "The Difference between Private and Public Law". *Jahrbuch für Recht und Ethik*, Bd. 1 (1993), S.113-158.

Müller, Andreas: *Das Verhältnis von rechtlicher Freiheit und sittlicher Autonomie in Kants Metaphysik der Sitten*. Frankfurt/M.: Peter Lang, 1996.

Müller, Johannes: *Kantisches Staatsdenken und der Preußische Staat*. Kitzingen/M.: Holzner, 1954.

Murphy, Jeffrie G.: "Does Kant Have a Theory of Punishment?". *Columbia Law Review*, Vol. 87 (1987), pp. 509-532.

————: *Kant: The Philosophy of Right*. Macon: Mercer University Press, 1994.

Navneet, Rekha: "Abstract Universality and Ethics of Duty vs. Limited Universality and Ethics of Care". *The Journal of Indian Council of Philosophical Research* (New Delhi), Vol. 26 (2009), pp. 91-103.

Nelson, Thomas: "The Highest Good and the Happiness of Others". *Jahrbuch für Recht und Ethik*, Bd. 5 (1997), S. 419-435.

Nenon, Thomas: "Freedom, Responsibility, Character: Some Reflections on Kant's Notion of the Person". *Jahrbuch für Recht und Ethik*, Bd. 1 (1993), S. 159-168.

Nicholson, Peter: "Kant on the Duty Never to Resist the Sovereign". *Ethics*, Vol. 86, No. 3 (April 1976), pp. 214-230.

Nicolaus, Helmut: "Freiheitsgesetzlichkeit versus Sozialbindung. Sozialistische Rezeptionen des Kantischen Eigentumsrechts". *Archiv für Rechts- und Sozialphilosophie*, Bd. 82 (1996), S. 222-237.

Nowell-Smith, Patrick: "Utilitarianism and Treating Others as Ends". *Nous*, Vol. 1, No. 1 (March 1967), pp. 81-90.

Oberer, Hariof: "Über einige Begründungsaspekte der Kantischen Straf-rechtslehre". In: Reinhard Brandt (Hrsg.), *Rechtsphilosophie der Auf-klärung. Symposium Wolfenbüttel 1981* (Berlin: Walter de Gruyter, 1982), S. 399-423.

───: "Ist Kants Rechtsphilosophie Kritische Philosophie?". *Kant-Studien*, 74. Jg. (1983), S. 217-224.

─── (Hrsg.): *Kant und das Recht der Lüge*. Würzburg: Königshausen & Neumann, 1986.

───: "Sittengesetz und Rechtsgesetze a priori". In: ders. (Hrsg.), *Kant. Analysen – Probleme – Kritik*, Bd. 3 (Würzburg: Königshausen & Neumann, 1997), S. 157-200.

───: "Honeste vive. Zu Immanuel Kant, Die Metaphysik der Sitten, AA06, 236. 20-30". In: Sabine Doyé et al (Hrsg.), *Metaphysik und Kritik. Fest-schrift für Manfred Baum zum 65. Geburtstag* (Berlin: Walter de Gruy-ter, 2004), S. 203-213.

O'Hagen, Emer: "Animals, Agency, and Obligation in Kantian Ethics". *Social Theory and Practice*, Vol. 35 (2009), pp. 531-554.

O'Neill, Onora S.: "Kant after Virtue". *Inquiry*, Vol. 26 (1983), pp. 387-405.

───: "Kant's Virtues". In: Roger Crisp (ed.), *How Should One Live? Es-says on the Virtues* (Oxford: Oxford University Press, 1996 ), pp. 77-97.

Paton, Herbert James: "Conscience and Kant". *Kant-Studien*, 70. Jg. (1979), S. 239-251.

Pfordten, Dietmar von der: "Kants Rechtsbegriff". *Kant-Studien*, 98. Jg. (2007), S. 431-442.

───: *Menschenwürde, Recht und Staat bei Kant. Fünf Untersuchungen*. Paderborn: Mentis, 2009.

Picht, Georg: "Kants transzendentale Grundlegung des Völkerrechts". In: *Aufrisse. Almanach des Ernst Klett-Verlages 1946-1971* (Stuttgart: Klett Verlag, 1971), S. 223-279.

Pippin, Robert B.: "On the Moral Foundations of Kant's Rechtslehre". In: Richard Kennington (ed.), *The Philosophy of Immanuel Kant* (Washington, D.C.: Catholic University of America Press, 1985), pp. 107-142.

———: "Mine and Thine? The Kantian State". In: Paul Guyer (ed.), *The Cambridge Companion to Kant and Modern Philosophy* (Cambridge: Cambridge University Press, 2006), pp. 416-446.

Pogge, Thomas W.: "The Kantian Interpretation of Justice as Fairness". *Philosophische Forschung*, Vol. 35, No. 1 (Jan. 1981), pp. 47-65.

———: "Kant's Theory of Justice". *Kant-Studien*, 79. Jg. (1988), S. 407-433.

———: "Kant on Ends and the Meaning of Life". In: Andrews Reath et al. (eds.), *Reclaiming the History of Ethics: Essays for John Rawls* (Cambridge: Cambridge University Press, 1997), pp. 361-387.

———: "Is Kant's *Rechtslehre* Comprehensive?". *Southern Journal of Philosophy*, Vol. 36 (1998), Supplement: "Kant's Metaphysics of Morals", pp. 161-187.

———: "Kant's Vision of a Just World Order". In: Thomas E. Hill, Jr. (ed.): *The Blackwell Guide to Kant's Ethics* (West Sussex: Wiley-Blackwell, 2009), pp. 196-208.

Potter, Nelson: "Kant on Ends That Are at the Same Time Duties". *Pacific Philosophical Quarterly*, Vol. 66 (1985), pp. 78-92; also in: Ruth F. Chadwick (ed.), *Immanuel Kant: Critical Assessments* (London: Routledge, 1992), pp. 100-115; Heiner F. Klemme/Manfred Kuehn (eds.),

*Immanuel Kant* (Dartmouth: Ashgate, 1999), Vol. II: "Practical Philosophy", pp. 209-223.

———: "The Synthetic a priori Proposition of Kant's Ethical Philosophy". *Jahrbuch für Recht und Ethik*, Bd. 5 (1997), S. 437-459.

———: "Kant on Punishment". In: Thomas E. Hill, Jr. (ed.), *The Blackwell Guide to Kant's Ethics* (West Sussex: Wiley-Blackwell, 2009), pp. 179-195.

———: "Supererogation and Overdetermination in Kant's Ethics: Analysis and Interpretation at Their Best in Baron". *Jahrbuch für Recht und Ethik*, Bd. 5 (1997), S. 489-496.

Prauss, Gerold: *Kant über Freiheit als Autonomie*. Frankfurt/M.: Klostermann, 1983.

———: *Moral und Recht im Staat nach Kant und Hegel*. Freiburg i. Br.: Karl Alber, 2008.

Primorac, Igor: "Kant und Beccaria". *Kant-Studien*, Bd. 69 (1978), S. 403-421.

———: "On 'Partial Retributivism'". *Archiv für Rechts- und Sozialphilosophie*, Bd. 71 (1985), S. 373-377.

Prusak, Bernard G.: "Whither the 'Offices of Nature'? Kant and the Obligation to Love". *Proceedings of the American Catholic Association*, Vol. 83 (2009), pp. 113-128.

Psychopedis, Kosmas: *Untersuchungen zur politischen Theorie von Immanuel Kant*. Göttingen: Otto Schwartz, 1980.

Rainbolt, George: "Perfect and Imperfect Obligations". *Philosophical Studies*, Vol. 98, No. 3 (April 2000), pp. 233-256.

Reath, Andrews: "Self-Legislation and Duties to Oneself". *The Southern Journal of Philosophy*, Vol. 36, No. 5 (Jan. 1998), pp. 103-124; also in:

idem, *Agency and Autonomy in Kant's Moral Theory* (Oxford: Oxford University Press, 2006), pp. 231-249.

————: "Agency and the Imputation of Consequences in Kant's Ethics". In: idem, *Agency and Autonomy in Kant's Moral Theory* (Oxford: Oxford University Press, 2006), pp. 250-269.

Reich, Klaus: *Kant und die Ethik der Griechen*. Tübingen: J.C.B Mohr, 1935.

Reiss, H.S.: "Kant and the Right of Rebellion". *Journal of the History of Ideas*, Vol. 17 (1956), pp. 179-189; also in: Heiner F. Klemme/Manfred Kuehn (eds.), *Immanuel Kant* (Dartmouth: Ashgate, 1999), Vol. II: "Practical Philosophy", pp. 313-326.

Richards, David A. J.: "Kantian Ethics and the Harm Principle: A Reply to John Finnis". *Columbia Law Review*, Vol. 87 (1987), pp. 457-471.

Ricken, Friedo: "Religio als Pflicht des Menschen gegen sich selbst". In: Oliviero Angeli u.a. (Hrsg.), *Transzendenz, Praxis und Politik bei Kant* (Berlin: Akademie Verlag, 2013), S. 135-148.

Riedel, Manfred: "Der Begriff der 'Bürgerlichen Gesellschaft' und das Problem seines geschichtlichen Ursprungs". In: Ernst-Wolfgang Böckenförde (Hrsg.), *Staat und Gesellschaft* (Darmstadt: Wissenschaftliche Buchgesellschaft, 1976), S. 77-108.

Riezler, Erwin: "Apriorisches im Recht". In: von Wieser, Freidrich/ Wenger, Leopold/Klein, Peter (Hrsg.), *Kant-Festschrift: Zu Kants 200. Geburtstag am 24. April 1924.* (Berlin-Grunewald: Dr. Walther Rothschild, 1924), S. 104-124.

Riley, Patrick: *Kant's Political Philosophy*. Totowa/New Jersey: Rowman Littlefield, 1983.

Ripstein, Arthur: *Force and Freedom: Kant's Legal and Political Philosophy*. Cambridge/Mass.: Harvard University Press, 2009.

————: "Kant on Law and Justice". In: Thomas E. Hill, Jr. (ed.), *The Black-well Guide to Kant's Ethics* (West Sussex: Wiley-Black-well, 2009), pp. 161-178.

Ritter, Christian: *Der Rechtsgedanke Kants nach den frühen Quellen*. Fankfurt/M.: Klostermann, 1971.

Rohden, Valerio et al (Hrsg.): *Recht und Frieden in der Philosophie Kants*. 5 Bde. Berlin: Walter de Gruyter, 2008.

Römpp, Georg: Kants Kritik der reinen Freiheit. E*ine Erörterung der* "*Metaphysik der Sitten*". Berlin: Duncker & Humblot 2006.

Rosen, Allen D.: *Kant's Theory of Justice*. Ithaca: Cornell University Press, 1993.

Saage, Richard: "Besitzindividualistische Perspektiven der politischen Theorie Kants". In: ders., *Vertragsdenken und Utopie: Studien zur politischen Theorie und zur Sozialphilosophie der frühen Neuzeit* (Frankfurt/M.: Suhrkamp, 1989), S. 192-234.

————: *Eigentum, Staat und Gesellschaft bei Immanuel Kant*. Stuttgart: Kohlhammer, 1973; Baden-Baden: Nomos, 1994, 2. Aufl.

Sacksteder, William: "Kant's Analysis of of International Relations". *The Journal of Philosophy*, Vol. 51 (1954), pp. 848-855.

Sänger, Monika: *Die kategoriale Systematik in den* "*Metaphysischen Anfangsgründen der Rechtslehre*". *Ein Beitrag zur Methodenlehre Kants*. Berlin: Walter de Gruyter, 1982.

Saito, Yumi: "War die Umstellung von §2 der Kantischen 'Rechtslehre' zwingend?". *Archiv für Rechts- und Sozialphilosophie*, Bd. 82 (1996), S. 238-250.

Schaber, Peter: "Achtung vor Personen". *Zeitschrift für philosophische Forschung*, Bd. 61 (2007), S. 423-438.

Schaller, Walter E.: "Kant on Virtue and Moral Worth". *The Southern Journal of Philosophy*, Vol. 25, No. 4 (Winter 1987), pp. 559-573.

————: "Kant's Architectonic of Duties". *Philosophy and Phenomenological Research*, Vol. 48, No. 2 (Dec. 1987), pp. 299-314.

————: "From the *Groundwork* to the *Metaphysics of Morals*: What Happened to Morality in Kant's Theory of Justice?". *History of Philosophy Quarterly*, Vol. 12 (1995), pp. 333-345.

Schattenmann, Marc: *Wohlgeordnete Welt: Immanuel Kant's politische Philosophie in ihren systematischen Grundzügen*. München: Wilhelm Fink, 2005.

Scheffel, Dieter: "Kants kritische Verwerfung des Revolutionsrechts". In: Reinhard Brandt (Hrsg.), *Rechtsphilosophie der Aufklärung. Symposium Wolfenbüttel 1981* (Berlin: Walter de Gruyter, 1982), S. 12-46.

————: "Thesen zu Kants transzendentaler Deduktion der Erwerbung durch Vertrag". In: Reinhard Brandt (Hrsg.), *Rechtsphilosophie der Aufklärung. Symposium Wolfenbüttel 1981* (Berlin: Walter de Gruyter, 1982), S. 311-320.

Scheid, Don E.: "Kant's Retributivism". *Ethics*, Vol. 93, No. 2 (Jan. 1983), pp. 262-282.

Schluchter, Wolfgang: "Werturteilsfreiheit und Wertdiskussion. Max Weber zwischen Immanuel Kant und Heinrich Rickert". In: ders., *Handlung, Ordnung und Kultur* (Tübingen: Mohr Siebeck, 2005), S. 86-107.

Schmidt, Hajo: "Durch Reform zu Republik und Frieden? Zur politischen Philosophie Immanuel Kants". *Archiv für Rechts- und Sozialphilosophie*, Bd. 71 (1985), S. 297-318.

Schmidt-Klügmann, S.: "Überlegungen zum modernen Sozialrecht auf der Grundlage der praktischen Philosophie Kants". *Archiv für Rechts- und Sozialphilosophie*, Bd. 71 (1985), S. 378-403.

Schmucker, Josef: "Der Formalismus und die materialen Zweckprinzipien in der Ethik Kants". In: Johannes B. Lotz (Hrsg.), *Kant und die Scholastik heute* (Pullacher philosophische Forschungen, Bd. 1, Pullach bei München: Verlag Berchmanskolleg, 1955), S. 155-205.

Schneewind, J.B.: "The Misfortunes of Virtue". *Ethics*, Vol. 101, No. 1 (Oct. 1990), pp. 42-63.

————: "Autonomy, Obligation, and Virtue: An Overview of Kant's Moral Philosophy". In: Paul Guyer (ed.), *The Cambridge Companion to Kant* (Cambridge: Cambridge University Press, 1992), pp. 309-341.

————: *Essays on the History of Moral Philosophy*. Oxford: Oxford University Press, 2010.

Scholz, Gertrud: *Das Problem des Rechts in der Moralphilosophie Kants*. Diss. Köln 1972.

Schreckenberger, Waldemar: *Legalität und Moralität. Rechtsphilosophische Untersuchung zum Rechtsbegriff bei Kant*. Diss. Heidelberg 1959.

Schroeder, H.H.: "Some Common Misinterpretations of the Kantian Ethics". *The Philosophical Review*, Vol. 49, No. 4 (July 1940), pp. 424-446.

Schüssler, Rudolf: "Kant und Kasuistik: Fragen zur Tugendlehre". *Kant-Studien*, 103. Jg. (2012), S. 70-95.

Schwarz, Wolfgang: "Kant's Philosophy of Law and International Peace". *Philosophy and Phenomenological Research*, Vol. 23 (1962/63), pp. 71-80.

Schwarzschild, Steven: "Kantianism on the Death Penalty (and Related Social Problems)". *Archiv für Rechts- und Sozialphilosophie*, Bd. 71

（1985），S. 343-372.

Sedgwick, Sally: "On Lying and the Role of Content in Kant's Ethics". *Kant-Studien*, 82. Jg. (1991), S. 42-62.

Seebohm, Thomas: "Kant's Theory of Revolution". *Social Research*, Vol.48, No. 3 (Fall 1981), pp. 557-587.

Seel, Gerhard: "How Does Kant Justify the Universal Objective Validity of the Law of Right? " *International Journal of Philosophical Studies* (Hampshire), Vol. 17 (2009), pp. 71-94.

Seubert, Sandra: *Gerechtigkeit und Wohlwollen. Bürgerliches Tugendverständnis nach Kant*. Frankfurt/M.: Campus, 1999.

Shaw, Brian A.: "Rawls, Kant's Doctrine of Right and Global Justice". *The Journal of Politics*, Vol. 67, No. 1 (Feb. 2005), pp. 220-249.

Shell, Susan Meld: "Kant's Theory of Property". *Political Theory*, Vol. 6, No. 1 (Feb. 1978), pp. 75-90.

———: *The Rights of Reason: A Study of Kant's Philosophy and Politics*. Toronto: University of Toronto Press, 1980.

Sherman, Nancy: "Concrete Kantian Respect". In: Ellen Frankel Paul et al. (eds.): *Virtue and Vice* (Cambridge: Cambridge University Press, 1998), pp. 119-148.

———: "Kantian Virtue: Priggish or Passional?". In: Andrews Reath et al. (eds.), *Reclaiming the History of Ethics: Essays for John Rawls* (Cambridge: Cambridge University Press, 1997), pp. 270-296.

———: "Reasons and Feelings in Kantian Morality". *Philosophy and Phenomenological Research*, Vol. 55 (1995), pp. 369-377.

———: *Making a Necessity of Virtue: Aristotle and Kant on Virtue*. Cambridge: Cambridge University Press, 1997.

Siep, Ludwig: "Das Recht als Ziel der Geschichte. Überlegungen im Anschluß an Kant und Hegel". In: Christel Fricke u.a. (Hrsg.), *Das Recht der Vernunft. Kant und Hegel über Denken, Erkennen und Handeln* (Stuutgart-Bad Cannstatt: Frommann-Holzboog, 1995), S. 355-379.

Singer, Marcus G.: "The Categorical Imperative". *The Philosophical Review*, Vol. 63, No. 4 (Oct. 1954), pp. 577-591.

Skees, Murray: "The Lex Permissiva and the Source of Natural Right in Kant's *Metaphysics of Morals* and Fichte's *Foundations of Natural Right*". *International Philosophical Quarterly* (New York), Vol. 49 (2009), pp. 375-398.

Smid, Stefan: "Freiheit und Rationalität. Bemerkungen zur Auseinandersetzung mit der Philosophie Kants in Stellungnahmen der neueren Literatur". *Archiv für Rechts- und Sozialphilosophie*, Bd. 71 (1985), S. 404-417.

Smit, Houston/Timmons, Mark: "Kants's Grounding Project in *The Doctrine of Virtue*". In: Mark Timmons/Sorin Baiasu (eds.): *Kant on Practical Justification: Interpretive Essays* (Oxford: Oxford University Press, 2013), pp. 229-268.

Stamatis, Constantin: "Justifying Principles of Justice from a Post-Kantian Standpoint". *Archiv für Rechts- und Sozialphilosophie*, Bd. 99 (2013), S. 447-461.

Stekeler-Weithofer, Primin: "Willkür und Wille bei Kant". *Kant-Studien*, 81. Jg. (1990), S. 303-320.

Strangas, Johannes: *Kritik der Kantischen Rechtsphilosophie. Ein Beitrag zur Herstellung der Einheit der praktischen Philosophie*. Köln: Böhlau, 1988.

Struck, Peter: "Ist Kants Rechtspostulat der praktischen Vernunft aporetisch? Ein Beitrag zur neuerlich ausgebrochenen Kontroverse um Kants Rechtsphilosophie". *Kant-Studien*, 78. Jg. (1987), S. 471-476.

Sullivan, Roger J.: "The Positive Role of Prudence in the Virtuous Life". *Jahrbuch für Recht und Ethik*, Bd. 5 (1997), S. 461-470.

Szymkowiak, Aaron: "Kant's Permissive Law: Critical Rights, Sceptical Politics". *British Journal for the Philosophy of History*, Vol. 17 (2009), pp. 567-600.

Tan, Kok-Chor: "Kantian Ethics and Global Justice". *Social Theory and Practice*, Vol. 23, No. 1 (Spring 1997), pp. 53-73.

Taylor, Robert S.: "Kantian Personal Autonomy". *Political Theory*, Vol. 33, No. 5 (Oct. 2005), pp. 602-628.

Tesón, Fernando R.: "The Kantian Theory of International Law". *Columbia Law Review,* Vol. 92 (1992), pp. 53-102.

Thompson, Martyn P.: *John Locke und Immanuel Kant. Historische Rezeption und gegenwärtige Relevanz*. Berlin: Duncker & Humblot, 1991.

Tierney, Brian: "Kant on Property: The Problem of Permissive Law". *Journal of the History of Ideas*, Vol. 62, No. 2 (Apr. 2001), pp. 301-312.

Timmermann, Jens: "Kantian Duties to the Self, Explained and Defended". *Philosophy*, Vol. 81, No. 317 (July 2006), pp. 505-530.

Timmons, Mark: "Decision Procedures, Moral Criteria, and the Problem of Relevant Descriptions in Kant's Ethics". *Jahrbuch für Recht und Ethik*, Bd. 5 (1997), S. 389-417.

Timmons, Mark (ed.): *Kant's Metaphysics of Morals: Interpretative Essays*. Oxford: Oxford University Press, 2002.

Tonetto, Minele Consenso: "The Concept od Dignity and Duties of Virtue in

Kant". *Estudos Kanianos*, Vol. 1, No. 1 (2013), pp. 217-226.

Torralba, José M.: "The Individuality and Sociality of Action in Kant: On the Kingdom of Ends as a Relational Theory of Action". *Archiv für Rechts- und Sozialphilosophie*, Bd. 99 (2013), S. 475-498.

Totkas, Toomas: "Kant on the Right of Pardon: A Necessity and Ruler's Personal Forgiveness". *Kant-Studien*, 102. Jg. (2011), S. 413-421.

Trampota, Andreas/Sensen, Oliver/Timmermann, Jens (eds.): *Kant's »Tugendlehre«: A Comprehensive Commentary*. Berlin: de Gruyter, 2013.

Tuschling, Burkhard: "Das 'rechtliche Postulat der praktischen Vernunft': seine Stellung und Bedeutung in Kants 'Rechtslehre'". In: Hariof Oberer/Gerhard Seel (Hrsg.), *Kant. Analysen – Probleme – Kritik* (Würzburg: Königshausen& Neumann, 1988), S. 273-292.

———: "Die Idee des Rechts: Hobbes und Kant". In: Dieter Hüning/Burkhard Tuschling (Hrsg.), *Recht, Staat und Völkerrecht bei Immanuel Kant* (Berlin: Duncker & Humblot, 1998), S. 85-117.

Uleman, Jennifer K.: "External Freedom in Kant's 'Rechtslehre', Political, Metaphysical". *Philosophy and Phenomenological Research*, Vol. 68, No. 3 (May 2004), pp. 578-601.

Unruh, Peter: *Die Herrschaft der Vernunft. Zur Staatsphilosophie Immanuel Kants*. Baden-Baden: Nomos, 1993.

Vatter, Miguel: "The People shall be Judge: Reflective Judgment and Constituent Power in Kant's Philosophy of Law". *Political Theory*, Vol. 39 (2011), pp. 749-776.

Verhaegh, Marcus: "Property by Agreement: Interpreting Kant's Account of Right". *British Journal for the History of Philosophy*, Vol. 14 (2006), pp. 687-717.

————: "Property by Agreement: Interpreting Kant's Account of Right". *British Journal for the History of Philosophy*, Vol. 14 (2006), pp. 687-717.

Vorländer, Karl: *Kant und der Gedanke des Völkerbundes*. Leipzig: Felix Meiner, 1919.

Walker, Rebecca L./Ivanhoe, Philip J. (eds.): *Working Virtue: Virtue Ethics and Contemporary Moral Problems*. Oxford: Clarendon, 2007.

Walz, Gustav Adolf: *Die Kantische Staatsphilosophie*. Diss. Tübingen 1928.

Wassmer, Thomas A.: "Responsibility and Pleasure in Kantian Morality". *Kant-Studien*, Bd. 52 (1960/61), S. 452-466.

Weinrib, Ernest J.: "Law as a Kantian Idea of Reason". *Columbia Law Review*, Vol. 87 (1987), pp. 472-508; also in: Howard Williams (ed.), *Essays on Kant's Political Philosophy* (Chicago: The University of Chicago Press, 1992), pp. 15-49.

Welleman, David: "Love as a Moral Emotion". *Ethics*, Vol. 109 (1999), pp. 338-374.

Westphal, Kenneth R.: "Republicanism, Despotism, and Obedience to the State: The Inadequacy of Kant's Division of Powers". *Jahrbuch für Recht und Ethik*, Bd. 1 (1993), S. 263-281.

————: "Do Kant's Principles Justify Property or Usufruct?". *Jahrbuch für Recht und Ethik*, Bd. 5 (1997), S. 141-194.

————: "Metaphysische und pragmatische Prinzipien in Kants Lehre von der Gehorsamspflicht gegen den Staat". In: Dieter Hüning/Burkhard Tuschling (Hrsg.), *Recht, Staat und Völkerrecht bei Immanuel Kant* (Berlin: Duncker & Humblot, 1998), S. 171-202.

Wick, Warner: "More about Duties to Oneself". *Ethics*, Vol. 70, No. 2 (Jan. 1960), pp. 158-163.

Wicke, Joseph: *Kants Rechts- und Staatsphilosophie*. Diss. Breslau 1913.

Willaschek, Marcus: "Why the *Doctrine of Right* Does Not Belong in the *Metaphysics of Morals*. On Some Basic Distinctions in Kant's Moral Philosophy". *Jahrbuch für Recht und Ethik*, B. 5 (1997), S. 205-227.

————: "Right and Coercion: Can Kant's Conception of Right Be Derived from His Moral Theory?". *International Journal of Philosophical Studies* (Hampshire), Vol. 17 (2009), pp. 49-70.

Williams, Howard: "Kant's Concept of Property". *Philosophical Quarterly*, Vol. 27 (1977), pp. 32-40; also in: Ruth F. Chadwick (ed.), *Immanuel Kant: Critical Assessments* (London: Routledge, 1992), Vol. III: "Kant's Moral and Political Philosophy", pp. 389-398.

————: *Kant's Political Philosophy*. New York: St. Martin's Press, 1983.

———— (ed.): *Essays on Kant's Political Philosophy*. Chicago: The University of Chicago Press, 1992.

————: "Metamorphosis or Palingenesis? Political Change in Kant". *The Review of Politics*, Vol. 63, No.4 (Autumn 2001), pp. 693-722.

————: "Kant and Libertarianism". In: Mark Timmons/Sorin Baiasu (eds.): *Kant on Practical Justification: Interpretive Essays* (Oxford: Oxford University Press, 2013), pp. 269-283.

Wolf, Peter/Bata, Danilo N. (Hrsg.): *Wider die Beliebigkeit. Kants Metaphysische Anfangsgründe der Rechtslehre nach zwei Jahrhunderten*. Belgrad: Goethe Institut/Juristische Fakultät, 1997.

Wood, Allen: "Duties to Oneself, Duties of Respect to Others". In: Thomas E. Hill, Jr. (ed.): *The Blackwell Guide to Kant's Ethics* (West Sussex:

Wiley-Blackwell, 2009), pp. 229-251.

Wood, Allen W./O'Neill, Onora: "Kant on Duties Regarding Nonrational Nature". *Proceedings of the Aristotelian Society*, Supplementary Volumes, Vol. 72 (1998), pp. 189-228.

Ypi, Lea: "On Revolution in Kant and Marx". *Political Theory*, Vol. 42 (2014), pp. 262-287.

Zachhuber, Johannes: "'Überschwenglich'. Ein Begriff der Mystikersprache bei Immanuel Kant". *Archiv für Begriffsgeschichte*, Bd. 42 (2000), S. 139-154.

Zaczyk, Rainer: "Untersuchungen zum rechtlichen Postulat der praktischen Vernunft in Kants Metaphysik der Sitten". In: Christel Fricke u. a. (Hrsg.), *Das Recht der Vernunft. Kant und Hegel über Denken, Erkennen und Handeln* (Stuttgart-Bad Cannstatt: Frommann-Holzboog, 1995), S. 311-331.

# 人名索引

# 概念索引

## 六畫

## 九畫

聯經經典

# 道德底形上學

2015年3月初版　　　　　　　　　　　　定價：新臺幣700元
2020年10月初版第三刷
有著作權‧翻印必究
Printed in Taiwan.

| | | |
|---|---|---|
| 著　　者 | 康 | 德 |
| 譯 注 者 | 李　明 | 輝 |
| 叢書主編 | 梅　心 | 怡 |
| 校　　對 | 吳　淑 | 芳 |
| 封面設計 | 陳　文 | 德 |

| | |
|---|---|
| 出　版　者 | 聯經出版事業股份有限公司 |
| 地　　　址 | 新北市汐止區大同路一段369號1樓 |
| 叢書主編電話 | (02)86925588轉5305 |
| 台北聯經書房 | 台北市新生南路三段94號 |
| 電　　　話 | (02)23620308 |
| 台中分公司 | 台中市北區崇德路一段198號 |
| 暨門市電話 | (04)22312023 |
| 郵政劃撥帳戶第0100559-3號 | |
| 郵撥電話 | (02)23620308 |
| 印　刷　者 | 世和印製企業有限公司 |
| 總　經　銷 | 聯合發行股份有限公司 |
| 發　行　所 | 新北市新店區寶橋路235巷6弄6號2F |
| 電　　　話 | (02)29178022 |

| | | |
|---|---|---|
| 副總編輯 | 陳　逸 | 華 |
| 總 編 輯 | 涂　豐 | 恩 |
| 總 經 理 | 陳　芝 | 宇 |
| 社　　長 | 羅　國 | 俊 |
| 發 行 人 | 林　載 | 爵 |

行政院新聞局出版事業登記證局版臺業字第0130號

本書如有缺頁，破損，倒裝請寄回台北聯經書房更換。　　ISBN　978-957-08-4536-5 (精裝)
聯經網址 http://www.linkingbooks.com.tw
電子信箱 e-mail:linking@udngroup.com

國家圖書館出版品預行編目資料

**道德底形上學** / 康德著 . 李明輝譯注 . 初版 .
　新北市 . 聯經 . 2015年3月 .
　564面；14.8×21公分 . （聯經經典）
　譯自：Metaphysik der sitten
　ISBN　978-957-08-4536-5（精裝）
　[2020年10月初版第三刷]

　1.康德哲學　2.形上學

147.45　　　　　　　　　　104002881